上海交通大学竞争法律与政策研究中心
上 海 市 法 学 会 竞 争 法 研 究 会 编辑出版

Competition Law and Policy Review

竞争法律与政策评论

第2卷

2016年

王先林 主 编

上海交通大学出版社
SHANGHAI JIAO TONG UNIVERSITY PRESS

内容提要

本卷共设置6个栏目及学术动态介绍。本卷特别聚焦公平竞争审查制度，专门设置了“热点问题笔谈”和“热点问题探讨”两个子栏目，邀请9位法学和经济学专家就此发表了自己的看法并专门进行了探讨。“学术专论”栏目包括《中国关于滥用知识产权反垄断规制制度的建立和发展》、《中国反垄断私人诉讼中市场支配地位推定制度的地位》、《社会市场经济与〈基本法〉》、《效果分析在滥用市场支配地位案中之必要——奇虎360诉腾讯案会是改变中国反垄断法规则的一个契机吗?》四篇专题论文；“学位论文选登”栏目选用了《美国联邦反托拉斯执法的司法审查强度问题研究》一文；“案例研究”栏目发表了《过滤互联网视频广告是否构成不正当竞争》一文；“研究咨询报告”栏目刊登了《中国反垄断行政执法大数据分析报告(2008—2015)》；“域外文献选译”栏目选登了《巴基斯坦当代竞争法概述》和《日本关于知识产权利用的反垄断法指南(经2016年修订)》。

图书在版编目(CIP)数据

竞争法律与政策评论.2016 / 王先林主编. —上海:
上海交通大学出版社，2016
ISBN 978-7-313-15861-1

Ⅰ.①竞… Ⅱ.①王… Ⅲ.①反不正当竞争—经济法
—研究—中国 Ⅳ.①D922.294.4

中国版本图书馆CIP数据核字(2016)第224772号

竞争法律与政策评论

第2卷 2016年

主　　编：王先林
出版发行：上海交通大学出版社　　地　　址：上海市番禺路951号
邮政编码：200030　　电　　话：021-64071208
出 版 人：韩建民
印　　制：上海宝山译文印刷厂　　经　　销：全国新华书店
开　　本：710 mm×1000 mm　1/16　　印　　张：22.5
字　　数：387千字
版　　次：2016年10月第1版　　印　　次：2016年10月第1次印刷
书　　号：ISBN 978-7-313-15861-1/D
定　　价：58.00元

卷 首 语

在李剑教授和侯利阳教授等的精心策划和各位作者的大力支持下,《竞争法律与政策评论》(以下简称“《评论》”)第二卷的审稿编辑任务已经完成,本卷所载的大作很快就要面世了。

本卷共设置 7 个栏目。本卷特别聚焦公平竞争审查制度,为此设置了“热点问题笔谈”和“热点问题探讨”两个子栏目。在“热点问题笔谈”子栏目,7 位法学和经济学专家分别就此发表了自己的看法:王晓晔教授呼吁推动公平竞争审查,大力遏制行政垄断;徐士英教授认为公平竞争审查制度是市场经济走向成熟的重大举措;何振宇副教授等分析了公平竞争审查制度对消除地方市场分割的影响;张占江副教授探讨了公平竞争审查制度的原理;应品广副研究员指出公平竞争审查制度是中国竞争政策的重大创新;袁嘉博士总结了对地方性立法进行公平竞争审查的难点问题。在“热点问题探讨”子栏目,王健教授和丁茂中副教授分别以“我国公平竞争审查制度的特点及优化建议”和“中国(上海)自由贸易试验区竞争中立政策的推进检视”为题,对公平竞争审查制度进行了专门探讨。在“学术专论”栏目,发表了 4 篇论文,分别是王先林教授的“中国关于滥用知识产权反垄断规制制度的建立和发展”,侯利阳教授、Félix E. Mezzanotte 助理教授的“中国反垄断私人诉讼中市场支配地位推定制度的地位”,汉斯·卡尔·尼佩岱教授的“社会市场经济与《基本法》”,Adrian Emch 律师的“效果分析在滥用市场支配地位案中之必要——奇虎 360 诉腾讯案会是改变中国反垄断法规则的一个契机吗?”。在“学位论文选登”栏目,发表了洪莹莹博士的论文“美国联邦反托拉斯执法的司法审查强度问题研究”。在“案例研究”栏目,发表了张瀛舟同学的

“过滤互联网视频广告是否构成不正当竞争”一文。在“研究咨询报告”栏目，发表了林文、甘蜜律师的“中国反垄断行政执法大数据分析报告(2008—2015)”。在“域外文献选译”栏目发表了两篇国外文献，分别是博士后 Farrukh Nawaz Kayani 的“巴基斯坦当代竞争法概述”和博士生孙海萍翻译的“日本关于知识产权利用的反垄断法指南(经 2016 年修订)”。在“学术动态”栏目，刊登了 2016 年 7 月 9 日在上海召开的反垄断与知识产权国际研讨会综述和上海交通大学竞争法律与政策研究中心近期动态(2015 年 12 月—2016 年 7 月)。

我们衷心感谢国内外专家学者的大力支持和无私帮助。我们希望在学界同仁的共同支持和帮助下，《评论》能够真正办成一份有特色、有影响的连续性、专业性的学术出版物。值得欣慰的是，《评论》第一卷的 12 篇文章于 2016 年 6 月全部被“中国知网”全文收录上线，正式成为“中国知网”的文献来源辑刊。今后出版的各卷在出版后所有文章的全文都可很快在该数据库中检索和下载。

本卷的出版继续得到了百威英博(中国)有限公司的赞助，并得到了上海高校智库内涵建设计划的支持，主办方对此表示诚挚的感谢！

王先林

2016 年 8 月 8 日

目　录

本卷聚焦：公平竞争审查制度

学 术 专 论

学位论文选登

案 例 研 究

研究咨询报告

域外文献选译

学 术 动 态

CONTENTS

TABLE OF CONTENTS

Articles

Dessertation

Case Study

Consultation Report

Translation of Chosen Literature

News

本卷聚集：公平竞争审查制度

热点问题笔谈：公平竞争审查制度

推动公平竞争审查大力遏制行政垄断

王晓晔*

国务院近日印发的《关于在市场体系建设中建立公平竞争审查制度的意见》(以下简称“《意见》”)指出:“公平竞争是市场经济的基本原则,是市场机制高效运行的重要基础。随着经济体制改革不断深化,全国统一市场基本形成,公平竞争环境逐步建立。但同时也要看到,地方保护、区域封锁、行业壁垒、企业垄断、违法给予优惠政策或减损市场主体利益等不符合建设全国统一市场和公平竞争的现象仍然存在。”为此,《意见》提出,为规范政府有关行为,防止出台排除、限制竞争的政策措施,逐步清理废除妨碍全国统一市场和公平竞争的规定和做法,我国需要在市场体系建设中建立公平竞争审查制度。这说明,《意见》出台的目的是进一步遏制政府及其所属部门排除限制竞争的行为,也即是进一步遏制行政垄断。

我国现行法律法规中,反对行政垄断最重要的法律是 2007 年颁布的《中华人民共和国反垄断法》。该法第 8 条规定:“行政机关和法律、法规授权的具有管理公共事务职能的组织不得滥用行政权力,排除、限制竞争。”该法第五章还列举了滥用行政权力排除限制竞争的各种表现。为了进一步深化我国经济体制改革,尽快建立全国统一的市场体系和公平竞争的环境,国务院《意见》就反对行政垄断在其内容上和程度上大大超越和发展了我国的《反垄断法》。例如,《意见》

* 王晓晔,湖南大学特聘教授,中国社会科学院研究员,国务院反垄断委员会专家咨询组成员。

中公平竞争审查的内容不仅包括“商品和要素自由流动”的标准，也即是不合理的地方保护和进出口限制，而且还提出市场准入和退出标准，包括是否设置了不合理和歧视性的市场准入和退出条件，是否未经公平竞争授予某些企业特许经营权，是否对市场准入负面清单以外的行业、领域、业务等设置了审批程序，不合理地为企业的市场准入设置了障碍，等等。鉴于我国迄今还存在各类市场主体不能平等使用生产要素和不能公平参与竞争的状况，《意见》还提出了影响生产经营成本的标准，例如是否违法给予特定经营者优惠政策，安排财政支出是否存在与企业缴纳的税收或非税收入挂钩，是否违法地免除特定经营者需缴纳的社会保险费用，是否违法地要求经营者提供或者扣留经营者各类保证金，等等。这些内容广泛的公平竞争审查说明，除非出于国家经济安全、整体经济利益和社会公共利益的考虑，在我国市场上开展经营活动的各类企业，不管它们是国有企业还是民营企业，也不管它们是中国企业还是外国企业，应当能够公平地参与市场竞争，平等地得到法律的保护。

国务院出台《意见》的意义重大，影响深远。这个《意见》说明，竞争政策在我国资源配置中开始逐步发挥决定性的作用，竞争政策在我国各项经济政策中逐步成为最重要的经济政策。在这种情况下，国家必须高度重视行政垄断问题，这一方面是因为市场竞争机制与政府的行政手段相比是配置资源更好的方式，因为只有在市场竞争的压力下，企业才会努力降低价格，改善产品质量，改善服务，改善经营管理，这从企业的角度看是提高了经济效率和市场竞争力，从社会的角度看是优化配置了资源，从消费者的角度看是提高了社会福利。另一方面，是因为我国当前仍然处于经济体制转轨的过程中，经济生活中的限制竞争不仅仅来自企业，相反，行政性限制竞争对市场竞争影响的程度、范围等方面都大大超过企业的限制竞争。《意见》指出了行政性限制竞争的各种表现，但它们本质上都是一样的，即偏爱个别企业，排斥其他企业；或者偏爱个别地区，排斥其他地区，从而对市场经济条件下本来有着平等地位的市场主体实施不平等的待遇。滥用行政权力限制竞争的后果是保护落后，妨碍市场的自由和公平竞争，妨碍建立统一、开放和竞争的大市场，导致“优”不能胜，“劣”不能汰，社会资源得不到合理和有效的配置。因此，建立公平竞争审查制度是我国当前一项非常重要的经济政策。

公平竞争审查需要一个推进审查的组织机构。《意见》指出，审查的方式是以政策制定机关的自我审查为主，即经审查认为不具有排除、限制竞争效果的，可以实施；具有排除、限制竞争效果的，应当不予出台，或调整至符合相关要求后出台；没有进行公平竞争审查的，不得出台；制定政策措施及开展公平竞争审查应当听取利害关系人的意见，或者向社会公开征求意见；有关政策措施出台后，要按照《政府信息公开条例》要求向社会公开，等等。因为公平竞争审查是一个长期的重要工作，而且是一项非常复杂的工作，政策制定机关在进行自我审查的过程中难免会有一些疑难问题或者认识不清的问题，特别当一个问题既涉及竞争政策，又涉及产业政策的情况下，或者国家目前仍然存在不同法律制度不协调的情况下，政策制定机关势必需要得到相关组织机构的指导和帮助。《意见》提出，国家发展改革委、国务院法制办、商务部、工商总局要会同有关部门，抓紧研究起草公平竞争审查实施细则，进一步细化公平竞争审查的内容、程序、方法，指导政策制定机关开展公平竞争审查和相关政策措施清理废除工作，保障公平竞争审查制度有序实施，这说明反垄断执法机关在推动和实施公平竞争审查和规范政府行政性限制竞争方面发挥重要作用。

其实，为了规范政府不合理的限制竞争行为，我国不仅有必要在政府部门引入公平竞争审查的制度，而且还有必要修改我国《反垄断法》中关于行政垄断的规定。根据该法第 51 条，“行政机关和法律、法规授权的具有管理公共事务职能的组织滥用行政权力，实施排除、限制竞争行为的，由上级机关责令改正；对直接负责的主管人员和其他直接责任人员依法给予处分。反垄断执法机构可以向有关上级机关提出依法处理的建议。”这个条款的主要问题是，它把规制行政垄断的任务主要交给了违法机关的上级机关。因为这里的“上级机关”不是一个确定的机关，更不是一个确定的行政执法机关，这些机关的工作人员势必不会有很强的反垄断意识和竞争意识，即他们不可能把执行反垄断法视为自己的使命。特别是在各级政府机关的上下级关系很多是朋友或者熟人关系。这种情况下，上级机关在处理其下级机关与第三人包括消费者或者来自其他地区的经营者的争议时，往往不容易做到中立和公正。行政垄断方面的争议很多还涉及部门利益或者地方利益，有些利益不仅能够给“下级机关”带来经济方面的好处，而且也能够给“上级机关”带来经济方面的好处。这种情况下，上级机关更不容易做到中立和公正，也不会主动关注和处理这方面的案件。为了有效制止行政性限制竞争行为，我国应当借鉴欧盟竞争法和俄罗斯反垄断法的经验，即授权国家竞争执法机构一并处理行政垄断案件。当然，反垄断行政执法机关能否被授权处理行政垄断案件，一个重要的条件是我国应当有一个统一的反垄断行政执法机关。我国反垄断法一个重大缺陷是其管辖权分为国家发展和改革委员会、商务部和国家工商行政管理总局三个部门，三足鼎立的反垄断行政执法的致命弱点是，真正执行反垄断法的机构均隶属国务院部委下面，级别不够高，权威不够大。为了更好地发挥反垄断法应有的效力，为了更有效地规范市场竞争秩序，国务院应早下决心，尽早将三个反垄断行政执法机构整合为一个统一的机构。

热点问题笔谈：公平竞争审查制度

市场经济走向成熟的重大举措：浅论公平竞争审查制度

徐士英*

一、规制行政性垄断的制度创新

我国《反垄断法》中关于行政性垄断规制的内容，是关于反垄断法意义的讨论中最为引人注目的。法律中禁止行政机关制定限制竞争的行政规定，首次突破了对政策制定行为进行规制的旧传统，这表明《反垄断法》并不是简单的一部法律，而已经是在更为广阔的国家竞争政策的层面加以规范的。但是《反垄断法》实施至今，关于滥用行政权力排除限制竞争的行政性垄断案件查处还是十分困难〔1〕。作为一种事后救济方式，反垄断执法只能在行政性垄断已经发生的情况下，以隔靴抓痒的方式在行政系统内部"建议纠正"。即便行政性垄断行为可能被纠正，但其对市场已经产生的影响和损害却很难得到完全消除。制度设计的无奈与缺陷暴露了规制政府经济权力运行的短板。传统的"控权"路径又往往事与愿违，〔2〕限制

---

* 徐士英，华东政法大学教授、竞争法研究所主任，浙江理工大学特聘教授，国家工商总局市场监管专家委员会委员。

〔1〕"行政性垄断"是我国学界和实务界对于"滥用行政权力排除限制竞争行为"约定俗成的称呼，笔者为行文方便直接采用此名称。根据我国《反垄断法》第 8 条和第五章规定的内容，完整的提法应该是"行政机关和法律、行政法规授权的具有管理公共事务职能的组织滥用行政权力排除限制竞争的行为。"

〔2〕参见李洪雷：《中国行政法(学)的发展趋势——兼评"新行政法"的兴起》，《行政法学研究》2014年第1期。

竞争的政策规定因其形式的“合法性”，往往便具有了正当性〔3〕。规制滥用行政权力损害市场竞争的制度亟需探索新的路径和方式。“公平竞争审查制度”正是这样的创新之举，形成了对行政性垄断规制的完整体系。一方面，国家通过实施《反垄断法》，对行政性垄断实行事后的监督与救济；另一方面，通过“竞争审查制度”的实施，以行政行为对市场竞争的影响为正当性评判的标准，全面防范限制竞争的政府规定与政策出台，实现事先、事中的监督审查。如此形成在竞争政策框架之内规制政府限制竞争行为的两翼，不仅将政府的反竞争行为置于政府经济权力运行的整体目标之下〔4〕，而且还将把政府经济权力的运行全面纳入国家竞争政策的制度建设之中，这是从根本上解决政府与市场关系的治本之策。

二、界定“政府与市场关系”明确标尺

公平竞争审查制度是以市场竞争影响（效应）对政府政策法规和众多的行政文件在制定过程中进行评估与审查，这对于界定政府和市场的边界是非常重要的一把标尺。

我国进行经济体制改革以来，各级政府和产业部门最关注的就是发展的效率，其愿望之急切、政策之灵活、办法之创新是有目共睹的。但是，用什么方式和路径来达到发展经济的目标是值得深思的。选择正确的方法路径能够让社会经济持续发展，而选择图一时一地之效果的方法路径，最终可能与发展目标背道而驰。因此，对发展方法路径进行比较选择、正确决策十分重要。我们曾经以制定法规规章、政策文件等形式，通过财政补贴、税收减免、倾斜扶持的方法，用政府的手段发展市场，达到促进部门或地方经济的发展的目的。这些措施在获得一定成效的同时，也产生了严重的弊端和隐患。政府在很大程度上控制资源配置，要素市场的发展受到影响，市场主体的地位差异悬殊，经营者的创新能力不能得到强化。经济短期内呈快速增长，但却不能保持持续发展。30 多年的改革历

〔3〕 我国竞争执法机关查处的典型案件为：河北省高速公路收费歧视案；山东省交通运输厅滥用行政权力排除限制竞争案；云南省通信管理局滥用行政权力排除限制竞争案。参见《国家发展改革委办公厅关于建议纠正山东省交通运输厅滥用行政权力排除限制竞争有关行为的函》，发改办价监〔2015〕501号；《国家发展改革委依法建议河北省人民政府纠正交通运输厅等部门违反〈反垄断法〉滥用行政权力排除限制竞争行为》，http://jjs.ndrc.gov.cn/gzdt/201409/t20140926_626773.html，2015 年 5 月 22 日最后访问；《云南省通信管理局违反〈反垄断法〉滥用行政权力排除限制竞争被依法纠正》，http://jjs.ndrc.gov.cn/gzdt/201506/t20150602_694801.html，2015 年 5 月 22 日最后访问。

〔4〕 徐士英：《竞争政策视野下行政性垄断行为规制路径新探》，《华东政法大学学报》2015 年第 3 期。

程，现在已经到了全面解决“政府与市场的关系”的重要时刻，改革的重心已经从要素市场的全面开放转移到了对政府权力运行的全面规制，深化体制改革和实施依法治国的目标共同指向了政府权力运行的规制，尤其是改革政府的政策制定行为已成燃眉之急。中央十八大的决议以及此后的一系列政治文件，更是明确提出要“让市场起决定性作用”，“更好地发挥政府的作用”。在实施“创新驱动”的发展战略中，要激励市场的每一个主体，通过创新、竞争、达到持续发展的目标。事实证明，经济要持续发展，必须充分发挥市场竞争机制作用，优化资源配置和利用的效率。必须遵循市场经济规律，由市场竞争决定资源的流向，依赖人为配置资源的做法不能继续，各类市场主体应当同样获得市场要素，平等开展市场竞争，同等受到法律保护。公平竞争审查制度的实施，为政府与市场的边界确立了明确的标准，是我国市场经济走向成熟的又一重大举措。

三、促进“政府合规”的常态化制度

公平竞争审查制度的实施，实际上就是政府政策制定的行为纳入了“竞争合规”的常态化建设。“竞争合规”，原来仅指在企业的经营管理活动中需要保持对于违反一国竞争法的风险管理方面的制度建设。在商业竞争日益激烈的当今社会中，经营者的“竞争合规”意识正在逐步加强。但是，政府在“维护竞争机制”方面的意识却远远不如企业。纵观国家改革进程，中国正在实施“大众创业，万众创新”的创新发展战略，激发市场中每一个因子，释放市场活力，减少或改变政府限制竞争的政策与制度，是时代发展的趋势，在这样的背景下，政府行为必须改弦易辙，进行公平竞争审查，帮助“清理和废除妨碍全国统一市场和公平竞争的各种规定和做法”，将政府的经济政策与管理行为全面纳入市场运行的轨道和框架，这是当前刻不容缓的任务。

实施公平竞争审查制度，不是突击运动，更不是权宜之计，而是一项需要长期进行的治国之策，必须形成常态化的制度体系。由于制度的惯性，我国政府部门往往过高估计行政配置资源的作用而忽视市场的效率，政策法规也多着眼于局部短期效率的追求，忽视长久竞争机制的激励。在这样的背景下，对于政府经济权力的运行，以“市场能否有效发挥资源配置的作用”为出发点和标准进行评估与审查，让那些有利于鼓励创新、公平竞争环境建设的政策及时实施，防止或修改那些限制竞争、削弱创新的政策，将是国家治理和依法行政的长久大计。

公平竞争审查不仅仅是涉及某一项具体的政策法规，而是涉及更为广泛领域的改革与发展，包括国有企业竞争制度、垄断行业改革制度、产业政策竞争化路径，等等。要实现“要让不同所有制企业平等获得生产要素、公平开展市场竞争、同等受到法律保护”的目标。因此，必须建立一系列常规化的具体制度，通过建立立法咨询、决策审议、政策评估、民众监督、教育培训等方式，全方位地规制行政权力的运行，杜绝产生行政性垄断的土壤，使政府行为在“竞争合规”方面的制度建设常态化。

四、结　语

中国现阶段的社会、经济和政治各方面改革都到了必须确立竞争政策基础性地位，全面构建国家竞争政策体系的重要当口。国家的顶层设计已然明确，市场在资源配置中起决定性作用；社会民众对竞争能够促进创新也已形成共识。无论从制度改革的进程，还是从社会的民意呼声来看，改革政府已成燃眉之急。在这样的时代背景下，将政府的经济政策与管理行为全面纳入竞争政策的视阈，是水到渠成的必然结果。公平竞争审查制度的出台与实施，顺应了中国社会改革深化的客观要求，也是国家构建竞争政策体系基本框架中的重要一环，其深远意义如何估计都不会太高。

地方市场分割与公平竞争审查制度

何振宇　周亚莹*

早在1817年，经济学家李嘉图就已经在其代表作《政治经济学及赋税原理》中指出，一个地区只要集中生产其具有比较优势的产品，买入其他地方生产具有比较优势的产品，它就能从贸易中获益。但是，时至今天，国家之间还有不少贸易壁垒。放眼国内，虽然地方之间的商品和要素流动没有面临关税，但国内经济学家发现地方保护严重〔1〕，导致一定程度的市场分割〔2〕。这影响了商品和要素的流动，扭曲了市场价格，降低了资源配置效率和消费者福利。为此，国务院发布了《关于在市场体系建设中建立公平竞争审查制度的意见》(以下简称《意见》)，以下将就其中商品和要素流动标准对消除地方市场分割的影响加以分析。

现有的经济学文献指出了几个导致地方市场分割的原因。第一，1980年起的的财政包干改革下放了财政权、税收权和投融资权限给地方，1994年的分税制改革又进一步明确了地方的税收利益。地方政府有了一定的财政自主权，就有动力设定贸易壁垒来保护本地市场〔3〕。第二，一系列改革也将国有企业管

* 何振宇，上海交通大学安泰经济与管理学院副教授；周亚莹，上海交通大学安泰经济与管理学院研究生。

〔1〕 于良春、余东华：《中国地区性行政垄断程度的测度研究》，《经济研究》2009年第2期。

〔2〕 范剑勇、林云：《产品同质性、投资的地方保护与国内产品市场一体化测度》，《经济研究》2011第11期。

〔3〕 银温泉、才婉茹：《我国地方市场分割的成因和治理》，《经济研究》2001年第6期。

辖权下放，而地方国有企业承担着政策性负担，为服从总体经济战略而实行了违反比较优势的生产，导致效率低下。地方政府只能通过保护地方市场和补贴来保证其在激烈的市场竞争中维持生存〔4〕。第三，现有的政绩考核体制过度强调了经济增长和财政创收，使得地方保护成为政府官员的占优策略〔5〕，一方面干预外地企业的投融资活动和日常经营，减少本地企业在市场上的竞争〔6〕。

在我国，地方保护行为有多种多样的形式，而且随着市场化的步伐，保护形式从"硬性"的全面禁止政策逐步发展为"软硬兼施"的做法〔7〕，包括政府补贴、地方技术标准和政府采购等〔8〕。为了规范政府有关行为，防止类似排除、限制竞争的政策措施，国务院于近日发布了《意见》。《意见》设立了一系列关于商品和要素自由流动的审查标准，要求地方政策制定机关不得对外地和进口商品、服务实行歧视性价格和歧视性补贴政策；不得限制外地和进口商品、服务进入本地市场或者阻碍本地商品运出、服务输出；不得排斥或者限制外地经营者参加本地招标投标活动；不得排斥、限制或者强制外地经营者在本地投资或者设立分支机构；不得对外地经营者在本地的投资或者设立的分支机构实行歧视性待遇，侵害其合法权益。

我们认为，《意见》会对我国经济产生如下的影响。

首先，丰富了消费选择。《意见》取消了对外地商品、服务的限制，使得本地的消费者有更多的商品、服务种类可以选择。同时，因为产品之间的竞争，会以更低的价格买到产品。《意见》同时禁止歧视性价格和歧视性补贴政策，产品将按照市场规律竞争形成统一价格，消费者可以以最低价格买到更高质量的产品，消费者福利将会得到提高。

其次，提高了资源配置效率。现有的研究表明〔9〕，由于政府保护引起的地方市场分割降低了资源配置效率。试想，如果本地企业轻易就可以获得政府采购的市场，它也就自然不会关注提升自己的产品质量和竞争力，而持续改进生产技术的外地企业就不会被挤出本地市场。而《意见》打破区域商品、服

---

〔4〕 林毅夫、刘培林：《地方保护和市场分割：从发展战略的角度考察》，北京大学中国经济研究中心工作论文 No1，2004。

〔5〕 刘培林：《地方保护和市场分割的损失》，《中国工业经济》2005 年第 4 期。

〔6〕 臧跃茹：《关于打破地方市场分割问题的研究》，《改革》2000 年第 6 期。

〔7〕 郑毓盛、李崇高：《中国地方分割的效率损失》，《中国社会科学》2003 年第 1 期。

〔8〕 白重恩、杜颖娟、陶志刚等：《地方保护主义及产业地区集中度的决定因素和变动趋势》，《经济研究》2004 年第 4 期。

〔9〕 余东华：《地区行政垄断，产业受保护程度与产业效率——以转型时期中国制造业为例》，《南开经济研究》2008 年第 4 期。

务贸易壁垒，允许外地经营者参加本地招投标活动，有利于形成公开的价格和质量竞争环境，其结果是最有效率的企业将会赢得市场，同等的资源投入将会有更高产出。

第三，活跃了全国范围内的投资活动。《意见》规定地方政府不得限制外地经营者在本地投资，地域之间的投资壁垒被打破，释放了之前被地方保护势力封堵的投资行为。同时，《意见》还规定各地不得歧视性对待非本地企业，非本地企业的准入门槛会进一步降低[10]。值得一提的是，《意见》还限制了地方政府的强制性投资行为。当“投资换市场”的模式被弱化以后，企业也就会在一定程度上避免“未做强先做大”的风险。这时，它们会专注于考虑如何在成本最低的地方生产，在需求最旺的地方销售，而不再为跟地方政府打交道而耗费精力。对企业来说，宽松的异地投资规定意味着它们将按照市场规律形成自发投资行为，利用规模经济，降低生产成本，提高生产效率。

第四，有利于各地区发挥比较优势。没有了政府保护，地方企业暴露在全国公平激烈的市场竞争下，区域经济的发展思路必然同本地的资源禀赋联系起来。丰富又廉价的资源拉低了生产成本，当地企业就会以比较优势为基础因地制宜谋求发展，这也缓解了地方产业结构趋同的问题。同时，当各地有重复投资倾向的时候，产品价格就会降低，投资活动会相应转移到更适合的领域去。

第五，促进了创新活动。面对激烈的市场竞争，企业为寻找出路，必须投入更多资源到产品研发中去，通过创新提高生产技术，增加产品差异化程度，改善服务质量，推动整个产业的技术更新换代。

第六，降低了居民收入波动。在市场分割的条件下，企业很难从异地投资去分散地区收入风险。《意见》降低了企业异地内投资门槛，本地企业可以在异地进行投资，其经营状况中的地区收入风险就可以得到分散，由此降低了企业利润和员工薪酬随本地经济波动的风险。这样一来，居民收入更加稳定，消费水平也会平稳增长。

虽然在商品和要素流动上带来了诸多利好，《意见》仍有一些方面需要完善。比如，只是规定地方政府不得限制外地在本地的投资活动，而没有包括本地对外投资。现实情况是，由于地方企业在异地子公司的税收属于外地，地方政府会限制本地企业的异地扩张行为。此外，在执行《意见》时也有不确定性。比如，在现

---

〔10〕 盛丹：《地区行政垄断与我国企业出口的“生产率悖论”》，《产业经济研究》2013 年第 4 期。

有的财税和官员晋升体制下，仅凭行政性规定不一定足以削弱地方政府市场保护的动机。尽管如此，《意见》是在我国《反垄断法》实施近 8 年之后，再次对维护市场公平竞争作出的制度性安排，这也对当前深入推进供给侧结构性改革具有现实意义。

热点问题笔谈：公平竞争审查制度

公平竞争审查制度原理

张占江*

整个经济有效竞争的程度是决定经济增长和社会福利最大化的根本因素。[1] 排除、限制竞争，就会降低经济效率和阻碍创新。目前，我国最大的损害竞争的因素不是企业，而是政府不合理的政策安排。反竞争的传统思维定式在政府机构中还有很深远的影响。准入限制、专项补贴、税收减免、融资担保、资源要素的低价使用、政府采购中的歧视性待遇等扭曲竞争的公共政策，仍大量存在。

公平竞争审查(competition assessment)，旨在解决政府干预过多、滥用"政策倾斜"等问题，保障各类市场主体平等地使用生产要素、公平参与市场竞争。从原理上讲，它是由竞争主管机构审查拟订中(或现行的)公共政策可能(或已经)产生的竞争影响，识别出损害竞争的情形，分析、判断其对竞争影响的合理性，针对不合理的部分提出对竞争损害最小的替代方案[2](见下图)。公平竞争审查的最终目的是，从源头上约束政府行为，防止和纠正妨碍竞争的体制和政策设定[3]。

公平竞争审查一般分为两个步骤：初步审查和深入审查。首先，对照《关于在市场体系建设中建立公平竞争审查制度的意见》(以下简称"《意见》")所列的

---

* 张占江，上海财经大学法学院讲席副教授。

[1] See OECD, Competition Assessment Principles, 2010, p. 36, http://www.oecd.org/daf/competition/reducingregulatoryrestrictionsoncompetition/45544356.pdf, last visit on July 17, 2016.

[2] 张占江：《中国法律竞争评估制度建构》，《法学》2015年第4期。

[3] 吴敬琏："确立竞争政策基础性地位的关键一步"，《人民日报》2016年6月22日。

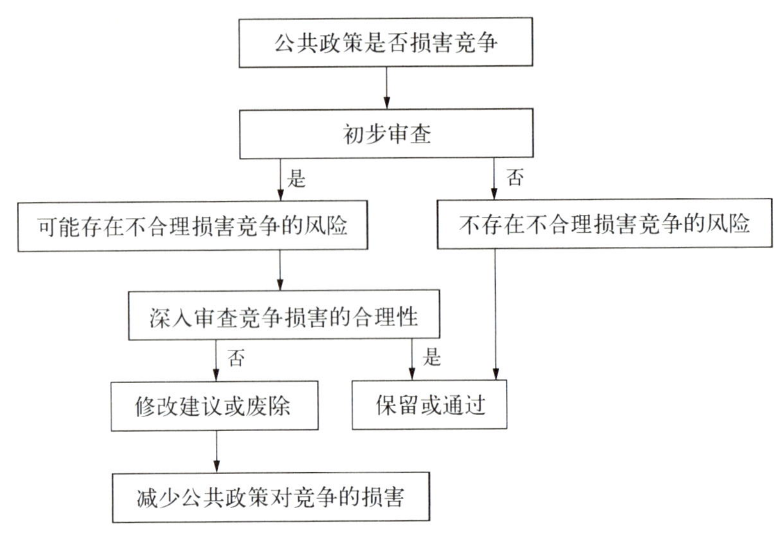

公平竞争审查原理图

标准，快速识别出排除、限制竞争的公共政策。《意见》将审查标准细化为 4 大项 18 小项，以《反垄断法》禁止的行政垄断情形为核心，涉及公共政策对经营者"市场准入和退出"、"商品和要素自由流动"、"生产经营成本"和"生产经营行为"的影响。只要出现《意见》所列标准中的任何一种情形，就意味着该项政策排除、限制了竞争。

其次，判断排除、限制竞争的合理性。政府损害竞争并不一定要禁止，关键要看这种损害是否不可避免、是否已将对竞争的损害降到最低。"不可避免"强调的是，政府对经济干预是必需的，并由此导致了对竞争的损害。这就要关注政策实施的效果(即市场的实际表现)是否与既定的目标相吻合。如果该项公共政策没有实现既定目标，却导致了对竞争的严重损害，就是不合理的；相反，如果实现了既定目标，但也导致了对竞争的损害，则要进一步审查有无对竞争损害更小的替代方案。

竞争是实现资源配置最优化的基本途径。为了纠正市场失灵，哪怕政府通过法律对竞争的限制不得不为，也应该仔细权衡而选取对竞争损害最小的方案，或采取一些辅助的措施来减轻对竞争的损害。这就需要预估替代方案对竞争影响，并将替代方案竞争影响的预估结果与原来的方案的竞争影响结果相比较，看是否真的能够减少对竞争的损害。如果替代方案不能减少对竞争的损害，原方案就是合理的；如果替代方案减少了对竞争的损害，原方案就是不合理的。还要注意，替代方案可能不止一种，需要针对个案在不同替代方案中进行比较，选择对竞争损害最小的那一种〔4〕。

在市场在资源配置中发挥决定性作用的前提下，政府任何排除、限制竞争的政策安排都是一种例外。按照竞争审查最为成功的澳大利亚的经验，一项公共政策"除非能够证明对竞争限制的总体收益大于成本，而且不经此项限制就无法达成政策目标，否则，该项政策对竞争的限制就是不合理的。"〔5〕因此，《意见》规定证明公共政策排除、限制竞争合理性的责任，必须由政策制定机构承担。政策制定机关应当说明：第一，这种排除、限制竞争的安排，对实现政策目的不可或缺；第二，不会严重排除和限制市场竞争；第三，明确实施时限，逐年评估。

总之，公平竞争审查，只是从竞争影响合理性的角度约束政府行为，确保政府提供所有企业公平竞争的制度环境，而不是过多干预竞争过程。市场上的优胜者应在真正的市场竞争中产生，而不是在政府决策的办公室里产生。这一制度本身赋予竞争政策在整体经济政策中的应有地位，对于促进回归和坚守市场经济的竞争本质具有重要意义。

---

〔4〕 例如，为了确保商品或服务质量而规定的最低价格管制，可以考虑改为向消费者提供更充分的信息（如公布价格数据、质量信息，由消费者自己做出选择），或者直接采取质量管制。

〔5〕 NCC, Guidelines for NCP Legislation Reviews, 1999, pp. 6 - 7; ACCC, Competition Principles Agreement, 2007, Section 5, http://ncp.ncc.gov.au/pages/legislation, last visit on July 17, 2016.

公平竞争审查制度：中国竞争政策的重大创新

应品广*

2016年6月1日，国务院发布《关于在市场体系建设中建立公平竞争审查制度的意见》(以下简称《意见》)，建立了我国的“公平竞争审查制度”：行政机关和法律法规授权的具有管理公共事务职能的组织以及行政法规、国务院制定的其他政策措施、地方性法规的起草部门(以下统称“政策制定机关”)，在政策制定过程中应开展公平竞争审查，并按照“谁制定、谁清理”的原则，有序清理“存量”政策措施。公平竞争审查制度是竞争政策的重要组成部分，是对作为“事后规制”方式的竞争法律制度的有效补充，是行政性垄断规制的重要制度创新。

一、公平竞争审查制度是反垄断法的有效补充

一般认为，行政性垄断的规制主要凭借两大法律工具：行政法和反垄断法。前者主要通过建立“权力清单”、规范行政程序和落实行政问责等方式规范政府行为，后者则通过公共实施(行政执法)和私人实施(司法诉讼)约束行政性垄断行为。然而，行政性垄断作为“以公权力为手段、以市场垄断为结果”的垄断形态，决定了对其的规范不能仅仅依靠行政法。同时，由于行政执法和司法诉讼都

* 应品广，上海对外经贸大学WTO研究教育学院副研究员。

只是事后救济措施，一般在限制竞争行为产生了较为严重的后果之后才适用，所以仅依靠反垄断法也无法对行政性垄断形成有效制约。

因此，只有在广义的“竞争政策”的指导下开展“全方位”的行政性垄断规制，才能对行政性垄断予以有效规制。公平竞争审查制度有效弥补了仅仅对行政性垄断予以“事后救济”的不足，是我国确立竞争政策的基础性地位的关键一步。公平竞争审查制度意味着，相关政策（特别是产业政策）出台之前或之后，都要接受竞争政策理念和制度的检验。

二、公平竞争审查制度的实施应当“增量”与“存量”并举

《意见》明确规定了公平竞争审查的对象、方式、标准和步骤，具有较强的可操作性，这是制度设计上的巨大进步。但是，公平竞争审查对于各级政府部门而言仍然是新鲜事物，且制度实施过程中必然会遭遇不同政策和部门之间的理念冲突，因此要取得较好的规制效果，还需要实施部门及社会各界的进一步努力。

比如，在公平竞争审查实施机构的选择上，存在三种不同方案：一是由政策制定机关进行自我审查；二是由竞争主管部门进行审查；三是建立专责的公平竞争审查机构。三种方案各有利弊。目前来看，《意见》最终选择了第一种方案。考虑到竞争政策实施的阶段性和公平竞争审查的专业性和复杂性，在公平竞争审查制度实施的初级阶段采取这样的方案具有现实必要性。但是，随着经验的积累和理念的推广，还是应当逐步建立“以竞争主管部门或专门机构审查为主、政策制定机关为辅”的审查机制。比如，可以逐步加强竞争主管部门对于政策制定机关自我审查的指导，最终建立“竞争主管部门或专门机构主导公平竞争审查”的方案：政策制定机关在制定（修订）政策措施时向竞争主管部门（或国务院反垄断委员会）提交竞争审查报告，由后者开展公平竞争审查，并将结果反馈给政策制定机关及向社会公开。

此外，除了增量审查，还应关注存量审查，特别是通过审查石油、食盐、电信、金融、媒体等诸多“政策性垄断”领域的政策文件，消除妨碍全国统一市场和公平竞争的各种规定和做法。《意见》已经赋予了国家发改委、国务院法制办、商务部和工商总局会同有关部门通过制定实施细则细化公平竞争审查的内容、程序和方法的权力，在制定实施细则时，也可考虑增加对现有政策文件的审查内容，重点关注各种补贴措施，推动行业法的“竞争法化”，实现竞争政策的理念渗透到其

他经济和社会政策之中。

三、公平竞争审查制度的有效实施还需进一步制度配套

第一是纠错机制。《意见》已经确立了定期清理规章和规范性文件的机制，并要求将评估结果向社会公开。除此之外，还有必要防止政策制定机关通过自我审查将“不合理”的政策措施“合法化”，即将很可能排除、限制竞争的政策评估为符合社会公共利益的政策。因此，对于自我评估，应当有“纠错机制”：一方面，在其作出初步审查之后，应当将其审查结果(包括审查的分析过程)提交给竞争主管部门(或国务院反垄断委员会)进行进一步评估；另一方面，应当将自我审查的报告(包括论证过程)以及竞争主管部门(或国务院反垄断委员会)的评估报告向社会公布，接受社会监督。

第二是协调机制。不同的机构对于政策是否符合“公共利益”的看法可能是不同的。竞争主管部门可能更多地从是否影响竞争机制来看政策的合理性，而行业主管部门可能更多地从产业发展的角度看政策的合理性。比如，2016 年 6 月 22 日，大众出租致信交通运输部，要求对即将出台的《网络预约出租汽车经营服务管理暂行办法(征求意见稿)》开展公平竞争审查，理由是网约车平台的经营行为与国家现有法律法规存在抵触。但是，换个角度看，是否现有法律法规本身束缚了创新并违反公平竞争原则？对此，不仅需要倾听部门意见，更需要听取专家和社会意见。协调各方意见的关键，建立常规化的协调机制。考虑到国务院反垄断委员会的成员单位中不仅包含竞争主管部门，也不乏行业监管部门，建议由国务院反垄断委员会牵头，构建竞争主管部门、政策制定部门、相关行业主管部门以及专家学者共同参与的协调机制，定期举办政策协调会，通过竞争倡导和个案推动实现竞争政策理念的渗透。

第三是监督机制。《意见》明确了完善政府守信机制、加强执法监督、强化责任追究的内容，但是对于如何建立和健全政务和行政承诺考核制度、如何调查和处理未经公平竞争审查或违反公平竞争审查标准出台政策措施以及不及时纠正的地方政府或部门，尚未明确。笔者认为，强化信息公开是开展监督的最便捷和最有效手段之一。在制定实施细则时，建议规定政策制定机关应及时、全面地公开竞争审查报告(包括论证过程)，以及根据竞争主管部门(或国务院反垄断委员会)的意见矫正政策措施的情况，同时明确国务院反垄断委员会可以定期对各级

政府部门执行公平竞争审查的情况进行评估，以及鼓励第三方开展评估。

最后，由于《意见》是国务院颁布的，且竞争主管部门本身不属于立法机构，其审查全国人大及其常委会、地方人大及其常委会制定的法律或地方性法规很可能不具有“合法性”。因此，对于地方性法规，意见仅规定了“自我审查”；对于法律，则没有做出公平竞争审查的规定。但是，排除、限制竞争的政策措施很可能不仅存在于行政机关，立法和司法机关也可能存在（比如法律和司法解释）。对于这种广义上的“政府限制竞争行为”，还需凭借包括宪法性机制在内的“国家竞争政策”（比如，美国《宪法》中的州际贸易条款、《欧盟运行条约》中有关人员流动、国家援助控制等方面的条款）的进一步规范。同时，虽然竞争主管部门（或国务院反垄断委员会）对于立法机关制定的法律或地方性法规无“审查权”，但仍可赋予其“建议权”，以便最大限度减少不利于公平竞争的法律规则的不利影响。

热点问题笔谈：公平竞争审查制度

对地方性立法进行公平竞争审查的难点问题

袁　嘉*

中央层级构建公平竞争审查制度的决心可彰，自 2015 年 3 月以来，国务院先后发布四个重要文件〔1〕催促建立公平竞争审查制度。2016 年 6 月，国务院出台《关于在市场体系建设中建立公平竞争审查制度的意见》（以下简称《意见》），明晰了宏观的审查原则、对象、方式和标准。地方联动上，为响应号召，武汉、长沙、南昌、合肥签署合作一体化备忘录，表示四市将共建和完善公平竞争审查机制；〔2〕湖南省发改委价监局去年启动了三起反价格垄断调查和公平竞争政策审查〔3〕。尽管有小范围的实践，但地方性立法〔4〕中的竞争审查衔接机制仍处空白状态，相较于中央立法的稳定性，地方性立法具有“回应型立法”的特征，且新《立法法》将立法权下放至设区的市，地方立法技术令人担忧，审查的必要性更大，存在的难点问题也更多。鉴于此，本文将梳理地方性立法中的反竞争

---

* 袁嘉，四川大学法学院讲师，对外经济贸易大学博士后研究人员，德国波恩大学法学博士。

〔1〕 这 4 个文件包括：①《国务院关于在市场体系建设中建立公平竞争审查制度的意见》（国发〔2016〕34 号），2016－6－14；②《国务院关于大力推进大众创业万众创新若干政策措施的意见》（国发〔2015〕32 号），2015－6－11；③《国务院批转发展改革委关于 2015 年深化经济体制改革重点工作的意见》（国发〔2015〕26 号），2015－5－8；④《中共中央国务院关于深化体制机制改革加快实施创新驱动发展战略的若干意见》（中发〔2015〕8 号），2015－3－13。

〔2〕 http://news.163.com/16/0302/08/BH50FMG200014Q4P.html，2016 年 7 月 3 日最后访问。

〔3〕 http://www.sdpc.gov.cn/dffgwdt/201512/t20151207_761556.html，2016 年 7 月 3 日最后访问。

〔4〕 《立法法》中的地方性立法不含非法律法规的普通规范性文件，为研究方便，本文将地方性立法定义为地方政府、授权事业单位等政策制定机关制定的制度性规定，含地方性法规、自治条例和单行条例、规章、规范性文件。

现象，考察地方性立法中进行公平竞争审查的难点，提出地方性立法中推行公平竞争审查的建议。

一、地方性立法中的反竞争现象

地方性立法中的反竞争现象可分为以下几种：① 良法变味型。市场瞬息万变，在制定之初促进竞争的立法很可能在一段时间后限制竞争；② 受众对策型。旨在促进竞争的地方性立法出台后，引起了市场主体的对策行为，最终起到相反的效果，多源于政策制定时缺乏对受众个体决策的研究，如上海市政府出台的《上海市建筑垃圾和工程渣土处置管理规定》中对于区域运输单位数量和经营期限的要求，其立法本意是要促进该区域市场中的竞争，但由于行业的特殊性，这样的要求反而限制了大型运输单位的形成和发展，不利于提高经济效率；③ 行业管制交叉型。出于公共利益的考量，行业管制法会赋予某些企业或事业单位（如电力、石油、电信公司等）以一定的垄断地位，但基于该垄断地位实施的排除限制竞争的行为不一定能获豁免；④ 政府补贴型。为扶持中小企业、不发达和少数民族地区等，政府可能会采取资金扶持、贷款贴息等方式为企业提供补贴（如发改委、经信委等出台的一些政策）。同时，国企、民企在受补贴力度上存在差异〔5〕，使得目标补贴者与实际受益者的错位〔6〕，扭曲资源配置，减损消费者福利。

二、地方性立法中进行公平竞争审查的难点

（一）审查动力问题：地方政府政绩追求与推行公平竞争审查的矛盾

政策制定的过程是各方利益裹挟、妥协的过程，推行公平竞争审查将阻止部分排除限制竞争的地方性立法（或政策）的出台。这些政策阻碍了地方的长远利益，但对于短时期刺激经济、获取政绩可能是利好的，地方官员为追求短期政绩效应可能阻碍审查结果的落地。此外，推行公平竞争审查还将增加政策制定机

〔5〕 余明桂、回雅甫、潘红波：《政治联系、寻租与地方政府财政补贴有效性》，《经济研究》2010年第3期。

〔6〕 孔东民、刘莎莎、王亚男：《市场竞争、产权与政府补贴》，《经济研究》2013年第2期。

关的工作量，限缩其以往在政府补贴、政策推行过程中过于扩张的行政权，行政主体推行公平竞争审查的动机将大大削弱。澳大利亚在出台国家竞争政策时，各州就曾因不满补偿金额而反对其通过。综上，应考虑审查成果被地方利益裹挟的情况，建立公平竞争审查的执行保障和执行监督制度。

（二）审查协调问题：公平竞争审查与原有立法评估体系的兼容问题

在我国 30 余年的地方立法实践中，各省、市探索出不少确保本地地方立法科学性、民主性、妥适性的制度、机制、措施，“地方立法评估”就是其中十分抢眼的一个。广义的地方性立法评估包括立法前评估、立法中评估和立法后评估等。从各地方立法前后评估报告看，在立法的事后审查中，竞争审查俨已萌芽，尽管实务部门未明确将对竞争的影响纳入审查目标，但从立法评估报告的问题分析和结论可悉，从竞争角度考虑立法中的政府与市场关系问题是评估者的关注维度之一，且时间轴越往后，立法评估者主动考虑竞争因素的意愿愈发明显。2014 年，重庆市立法后审查的两级指标中便出现竞争影响项目，即“政府过度干预市场”纳入一级指标“合理性”之列，“政府干预适度，有利于发挥市场自身调节作用”作为二级指标的一项。立法评估中不同程度地出现了对竞争影响的考量，但各省、市、区在将竞争审查融入立法评估的进路上分化明显，各地在审查机关、审查程序和时限、监督和责任机制上的规定有差距，部分地区审查承担机构不明确。《意见》考虑到触动原有的利益格局将添设推行阻力，遂采取制定机关自查的温和路径，审查在具体实施时将难以绕开新旧两种体系的兼容问题，即分工与衔接的制度安排。

（三）审查能力问题：对政策制定机关的指导和监督

根据《意见》的要求，地方性政策制定机关需要完成的任务有：制定政策时开展公平竞争自我审查、逐步清理废除违反标准和竞争法律法规的相关政策措施、逐年评估相关政策措施的实施效果，以及加强与公平竞争审查制度相关的宣传培训。首先，囿于公平竞争审查本身对于专业性的要求，地方性政策制定机关要圆满完成上述任务难度较大，因此急需具有专业能力的竞争执法机构或者专家对其提供指导。但反垄断法在我国的实施时间并不长，主要执法力量和专家都集中在北京、上海等政治经济中心城市，地方性竞争执法机构或专家队伍的建设仍属大问题；其次，为防止地方性政策制定机关的非专业性和滥用自查权力，还需建立更为完善的审查监督程序，并以此保障公平竞争审查制度的实施。

三、地方性立法中推行公平竞争审查的建议

（一）审查机制：建立跨区域的第三方评估机构

在《意见》中已经提到，对建立公平竞争审查制度后出台的政策措施，鼓励委托第三方开展评估，但这里的第三方评估主体应当由什么类型的机构来担任却并未提及。根据地方性立法的特点，其往往散落在省市区各级人民政府及其组成部门的日常文件中，具有数量多、涉及专业面广的特点。如果只由当地的高校、研究机构担任评估主体，虽能解决日常监督、指导的问题，但在专业性上不一定能得到保证。而如果只由竞争法发达地区的北京、上海科研机构担任第三方评估主体，又可能无法做到指导、监督、评估的及时性。所以建议我国竞争法学术和实务界的专家能组成跨区域、跨所属单位的联合智库，充分发挥发达地区专家的专业性优势和地方专家的实效性优势，共同为各地区的地方性立法公平竞争审查提供指导、监督和评估。此外，这种跨区域的联合智库作为第三方评估机构还能很好地规避地方性保护的问题。

（二）审查方法：综合成本-效益分析的合理运用

我国的立法审查报告中，多地政府都运用成本-效益分析法考察立法对社会、经济和生态效益的影响，但各地方对该方法的运用多搁浅在定性分析的层面——青岛市认为成本-效益分析法不是简单加减，而要全面权衡立法目的、可行性、社会影响和实施的成本-效益〔7〕；长沙市则认为部分指标难以量化，如经济成本中的间接成本〔8〕，地方惯以综合衡量等模糊决策取代定量分析。而公平竞争审查的核心在于围绕对竞争的影响作立法的成本-效益分析。如此，在研究公平竞争审查技术之初，除了考虑与竞争影响相关的成本-效益分析，还应考虑对竞争影响与其他价值体系之间的成本-效益分析。

（三）审查重点：各类型反竞争地方性立法的审查重点

一是良法变味型。具隐蔽性，时间推移、经济环境变化以及作用对象的行为都可能使良法变味，对应的逐年评估倒查机制应有所侧重，可以从较早颁布、施行时间较长的政策开始清理。

〔7〕 张桂芹、周怡萍：《青岛启动立法前评估试点》，《中国人大》2011 年第 8 期。

〔8〕 李沫、蒋建湘：《立法后评估的实践与反思——以长沙市地方规章立法后评估为视角》，《中南大学学报（社会科学版）》2012 年第 6 期。

二是受众对策型。其症结在于地方性立法过程中缺乏对受众行为的研究，因此应在立法前委托专业机构进行立法调研。

三是行业管制交叉型。其困难性体现在，常与自然垄断、政策垄断和国企垄断交织在一起，不易区分。此外，其惯常性源于同级政府间竞争和以GDP增长为指挥棒的政绩考核指标催生地方保护主义，地方政府与属地企业形成市场壁垒，公权力为个体的权利设租、寻租引发的地方腐败现象等都一定程度地限制了竞争，损害地方、国家长远利益和社会公共利益，对此类型地方性立法进行公平竞争审查应重点考虑上述因素。

四是政府补贴型。政府补贴不仅包括政府给予特定主体的资金补贴，而且还包括现有亏损补偿、税收优惠、贷款支援、担保、直接资助等类型间接补贴形式〔9〕。而实践中，地方政府对补贴事项的自由裁量权很大，在竞争审查的过程中，如何判断某种补贴发放的应然性，如何识别限制竞争的补贴，补贴标准和方式的审查，则需要成为关注的重点。

〔9〕 丁茂中：《竞争中立政策视野下的政府补贴中立研究》，《中国矿业大学学报（社会科学版）》2015年第5期。

我国公平竞争审查制度的特点及优化建议*

王　健**

摘要： 我国的公平竞争审查有着自己鲜明的特点，它跨越了管制影响评估阶段直接进入公平竞争审查，审查的对象主要是增量政策措施，强调政策制定机关的自我审查，审查标准具有中国特色。与此同时，我国的公平竞争审查制度需要进一步制定实施细则加以落实，建议从以下几个方面加以优化和完善：修正公平竞争审查的基本准则；构建以竞争主管机关为主导的增量政策公平竞争审查制度；设立独立竞争政策机构主持存量政策的公平竞争审查；做好长期审查规划，导入定期公平竞争审查机制。

关键词： 公平竞争审查，管制影响评估，自我审查，优化

2016 年 6 月 1 日，国务院颁布《关于在市场体系建设中建立公平竞争审查制度的意见》（以下简称"《意见》"），标志着我国公平竞争审查制度横空出世。公平竞争审查制度自提出到最后出台相关规定，速度之快确实超出了一般人的想象，但也从另一方面表明了中共中央和国务院全面深化改革的决心。相比国外的公平竞争审查制度而言，我国公平竞争审查制度有着自己的特点。与此同时，我国的公平竞争审查制度由于其仅规定于"意见"中，因此一定是个阶段性产物，

* 本文系 2014 年度司法部国家法治与法学理论研究项目"竞争评估的理论阐释和制度构建"（项目编号：14SFB20034）和教育部哲学社会科学研究重大课题攻关项目"经济全球化背景下中国反垄断战略研究"（项目批准号：15JZD018）的阶段性成果。

** 王健，浙江理工大学教授，法政学院院长，浙江省法学会竞争法学研究会会长。

需要以后进一步优化。

一、我国公平竞争审查制度的特点

(一) 跨越管制影响制评估直接进入公平竞争审查

我国公平竞争审查制度的对象是排除、限制竞争的政策措施,其表现形式有行政法规、地方性法规、规章、规范性文件和做法等。这些政策措施实质上就是政府的一种管制措施,因此又可简称为"影响竞争的政府管制措施"。从国外的发展情况来看,政府的管制经历了高强度管制、放松管制到追求更佳政府管制或高品质管制的演变过程。一般来说,一个管制机构过去通常只关注特定的政策目标(例如,保护消费者、公共健康和安全、环境或其他重大利益),不会全面考虑管制所带来的成本,以及他们的行动是如何影响竞争的〔1〕。自放松管制以来,不少发达国家开始重视并实施管制影响评估制度,管制只有经过了影响评估程序才可能执行或得到保留。管制影响评估更是成为推动更佳管制的一个重要因素。管制影响评估是指系统评估一个新的管制或现行管制的成本和收益,目的在于改善管制政策的质量。它最初由美国在20世纪70年代创设,英国1998年采纳了管制影响评估,OECD在20世纪90年代中期出版了《问题清单和指南》,供管制机构在决定管制政策时考虑。现在大多数OECD国家都已经采纳了管制影响评估,尽管适用程度看起来有所差异〔2〕。在管制影响评估过程中,通常也要考虑竞争性目标。因此,有些国家将公平竞争审查(不少国家称为"竞争评估")纳入管制影响评估之中。不过,随着竞争政策重要性日益凸显,2000年以来已经有越来越多的国家对政府管制进行独立的公平竞争审查,并建立了相关制度。我国目前正在进行放松政府管制的改革,尚未建立真正意义上的管制影响评估制度。因此,跨越管制影响评估直接进入公平竞争审查是一项比较重大的改革,其效果如何有待检验。

(二) 公平竞争审查的对象主要是增量政策措施

我国的《意见》将审查对象分为"增量政策措施"和"存量政策措施"两类。这两种政策措施,在国外又称为"拟议(新)政府管制措施"和"现行政府管制措施"。

〔1〕 王健:《政府管制的竞争评估》,《华东政法大学学报》2015年第4期。

〔2〕 See Colin Kirkpatrick and David Parker, REGULATORY IMPACT ASSESSMENT AND REGULATORY GOVERNANCE IN DEVELOPING COUNTRIES, p. 333, Public administration and development Public Admin. Dev. 24, (2004).

公平竞争审查一开始主要针对的就是现行政府管制措施，因为他们认识到政府管制历史悠久，遗留问题很多，如果不对现行影响竞争的政府管制措施进行全面审查和清理，就无法有效推动竞争政策的实施。后来，许多国家意识到在现代社会政府管制仍然不可或缺，新的管制措施仍将层出不穷，这些拟议中的政府管制措施如果不加以事前控制可能就会限制和影响竞争。管制政策拟定之前就进行公平竞争审查，是在达成政策目标的前提下，选出最不伤害市场竞争的措施。如此，市场就能够维持其竞争、效率与创造力，经济方能持续发展[3]。从我国《意见》第三部分审查对象的规定以及第四部分"有序清理存量"规定来看，当前我国的公平审查对象主要就是"增量政策措施"。对于"存量政策措施"，只是原则提出按照"谁制定、谁清理"的原则，各级人民政府及所属部门要对照公平竞争审查标准，对现行政策措施区分不同情况，稳妥把握节奏，有序清理和废除妨碍全国统一市场和公平竞争的各种规定和做法。对于这种现象，时建中教授表示："公平竞争审查制度目前只针对增量政策，就是以后新出台的政策谁发布谁审查，但是现实经济生活中的大量政策已经出台，由于《意见》规定不溯及既往，但在现实中对公平竞争产生巨大损害的制度怎么办不清楚，或者说仍然存在一系列的问题。"

（三）强调政策制定机关的自我审查

对于影响竞争的政策措施或者说政府管制措施，由哪个主体负责公平竞争审查？目前，有些国家规定由管制机关（政策制定机关）负责公平竞争审查工作，有的国家则规定由竞争主管机关负责公平竞争审查工作，还有的国家规定由管制机关和竞争主管机关共同负责。在大多数发达经济体，一般建议由提出管制的机构执行初步的公平竞争审查，但同时规定竞争主管机关主导公平竞争审查工作和负责深入和全面的公平竞争审查工作。我国《意见》第二部分规定，建立健全公平竞争审查保障机制，把自我审查和外部监督结合起来，加强社会监督和执法监督，及时纠正滥用行政权力排除、限制竞争行为。第三部分规定，政策制定机关在政策制定过程中，要严格对照审查标准进行自我审查。行政机关和法律、法规授权的具有管理公共事务职能的组织（以下统称政策制定机关）制定市场准入、产业发展、招商引资、招标投标、政府采购、经营行为规范、资质标准等涉及市场主体经济活动的规章、规范性文件和其他政策措施，应当进行公平竞争审

〔3〕 参见陈和全等：《公平交易法与其他法规竞合竞争评估标准之研究》，台湾地区公平交易委员会《2009 年委托研究报告 7》，第 188 页。

查。这说明,我国强调的是政策制定机关的自我审查。于良春教授指出,《意见》明确政策制定机关在政策制定过程中,应当进行公平竞争审查。而这种审查仍是政策制定机关的自我审查。如果有利益相关方比如被限制竞争的企业提出申诉,它该向谁提出?根据目前的规定该是政策制定机关。实施效果显然要打折扣〔4〕。

(四)公平竞争审查标准具有中国特色

审查标准是公平竞争审查制度的一个核心问题,它是评判一项政府政策措施是否排除、限制竞争的核心指标。各国在确定公平竞争审查标准时,一般要考虑该项政府管制政策对市场竞争的可能冲击包括哪些方面?回答这个问题的最直接方式是规定“竞争核对清单”,通过清单来明确标准。“竞争核对清单”可以帮助政策制定者在法规制定的初始阶段就重点关注法规对竞争产生的潜在影响。OECD在其《竞争评估工具书·原则》中规定了公平竞争审查的四大标准,即限制供应商的数量或经营范围、限制供应商的竞争能力、打击供应商参与竞争的积极性和对消费者可获信息及其选择的限制。同时,在四大标准下又规定了16条具体的判断标准〔5〕。我国的《意见》第三部分规定的审查标准具有自己的特点,虽然也规定了四大审查标准,但内容与国外的规定不太相同,包括市场准入和退出标准、商品和要素自由流动标准、影响生产经营成本标准和影响生产经营行为标准。这四大标准下又规定了18条具体的判断标准,基本反映了我国目前市场体系建设中的突出问题。除了这四项18条标准外,《意见》还提出了两条兜底性条款,一是没有法律法规依据,不得制定减损市场主体合法权益或增加其义务的政策措施。二是不得违反《反垄断法》制定含有排除限制竞争的政策措施。上述标准全面系统地为公平竞争审查提供了遵循原则,实际上也是为政府行为列出了负面清单。〔6〕

二、我国公平竞争审查制度的优化建议

由于我国的公平竞争审查制度只是个“意见”,需要进一步制定实施细则予

〔4〕 万静:“反行政垄断顶层设计日渐清晰”,《法制日报》2016年7月12日。

〔5〕 OECD:《竞争评估工具书·原则》,第7-9页,http://www.oecd.org/daf/competition/98765436.pdf,2015年4月9日最后访问。

〔6〕《市场公平竞争审查制度意见为行政权力划定18个“不得”》,http://www.ce.cn/xwzx/gnsz/gdxw/201607/07/t20160707_13597094.shtml,2016年7月15日最后访问。

以落实。因此，如何进一步优化我国的公平竞争审查制度，以推动公平竞争审查制度真正落地，激发制度活力，也是一个不容回避的问题。黄勇教授已经明确提出，《意见》落实还要进一步细化相关标准，明确审查程序，强化问责制度，落实法律责任，最终要走法治化道路。实施一段时间以后，国务院应该适时出台“公平竞争审查条例”，提高《意见》的法律位阶，使其更具权威和执行力，避免出现“文件管文件”的尴尬局面〔7〕。除了公平竞争审查需要法治化的优化建议以外，笔者认为还应从以下几个方面加以优化和完善。

(一) 修正公平竞争审查的基本准则

我国《意见》第三部分规定，政策制定机关在政策制定过程中，要严格对照审查标准进行自我审查。经审查认为不具有排除、限制竞争效果的，可以实施；具有排除、限制竞争效果的，应当不予出台，或调整至符合相关要求后再出台。从该规定来看，“不具有排除、限制竞争效果”成为我国公平竞争审查的基本准则。一旦政策措施具有排除、限制竞争效果的，就不予出台。只有属于《意见》例外规定的 4 种情形，而且“政策制定机关说明相关政策措施对实现政策目的不可或缺，且不会严重排除和限制市场竞争，并明确实施期”的情况下才可以实施。实事求是地说，这个审查基准的规定是非常严格的。尽管政府管制市场有很多理由和方式，其用意在于增进社会与经济福利，是为了实现某种公共利益，然而管制的实质是政府命令对竞争的明显取代，因此管制通常有限制竞争的效果〔8〕。几乎没有一个管制政策措施在竞争问题上是中立的。经济管制会影响竞争，社会管制也会影响竞争。基于此，公平竞争审查先行国家一般要求在既定管制政策目标下，应当找出最小影响和限制竞争的方案。“最小影响和限制竞争”成为公平竞争审查的基本准则。所谓公平竞争审查（竞争评估），是指反垄断主管机构或专门机构对政府管制措施可能或已经产生的竞争影响作出审查和评价，然后寻求对竞争影响最小但仍然可以取得特定政策目标的替代方案，目的是减少管制超过实现其目标的必要限度而对竞争产生重大不利影响〔9〕。从语言的表述与逻辑结构来看，我国《意见》的规定似乎力求与《反垄断法》有关垄断行为违法性判断的表述相一致。然而，这种审查基准的规定与政府管制政策措施的本质是不相吻合的。因此，建议在制定实施细则时，明确规定公平竞争审查的基本

---

〔7〕 万静：“反行政垄断顶层设计日渐清晰”，《法制日报》2016 年 7 月 12 日。

〔8〕 [美] 丹尼尔. F. 史普博著：《管制与市场》，余晖等译，格致出版社、上海三联书店、上海人民出版社 2008 年版，第 28、801 页。

〔9〕 参见王健：《政府管制的竞争评估》，《华东政法大学学报》2015 年第 4 期。

准则是“最小影响和限制竞争”。

(二)构建以竞争主管机关为主导的增量政策公平竞争审查制度

对于增量政策的公平竞争审查,我国《意见》规定,政策制定机关在政策制定过程中,要严格对照审查标准进行自我审查。同时,规定建立健全公平竞争审查保障机制,把自我审查和外部监督结合起来。国家发展和改革委员会副主任胡祖才先生在一次新闻发布会上谈到,采取自我审查为主的方式,主要有以下 4 点考虑:第一,与现行的法律法规行政管理模式相衔接。根据《反垄断法》对滥用行政权力排除限制竞争行为,反垄断执法机构调查后可提出处理建议,由违法机关的上级机关纠正。现在我们的《反垄断法》也是要靠相关机构自己来纠正的,执法机构也是提建议。政策制定机关自我审查与《反垄断法》的规定精神相衔接。第二,政策制定机关对制定政策的背景、目的、内容更为了解,尤其是自我审查,可以将保护市场竞争与实现政策目标更好地结合起来。第三,由政策制定机关自我审查,也是一种竞争倡导的过程,有利于不断增强政策制定机关的公平竞争意识,促进管理理念的转变,使维护公平竞争成为政府自觉的行动。第四,借鉴了国际经验〔10〕。我们认为,由政策制定机关进行自我审查有一定的合理性,但是自我审查的缺点是非常明显的:一方面政策制定机关缺少竞争评估的能力和知识,另一方面由于其本身就是利益相关方,容易影响该项工作的开展,实际效果很可能就达不到预期的目标。因此,有不少国家一方面规定了政策制定机关的自我审查方式,另一方面也规定了竞争主管机关在公平竞争审查中处于主导地位。这主要表现在以下几个方面:第一,竞争主管机关制定《公平竞争审查指南》和(或)《公平竞争审查手册》,以指导政策制定机关具体的公平竞争审查工作;第二,政策制定机关仅进行初步评估工作,更深入的评估由竞争主管机关负责进行。例如,在日本,首先由管制部门对照竞争核对清单提出反馈意见,与政策评估报告一起提交给内务部,再由内务部将竞争核对清单的反馈意见转交给公平交易委员会(JFTC),最后由其进行竞争评估。JFTC 还经常与其他产业管制机关举行简短的会议,提供竞争核对清单的指导。第三,导入事前协商和咨询制度。规定政策制定机关在制定政策之前,事先征求竞争主管机关的意见和建议。日本 JFTC 官员 Michiyo Hamada 认为:“竞争主管机关应该支持行业管制机关改善他们的竞争审查。行业管制机关缺少经济分析的经验和技能,竞争主

〔10〕《发改委就实施公平竞争审查制度举行新闻发布会》,http://news.ifeng.com/a/20160707/49311574_0.shtml,2016 年 7 月 16 日最后访问。

管机关的《协商和指南》对于行业管制机关的工作人员来说是非常必要的”〔11〕。基于这种情况，我们建议在规定增量政策自我审查机制的基础上，进一步规定竞争主管机关在公平竞争审查中的地位和作用。我们建议先由政策制定机关进行初步的公平竞争审查，但由国务院反垄断委员会制定《公平竞争审查指南》和（或）竞争主管机关制定《公平竞争审查手册》进行指导。如果政策制定机关经过初步审查后，发现该政策措施明显影响竞争的，则由政策制定机关自己直接改正，并将改正措施上报竞争主管机关和国务院法制办；如果经初步审查发现可能有影响、限制竞争的，并且需要进一步深入审查的，那么就应该提交给竞争主管机关进行全面、深入的公平竞争审查。竞争主管机关审查后，提出修改意见，交由政策制定机关改正，抄送国务院法制办。这种制度设计既可以发挥政策制定机关的专业特长，又可以发挥竞争主管机关拥有的丰富的竞争审查能力和知识，有利于做好公平竞争审查工作。

（三）设立独立竞争政策机构主持存量政策的公平竞争审查

对于存量政策的公平竞争审查，我国《意见》规定，按照“谁制定、谁清理”的原则，各级人民政府及所属部门要对照公平竞争审查标准，对现行政策措施区分不同情况，稳妥把握节奏，有序清理和废除妨碍全国统一市场和公平竞争的各种规定和做法。对市场主体反映比较强烈、问题暴露比较集中、影响比较突出的规定和做法，要尽快废止；对以合同协议等形式给予企业的优惠政策，以及部分立即终止会带来重大影响的政策措施，要设置过渡期，留出必要的缓冲空间；对已兑现的优惠政策，不溯及既往。如果要充分发挥市场在资源配置中的决定性作用，让竞争政策成为基础性的经济政策，通过对存量政策进行全面、系统的公平竞争审查无疑是十分必要的，这理应是当前我国公平竞争审查工作的重点。然而，按照《意见》规定的存量政策公平竞争审查思路，需要注意以下两个问题：第一，存量政策的公平竞争审查不应局限于地方各级人民政府及所属部门，国务院及各部委制定的存量政策也应纳入公平竞争审查的范围；第二，这种各自为政的清理和公平竞争审查方式不利于存量政策公平竞争审查的统一和完整，不利于全国统一市场的建立，需要逐步完善。对于这种存量政策的公平竞争审查，澳大利亚的经验非常值得借鉴。1995 年，澳大利亚联邦和各州签订了《竞争原则协

---

〔11〕 See Michiyo Hamada. Controlling Anticompetitive Action by the State: The Role of Competition Advocacy/Competition Assessment-Japan's Experience, http://www.jftc.go.jp/en/policy_enforcement/speeches/2011/110318.html, last visit on July 16,2016.

议》(2007年修订),专章规定了限制竞争立法审查问题。之后,根据《1995年竞争政策改革法》设立了国家竞争委员会(National Competition Council, NCC),它是一个联邦法定机构,来组织评估所有涉及限制竞争的立法,同时为所有政府在竞争政策改革时提供咨询服务。澳大利亚《国家竞争政策立法审查指南》要求各级政府设立一个独立的审查委员会具体从事管制立法审查、评估工作,并对该独立委员会提出了一系列要求〔12〕。按照分工,NCC负责涉及整个国家层面的立法审查,涉及地方的由地方政府成立独立的、透明的委员会来进行,但NCC作为裁判来确认地方政府的立法审查是否正确做了,并以此决定是否奖励或惩罚。1996年,澳大利亚每一个政府(中央和地方)均公布了立法审查时间表,清单中共有约1 800件立法需要审查。NCC随后将这些立法分为需要优先审查的立法(可能是对竞争有着重大影响的反竞争立法)和非优先审查的立法。目前,澳大利亚正在考虑设立一个新的监管机构——澳大利亚竞争政策委员会(Australian Council for Competition Policy, ACCP),由这个委员会推动新的竞争规则改革和财政刺激各州政府完成竞争改革任务〔13〕。就我国实际情况而言,我国现行的存量政策涉及面广、数量多,工作量巨大,因此建议借鉴澳大利亚等国家的做法,成立独立的竞争政策机构主持存量政策的公平竞争审查,由该专门机构指导、部署和考核国务院各部委、各地方政府的存量政策的公平竞争审查工作,并设置公平竞争审查时间表和需要优先进行公平竞争审查的政策措施。

(四)做好长期审查规划,导入定期公平竞争审查机制

从澳大利亚、日本的经验来看,启动竞争审查和通过竞争审查废除一些限制竞争的规定均要持续很长一段时间。澳大利亚经过十年努力后,虽然取得了成效,但目标任务并没有百分之一百完成,已经明确地将继续进行更加集中的立法审查机制。日本通过1995年改革和三次立法,大部分反托拉斯豁免被废除了,一些领域放松了管制。在仍然保留的行业,JFTC努力导入事前协商制度,JFTC有能力审查被管制机构授予的管制的目的。反托拉斯豁免和政府反竞争管制一旦建立,废除会花很长时间。在日本,它花了四五十年时间〔14〕。我国的存量政

〔12〕 See National Competition Policy legislation review guidelines: Prepared for the National Competition Council, Centre for International Economics, February 1999, p. 24.

〔13〕 See Harper competition review seeks widespread change: experts react, http://theconversation.com/harper-competition-review-seeks-widespread-change-experts-react-31963, last visit on July 16, 2016.

〔14〕 See Michiyo Hamada, Controlling Anticompetitive Action by the State: The Role of Competition Advocacy/Competition Assessment-Japan's Experience, http://www.jftc.go.jp/en/policy_enforcement/speeches/2011/110318.html, last visit on July 16, 2016.

策数量巨大、品种繁多，要做好长期审查的规划和路线图，以及每年工作的重心和主要任务。

对于那些已经进行了公平竞争审查的政策措施，无论是增量政策，还是存量政策的公平竞争审查，要导入定期公平竞争审查制度。主要原因是政府的政策措施的目标定位本身会发生变化，公共利益判断会发生变化，对于竞争的认识也会发生变化。在特定时期通过公平竞争审查的政策措施在过了若干年后可能会发生影响、限制竞争的效果。因此，非常有必要导入定期公平竞争审查机制。例如，澳大利亚就规定，所有 LRP(Law Review Program，立法审查计划)项目下已经审查的立法以及基于公共利益保留的立法至少每隔十年再审查一次。对此，我国也不妨借鉴。

中国(上海)自由贸易试验区竞争中立政策的推进检视

丁茂中*

摘要：根据竞争中立政策引入的事实判断标准，对照中国（上海）自由贸易试验区的改革文件，应当可以确定中国（上海）自由贸易试验区已经引入竞争中立政策。根据中国（上海）自由贸易试验区的实践来看，我们没有盲目地照抄照搬澳大利亚或者OECD的竞争中立政策；但是中国（上海）自由贸易试验区的竞争中立政策在实体性内容上与应然做法还存在一定距离。根据实践来看，中国（上海）自由贸易试验区的行政执法在现有面上很好地贯彻了竞争中立政策，这集中表现在中国（上海）自由贸易试验区的执法公平上；中国（上海）自由贸易试验区在体制改革上积极推行了负面清单管理模式，在最大限度上取消了很多领域的市场进入限制；但是，中国（上海）自由贸易试验区在竞争倡导上目前还没有针对竞争中立政策进行有效关注。

关键词：竞争中立政策，政策引入，政策设计，政策贯彻

竞争中立政策（competitive neutrality policy）主要涉及政府干预市场的公平问题。《中国（上海）自由贸易试验区总体方案》的指导思想明确要求：高举中国特色社会主义伟大旗帜，以邓小平理论、“三个代表”重要思想、科学发展观为指导，紧紧围绕国家战略，进一步解放思想，坚持先行先试，以开放促改革、促发

---

* 丁茂中，上海政法学院竞争法研究中心副教授。

展，率先建立符合国际化和法治化要求的跨境投资和贸易规则体系，使试验区成为我国进一步融入经济全球化的重要载体，打造中国经济升级版，为实现中华民族伟大复兴的中国梦作出贡献。而伴随着美国主导的《跨太平洋伙伴关系协议》(TPP)谈判进程的不断推进，WTO 构建的现行跨境投资与贸易规则体系正在受到根本性的挑战。“根据 TPP 成员所公布的文本信息，与以往一般的 PTA 相比，高标准、宽范围、跨地域、开放型构成了这一全新、超级贸易协定的特色，整体上看，俨然一个缩略版的多边贸易体制。”〔1〕“TPP 不仅要求减低或取消关税，更重要的是它强调各成员国的竞争政策，例如推行高标准的知识产权保护、金融改革、增强规则透明度等一系列措施；实际上就是强调规范政府与市场的关系，推行竞争中立政策。”〔2〕在这种历史背景下，中国(上海)自由贸易试验区应当引入竞争中立政策进行先行先试，切实肩负起国务院在《中国(上海)自由贸易试验区总体方案》中所赋予的“我国在新时期加快政府职能转变、积极探索管理模式创新、促进贸易和投资便利化，为全面深化改革和扩大开放探索新途径、积累新经验的重要使命。”因此，在园区已经正式挂牌营运近 3 年的目前深入检视中国(上海)自由贸易试验区的竞争中立政策推进情况有着非常重要的现实意义。

一、竞争中立政策的引入

竞争中立政策对政府干预市场的公平性提出更为苛刻的限制性要求，因此是否已经引入竞争中立政策的事实判断有着严格的标准。

(一) 判断标准

根据竞争中立政策的现代先驱——澳大利亚所实施的竞争中立政策改革，确认一个负有维护相关市场公平竞争职能的中央政府和(或)地方政府是否已经引入竞争中立政策应当依据以下 3 个方面内容进行。

第一，权力部门发布的纲领性改革文件必须针对政府公平对待所有经营者的重要议题进行政策性声明。20 世纪 90 年代，澳大利亚为了推动经济持续高效发展开始对国有企业进行公司化改革。但是，人们很快发现这类改革仍然无法消除各类国有企业因政府背景而获得的各种额外竞争优势，而这在很大程度

〔1〕 肖冰、陈瑶：《〈跨太平洋伙伴关系协议〉(TPP)挑战 WTO 现象透视》，《南京大学学报(哲学.人文科学.社会科学版)》2012 年第 5 期。

〔2〕 赵学清、温寒：《欧美竞争中立政策对我国国有企业影响研究》，《河北法学》2013 年第 1 期。

直接制约了澳大利亚的市场经济发展效率。对此，1991 年专门成立的国家竞争政策检查委员会的主席希尔墨教授，在 1993 年发布的澳大利亚竞争中立政策的起源报告《国家竞争政策》中深刻指出："每一个现代市场经济都有一套规则确保竞争机制不会被企业通过合谋或者单干的反竞争行为破坏。……在澳大利亚，这些规则包含在《1974 联邦商业行为法》第 4 部分。……当前最紧迫的问题就是确保这些规则在适用过程中所存在的不合理漏洞被弥补上以给企业经营提供一个全国统一的法律框架。"〔3〕因此，澳大利亚在 1996 年发布了《联邦竞争中立政策声明》，首次明确指出："竞争中立要求政府商业活动不应当仅凭借其公共部门所有权而享有高于私营部门竞争者的竞争优势。实施竞争中立政策的目的在于消除因公有制性质所造成的资源配置扭曲，完善市场竞争机制。如果不及时推行竞争中立政策，资源配置则会因为不能够充分反映成本的政府商业行为而遭到扭曲，继而影响私营部门的投资行为和市场的公平竞争秩序。因此，任何政府都不应当利用自身的立法或者财政权力使得自己的商业行为比私营企业获得更多的优势。"〔4〕至此，澳大利亚正式拉开了竞争中立政策的改革大幕。

第二，纲领性改革文件确定的促进市场公平竞争的主旨任务必须传承化地陆续出现在相应配套指引中。澳大利亚竞争中立政策并不只是仅仅停留在《联邦竞争中立政策声明》，而是伴随着改革的启动开始不断多层次的扁平化。"根据国家竞争委员会官网公布的信息来看，包括澳大利亚联邦和州在内的政府组织目前已经累计发布 368 个有关竞争中立政策的文件，类型涵盖澳大利亚政府委员会专项文件、政府国家竞争政策报告、立法审查报告、立法说明、国家竞争委员会年度报告、国家竞争委员会评估报告、国家竞争委员会调研报告、出版物或演讲等。归纳起来看，这些不同类型的文件主要从四个角度详细阐述了澳大利亚的竞争中立政策改革，即：第一，推行竞争中立政策的历史缘由及现实价值；第二，竞争中立政策对政府的行为约束要求及其相关重点领域；第三，联邦及州政府在实践中存在的有悖于竞争中立政策精神的作为或者制度设计；第四，竞争中立政策的纠纷解决机制及其保障。"〔5〕以 2004 发布的《澳大利亚政府对经理人的竞争中立指引》为例，财政部除了再次声明政府致力于令人信服、透明的行政管理和公共资源的高

〔3〕 Australia, Commonwealth Competitive Neutrality Policy Statement, http://archive.treasury.gov.au/documents/275/PDF/cnps.pdf.

〔4〕 Australia, National Competition Policy, http://ncp.ncc.gov.au/docs/National%20Competition%20Policy%20Review%20report%2C%20The%20Hilmer%20Report%2C%20August%201993.pdf.

〔5〕 丁茂中：《竞争中立政策走向国际化的美国负面元素》，《政法论丛》2015 年第 4 期。

效配置与使用，实现此承诺的一个重要路径就是对政府商业活动实行竞争中立政策之外，还全面阐述了澳大利亚竞争中立政策的发展历史、政策影响、负责机构、适用群体、基本要求、市场测试、补偿机制、信息沟通、政策工具等[6]。

第三，限制公共权力不当干预市场竞争的政府改革举措必须逐步清晰化、系统化与全面化地表现出来。确立与细化澳大利亚竞争中立政策的系列文件就促进市场公平竞争而对政府干预市场作出严格限制明确罗列了很多具体要求，这在澳大利亚至今颁布的近400个各类文件中均有补充性或者重申性说明。根据《澳大利亚的竞争中立与国有企业：实务和其他相关的评论》，除涉及领域及其行业差异外，它们在内容上原则性包括：一是税收中立，这要求联邦与各州的政府在所得税、增值税、财产税、注册税、营业税等各个税种的征收上必须保证国有企业与私营部门享受相同待遇；二是债务中立，这要求联邦和各州的政府不得利用公共权力的社会影响来不当降低国有企业在商业贷款上的融资费率及其他正常条件；三是公共采购中立，这要求联邦和各州的政府在利用公共财政进行采购过程中不得以更为优惠的条件关照国有企业；四是财政补贴中立，这要求联邦和各州的政府在对企业进行国家援助过程中必须平等地对待国有企业与私营部门；五是政府管制中立，这要求联邦和各州的政府在所实施的政府管制上必须采用统一的监管标准；六是商业回报中立，这要求联邦和各州的政府在国有企业的利润截取或者资本转化上应当按照现代商业规则进行处理；七是成本分担中立，这要求联邦和各州的政府在处理负有或者兼有履行公共服务义务职能的国有企业有关经营成本上必须合理地核算非商业化的成本[7]。

如果同时具备上述三个方面内容，即使没有像澳大利亚那样在相关文件中明确采用竞争中立政策这样措辞，也应当认定一个负有维护相关市场公平竞争职能的中央政府和(或)地方政府已然引入了竞争中立政策。

(二) 标准对照

根据竞争中立政策引入的事实判断标准，对照中国(上海)自由贸易试验区的改革文件，应当可以确定中国(上海)自由贸易试验区已经引入竞争中立政策。

首先，《中国(上海)自由贸易试验区条例》客观地对政府公平对待所有经营

---

〔6〕 Australian, Australian Government Competitive Neutrality Guidelines for Managers, http://www.finance.gov.au/sites/default/files/AGCN_guide_v4.pdf.

〔7〕 OECD, Competitive Neutrality and State-Owned Enterprises in Australia: Review of Practices and their Relevance for Other Countries, http://www.oecd-ilibrary.org/docserver/download/5kg54cxkmx36.pdf.

者的重要议题作了政策性声明。如果说《全国人民代表大会常务委员会关于授权国务院在中国(上海)自由贸易试验区暂时调整有关法律规定的行政审批的决定》为中国(上海)自由贸易试验区提供了基本的法律环境,《中国(上海)自由贸易试验区总体方案》为中国(上海)自由贸易试验区指明了具体的改革目标,那么《中国(上海)自由贸易试验区条例》则应当是中国(上海)自由贸易试验区改革试点的纲领性文件。《条例》共 9 章 57 条,从管理体制、投资开放、贸易便利、金融服务、税收管理,到综合监管、法治环境等方面,对推进自贸试验区建设进行了全面的规范;上海市人大常委会方面表示,《条例》综合性立法,集实施性法规、自主性法规、创制性法规的性质于一身,堪称自贸试验区建设的《基本法》[8]。除其他散见的可以透视公平精神之规定外,《中国(上海)自由贸易试验区条例》第 47 条特别规定:"自贸试验区内各类市场主体的平等地位和发展权利,受法律保护。区内各类市场主体在监管、税收和政府采购等方面享有公平待遇。"无论是从关注视角还是适用维度来看,这都直接比肩甚至超越澳大利亚在《联邦竞争中立政策声明》中提出的"竞争中立要求政府商业活动不应当仅凭其公共部门所有权而享有高于私营部门竞争者的竞争优势"。

其次,国务院及各部委与上海市人民政府针对中国(上海)自由贸易试验区试点改革所陆续发布的其他文件均不同程度地对《中国(上海)自由贸易试验区条例》作出的公平承诺进行了传承化呼应。中央层面的,以工信部发布的《关于在中国(上海)自由贸易试验区放开在线数据处理与交易处理业务(经营类电子商务)外资股权比例限制的通告》为例:工信部决定自 2015 年 1 月 13 日起在试验区内试点放开在线数据处理与交易处理业务(经营类电子商务)的外资股权比例限制,外资股权比例可至 100%;这是对"区内各类市场主体在监管、税收和政府采购等方面享有公平待遇"所进行的举措落实,旨在最大限度上追求政府在市场进入上保持中立。地方层面的,以上海市人民政府发布的《中国(上海)自由贸易试验区管理委员会行政规范性文件法律审查规则》为例,其规定:中国(上海)自由贸易试验区管理委员会依据法定职权或者授权,依照法定程序制定的,涉及公民、法人或者其他组织的权利、义务,具有普遍约束力,在一定期限内可以反复适用的行政文件,申请人认为文件侵犯其自身合法权益,违反有关法律规定,或者存在与自贸试验区试点要求不相适应情形的,可以向审查机构提出书面的法律审查申请;这是对"区内各类市场主体在监管、税收和政府采购等方面享有公

〔8〕 丁伟:《〈中国(上海)自由贸易试验区条例〉立法透析》,《政法论坛》2015 年第 1 期。

平待遇”所进行的制度深化，“是否与适用于自贸试验区的法律法规相抵触”的兜底性审查为企业享有公平待遇提供了路径保障。

再次，针对严格限控中国（上海）自由贸易试验区内政府干预市场的改革举措是非常具体且日渐健全。目前，它们主要包括：第一，全面推行负面清单管理，即政府明确告知市场进入存在行政壁垒的行业领域，这具体表现在《中国（上海）自由贸易试验区外商投资准入特别管理措施（负面清单）（2013/2014）》与《自由贸易试验区外商投资准入特别管理措施（负面清单）》及其他诸如深化金融开放的试点改革文件；第二，企业注册登记快捷化，即建立企业准入单一窗口工作机制进行统一接收申请材料与送达有关文书，具体表现在《工商总局关于授予上海市工商行政管理局自由贸易试验区分局外商投资企业登记管理权的通知》与《关于中国（上海）自由贸易试验区内企业登记管理的规定》；第三，贸易便利化，即货物关内外流转管理最大程度精简，这具体表现在《上海海关深化自贸区改革8项制度情况一览表》、《上海国检局支持上海自贸区发展24条意见简介》、《中国（上海）自由贸易诚验区海关监管服务模式改革方案》等；第四，税收公平化，即税负与税务最大限度统一与高效，这集中表现在《国家税务总局关于支持中国（上海）自由贸易试验区创新税收服务的通知》、《财政部海关总署国家税务总局关于扩大启运港退税政策试点范围的通知》、《上海市财政局上海市国家税务局上海市地方税务局关于完善自贸试验区跨区迁移企业财税分配政策的通知》等；第五，监管现代化，即力求构建集合安全、公平与效率一体化的监管机制，这集中表现在《上海自贸区监管信息共享管理试行办法》、《中国（上海）自由贸易试验区企业年度报告公示办法（试行）》、《中国人民银行上海总部关于切实做好中国（上海）自由贸易试验区反洗钱和反恐怖融资工作的通知》等。

值得指出的是，如果中国（上海）自由贸易试验区进一步在形式上明确使用竞争中立政策这样措辞，这将大大有利于提升中国（上海）自由贸易试验区制度的国际竞争力〔9〕。

二、竞争中立政策的设计

竞争中立政策直接决定政府与市场的耦合机制，它在内容体系上必须做到

〔9〕 张占江：《〈中国（上海）自由贸易试验区条例〉竞争中立制度解释》，《上海交通大学学报（哲学社会科学版）》2015年第2期。

最大程度的科学性，从而为取得良好的社会效果提供基本保障。

（一）应然做法

虽然澳大利亚率先开创了竞争中立政策，但是澳大利亚的竞争中立政策并不完美。竞争关系盘根错节而非整齐划一地存在于不同类型的市场参与者之间客观地决定了竞争中立政策应当将关注视野置于所有竞争关系之上，而非聚焦限于国有企业与私营部门之间。这就意味着澳大利亚的竞争中立政策在直观上显得比较狭隘，本身在性质上容易引发本体悖论问题。尽管澳大利亚的竞争中立政策存在的这个不足是显而易见的，然而 OECD 在将其向国际社会推广过程中并没有对此进行修正。另外，在总结澳大利亚的改革经验基础上，根据自身在《OECD 关于财政预算透明度最佳实务》、《OECD 关于国有企业公司治理的指引》等指南起草过程中的应用研究，OECD 在 2012 年发布的《竞争中立：维持公有企业与私有企业之间竞争水平》工作报告中，正式提出以“简化国有企业运营方式”、“核算特定职能成本”、“给予商业化回报”、“厘清公共服务义务”、“税收中立”、“监管中立”、“债务及补贴中立”、“公共采购中立”等 8 项主张为核心内容的“国际版”竞争中立政策〔10〕。它的最大问题就是在体系上残缺竞争中立政策的适用除外，即没有对政府可以实施非中立性举措及其情形作出基础性说明。而这对于优化资源配置创造的经济财富和单个国家利益一般存在较大错位的国际市场却是非常重要的，直接关系 OECD 的竞争中立政策在国际投资与贸易领域的性质及效果。虽然 OECD 的竞争中立政策客观阐述了各国政府公平对待所有企业尤其是国有企业与私营部门之间的竞争应当遵守的基本行为准则，但是由于它没有合理论及不同国家因历史缘由而客观存在的实力差异及必须作出的相应制度均衡安排（适用除外），这就使得其对于西方发达国家而言，在世界经济格局发生利空转折时期能够带来贸易保护主义效果——以形式上同等适用于自身的竞争中立规则限制广大发展中国家政府采取特定措施对国际市场竞争中现存的在实质上属于有失公平的问题进行矫正，以借此维持本国企业在国际市场中的优势地位。这在很大程度上与美国大力推行竞争中立政策的不纯动机是不谋而合的，容易导致竞争中立政策嬗变成为一种国际贸易保护手段。“美国推动竞争中立，主要是以中国等国家普遍存在的国有企业为目标，在美国与其他国家的竞争中保护美国的利益。一方面，美国积极推动他国的自由贸易，从而为本国

---

〔10〕 OECD, Competitive Neutrality: Maintaining a level playing field between public and private business, http://www.oecd.org/daf/ca/corporategovernanceofstate-ownedenterprises/50302961.pdf.

商品和资金打开市场；另一方面，美国又加强对本国产业的保护，抑制别国竞争。”〔11〕因此，我们不能照搬现行所有版本的竞争中立政策。

根据市场失灵理论与政府失灵理论，借鉴澳大利亚的改革实践与OECD的应用研究，我们认为：竞争中立政策的科学含义应为“在市场化领域处于有效竞争的环境下，除出于解决市场失灵的最低需要而依法采取合理的非中立性措施进行干预外，政府应当公平地对待参与市场资源配置的所有经营者。”除程序性事项外，它的实体性内容完整架构应当如下：〔12〕

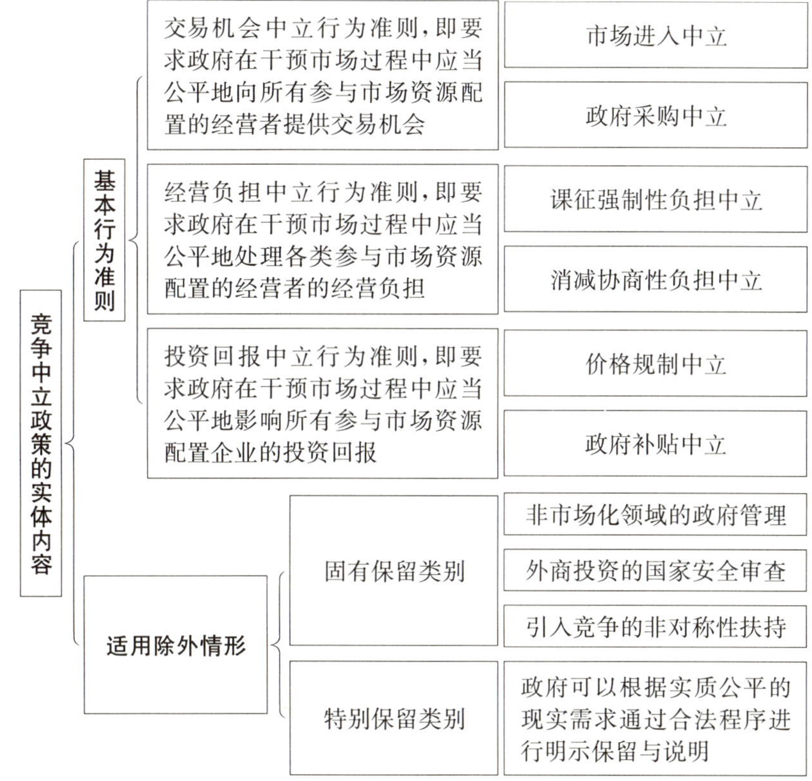

（二）实情考察

根据中国（上海）自由贸易试验区的实践来看，我们没有盲目地照抄照搬澳大利亚或者OECD的竞争中立政策。这充分体现在以下三个方面：

第一，中国（上海）自由贸易试验区所进行的试点改革都是面向整个市场竞

〔11〕 王婷：《竞争中立：国际贸易与投资规则的新焦点》，《国际经济合作》2012年第9期。
〔12〕 丁茂中：《我国竞争中立政策的引入及实施》，《法学》2015年第9期。

争机制的，而非特别关注部分市场主体之间的市场竞争。无论是基本概念，还是主要行为准则，澳大利亚与OECD的竞争中立政策都是特别聚焦在国有企业与私营部门的竞争关系上，这是它们竞争中立政策的最为显著特征。虽然探索国有企业的市场化改革是中国（上海）自由贸易试验区的重要任务之一，但是无论是《中国（上海）自由贸易试验区总体方案》，还是《中国（上海）自由贸易试验区条例》，或者《进一步深化中国（上海）自由贸易试验区改革开放方案》等改革文件，均没有特别将深化国有企业与私营部门之间的公平竞争作为中国（上海）自由贸易试验区整个经济改革的主旨或者核心，而是普遍性地指向政府与市场的耦合性完善。

第二，中国（上海）自由贸易试验区的竞争中立政策在宏观架构上建立了适用除外机制，这与OECD竞争中立政策仅仅列明基本行为准则有着显著差别。除了基础性地建立了大量的约束性规范机制限制政府对市场的不适干预外，中国（上海）自由贸易试验区还针对潜在的市场失灵问题进行了前置性处理，譬如国家安全审查。《自由贸易试验区外商投资准入特别管理措施（负面清单）》要求：自贸试验区内的外商投资涉及国家安全的，须按照《自由贸易试验区外商投资国家安全审查试行办法》进行安全审查；而根据《自由贸易试验区外商投资国家安全审查试行办法》规定：除通过附加条件能够消除影响，且外国投资者出具修改投资方案书面承诺的投资外，凡是对影响或可能影响国家安全的，外国投资者并购境内企业安全审查部际联席会议都应当予以禁止。

第三，中国（上海）自由贸易试验区的竞争中立政策对政府干预市场所作的约束性规范在形式上明显与澳大利亚或者OECD不同。无论是从《中国（上海）自由贸易试验区总体方案》有关主要任务和措施所明确列举的深化行政管理体制改革、扩大服务业开放、探索建立负面清单管理模式、构筑对外投资服务促进体系、推动贸易转型升级、提升国际航运服务能级、加快金融制度创新、增强金融服务功能与完善法制保障9项内容及其营造相应的监管和税收制度环境所作出的要求，还是《中国（上海）自由贸易试验区条例》就管理体制、投资开放、贸易便利、金融服务、税收管理、综合监管与法治环境所作的详细规定来看，这均与澳大利亚“七项中立”与OECD“八项主张”的竞争中立政策存在明显差异。

但是，中国（上海）自由贸易试验区的竞争中立政策在实体性内容上与应然做法还存在一定距离。如下表所示，中国（上海）自由贸易试验区的竞争中立政策有很多实体性内容有待于进一步健全和深化。

竞争中立政策应然事项		中国(上海)自由贸易试验区竞争中立的实际情况	备　注
市场进入中立	经营资质赋予中立	已有	已有，即改革文件或者实践操作已经有所触及；未涉，即改革文件或者实践操作尚未有所触及；待察，即需要根据在适用全国统一的法律过程中采取的实际做法才能做出准确判断
	业务市场拓展中立	待察	
	商业合同缔结中立	待察	
政府采购中立	对象开放中立	已有	
	信息公开中立	已有	
	参与方式中立	未涉	
	评选机制中立	未涉	
课征强制性负担中立	税收中立	已有	
	监管中立	已有	
	社会责任中立	未涉	
消减协商性负担中立	贷款融资中立	未涉	
	违约责任中立	未涉	
	侵权责任中立	未涉	
价格规制中立	价格违法认定标准中立	待察	
	价格违法立案调查中立	待察	
	价格违法行政处罚中立	待察	
政府补贴中立	补贴对象中立	未涉	
	补贴标准中立	未涉	
	补贴方式中立	未涉	
非市场化领域的政府管理	例如军事采购、公立教育投入、财政转移支付	未涉	
外商投资的国家安全审查	诸如军工企业、国防安全领域及其周边设施	已有	
引入竞争的非对称性扶持	诸如英国20世纪80年代扶持莫克瑞通信公司	未涉	

三、竞争中立政策的贯彻

竞争中立政策只有在得到有效落实的情况下才能够充分发挥其改善市场竞

争环境的经济作用。因此,它必须通过各种路径得到有效的贯彻与执行。

(一) 行政执法路径的贯彻情况

市场经济是法治经济[13],行政执法是政府干预市场的主要方式。这就决定了行政执法成为政府所有经济政策的基本贯彻路径,包括竞争中立政策。贯彻竞争中立政策要求政府在行政执法过程中必须合法、合理地遵守(广义)法律所确定的公平原则(精神)及(或)制度规范。“我们说政府有时可以改善市场结果并不意味着它总能这样。”[14]“当政府政策或集体行动所采取的手段不能改善经济效率或道德上可接受的收入分配时,政府失灵便产生了。”[15]政府失灵促使很多法律特别是涉及经济领域的法律本身在授权政府干预市场同时又进行了某种程度限制,要求确保执法公平便是其中最为普遍性的做法。而这正是竞争中立政策所要求的内容,政府公平执法是市场公平竞争的重要基础;《中国企业发展环境报告 2013》甚至提出:创造公平的市场环境比政府补贴更重要[16]。需要特别强调的是:因一揽子原则性禁止政府滥用行政权力排除、限制竞争,《中华人民共和国反垄断法》的有效实施对于竞争中立政策的贯彻至关重要。因此,我国应当尽快修改法律不仅赋予反垄断执法机构对行政性垄断的刚性规制权力,而且授予反垄断执法机构更多相应的处置手段,而并非只是“可以向有关上级机关提出依法处理的建议”。

根据实践来看,中国(上海)自由贸易试验区的行政执法在现有层面上很好地贯彻了竞争中立政策,这集中表现在中国(上海)自由贸易试验区的执法公平上。客观而言,无论是在执法的合法性上,还是在执法的合理性上,中国(上海)自由贸易试验区都将执法过程中的潜在不当差异最小化,整个执法的公平性在目前呈现出质的变化。以先前较为复杂的通关申报检查作业为例:对于所有符合条件的企业,只需通过“单一窗口”进行一次录入,即可一次性完成向海关、检验检疫的申报;船运企业(或代理)通过“单一窗口”平台一次性录入船舶抵、离港各项申报数据,都可以实现海关、检验检疫、海事和边检的管理信息系统的“一次申报”。海关与检验检疫成立的联合查验组在同一块符合条件的场地上共同实施查验,所有关检均需查验的货物均只需要进行一次开箱查验。另外,在确保完

---

〔13〕 刘武俊:“深刻理解市场经济是法治经济”,《人民日报》2012 年 7 月 2 日。

〔14〕 [美]曼昆著:《经济学原理》(第 3 版),梁小民译,机械工业出版社 2003 年版,第 10 页。

〔15〕 [美]保罗·A·萨缪尔森、威廉·D·诺得豪斯:《经济学》(下),中国发展出版社 1992 年版,第 1189 页。

〔16〕 唐福勇:“公平的市场环境比政府补贴更重要”,《中国经济时报》2013 年 8 月 27 日。

成各自查验要求的前提下，它们按照“就高原则”对无特殊要求的查验比例进行融合以减轻企业负担，各个方面目前基本上做到了无差异对待。除了通关申报检查作业外，这在中国（上海）自由贸易试验区的工商登记、税务管理、安全监管、政务公开等其他方面的各个环节均有充分表现。截至目前为止，除常规化的经营者集中竞争审查外，中国（上海）自由贸易试验区尚未出现针对垄断协议与滥用市场支配地位尤其是行政性垄断的执法实例，期待中国（上海）自由贸易试验区在垄断行为的规制上尤其是行政性垄断的治理上有所突破并出现质的提升。但是可以预计的是，有关授予反垄断执法机构对行政性垄断更多的刚性规制权原则上将必须等待大法的统一修改，中国（上海）自由贸易试验区的可为空间应当在提出处理意见的效果转化上。

（二）体制改革路径的贯彻情况

因时制宜地进行体制改革是政府干预市场的重要手段，也是政府重要经济政策的核心贯彻路径。市场竞争目前存在的公平问题很多远远超出现行法律层面及其解决方案的标本兼治需求决定了竞争中立政策的贯彻必须更多地依赖体制改革，而我国正处于经济改革的历史峰期。“我们将要建立的 2.0 版市场，是一个消除了条块分割、向所有市场主体开放的市场，一个消除了垄断和行政干预、在法治基础上实现有序竞争的市场。不过，从世界各国和我们自己的发展经验可知，要在我国建立起这样一个符合现代标准的市场经济制度，并不是一件容易的事。它需要我们在多个方面的改革上付出巨大努力。”〔17〕贯彻竞争中立政策要求政府推进的各项体制改革：第一，清除体制造成的不合理的市场进入障碍，包括行业市场进入障碍与地理市场进入障碍，并根据这些障碍的成因进行制度重新设计或者优化安排；第二，消除体制造成的不合理的市场差别待遇，包括导致企业获得额外好处的受益事项和导致企业承担额外坏处的受损事项，并对症下药进行制度重新设计或者优化安排。

根据实践来看，中国（上海）自由贸易试验区在体制改革上首先积极推行了负面清单管理模式，在最大限度上取消了很多领域的市场进入限制，使得各类企业具有同等的机会进入相关市场参与竞争。仅以食品认证安全认证为例：2015年，美国安康质量认证中心（Anchor Centerfor Certification）开始进驻园区，成为第一个进入中国市场的外国质量认证机构。值得指出的是，虽然美国 Anchor Center For Certification 具有多个行业内领袖级专家，但是由于它只是一家非盈

〔17〕 吴敬琏：《中国进入“2.0 版”市场经济时代》，《IT 时代周刊》2013 年第 23 期。

利性的专家委员会机构，所以按照以前的外资认证准入条件，美国安康质量认证中心并不具备进入中国的资格。随着改革的不断深入，中国（上海）自由贸易试验区的负面清单变得越来越短。《中国（上海）自由贸易试验区外商投资准入特别管理措施（负面清单）（2013）》共有 190 条特别管理措施，而《中国（上海）自由贸易试验区外商投资准入特别管理措施（负面清单）（2014）》则减少至 139 条，国务院 2015 年发布的《自由贸易试验区外商投资准入特别管理措施（负面清单）》则压缩到 122 项。这将极大地推动中国（上海）自由贸易试验区改革的深化，促进竞争中立政策的有效落实。

除此以外，中国（上海）自由贸易试验区在体制改革上还积极采取各种措施提升企业在参与市场竞争过程中的公平性。以信用信息获取为例，中国（上海）自由贸易试验区建立了信用信息综合查询服务系统及其工作机制：在这个信用信息综合查询服务窗口上，人民银行负责提供金融信用信息基础数据库对企业、个人信用报告的查询服务活动，试验区管委会负责提供市公共信用信息服务平台自由贸易试验区子平台对公共信用信息的查询服务活动；这种安排将在最大限度上减少了企业或者个人在目标信息获取上的差异，有助于大幅提升不同市场主体在信息对称上的能力趋同性。但是客观而言，在消除体制造成的不合理的市场差别待遇上，中国（上海）自由贸易试验区还有很多工作需要进行大胆探索与试验，诸如政府补贴的横向模式、政府采购的高度统一、企业税负及其税务的一元化、经营者社会责任的相同性等，这些对于全面促进竞争中立政策的有效落实都是非常重要的。

（三）竞争倡导路径的贯彻情况

“竞争倡导是反垄断执法机构实施的除执法以外所有改善竞争环境的行为，它具有促进和补充反垄断执法、推进竞争政策有效实施和推动竞争文化建设的重要作用。”〔18〕研究显示：“竞争主管机构以外的其他机构及大众起初通常缺乏对竞争及竞争法原理的认同，也缺少维护、促进竞争的内在责任感。即使企业效率低下或者存在限制竞争行为，但在涉及本地区经济发展时，地方政府常常睁一只眼闭一只眼，甚至为其提供便利。”〔19〕这将导致“现实中的某些法律、政策不但没有促进竞争，相反导致了对竞争的损害。”〔20〕因此，美国、欧盟、日本、澳大

〔18〕 张占江：《竞争倡导研究》，《法学研究》2010 年第 5 期。

〔19〕 王先林主编：《中国反垄断法实施热点问题研究》，法律出版社 2011 年版，第 82 - 83 页。

〔20〕 See F. A. Hayek: The Road to Serfdom: Text and Document. Chicago: University Chicago Press, 2007, p. 87.

利亚等很多国家在加强法治建设、深化体制改革同时都还积极采取措施进行竞争倡导，着力培养整个社会的公平竞争意识。竞争文化的高度缺乏决定了我国应当立即全面推进竞争倡导工作，而贯彻竞争中立政策要求国家发展和改革委员会（价格监督与反垄断局）、商务部（反垄断局）、国家工商行政管理总局（反垄断与反不正当竞争执法局）及其授权的省级职能机构在反垄断执法之余应当携手国务院反垄断委员会积极采取普法宣传、案件吹风、合规指导、理论研讨等措施有针对性地向政府其他职能部门传输公平竞争的理念，逐步提高同僚公平执法的自觉性与维护竞争的主动性。

从实践来看，中国（上海）自由贸易试验区在竞争倡导上目前还没有针对竞争中立政策进行有效关注。虽然国务院反垄断执法机构授权的上海地方省级职能机构在中国（上海）自由贸易试验区正式挂牌运营之后迅速出台了《中国（上海）自由贸易试验区反垄断协议、滥用市场支配地位和行政垄断执法工作办法》、《中国（上海）自由贸易试验区反价格垄断工作办法》、《中国（上海）自由贸易试验区经营者集中反垄断审查工作办法》以及《中国（上海）自由贸易试验区反垄断工作联席会议制度方案》，并在这些规范性文件中明确了宣传工作，但是"市工商局支持管委会对自贸试验区内经营者进行反垄断政策和法律知识的宣传培训，提高经营者的守法意识、诚信意识和公平竞争意识。""市价格主管部门支持管委会不定期对试验区内企业和相关机构开展反价格垄断法律法规宣传工作。""市商务委支持自贸试验区管委会开展对区内企业反垄断政策和法律知识的宣传、培训，提高企业依法经营和公平竞争的意识。"这些具体规定表明，目前的竞争倡导基本是针对守法的经营者。尽管这些做法在一定程度上可以间接促进竞争中立政策的落实，但是它距离针对公权力部门，尤其是行政执法部门而进行的针对约束政府干预市场的内容还有很大的空间。因此，中国（上海）自由贸易试验区应当积极采取普法宣传、案件吹风、合规指导、理论研讨等措施有针对性地向中国（上海）自由贸易试验区所有公共权力部门尤其是行政执法部门进行竞争中立政策的竞争倡导，通过理念与意识的传输来提高和强化后者对执法公平的认知。

四、结　　语

经过 3 年多的紧张建设，中国（上海）自由贸易试验区在整体上取得了较为可喜的成绩，不仅自身初步建立了较为完整的治理体系和试验机制，而且成功地探索上百条可复制可推广的改革经验。虽然中国（广东）自由贸易试验区、中国

(天津)自由贸易试验区、中国(福建)自由贸易试验区的设立在较大程度上减轻了中国(上海)自由贸易试验区的压力,但是中国(上海)自由贸易试验区必须进一步采取措施深化改革试验的探索力度,特别是代表当前对政府治理市场要求最高的竞争中立政策。除了尽快完成竞争中立政策的形式宣示外,中国(上海)自由贸易试验区在原则上应当根据交易机会中立、经营负担中立和投资回报中立三大基本行为准则不断实质性地深化市场公平竞争机制的探索改革,争取在最大限度上及时有效地为我国自身内在的经济改革和对外国际贸易特别是“一带一路”战略的推进及各类跨境自由贸易区的建设提供宝贵的操作经验,从而促进我国市场经济稳健持续高效发展,为实现中华民族的伟大复兴奠定坚实的社会基础。

学 术 专 论

中国关于滥用知识产权反垄断规制制度的建立和发展*

王先林**

摘要：随着知识产权法律制度的不断完善，知识产权保护的力度在不断加大，滥用知识产权的行为在中国也时有发生，借此实施的排除、限制竞争行为也日益突出，中国通过《反垄断法》规制滥用知识产权行为是一个必然的选择。目前，中国在反垄断民事诉讼和行政执法中都已经出现了这样的案件，而且其调查和处理都受到了国内外的广泛关注。为提高执法的透明度，也有助于相关经营者正确地行使知识产权，反垄断执法机构已经出台了相关的行政规章，并正在研究起草《关于滥用知识产权的反垄断指南》。

关键词：滥用知识产权，反垄断法，反垄断指南

一、中国关于滥用知识产权反垄断规制制度建立的背景和法律依据

知识产权制度无疑是以权利保护为核心的，只有充分和有效的保护才能使知识产权鼓励创新的激励机制发挥作用。但是，知识产权保护不能绝对化，而必

---

* 本文是作者主持的2015年国家社科基金重点项目“反垄断与保护知识产权协调发展的重大理论与实践问题”(15AFX019)阶段性成果的一部分。

** 王先林，上海交通大学特聘教授，法学院常务副院长，竞争法律与政策研究中心主任，国务院反垄断委员会专家咨询组成员，上海市法学会竞争法研究会会长。

须有一个合理与适度的界限。因为，知识产权保护在本质上是一个利益界定和调整问题，它在国内层面涉及知识产权所有人（社会个体）与公众（消费者、竞争者及其所代表的社会整体）之间的利益平衡以及公平与效率的协调，而在国际层面则涉及不同国家、地区之间的利益调整。而且，即使知识产权的获得本身是合理、合法的，其实际的行使行为也存在一个正当与否的问题，也就是说，正当获得的知识产权也可能被滥用。

滥用知识产权是相对于正当行使知识产权而言的，它是指知识产权的权利人在行使其权利时超出了法律允许的范围或者正当的界限，导致对该权利的不正当利用，损害他人利益和社会公共利益的行为。知识产权所具有的显著特点和重要的经济意义，使得它容易被权利人不正当地加以利用，破坏正常的市场竞争。例如，在知识产权行使的过程中，权利人往往利用许可方式，不正当地扩张其所享有的知识产权，或者利用知识产权所带来的优势，不正当地限制市场竞争，以此谋取不正当的利益。

基于此，知识产权不仅仅是保护的问题，而且是包括防止滥用知识产权在内的全方位、多环节的一个制度系统。实际上，发达国家在重视保护知识产权的同时，也非常重视防止滥用知识产权。甚至可以说，越是保护知识产权水平高、力度大的国家，其防止滥用知识产权的力度也越大。其原因一方面在于，滥用权利要以权利的存在和受保护的程度为前提和基础，知识产权保护的水平越高、力度越大，其被滥用的可能性也越大，相应地，其被滥用后的危害也越大；另一方面则在于，知识产权保护水平高的发达国家，其市场机制比较健全，相关配套的法律制度比较完善，尤其是有一套比较健全的竞争法律制度确保市场竞争的自由和公平，对包括滥用知识产权在内的非法限制竞争行为有比较严格的规制。

发展中国家在建立知识产权制度的过程中，同样采取均衡各方利益以及有利于竞争的方式，至少对滥用知识产权的行为有相应的限制措施。英国知识产权委员会《知识产权与发展政策相结合》的报告也指出，发展中国家的制度实施机制必须有权决定某些知识产权是否有效，并抵制由诸如“策略性诉讼”（strategic litigation）之类的限制性经营行为对知识产权的潜在滥用。例如，发展中国家迫于压力成立了一些使得禁止令容易获得的系统，但这样做的危险是知识产权持有者可能会滥用起诉权利，妨碍合法的竞争活动。该报告认为发展中国家应该更加重视加强竞争政策，并建议协助发展中国家制定知识产权法律的发达国家和国际机构应同时协助这些国家建立适当的竞争法律及执行体系[1]。

在中国，随着知识产权法律制度的不断完善，知识产权保护的力度不断加大，滥用知识产权的行为时有发生，借此实施的排除、限制竞争行为也日益突出。早在2005年度国家软科学研究计划重点委托研究课题成果《在华跨国公司知识产权滥用情况及其对策研究报告》[2]中，就列举了跨国公司在中国滥用其优势地位实施限制竞争行为的几种典型表现，主要包括拒绝许可、搭售、价格歧视、掠夺性定价和过高定价等，同时还附上了微软公司、思科公司、DVD专利联盟、英特尔公司和通用汽车公司等涉嫌滥用知识产权排除、限制竞争的实例。

基于此，中国在继续加强知识产权保护的同时，也在探索对滥用知识产权进行法律规制。2008年6月5日国务院公布的《国家知识产权战略纲要》在“序言”部分指出，中国目前的“知识产权滥用行为时有发生”，其所规定的战略重点之一就是“防止知识产权滥用”，并要求“制定相关法律法规，合理界定知识产权的界限，防止知识产权滥用，维护公平竞争的市场秩序和公众合法权益”。这就从国家战略的高度提出了在重视保护知识产权的同时，还要重视防止知识产权滥用的问题。

目前，中国规制滥用知识产权的主要依据还是《反垄断法》。该法第55条规定：“经营者依照有关知识产权的法律、行政法规规定行使知识产权的行为，不适用本法；但是，经营者滥用知识产权，排除、限制竞争的行为，适用本法”。这表明了中国对滥用知识产权进行反垄断规制的基本态度。

二、中国关于滥用知识产权反垄断规制制度的实施情况

在中国，反垄断法实施的时间还比较短，在涉及知识产权的领域实施反垄断法的案件还不是很多，但是无论是在反垄断民事诉讼中还是在反垄断行政执法中，都已经出现了这样的案件，而且其调查和处理都受到了国内外的广泛关注。以下简要介绍目前这方面的主要案例。

---

〔1〕 参见英国知识产权委员会：《知识产权与发展政策相结合》，第147页，伦敦，2002年9月。

〔2〕 软科学研究计划编号为2005DGS2D053，安徽大学法学院、上海交通大学法学院联合研究课题组，王先林主持，2015年。《商务周刊》2005年第21期以《跨国公司在华知识产权滥用》为题刊发了该报告的主要内容。

(一) 华为技术有限公司诉美国交互数字技术公司、交互数字通信有限公司、交互数字公司垄断案[3]

2011年12月6日，华为技术有限公司（以下简称“华为公司”）向深圳市中级人民法院提起诉讼称：根据中国《反垄断法》的规定，被告交互数字技术公司、交互数字通信有限公司、交互数字公司（统称为“交互数字”或者IDC公司）在3G无线通信标准必要专利许可市场中具有市场支配地位。与苹果、三星等公司相比，被告对其标准必要专利的许可使用费存在过高定价和歧视性定价行为；被告还要求原告将其全球所有的专利无偿许可给被告，这属于附加不合理交易条件的行为；被告提出将其标准必要专利和非标准必要专利、2G、3G和4G标准必要专利、全球专利打包许可，这属于搭售行为；在双方谈判过程中，被告突然在美国联邦法院和美国国际贸易委员会同时起诉原告，本质上是拒绝与原告进行交易的行为。据此，原告诉请三被告立即停止过高定价、差别定价、搭售、附加不合理交易条件及拒绝交易等垄断民事侵权行为，并连带赔偿原告经济损失人民币2 000万元。

被告交互数字答辩称：第一，IDC公司不认可华为公司所主张的相关市场的划分，仅凭IDC公司自身的必要专利涵盖的技术不可能制造任何终端产品。本案中相关的地域市场应该是全球市场，而不是华为公司所划分的中国市场和美国市场。第二，IDC公司在相关市场中不具有市场支配地位，以及排除或限制竞争的能力。第三，IDC公司没有实施任何违反《反垄断法》，从事限制竞争的行为。第四，IDC公司没有给华为公司造成任何实际损害。

一审法院经审理认为，原告华为公司主张相关市场的范围是：相关地域市场是中国市场和美国市场，相关商品市场为被告交互数字在3G无线通信技术中的WCDMA、CDMA2000、TD－SCDMA标准下的每一个必要专利许可市场构成的集合束，被告在中国和美国的3G无线通信技术标准（WCDMA、CDMA2000、TD－SCDMA）中的每一个必要专利许可市场，均构成一个独立的相关市场，本案的相关市场是该一个个独立相关市场的集合束。对原告界定的相关市场的范围，予以确认。基于3G标准中每一个必要专利的唯一性和不可替代性，被告在3G标准中的每一个必要专利许可市场均拥有完全的份额，具有阻碍或影响其他经营者进入相关市场的能力。因此，法院认定被告在原告界定

[3] 资料来源：广东省高级人民法院判决书（2013）粤高法民终字第306号，原文可参见：http://www.gdcourts.gov.cn/ecdomain/framework/gdcourt/jndbijapddnebboelcfapbecpepdnhbe.jsp?wsid=LM4300000020140417030902158689&sfcz=0&ajlb=5。

的相关市场中具有市场支配地位。

在进行必要专利的授权许可谈判时，必要专利权人掌握其必要专利达成许可条件的信息，而谈判的对方不掌握这些交易信息，由于双方信息不对称，故必要专利许可合同交易的实现，依赖于必要专利权人在合同签订、履行时均应遵循公平、合理、无歧视（FRAND）的原则。将被告授权给苹果、三星等公司的专利许可条件，与被告向原告发出的要约条件进行比较，无论是按照一次性支付专利许可使用费为标准，还是按照专利许可使用费率为标准，被告拟授权给原告的专利使用费均远远高于苹果、三星等公司。被告还强迫原告方给予其所有专利的免费许可，使之可以获得额外的利益，这表明被告存在过高定价和歧视性定价的行为。由于原告在与被告的谈判中一直处于善意状态，被告在美国提起诉讼的目的，在于逼迫原告接受过高专利许可交易条件，这在性质上不属于拒绝交易行为，而属于逼迫原告接受过高专利许可交易条件之手段的行为。被告利用其必要专利授权许可市场条件下的支配地位，将必要专利与非必要专利搭售，属于滥用市场支配地位的行为。原告指控被告将2G、3G和4G标准必要专利、全球专利打包许可属于搭售行为，缺乏依据，不予采纳。

据此，一审法院依法认定三被告共同实施了垄断民事侵权行为，应承担共同实施垄断民事侵权行为的法律责任，判决三被告立即停止针对原告实施的过高定价和搭售的垄断民事侵权行为，并连带赔偿原告经济损失人民币2 000万元，驳回原告的其他诉讼请求。宣判后，原、被告双方均不服一审判决，提起上诉。2013年10月21日，广东省高级人民法院作出终审判决：驳回上诉，维持原判。

本案是中国首例原告完全胜诉的反垄断民事诉讼案，也是中国法院受理的首例由必要标准专利许可引发的垄断纠纷案件，涉及知识产权领域最前沿的疑难法律问题，广受国内外关注，最高人民法院将其列入“2013年度全国法院十大热点案件”。本案尝试在专利权保护与反垄断之间进行合理的平衡，并探讨了在涉及标准必要专利时相关市场的界定以及如何认定过高定价和搭售等疑难。尽管有些结论在学术上还可以讨论，但是该案的判决在世界上树立了标准必要专利领域垄断纠纷的审判标准，具有重要的意义。

（二）国家发改委查处美国高通公司滥用市场支配地位案〔4〕

2013年11月，国家发改委根据举报启动了对美国高通公司的反垄断调查。

〔4〕 资料来源：国家发展和改革委员会行政处罚决定书〔2015〕1号。参见国家发改委价格监督检查与反垄断局网站：http://jjs.ndrc.gov.cn/fjgld/201503/t20150302_666170.html。

在调查过程中，国家发改委对数十家国内外手机生产企业和基带芯片制造企业进行了深入调查，获取了高通公司实施价格垄断等行为的相关证据，充分听取了高通公司的陈述和申辩意见，并就高通公司相关行为构成中国《反垄断法》禁止的滥用市场支配地位行为进行了研究论证。

经调查取证和分析论证，高通公司在CDMA、WCDMA、LTE无线通信标准必要专利许可市场和基带芯片市场具有市场支配地位，并实施了以下滥用市场支配地位的行为：第一，收取不公平的高价专利许可费。高通公司对中国企业进行专利许可时拒绝提供专利清单，过期专利一直包含在专利组合中并收取许可费。同时，高通公司要求中国被许可人将持有的相关专利向其进行免费反向许可，拒绝在许可费中抵扣反向许可的专利价值或提供其他对价。此外，对于曾被迫接受非标准必要专利一揽子许可的中国被许可人，高通公司在坚持较高许可费率的同时，按整机批发净售价收取专利许可费。这些因素的结合导致许可费过高。第二，没有正当理由搭售非无线通信标准必要专利许可。在专利许可中，高通公司不将性质不同的无线通信标准必要专利与非无线通信标准必要专利进行区分并分别对外许可，而是利用在无线通信标准必要专利许可市场的支配地位，没有正当理由将非无线通信标准必要专利许可进行搭售，中国部分被许可人被迫从高通公司获得非无线通信标准必要专利许可。第三，在基带芯片销售中附加不合理条件。高通公司将签订和不挑战专利许可协议作为中国被许可人获得其基带芯片供应的条件。如果潜在被许可人未签订包含了以上不合理条款的专利许可协议，或者被许可人就专利许可协议产生争议并提起诉讼，高通公司均拒绝供应基带芯片。由于高通公司在基带芯片市场具有市场支配地位，中国被许可人对其基带芯片高度依赖，高通公司在基带芯片销售时附加不合理条件，使中国被许可人被迫接受不公平、不合理的专利许可条件。

高通公司的上述行为，排除、限制了市场竞争，阻碍和抑制了技术创新和发展，损害了消费者利益，违反了中国《反垄断法》关于禁止具有市场支配地位的经营者以不公平的高价销售商品、没有正当理由搭售商品和在交易时附加不合理交易条件的规定。

在反垄断调查过程中，高通公司配合调查，主动提出了一揽子整改措施。这些整改措施针对高通对某些无线标准必要专利的许可，包括：① 对为在中国境内使用而销售的手机，按整机批发净售价的65%收取专利许可费；② 向中国被许可人进行专利许可时，将提供专利清单，不得对过期专利收取许可费；③ 不要求中国被许可人将专利进行免费反向许可；④ 在进行无线标准必要专利许可时，不得没有正当理由搭售非无线通信标准必要专利许可；⑤ 销售基带芯片时不要求中国被许可人签订包含不合理条件的许可协议，不将不挑战专利许可协议作为向中国被许可人供应基带芯片的条件。高通提交的整改措施满足了国家发改委决定和整改的要求。

由于高通公司滥用市场支配地位实施垄断行为的性质严重，程度深，持续时间长，国家发改委在责令高通公司停止违法行为的同时，依法对高通公司处以2013 年度在中国市场销售额 8%的罚款，计 60.88 亿元人民币。

本案是中国《反垄断法》2008 年 8 月 1 日实施以来，是罚款数额最高、受到国内外关注度也最高的案件，在中国反垄断执法中具有里程碑意义。本案也涉及标准必要专利的问题，处理结果修正了高通在无线通信行业某些长期的垄断行为，对同类企业起到了警示作用，有效促进该行业的公平竞争，维护了消费者的利益。而对于全球范围内的反垄断执法而言，中国执法机构也在本案中展现了决心和能力，表明中国在重视知识产权保护的同时，也坚决反对任何滥用知识产权排除、限制竞争的行为。

（三）商务部经营者集中反垄断审查中的知识产权问题

从《反垄断法》2008 年 8 月实施以来，商务部共附条件批准经营者集中 27 件。在附条件批准的案件中，有 12 个涉及知识产权，包括 2009 年的辉瑞公司收购惠氏公司案、松下公司收购三洋公司案，2011 年的通用电气（中国）有限公司与中国神华煤制油化工有限公司设立合营企业案、谷歌收购摩托罗拉移动案、合技术收购古德里奇案，2012 年的安谋公司、捷德公司、金雅拓公司组建合营企业案，美国百特国际有限公司收购瑞典金宝公司案，2013 年的赛默飞世尔科技公司收购立菲技术公司案、微软收购诺基亚设备和服务业案，2014 年的默克公司收购安智电子材料公司案，2015 年的诺基亚收购阿尔卡特朗讯股权案、恩智浦收购飞思卡尔全部股权案。其中，2012 年的谷歌收购摩托罗拉案、2014 年的微软收购诺基亚案和 2015 年的诺基亚收购阿尔卡特朗讯股权案相对更为典型。

在谷歌收购摩托罗拉手机案中，谷歌的 Android（安卓）系统和摩托罗拉的智能手机之间可能存在纵向整合，同时排除下游市场的竞争。案件最后达成救济措施，其中之一即要求谷歌继续遵守摩托罗拉移动在摩托罗拉移动专利方面现有的公平、合理和非歧视（FRAND）义务，谷歌将在免费和开放的基础上许可安卓平台。

在微软收购诺基亚案中，微软在安卓手机专利许可市场拥有 81 项专利和235 项非标准必要专利，手机生产企业对安卓系统存在高度依赖，微软因此具有通过专利许可限制下游智能手机市场的能力。而诺基亚拥有与智能手机相关的1 713项标准必要专利和5 467项非标准必要专利。收购完成后，诺基亚将不再从事智能手机的生产业务，变成纯粹的专利持有者，不再需要取得其他专利授权人的交叉许可，后者也是一种重要的制约力量。商务部在审查后，最终的救济措施是微软和诺基亚均确认继续履行向标准制定组织做出的承诺，以FRAND条款许可其标准必要专利。同时，对专利许可费率也进行了限制。

在诺基亚收购阿尔卡特朗讯股权案中，也涉及知识产权的救济措施。在该案中，商务部在审查时，分析了集中双方在无线网络接入设备、核心网络系统设备、网络基础设施服务市场上存在的横向重叠，考察了集中之后诺基亚持有的通信标准必要专利可能引发的竞争问题。审查结果表明，诺基亚有可能凭借其掌握的标准必要专利排除、限制市场竞争。这两家企业都参加了多个国际标准制定组织，并参与制定了主要的通信标准，包括2G、3G和4G标准。集中后，诺基亚在2G、3G通信标准必要专利许可市场持有的比例达到第一位。这项集中可能导致中国移动终端制造市场和无线通信网络设备市场的竞争格局发生变化，最终可能损害消费者的利益。根据并购双方提供的承诺方案，商务部附条件批准了该案，要求诺基亚就标准必要专利许可继续遵循FRAND原则，并就执行基于SEPs的禁令、SEPs转让等问题做出承诺。商务部对该承诺继续监督。

商务部附加与知识产权相关的限制性条件主要包括以下种类：一是坚持FRAND原则。要求专利许可人遵守其在标准组织做出的公平、合理、非歧视的许可承诺。二是对禁令使用限制。要求专利许可人在标准必要专利的许可中对善意的潜在被许可人不寻求禁令救济。三是禁止搭售行为。要求标准必要专利许可人在许可专利时不以被许可人是否接受其非标准必要专利为前提。四是对第三方受让人的约束。标准必要专利持有人在转让标准必要专利时，应当要求第三方受让人继续履行其向标准制定组织和向商务部做出的承诺，否则，不得继续进行转让。〔5〕

三、中国关于滥用知识产权反垄断规制制度的现有发展情况

为便于反垄断执法机构在知识产权领域更好地进行执法，提高执法的透明

〔5〕 参见《2015第四届“中国竞争政策论坛”暨知识产权与反垄断国际研讨会综述》，商务部反垄断局尚明局长发言的部分，载《竞争政策研究》2015年第3期，第6—8页；商务部反垄断局网站（http://fldj.mofcom.gov.cn/）。

度,也有助于相关经营者正确地行使知识产权,早在2009年3月国家工商总局就开始研究起草《关于知识产权领域反垄断执法的指南》(以下简称《指南》)。但后来考虑到中国反垄断法实施的时间不长,在知识产权领域实施反垄断法的实践经验更是有限,此时出台一部符合中国实践、内容全面、体系完备的《知识产权领域反垄断执法指南》的条件还不成熟,而实践中存在的涉嫌滥用知识产权排除、限制竞争行为又需要予以规制,为此,国家工商总局在继续研究制定《指南》的同时,立足自身职责,启动了部门规章的制定工作,对滥用知识产权排除、限制竞争行为进行规制。2015年4月7日,国家工商总局公布了《关于禁止滥用知识产权排除、限制竞争行为的规定》(以下简称"《规定》"),自2015年8月1日起施行。以下就其中涉及的若干重要问题进行简要介绍和分析。

(一)《规定》澄清的若干基本认识

《规定》不仅确立了相关具体的制度规则,而且也澄清了一些重要的原则和理念。这对于正确理解和合理适用知识产权领域的反垄断规则具有重要的意义。

1. 关于反垄断和保护知识产权的关系

在知识产权领域实施反垄断法,首先就应明确反垄断与保护知识产权之间的关系,因为对这种关系认识的偏颇可能导致在实践中过分偏向某一方面的情况。对此,《规定》第2条对于予以了明确:"反垄断与保护知识产权具有共同的目标,即促进竞争和创新,提高经济运行效率,维护消费者利益和社会公共利益。""经营者依照有关知识产权的法律、行政法规规定行使知识产权的行为,不适用《反垄断法》;但是,经营者滥用知识产权,排除、限制竞争的行为,适用《反垄断法》。"

这表明,反垄断(对滥用知识产权排除、限制竞争进行规制)与保护知识产权在本质上是一致的,两者是相辅相成,实现共同的目的。

2. 关于滥用知识产权排除、限制竞争行为的界定和理解

基于目前工商行政管理机关在反垄断方面的职责分工,《规定》第3条第1款规定:"本规定所称滥用知识产权排除、限制竞争行为,是指经营者违反《反垄断法》的规定行使知识产权,实施垄断协议、滥用市场支配地位等垄断行为(价格垄断行为除外)。"

因此,滥用知识产权不等于垄断,更不等于滥用市场支配地位。滥用知识产权可能违反了知识产权法本身,可能违反了反不正当竞争法,当然也可能违反了反垄断法。即使是滥用知识产权排除、限制竞争行为构成了垄断行为,其也不仅

仅是滥用市场支配地位行为，也有可能是垄断协议行为或者排除、限制竞争的经营者集中行为。

3. 关于知识产权与市场支配地位的关系

《规定》第 6 条第 2 款规定："市场支配地位根据《反垄断法》第十八条和第十九条的规定进行认定和推定。经营者拥有知识产权可以构成认定其市场支配地位的因素之一，但不能仅根据经营者拥有知识产权推定其在相关市场上具有市场支配地位。"

这是各国关于知识产权与市场支配地位之间关系的理解是一致的。这意味着，在将反垄断法适用于知识产权领域时，仍然是将相关行为纳入反垄断法通常的框架下进行分析的，既不因为知识产权固有的垄断性而对知识产权行使加以特别的约束，也不因为法律保护知识产权而对知识产权行使行为网开一面。

4. 关于涉及知识产权的相关市场

《规定》第 3 条第 2 款规定："本规定所称相关市场，包括相关商品市场和相关地域市场，依据《反垄断法》和《国务院反垄断委员会关于相关市场界定的指南》进行界定，并考虑知识产权、创新等因素的影响。在涉及知识产权许可等反垄断执法工作中，相关商品市场可以是技术市场，也可以是含有特定知识产权的产品市场。相关技术市场是指由行使知识产权所涉及的技术和可以相互替代的同类技术之间相互竞争所构成的市场。"

这就明确了在涉及知识产权时应如何界定相关市场的基本原则和方法。

(二)《规定》确立的若干重要制度

在具体制度方面，《规定》对涉及非价格的滥用知识产权排除、限制竞争行为的反垄断规制进行了相应的规定，既涉及禁止垄断协议方面的规则，也涉及禁止滥用市场支配地位方面的规则，有不少的亮点和突破。以下是其中 4 个重要的方面。

1. 关于安全港规则

关于安全港的规则在《反垄断法》中没有明确规定，以往的执法细则中也没有出现过，但是这一规定既符合《立法法》的规定，而且也大大加强了中国在知识产权领域执行《反垄断法》的透明度和确定性，并且也符合国际反垄断实践的大势所趋。

《规定》第 5 条规定："经营者行使知识产权的行为有下列情形之一的，可以不被认定为《反垄断法》第十三条第一款第(六)项和《反垄断法》第十四条第(三)项所禁止的垄断协议，但是有相反的证据证明该协议具有排除、限制竞争效果的除外：（一）具有竞争关系的经营者在受其行为影响的相关市场上的市场份额合计不超过百分之二十，或者在相关市场上存在至少四个可以以合理成本得到的其他独立控制的替代性技术；（二）经营者与交易相对人在相关市场上的市场份额均不超过百分之三十，或者在相关市场上存在至少两个可以以合理成本得到的其他独立控制的替代性技术。”

2. 关于拒绝许可规则

《规定》中是否应该涉及拒绝许可是在征求意见过程中讨论最激烈的问题之一，一些国家的政府和企业代表强烈建议删除这方面的规定，但是《规定》最终保留了关于拒绝许可的内容，但是将其限制在比较窄的范围内。一方面，拒绝许可是拒绝交易在知识产权领域的一种具体表现形式，既然《反垄断法》规定拒绝交易有可能违法，那么拒绝许可同样有可能违法；另一方面，由于知识产权本身具有排他性，而且还涉及维护竞争与促进创新之间的平衡，因此在认定拒绝许可构成违法时的标准确实应该更严格一些。

《规定》第7条是关于拒绝许可的规定，即：“具有市场支配地位的经营者没有正当理由，不得在其知识产权构成生产经营活动必需设施的情况下，拒绝许可其他经营者以合理条件使用该知识产权，排除、限制竞争。”“认定前款行为需要同时考虑下列因素：（一）该项知识产权在相关市场上不能被合理替代，为其他经营者参与相关市场的竞争所必需；（二）拒绝许可该知识产权将会导致相关市场上的竞争或者创新受到不利影响，损害消费者利益或者公共利益；（三）许可该知识产权对该经营者不会造成不合理的损害。”

3. 关于专利联营规则

专利联营，又称专利池，是近一二十年来专利权人所普遍采用的一种权利实现形式。对专利联营设立行为性质的认定是专利联营反垄断法实施中首先需要解决的一个基本问题，因为这直接关系到专利联营本身存在的合法与否。而这在不同的国家(地区)、不同的时期是有不同的分析和处理原则的。目前，各国既承认和重视专利联营的积极作用，又注意防范其潜在的反竞争效果，即运用反垄断法禁止经营者利用专利联营从事排除、限制竞争的行为。

《规定》第7条是关于拒绝许可的规定，即：“经营者不得在行使知识产权的过程中，利用专利联营从事排除、限制竞争的行为。”“专利联营的成员不得利用专利联营交换产量、市场划分等有关竞争的敏感信息，达成《反垄断法》第十三条、第十四条所禁止的垄断协议。但是，经营者能够证明所达成的协议符合《反垄断法》第十五条规定的除外。”“具有市场支配地位的专利联营管理组织没有正当理由，不得利用专利联营实施下列滥用市场支配地位的行为，排除、限制竞争：（一）限制联营成员在联营之外作为独立许可人许可专利；（二）限制联营成员或者被许可人独立或者与第三方联合研发与联营专利相竞争的技术；（三）强迫被许可人将其改进或者研发的技术独占性地回授给专利联营管理组织或者联营成员；（四）禁止被许可人质疑联营专利的有效性；（五）对条件相同的联营成员或者同一相关市场的被许可人在交易条件上实行差别待遇；（六）国家工商行政管理总局认定的其他滥用市场支配地位行为。”“本规定所称专利联营，是指两个或者两个以上的专利权人通过某种形式将各自拥有的专利共同许可给第三方的协议安排。其形式可以是为此目的成立的专门合资公司，也可以是委托某一联营成员或者某独立的第三方进行管理。”

4. 关于涉及专利的标准制定和实施规则

在涉及专利的标准制定和实施过程中就不可避免地会发生排除、限制市场竞争的问题。这方面的问题有不同的表现形式，违反专利披露义务和虚假承诺可能引起的反垄断问题以及违反公平合理无歧视原则可能引起的反垄断问题是其中两个最为典型和突出的表现。这两方面都需要在反垄断法禁止滥用市场支配地位制度的框架下进行分析，着重把握其所涉及的特殊之处。

《规定》第 13 条是关于涉及专利的标准制定和实施的规定，即：“经营者不得在行使知识产权的过程中，利用标准（含国家技术规范的强制性要求，下同）的制定和实施从事排除、限制竞争的行为。”“具有市场支配地位的经营者没有正当理由，不得在标准的制定和实施过程中实施下列排除、限制竞争行为：（一）在参与标准制定的过程中，故意不向标准制定组织披露其权利信息，或者明确放弃其权利，但是在某项标准涉及该专利后却对该标准的实施者主张其专利权。（二）在其专利成为标准必要专利后，违背公平、合理和无歧视原则，实施拒绝许可、搭售商品或者在交易时附加其他的不合理交易条件等排除、限制竞争的行为。”“本规定所称标准必要专利，是指实施该项标准所必不可少的专利。”

四、中国关于滥用知识产权反垄断规制制度的进一步发展

中国关于滥用知识产权反垄断规制制度无疑还需要得到进一步发展，而这集中体现在《关于滥用知识产权的反垄断指南》的制定上。

（一）中国《关于滥用知识产权的反垄断指南》制定的必要性和可行性

虽然国家工商总局发布并实施了前述《规定》，但是该规定的出台不能取代中国《关于滥用知识产权的反垄断指南》的制定。一方面，该规定只是作为中国三家反垄断执法机构之一的国家工商总局出台的部门规章，其效力有限，适用范围也仅限于工商行政管理机关的反垄断执法活动，而不包括国家发改委及其授权机构的反价格垄断执法活动和商务部的经营者集中反垄断审查活动；另一方面，囿于部门规章的立法权限和体例，该规定涉及的内容还比较有限，而且很多问题也未能充分展开分析，对执法机构和经营者的指引仍然有限。基于此，中国目前迫切需要制定《关于滥用知识产权的反垄断指南》。

中国目前制定《关于滥用知识产权的反垄断指南》不仅具有必要性，而且也具有可行性。首先，一些较早制定和实施反垄断法国家和地区（如美国、欧盟、日本等）更早地面临着协调保护知识产权和反垄断的难题，并在探索的过程中制定和实施了各自的《关于滥用知识产权的反垄断指南》，这些比较成熟的经验可资中国借鉴。其次，中国相关的反垄断执法和司法实践为制定《关于滥用知识产权的反垄断指南》提供了本国的实践经验。中国反垄断法的实施时间虽然不长，涉及知识产权的反垄断案件不算多，但是毕竟已经有了，而且无论是深圳中院和广东高院判决的华为诉 IDC 案还是国家发改委查处的高通案，都在国际前沿领域做出了中国的回答，在国内外产生了极大的关注和广泛的影响，还受到了一些国家和地区反垄断执法和司法的效仿。这无疑为制定中国《关于滥用知识产权的反垄断指南》积累了宝贵的经验，也提出了需要进一步解决的重点和难点问题。再次，中国相关滥用知识产权反垄断规章的出台为制定《关于滥用知识产权的反垄断指南》提供了重要的立法经验。实际上，《规定》原本就是作为《指南》来制定的，在进行了四五年的研究和起草之后，基于多方面的考量才作为《指南》出台前的一种尝试和初步成果而推出的，其下一步就是要在总结规章制定经验教训的基础上进一步制定更为全面、更为具体的《关于滥用知识产权的反垄断指南》。

立法本来就是一个不断丰富和完善的过程，在中国制定这一《指南》的过程中，有些目前尚未看准的问题可以暂时不涉及，有些将来被证明为不合适的内容也可以及时加以修订完善。

（二）中国《关于滥用知识产权的反垄断指南》制定需要明确的基本问题

1. 制定主体

作为细化相关领域反垄断规则的立法性文件，其在形式上可以有多种选择，除了最高人民法院的司法解释外，主要包括行政法规、行政规章和指南等。其中，国务院制定的行政法规具有效力较高的特点，但是其规定的事项往往比较原则和刚性，较难对涉及知识产权领域的反垄断执法事宜做出非常明确、具体的规定；行政规章包括单个部门制定的规章和几个部门联合制定的规章，前者的局限性已如前所述，只能作为过渡性和应急性的措施采用，后者（如两家或者三家反垄断执法机构共同制定的反垄断规章）虽可解决适用范围的问题，但仍然存在体例和内容上的局限性，也不能完全适应需要。只有《反垄断法》特别规定的“反垄断指南”才最适合作为这方面立法文件的形式。这是由于反垄断执法工作是一项专业性很强的工作，对经营者的行为是否排除、限制竞争，构成垄断行为，需要根据实际的市场竞争状况，运用经济分析等方法进行判断。从其他许多国家和有关国际组织的实际做法来看，反垄断法只能是构建起反垄断的基本制度框架，具体的、可操作性的内容还要依靠权威机构制定的反垄断指南来解决。

根据《反垄断法》第 9 条的规定：“制定、发布反垄断指南”是国务院反垄断委员会的职责之一。因此，《关于滥用知识产权的反垄断指南》也应由国务院反垄断委员会来制定和发布。这样的指南可以为三个反垄断执法机构所适用。虽然反垄断指南不属于中国《立法法》所规定的任何一种法律规范形式，但由于其发布机构的权威性和内容的实用性，其在实际上的影响力往往要大于同类的规章。

由于国务院反垄断委员会只是负责组织、协调、指导反垄断工作，而不负责具体的反垄断执法工作，因此相关指南的具体起草工作就由相关的国务院反垄断执法机构负责。在具体操作上，无论是一个执法机构牵头起草，还是三家反垄断执法机构分别或者共同起草，都需要进行必要的协调，至少要在国务院三个反垄断执法机构取得一致意见后才能形成正式的文本，由国务院反垄断委员会审议通过。

2. 行文体例

在行文体例上，反垄断指南和相关行政法规、行政规章有着很大的不同。反垄断指南一般不采取行政法规和行政规章那样直接规定行为人具体权利义务的方式（多为禁止性规范），而是着重阐明对于相关行为的态度，对其进行反垄断分析的原则和方法等。有的还在这样的指南中提供假设性的案例，用以例示说明在何种情况下某种行为被视为合法或者非法，以给经营者对相关行为更好的法律预期。例如，美国司法部与美国联邦贸易委员会于 1995 年联合发布的《知识产权许可的反托拉斯指南》中就提供了 10 个相关的具有典型意义的假设性案例。

在制定中国《关于滥用知识产权的反垄断指南》时,需要注意其在行文体例上与行政法规和行政规章等正式立法文件的不同,而应采取相对柔性的、灵活性比较大的行文方式,着重阐述反垄断执法机构在涉及知识产权领域的反垄断执法的基本态度,进行相关分析的原则和方法,包括对一些典型行为的比较系统和专门的分析意见。不过,考虑到中国在涉及知识产权领域的反垄断执法经验还非常有限,对一些前沿性问题的分析带有探索性和过渡性,并且公众对带有立法性文件的行文体例创新也有一个接受度的问题,因此暂时不宜采取假设性案例的方式。当然,在今后实践经验积累到比较充分的时候,可以通过修改指南的方式增补一些具有典型性和指导意义的假设性案例。

3. 结构选择

制定《关于滥用知识产权的反垄断指南》的主要任务在于,阐明保护知识产权与反垄断之间的基本关系和在涉及知识产权的领域进行反垄断执法的基本原则和立场,并对行使知识产权涉及的相关行为进行反垄断分析,以此明确具体行为的合法与违法的界线。为此,就需要对所涉及的行为进行类型化处理,选择合理的逻辑结构。

对滥用知识产权排除、限制竞争行为可以从不同的角度进行类型化分析,从而形成不同的指南文本结构。

首先,可以从不同种类的知识产权的角度着手,即从专利权、著作权、商标权和商业秘密等不同种类的知识产权各自的特点出发,分别分析在行使这些知识产权的过程中应当注意的问题。这种分析角度具有很强的针对性,尤其是可以将反垄断法对滥用知识产权行为的规制与有关知识产权法自身对于滥用知识产权行为的规制相衔接,有利于全面展示对各类知识产权的法律规制,也有利于当事人对于相关法律规则的了解和遵守。

其次,可以从滥用知识产权排除、限制竞争的不同方面和环节的角度着手,即从知识产权的反竞争性获得、拒绝使用或许可(包括为阻碍权利人所在市场上的竞争和为阻碍相邻市场上的竞争)、许可过程中(如不质疑条款、单方独家回授条款和一揽子许可等)以及争议解决中的限制竞争行为等不同方面和环节分别进行分析。这种分析角度有利于把握滥用知识产权排除、限制竞争行为的主要特点,并针对这些特点制定出对行使各类知识产权共同适用的规则。

再次,可以从反垄断法规制的不同类型的垄断行为的角度着手,即从垄断协议、滥用市场支配地位和经营者集中的不同类型出发分别进行分析。这种分析角度完全从反垄断法自身的特点和内容出发,将行使知识产权过程中的行为按其不同的形式分别归入不同类型的垄断行为中进行分析，充分体现出从反垄断法的角度规制滥用知识产权行为的特点，并与《反垄断法》所规定的基本实体制度相对应。

虽然上述三种分析角度和形成的文本结构各有其优点，而且不同的方式并非完全孤立的，而往往是交织在一起的，但是作为《关于滥用知识产权的反垄断指南》，其更适合从反垄断法规制的不同类型的垄断行为的角度进行分析，进而形成与《反垄断法》规定的三种垄断行为相对应的《指南》结构。当然，在这种结构中也可在每一类垄断行为的分析中根据不同种类知识产权的特点以及排除、限制竞争的不同方面和环节分别作出进一步的分析。

（三）中国《关于滥用知识产权的反垄断指南》制定的现状和未来发展

2015 年，上半年国务院反垄断委员会启动了《关于滥用知识产权的反垄断指南》的起草工作，并且确定先由三家反垄断执法机构根据各自的职责，分别起草文本，然后由该委员会进行整合、修改并发布。2015 年下半年，三家反垄断执法机构已经起草了各自的版本，并通过不同方式征求各方面的意见。同时，国家知识产权局也草拟了自己的文本。根据国务院反垄断委员会的安排，2016 年年初，以上 4 个机构分别提交各自的《指南》草案。

国家发改委《关于滥用知识产权的反垄断指南》（2015 年 12 月 31 日征求意见稿）包括“序言”、“基本问题”、“可能排除、限制竞争的知识产权协议”、“涉及知识产权的滥用市场支配地位行为”和“涉及知识产权的经营者集中”（略）等几个部分。

商务部《关于禁止滥用知识产权排除、限制竞争行为的指南》经营者集中反垄断审查部分包括“定义”、“经营者集中审查引发竞争关注的涉及知识产权的情形”、“经营者集中涉及知识产权的竞争影响评估”和“采取的相应救济措施”等内容。

国家工商总局《关于滥用知识产权反垄断执法指南》（第八稿）主要包括以下内容：一是序言阐述制定《指南》的必要性。二是第一章总则，包括澄清反垄断与保护知识产权的关系、滥用知识产权与垄断行为、滥用知识产权排除、限制竞争行为的界定、知识产权领域反垄断执法的基本原则、分析方法和步骤、分析因素、适用范围等。三是第二章相关市场界定，包括总体原则、相关商品生产、相关技术市场和相关创新市场等。四是第三章涉及知识产权的垄断协议，包括涉及知识产权垄断协议的总体规定、竞争者之间的价格限制、竞争者之间的产量限制、竞争者之间的市场分割、竞争者之间的研发限制、竞争者之间的联合抵制、独占性回授、非竞争者之间的定价限制、非竞争者之间的地域和客户限制、涉及知识产权垄断协议的安全港规则等。五是第四章涉及知识产权的滥用市场支配地位，包括滥用市场支配地位的认定和推定、以不公平的高价许可知识产权、拒绝许可知识产权、涉及知识产权的搭售、涉及知识产权的不合理交易条件、涉及知识产权的差别待遇等。六是第五章涉及知识产权的经营者集中（具体内容略）。七是第六章涉及知识产权的若干特定行为的反垄断分析，包括涉及标准制定和实施的垄断行为、专利联营、著作权集体管理组织的行为。八是第七章附则，涉及法律责任和救济。

国家知识产权局《知识产权领域反垄断执法指南》（2016 年 3 月建议草案）包括“序言”、“知识产权领域反垄断执法的基本原则和步骤”、“知识产权行使行为的反垄断分析”和“附则”等 3 章。

目前，国务院反垄断委员会办公室在组织专家进行整合和修改，争取在 2016 年发布。可以预计，经过多年的期盼和准备，中国《关于滥用知识产权的反垄断指南》在不久的将来即可问世。期待该指南能真正实现中国反垄断与保护知识产权的协调发展。

中国反垄断私人诉讼中市场支配地位推定制度的地位

侯利阳　Félix E. Mezzanotte*　著

王继荣**　译

摘要： 市场支配地位推定制度（《中华人民共和国反垄断法》第19条）在中国反垄断私人诉讼中已经得以广泛适用。截至2013年共有13份法院判决中对市场支配地位进行了分析，在8起案例中提到了市场支配地位的推定，但是推定制度并没有实质地影响法院分析。在此8起案例中法院在3起案例中认定企业具有市场支配地位，但这在很大程度上并不是基于推定制度的内在机理，而主要是因为企业拥有专利或者其他法定的排他性权利。在其他5起案例中，由于相关市场竞争充分，法院并没有认定被告具有市场支配地位。在这些案件中，原告未能合理界定相关市场，又或无法准确测量被告市场份额，因而无法满足推定制度的适用条件。市场支配地位推定制度的适用具有将举证责任从原告转至被告的效果，因而关于推定制度的研究对中国反垄断实践有重要的指导意义。

关键词： 市场支配地位，反垄断法，私人诉讼，推定制度，举证责任

* 侯利阳，上海交通大学凯原法学院教授，比利时鲁汶大学法学博士；Félix E. Mezzanotte，香港理工大学会计金融学院助理教授。笔者感谢 Jiayang Zhang 女士和 Mingyi Bi 女士的帮助，笔者亦感谢香港理工大学相关课题的资助，但文中错误均归咎于笔者。

** 王继荣，上海交通大学凯原法学院2014级博士生。

一、引 言

在中国,反垄断私人诉讼变得越来越重要。中国反垄断法施行 4 年内,法院共处理 53 起案例,且案例数不断增长[1]。大部分案例是基于反垄断法第 17 条处理的滥用市场支配地位案例,这表明涉及第 17 条的私人诉讼发展良好[2]。但对这些案例的进一步研究却发现事实并没有想象的乐观,原告基于第 17 条提起的诉讼几乎均以败诉收场。学者对于原告败诉的原因给出诸多分析,包括原告较少使用经济学证据,发现证据规则的不足,[3]原告所提诉讼请求无价值等[4]。一些学者则认为原告举证责任过于繁重[5]。比如在互联网行业,关于相关市场的界定原告就面临巨大的困难[6]。在本文中,笔者通过研究市场支配地位推定制度在中国反垄断私人诉讼中的地位来探究上述提到的问题。

---

〔1〕 2012 年 5 月 8 日最高人民法院《关于审理因垄断行为引发的民事纠纷案件应用法律若干问题的规定》的新闻发布稿中提到截至 2011 年年底,全国地方法院共受理垄断民事一审案件 61 起,审结 53 起。http://www.court.gov.cn/xwzx/xwfbh/twzb/201205/P020120508547480986878.doc, 2014 年 8 月 1 日最后访问。Li Zhu, 'Taking a Close Look at the Supreme People's Court's Guidance for Private Antitrust Enforcement' in Adrian Emch and David Stallibrass (eds) China's Antimonopoly Law: The First Five Years (Wolters Kluwer 2013) ch 17, 290 (文中提到从 2008 年 8 月 1 日到 2012 年年底,中国地方法院共受理垄断民事一审案件 116 起,审结 102 起)。中国反垄断法 2008 年 8 月 1 日起施行。反垄断私人诉讼受反垄断法第 50 条规制,同时受《最高人民法院关于审理因垄断行为引发的民事纠纷案件应用法律若干问题的规定》(以下简称司法解释)第 2 条规制。该司法解释于 2012 年 5 月 3 日颁布,2012 年 6 月 1 日施行。

〔2〕 同上。

〔3〕 Zhiyong Liu and Yue Qiao, 'Abuse of Market Dominance Under China's 2007 Anti-Monopoly Law: a preliminary Assessment' (2012) 41 Rev Ind Organ 77, 83 - 87, and 94 - 97; James Modrall, Matthew Bachrack and Cunzhen Huang. 'Antitrust Litigation in China — A Step Forward' (2012) CPI Asia Antitrust Column 6, https://www.competitionpolicyinternational.com/cpi-asia-antitrust-column-15,2014 年 8 月 1 日最后访问。

〔4〕 Liyang Hou. 'An Evaluation of the Enforcement of China's Anti-Monopoly Law in 2008 - 2013' (2013), http://ssrn.com/abstract=2292296,2014 年 12 月 13 日最后访问。

〔5〕 Ross Lester. 'Litigation Under China's Antimonopoly Law' (November 2010) 1 CPI Antitrust J; Peter Wang, Yizhe Shang and Se' bastien Evrard. 'Chinese Enforcement Against Abuses of Dominance Ramps Up' (2012) 1 (3) CPI Asia Antitrust Column, https://www.competitionpolicyinternational.com/cpi-asia-antitrust-column-3,2014 年 8 月 1 日最后访问; Jessica Hua Su, 'The Dongfeng Nissan Case and the Gaps of China's Competition Law Regime in Tackling Vertical Restraints' (2011), http://kluwercompetition lawblog.com/2011/12/31/the-dongfeng-nissan-case/, 2014 年 8 月 1 日最后访问。

〔6〕 例如,寿步:《互联网市场竞争中滥用市场支配地位行为的认定》,《暨南学报》2012 年第 10 期;胡丽:《互联网企业市场支配地位认定的理论反思与制度重构》,《现代法学》2013 年第 2 期;张素伦:《互联网服务的市场支配地位认定》,《河北法学》2013 年第 3 期;侯鲜明、孙鹏:《互联网企业市场支配地位认定之思考》,《天津法学》2013 年第 3 期;岳琳、唐素琴:《云计算相关市场与市场支配地位的认定及挑战》,《电子知识产权》2013 年第 6 期。

市场支配地位推定制度的适用并不少见。很多国家在其竞争法中对该制度均有规定。国际竞争网络(International Competition Network, ICN)对35个国家的竞争法进行调查(中国并不包含在内),发现其中15个国家对市场支配地位推定制度做了规定,包括巴西、德国、以色列、韩国、南非、巴基斯坦等〔7〕。在其他法域,在法院的判决中对推定制度也有所适用,如欧盟处理的AKZO案〔8〕。适用推定制度的目的显而易见——"通过减轻调查负担、增加商业活动的法律确定性来提高施行法律的效率"〔9〕。在一些法域中,市场支配地位推定制度内含于垄断和寡断的判定标准中,例如欧盟〔10〕、韩国〔11〕、印尼〔12〕、越南〔13〕和泰国〔14〕等。

与此相对应,中国立法者在反垄断法第19条规定了推定制度,以提高市场支配地位适用的法律确定性,确保市场支配地位制度的更好适用,进而完善市场

---

〔7〕 International Competition Network, Report on the Objectives of Unilateral Conduct Laws, Assessment of Dominance/Substantial Market Power, and State-Created Monopolies, prepared by the Unilateral Conduct Group, May 2007, 47 - 49 and 94 Annex D, http://www.internationalcompetitionnetwork.org/uploads/library/doc353.pdf,2012年10月8日最后访问。(以下简称ICN报告)。

〔8〕 同上。另参见Case C-62/86 AZKO Chemie BV v Commission [1991] ECR I-3359, para 60; Case 85/76 Hoffmann-La Roche v Commission [1979] ECR 461, para 41; Case T-30/89 Hilti v Commission [1991] ECR II-1439, paras 90-92; Case T-221/95 Endemol v Commission [1999] ECR II-1299, para 134; Case T-340/03 France Te' le' com v Commission [2007] ECR II-107, paras 100-03. Also, Richard Whish and David Bailey, Competition Law (7th edn, OUP 2012) 47 and 182; Alison Jones and Brenda Sufrin, EC Competition Law (4th edn, OUP 2011) 329-33。

〔9〕 ICN报告,47。

〔10〕 Case T-395/94 Atlantic Container Line B and others v Commission [2002] ECR II-875, paras 903-42; Whish and Bailey (注释8) 47; Jones and Sufrin (n 8) 333; Fe' lix E Mezzanotte, 'Presumptions, Market Dominance and Oligopoly in Europe and China: a Comparison' (2013) 36 W Comp 2, 315-39。

〔11〕 Monopoly Regulation and Fair Trade Act, art 4, http://www.jftc.go.jp/eacpf/01/Korea-monopoly.pdf, 2014年8月1日最后访问。

〔12〕 Law No 5 of 1999 Concerning the Prohibition of Monopolistic Practices and Unfair BusinessCompetition, art 25(2)(b), http://www.cipatent.com/unfairlaw.pdf, 2014年8月1日最后访问。

〔13〕 Law on Competition No 27 (2004) art 11(2), http://www.vietnamlaws.com/freelaws/Lw27na3Dec04Competition[XV1135].pdf, 2014年8月1日最后访问。

〔14〕 Trade Competition Act [BE 2542 (2009)] arts 3 and 25, http://www.apeccp.org.tw/doc/Thailand/Competition/thcom2.htm, 2014年8月1日最后访问; Notification of Trade Competition Commission On Criteria for Business Operator with Market Domination, effective 8 February 2007. Also David Duncan, 'Trade Competition Act: Application and Pitfalls' 22 October 2010, Tilleke and Gibbins, http://www.tilleke.com/resources/trade-competition-act-application-and-pitfalls, 2014年8月1日最后访问; Chaiwat Keratisuthisathorn, 'Market dominance under the competition law' 22 January 2008, Tilleke and Gibbins, http://www.tilleke.com/resources/market-dominance-under-trade-competition-law, 2014年8月1日最后访问。

支配地位的举证责任制度[15]。反垄断法明确规定推定制度的几项重要内容：第一，依赖于某一企业的市场份额值，第二，考虑单独（垄断情况）和共同（寡断情况）的市场份额，第三，允许企业提出相反的证据反驳推定[16]。但关于在实践中如何适用推定制度却鲜为人讨论。更进一步说，推定制度的适用程度以及其可以转移举证责任的运作机制是不清晰的。为解决此问题，本文系统地研究了上文中提及的 53 起滥用市场支配地位的私人诉讼案例。每起案例中，我们均会分析是否适用了推定制度；如果适用了，适用结果如何，产生的法律效果如何。

分析反垄断法第 19 条具有重要意义。从诉讼进程角度来看，举证责任的转移是推定制度的重要影响，同时也会影响诉讼结果[17]。从国际实践角度来看，研究反垄断法 19 条推定制度能够为中国与其他法域的法律比较研究奠定良好的基础。本文第二部分将介绍有关反垄断法第 19 条市场支配地位推定制度的基本规则和原则。文章第三部分会列举搜集的滥用市场支配地位案例，同时对每个案例的特点和结果进行介绍。文章第四、五部分进行相关讨论并得出相应结论。

总体而言，虽然在我们选取的样本案例中有 8 起案例提到了推定制度，但该制度在适用反垄断法第 19 条的过程中发挥的作用却是微不足道的。推定制度

---

〔15〕 全国人大常委会法制工作委员会经济法室（编）：《中华人民共和国反垄断法：条文说明、立法理由及相关规定》，北京大学出版社 2007 年版，第 112—113 页（认为推定的目的是节约司法成本，提高司法效率）。

〔16〕 例如，牛睿：《反垄断法问题研究》，辽宁大学出版社 2010 年版，第 114 页。Susan Ning, China Anti-Monopoly Law Guide (CCH 2010) 111; H Stephen Harris and others, Anti-Monopoly Law and Practice in China (OUP 2011) 96 - 101; Mark Furse, Antitrust Law in China, Korea and Vietnam (OUP 2009) 67 - 111, 88 - 89; Roberto Pardolesi, 'Monopoly Agreements and Abuse of Dominance: Some Remarks About the Substantive Rules' in Michael Faure and Xinzhu Zhang (eds) Competition Policy and Regulation: Recent Developments in China, USA and Europe (Edward Elgar 2011) 289 - 99, 289 - 92; Carl W Hittinger and John D Huh, 'The People's Republic of China Enacts Its First Comprehensive Antitrust Law: Trying to Predict the Unpredictable' (2007 - 2008) 4 NYU JL & BUS 245, 261 - 63; Shang Ming, 'Antitrust in China — A Constantly Evolving Subject' (2009) 5 Competition L Intl 4, 7; Thomas R Howell and others, 'China's New Anti-Monopoly Law: a Perspective from the United States' (2009) 18 PAC RIM L & Pol'Y J 53, 65 - 82; Adrian Emch, 'Abuse of Dominance in China: a paradigmatic shift?' (2008) 29(11) ECLR 615, 617; Yin Zhou, 'China's Anti-Monopoly Law: Insights from U. S. and EU Precedents on Abuse of Dominance and IP exemption Provisions' (2009) 32 Hastings Intl & Comp L Rev 711, 724 - 46; Nathan Bush, 'The PRC Antimonopoly Law: Unanswered Questions and Challenges Ahead' October 2007, 7 - 8, http://www.americanbar.org/content/dam/aba/publishing/antitrust_source/Oct07_Bush10_18f.authcheckdam.pdf，2012 年 2 月 17 日最后访问；Zhiyong Liu and Yue Qiao, 'Abuse of Market Dominance Under China's 2007 Anti-Monopoly Law: a preliminary Assessment' (2012) 41 Rev Ind Organ 81 - 82。

〔17〕 Eric L Talley. 'Law, Economics, and the Burden(s) of Proof' in Jennifer Arlen (ed) Research Handbook on the Economics of Torts (Edward Elgar 2013) 305. Also, Hodge M Malek (general ed), Phipson on Evidence (16th edn, Sweet & Maxwell 2005) 135 - 36（以下简称 Phipson）。

没有得以成功适用的主要障碍是被告所处的市场竞争充分。在这些案例中，原告因为未能准确界定相关市场或未能准确测量市场份额进而未能成功满足推定制度适用的相关要求。从判决书文本中，我们未能观测到推定制度导致的举证责任转移，但这并非是结论性的发现，法院也并非是解决此问题的唯一机构。希望这篇文章能够为执法者和司法者提供启示。

二、第 19 条下市场支配地位推定制度：基本规则和原则

大部分拥有竞争法的国家都对市场支配地位推定制度做了规定〔18〕。中国也是如此，在其反垄断法中对此制度做出相应规定。《反垄断法》第 17 条规定禁止具有市场支配地位的经营者从事滥用市场支配地位的行为，包括以不公平的高价销售商品或者以不公平的低价购买商品；没有正当理由，以低于成本的价格销售商品；没有正当理由，拒绝与交易相对人进行交易，等等。对于第 17 条的适用要求原告或竞争机构证明以下事实：第一，涉案企业具有市场支配地位；第二，涉案企业存在滥用行为〔19〕。因此，对于市场支配地位的证明是适用反垄断法第 17 条解决案例的必然要求。

在此背景下，推定制度影响诉讼过程中经营者市场支配地位的确定。《反垄断法》第 19 条基于企业市场份额规定了推定制度〔20〕。第 19 条规定如下：

有下列情形之一的，可以推定经营者具有市场支配地位：

（一）一个经营者在相关市场的市场份额达到二分之一的；

（二）两个经营者在相关市场的市场份额合计达到三分之二的；

（三）三个经营者在相关市场的市场份额合计达到四分之三的。

有前款第二项、第三项规定的情形，其中有的经营者市场份额不足十分之一的，不应当推定该经营者具有市场支配地位。

---

〔18〕 参加 ICN 报告。另参见：Keith N Hylton and Fei Deng ‘Antitrust Around the World. an Empirical Analysis of the Scope of Competition Laws and Their Effects’ (2007) 74 Antitrust LJ 271，315；Mark R A Palin，‘The Worldwide Growth of Competition Laws：an Empirical Analysis’ (1998) 43 Antitrust Bull 105，109。

〔19〕 中国《反垄断法第》17、18 条。

〔20〕 本部分所描述的反垄断法第 19 条推定制度的特征在之前发表的论著中已经有所阐述，Fe' lix E Mezzanotte，‘Presumptions，Market Dominance and Oligopoly in Europe and China：a Comparison’ (2013) 36 W Comp 2。根据所提到的文章读者可以在更广泛意义上理解第 19 条所称的推定制度。

被推定具有市场支配地位的经营者，有证据证明不具有市场支配地位的，不应当认定其具有市场支配地位。

推定制度涉及证据规则[21]。可以理解为"基于已知事实推出一个法律事实"[22]《反垄断法》第19条推定制度内含机制表明若没有相反的证据，凭借市场份额可认定企业是否具有市场支配地位。因此，在相关市场中，一个企业若拥有二分之一以上的市场份额、两个企业若共同拥有三分之二以上的市场份额、三个企业若共同拥有四分之三以上的市场份额，则可以推定企业具有市场支配地位。从《反垄断法》第19条也可知该推定可以被反驳。市场支配地位推定制度可以被反驳表明被推定具有市场支配地位的企业可以提出相反证据进行反驳。如果相反的证据不被认可，则推定成立[23]。

《反垄断法》第19条规定的推定制度至少还存在两个问题。第一个问题涉及该推定制度的实践情况。具体说来，在已经处理的案例中，推定制度在多大程度上得以适用是不明确的。第二个问题涉及推定制度的法律效果。通过研读《反垄断法》第19条和相关配套法规的文本内容，我们无法得知推定制度是否以及如何起到将证据责任从原告转移到被告的作用[24]。下面笔者将对第二个问题进行仔细研究。

证明责任是指在诉讼过程中或行政执法过程中一方当事人需要提供证据以证明其主张的事实，并要求证明到一定程度[25]。在中国，举证责任规则指导法官在原告和被告之间分配证明任务，未尽到证明义务的一方要承担不利的后果。[26] 反垄断法和最高院司法解释对滥用市场支配地位案例的举证责任作了基本的规定：原告需要证明被告具有市场支配地位，并证明被告为滥用行为：

〔21〕 BA Garner (chief ed), Black's Law Dictionary (7th edn, West Group 1999) (检索项：presumption)。

〔22〕 同上。

〔23〕 BA Garner (chief ed), Black's Law Dictionary (7th edn, West Group 1999) (检索项：conclusive presumption)；Phipson (注释17) 135-42。

〔24〕 ICN报告指出大部分制定市场支配地位推定制度的国家适用的均为可反驳的推定制度，以色列和南非除外。这两个国家法律规定如果一个经营者市场份额超过50%或者45%，推定即是不可辩驳的(ICN报告(注释7)48)。关于推定的法律效果没有统一的规定，因而推定的法律效果因国家而异。"市场支配地位推定制度能够在一定程度上解除原告的举证责任负担，但能够在多大程度上解除原告的举证责任负担则因国家而异，也因经营者具有的市场份额大小而异"同上。

〔25〕 BA Garner (chief ed), Black's Law Dictionary (7th edn, West Group 1999) (检索项：burden of proof)。

〔26〕 《最高人民法院关于民事诉讼证据的若干规定》，法释〔2001〕33号，第2条；Mo Zhang and Paul J Zwier, 'Burden of Proof: Developments in Modern Chinese Evidence Rules' (2003) 10(2) Tulsa J Comp & Intl L 419。

“第八条　被诉垄断行为属于反垄断法第十七条第一款规定的滥用市场支配地位的，原告应当对被告在相关市场内具有支配地位和其滥用市场支配地位承担举证责任。

被告以其行为具有正当性为由进行抗辩的，应当承担举证责任。〔27〕”

以上规则暗含举证责任转移的一种情况即在原告证明被告存在市场支配地位和滥用行为情况之后，举证责任就转移到被告处，被告需要证明其滥用行为具有正当性〔28〕。但司法解释却没有提到《反垄断法》第19条。那么，问题的关键就是基于市场份额的推定制度是否以及在多大程度上起到将举证责任从原告处转移至被告处的作用。为更好地理解推定制度的适用和效果，我们搜集研究中国涉及滥用市场支配地位案例的私人诉讼。我们的研究基于以下三个步骤：

第一，我们通过一些数据库搜集私人诉讼案例，这些数据库包括最高法院网站、省高院网站、中国法律信息网以及一些律所的网站。我们的调查暂时没有涉及中国相关竞争法机构的调查程序，因为此时这些内容尚未完全公开。

第二，对于每个案例，我们记录其名称和最终结果。案件的最终结果包括市场支配地位的法律分析和滥用行为的法律分析。我们对于法院界定相关市场的理由和分析市场支配地位的理由也进行记录，以便对分析的关键内容有所了解。

第三，对于每个案例，我们会考查在判决分析过程中是否有《反垄断法》第19条的适用。我们阅读判决中的相关段落以确定推定制度如何在案例分析过程中发挥作用以及推定制度的适用效果，尤其是其转移举证责任的效果。

后文中笔者将呈现研究这些案例的结果并对其进行分析讨论。

三、滥用市场支配地位案例基本特点及结果

我们对滥用市场支配地位的13起案例进行了分析。这些案例详见表1。

本文分析的案例数不及中国法院〔29〕提出的总案例数，者表明中国案例公开制度仍不完善。在这13起案例中，11起案例经过了两审，而2起案例只经历

〔27〕 最高人民法院《关于审理因垄断行为引发的民事纠纷案件应用法律若干问题的规定》第8条。

〔28〕 这种分析案例方式与最高法院在之前的文件中分配举证责任的方式是一致的。《中华人民共和国最高人民法院关于审理因垄断行为引发的民事纠纷案件应用法律若干问题的规定草案》(2011年4月16日)，第7、9条。

〔29〕 最高人民法院《关于审理因垄断行为引发的民事纠纷案件应用法律若干问题的规定》。

了一审。此外，一些案例的一审判决我们也没有找到。基于以上原因，我们基于最终判决对案例进行分析。

表 1 中国滥用市场支配地位案例

案 例 名 称	案例号(一审)	案例号(二审)
奇虎诉腾讯案	(2011)粤高法民三初字第 2 号	(2013)民三终字第 4 号
华为诉 IDC 案	(2011)深中法知民初字第 858 号	(2013)粤高法民三终字第 306 号
吴小秦诉陕西广电网络传媒案	(2012)西民四初字第 00438 号	(2013)陕民三终字第 00038 号
冯永明诉福建高速案	(2012)榕民初字第 345 号	(2012)闽民终字第 884 号
刘大华诉湖南华源案	未找到	湖南省高级人民法院(2012)湘高法民三终字第 22 号
无锡保城诉无锡华润案	(2011)锡知民初字第 0031 号民事判决	(2012)苏知民终字第 0004 号
湖州一亭诉湖州白蚁研究所案	(2009)浙杭知初字第 553 号	(2010)浙知终字第 125 号
唐山人人诉北京百度案	(2009)一中民初字第 845 号	(2010)高民终字第 489 号
李方平诉中国网通案	(2008)二中民初字第 17385 号	(2010)高民终字第 481 号
北京书生诉上海盛大案	(2009)沪一中民五(知)初字第 113 号	(2009)沪知终字第 135 号
戴海波诉重庆电信案	(2012)渝一中法民初字第 446 号	未适用
徐亮诉青岛通宝汽车公司案	(2013)青知民初字第 2 号	未适用
邹志坚诉广西运德汽车公司案	(2009)崇民初字第 44 号	(2011)桂民三终字第 9 号

如下述表 2 中所述，这些案例涉及滥用行为的很多种类型包括歧视性待遇(涉及 5 个案例)，搭售(涉及 4 个案例)，排他性交易(涉及 3 个案例)，拒绝交易(涉及 3 个案例)和超高定价(涉及 1 个案例)。就案例结果而言，原告只在 2 起案例中获胜(华为诉 IDC 案和邹志坚诉广西运德汽车公司案)。在华为诉 IDC 案中，原告成功证明 IDC 向其索取的专利费过高以致影响华为的竞争能力。在邹志坚诉广西运德汽车公司案中，被告享有从崇左开出和开往崇左公共汽车专营权；原告是经营公共汽车的私人业主，其称被告的行为产生了排除竞争者的效果，使其无法在相关市场进行经营。法院最终支持了原告了的诉讼请求。

表 2　滥用案例案件情况及结果

案例（简称）	一审情况			二审情况			相关市场	被告市场份额	市场支配地位推定制度是否适用	被告数	滥用行为
	是否认定存在市场支配地位	是否认定存在滥用行为	胜诉方	是否认定存在市场支配地位	是否认定存在滥用行为	胜诉方					
奇虎诉腾讯	否	否	被告	否	否	被告	中国即时通讯市场（法院对原告界定的相关市场未予认定）	≥80	是	2	搭售、排他行为
华为诉IDC	是	是	原告	是	是	原告	中国和美国移动通讯标准必要专利	100	是	1	垄断高价、歧视性定价、附条件交易、搭售
吴小秦诉陕西广电网络传媒案	是	是	原告	是	否	被告	陕西省有线电视传输服务市场	100	否	1	搭售
冯永明诉福建高速案	是	否	被告	是	否	被告	福建省高速服务	100	否	1	附加不合理交易条件，歧视性定价，附条件交易
刘大华诉湖南华源案	未找到判决		被告	否	否	被告	适用于天籁汽车的门锁配件市场（相关地域市场未明确）	未明确	否	1	搭售、不合理高价
无锡保城诉无锡华润案	是	否	被告	是	否	被告	无锡市汽车改装天然气市场	100	是	1	拒绝交易
湖州一亭诉湖州白蚁研究所案	未找到判决		被告	是	否	被告	湖州市的房屋建筑白蚁防治市场	100	否	1	附加不合理交易条件
唐山人人诉北京百度案	否	否	被告	否	否	被告	中国搜索引擎服务市场（法院未支持原告关于相关市场的界定）	未明确	是	1	拒绝交易，差别待遇

（续表）

案例（简称）	一审情况			二审情况			相关市场	被告市场份额	市场支配地位推定制度是否适用	被告数	滥用行为
	是否认定存在市场支配地位	是否认定存在滥用行为	胜诉方	是否认定存在市场支配地位	是否认定存在滥用行为	胜诉方					
李方平诉中国网通案	否	否	被告	否	否	被告	北京地区语音通讯服务（法院未支持原告关于相关市场的界定）	未明确	是	1	歧视性定价，附条件交易
北京书生诉上海盛大案	否	否	被告	否	否	被告	中国在线文学（法院未支持原告关于相关市场的界定）	未明确	是	2	限制交易
戴海波诉重庆电信案	否	否	被告	未适用			移动服务（相关地域市场未明确）	未明确	否	3	拒绝交易，强迫交易
徐亮诉青岛通宝汽车公司案	否	否	被告	未适用			青岛地区广汽本田飞度轿车所用的机油滤清器及机油市场	未明确	是	1	搭售，附加不合理交易条件
邹志坚诉广西运德汽车公司案	未找到判决		原告	是	是	原告	开往崇左和从崇左开出的公共汽车路线	100	是	3	强制排他性交易

除了这两个案例，其他案例均以原告败诉告终。另外一些未被支持的诉讼请求毫无学术价值。例如，在无锡保城诉无锡华润案中原告诉称被告拒绝向其改造的汽车提供汽油，但是法院调查发现原告应该基于合同法而不是反垄断法提起诉讼，因为被告并没有实施歧视行为，被告拒绝提供只是因为在那段时间内储备不足。在冯永明诉福建高速案中，原告诉称被告所收高速过路费过高，法院调查发现被告的收费行为是经过政府许可的，因此，原告基于反垄断法提起诉讼是无根据的。

总之，表2中所示的案件结果表明：在反垄断民事诉讼中原告很难胜诉。表2同样表明，原告提起上诉审耗费较大的成本，但收效甚微。除吴小秦诉陕西广电网络传媒案之外，二审法院均维持了一审法院的判决。在吴小秦诉陕西广电网络传媒案中，一审法院认定陕西广电网络传媒存在滥用市场支配地位的行为，而二审法院推翻了这个结论，认为陕西广电网络传媒不存在滥用行为。

关于市场支配地位的认定，原告在46%(6/13)的案例中确立了被告具有市场支配地位，这表明在适用《反垄断法》第17条处理案件过程中市场支配地位的证明并不是不可逾越的障碍。在剩余的案例(7/13)中原告未证明被告具有市场支配地位。值得一提的是，在所有的原告证明被告具有市场支配地位的案例中，被告在相关市场中均占有完全垄断地位。与之相对应的是，在原告未能证明被告具有市场支配地位的案例中，在相关市场均存在不同程度的竞争。因此，根据被告是否具有市场支配地位我们可以把案例分为两类：在第一类案例中，被告在相关市场中占有垄断地位，原告证明了被告具有市场支配地位；在第二类案例中，被告所处市场存在不同程度的竞争，原告未能证明被告具有市场支配地位。

在第一类案例中，被告由于具有法定垄断权利(5个案例)或享有专利权(华为诉IDC案)而在相关市场中具有垄断地位。在5个法定垄断案例中，吴小秦诉陕西广电网络传媒案中陕西广电网络传媒公司在陕西省拥有独家节目播放权，冯永明诉福建高速案中福建高速在福建省拥有经营高速公路的垄断权，邹志坚诉广西运德汽车公司案中汽车公司独家经营开往崇左和从崇左出发的公共汽车服务，无锡保城诉无锡华润案中华润公司在无锡市独家提供天然气灌装服务，湖州一亭诉湖州白蚁研究所案中湖州白蚁研究所在湖州市提供白蚁防治服务。[30]

其他7个案例的相关市场具有一定的竞争性，这主要涉及3个行业，即网络媒体行业(奇虎诉腾讯案，人人诉百度案，书生诉盛大案)，汽车销售行业(刘大华诉湖南华源案和徐亮诉青岛通宝汽车公司案)和电信服务行业(李方平诉中国网通案和戴海波诉重庆电信案)。前两项行业领域已经实现完全自由化。尽管电信领域经营者受制于一定特定的义务，但仍然出现中国移动、中国电信和中国联通3家竞争者。在这些存在一定竞争的市场中原告在界定相关市场和测量市场份额过程中面临很大困难。

进一步说，在这组案例中原告均不能正确界定相关市场，法院在这些案例中也都否认或扩大了原告界定的相关市场。另外，对于原告主张的被告的市场份额，因为相关证据和测量方法等原因法院都不予采信。在很多案例中，被告的市场份额最终也没有得以确认(表2中笔者适用“未明确”进行说明)。关于界定相

---

〔30〕 这类型案件被司法解释(注释1)第9条规制。

关市场和测量市场份额影响市场支配地位的确认，笔者在下文中会进行说明，这通常也会影响基于市场份额的市场支配地位推定制度的适用〔31〕。

从表 2 中可以看出，在 62%(8/13)的案例中中国法院对《反垄断法》第 19 条市场支配地位的推定制度有详细的引用。笔者将在以下两部分详细论述推定制度在确认市场支配地位过程中的作用和影响。作为分析的一部分，笔者参考了相关法院判决的一部分。笔者利用判决中相关部分增强文章说服力，同时帮助读者了解法院的分析过程。

四、市场支配地位推定制度的适用

表 3　推定制度及案例结果

推定制度	A. 确认市场支配地位——垄断地位(二审判决年限)	B. 未确认市场支配地位——竞争市场(二审判决年限)
A. 判决中涉及推定制度	3(2013,2012,2011)AA	5(2013，2011，2010，2010，2009)AB
B. 判决中未涉及推定制度	3(2013,2012,2010)BA	2(2012,2012)BB

为便于分析，表 3 对上文中内容进行了总结。在我们选取的 13 个样本案例中有 8 个案例涉及市场支配地位推定制度。其中，在 3 个案例中法院确立了被告的市场支配地位。这些被告在相关市场中均享有垄断地位(保城诉华润案，华为诉 IDC 案以及邹志坚诉运德汽车公司案)(表中 AA)。其他 5 起案件提到市场支配地位推定制度，与之对应这些被告所处的市场也具有一定程度的竞争。在这些案件中市场支配地位并未确立(人人诉百度案，书生诉盛大案，徐亮诉青岛通宝汽车公司案，李方平诉中国网通案以及奇虎诉腾讯案)(表中 AB)。

这样的分类同样适用于未提及推定制度的 5 起案例。在 3 起案例(吴小秦诉陕西广电网络传媒案，冯永明诉福建高速案以及湖州一亭诉湖州白蚁研究所案)中被告具有垄断地位，法院最终确立了被告的市场支配地位(表中 BA)。在其他 2 起案例(戴海波诉重庆电信案和刘大华诉湖南华源案)中被告所处市场存

〔31〕 尽管在分析市场支配地位过程中能够对相关市场界定错误和市场份额测量错误进行检查，但笔者将在推定制度分析过程中对其进行分析(本文第 5 部分)。至于大部分原告难以充分证明被告具有市场支配地位和被告滥用了市场支配地位的深层原因不在本文讨论范围。

在一定程度的竞争，被告不具有市场支配地位（表中 BB）。

对案例进行这样的分类使我们易于发现很多问题。笔者意欲从 AA 类案例入手进行分析。在这 3 起案例中适用了推定制度并最终确立了被告的市场支配地位。由于两种因素的影响人们希望《反垄断法》第 19 条为法院的分析提供基本框架。在保城诉华润案中法院的分析符合此期望。法院的分析在很大程度上依赖于《反垄断法》第 19 条。法院分析如下：

"根据《反垄断法》规定，在没有相反证据的情况下，一个经营者在相关市场的市场份额达到二分之一的，可以推定经营者具有市场支配地位。华润车用气公司系无锡市区唯一一家提供天然气汽车加气业务的公司，在没有相反证据的情况下，可以认定华润车用气公司在无锡市区的天然气汽车加气市场具有市场支配地位。"〔32〕

但是，在其他两个案例中（即邹志坚诉运德汽车公司案和华为诉 IDC 案）法院对于第 19 条的应用（相对于第 18 条来说）并不十分明显。尽管第 19 条在两个案例中被提及，但法院并没有基于第 19 条进行分析。通过探究法院在这两个案例中的分析框架读者并不能断定法院是根据 19 条还是第 18 条分析案例。

在华为诉 IDC 案中，尽管 IDC 由于拥有标准必要专利而享有垄断地位，但法院的分析并没有止于市场份额，而认为还应该分析 IDC 的市场力量是否因为对抗性的购买力而受影响。这种分析只是基于法院意愿，法院确认买方并不拥有限制 IDC 市场力量之后才确认 IDC 具有市场支配地位。法院分析的除市场份额外的其他因素并非是基于被告根据第 19 条提交的"相反的证据"。法院仍然是根据《反垄断法》第 18 条的分析市场支配地位的典型框架进行分析，而第 18 条列举出包括市场份额在内的诸多因素。

更令人疑惑的是，在超过 50%的未确认存在市场支配地位的案例中是基于第 18 条确认的市场支配地位（表 3 中 BA），尽管一方面这些案例情况符合第 19 条规定（被告拥有 100%的市场份额），另一方面与这些案例判决同一时期其他法院对推定制度也有适用（表 3 中 AA）。在吴小秦诉陕西广电网络传媒案中，法院在发现陕西广电网络传媒在电视广播方面具有独家经营权之后并未直接推定其市场支配地位，而是进一步分析市场进入障碍是否会影响被告的独家经营权。法院最终得出结论：无论是否存在垄断性经营权该市场存在较高的进入障碍，因此被告具有市场支配地位。法院得出结论与第 19 条推定制度并没有关

〔32〕 保城诉华润案二审判决书，第 3 页。

系。在冯永明诉福建高速和湖州一亭诉湖州白蚁研究所案中，推定制度也并没有被提及，尽管在这两个案例中被告被确认具有市场支配地位的关键因素——如果说不是唯一因素——是市场份额。

以上分析表明，法院并没有将《反垄断法》第 19 条视为强制性的规定，因而法院关于推定制度的适用并没有形成系统性的路径。以上分析同时表明，在这些案例中市场支配地位的最终确立主要是因为被告在相关市场中占有垄断地位，第 19 条推定制度在市场支配地位确认过程中所起的作用并不清晰。但这并不是说推定制度不能或者不会在中国反垄断案例中发挥重要作用。除被告在相关市场中占有完全的市场份额，第 19 条推定制度在以下市场中能够发挥更大的作用：该市场存在一定程度的竞争，正面证明被告具有市场支配地位存在较大困难，或者基于其他原因这样的潜在市场状况还未形成的情况下推定制度有较大的适用空间。

在两个案例中似乎没有合适的事实基础使推定制度能够得以适用（见表 3 中 BB）。在刘大华诉东风日产案中，由于相关市场中存在其他供应商，被告只占有一小部分市场份额。在戴海波诉重庆电信案中，存在明确的替代产品，原告并不能提供有力证据说明被告的市场份额。令人惊讶的是，当原告基于推定制度指出在相关市场中并非垄断者的被告具有市场支配地位时，法院均予以驳回（见表 3 中 AB）。下文中笔者将对这种情况进行详细的分析。

在人人诉百度案中，法院十分明确地驳回了原告基于第 19 条的推定制度诉请被告具有市场支配地位。法院对原告使用的测量被告市场份额的方法予以否认，因为原告测量方法依据的证据不充分，也不可靠。原告声称被告在相关市场具有 76.9％的市场份额，而此是根据《中国证券报》相关文章以及百度网站的两篇工业报告进行计算的。尽管法院支持原告界定的相关市场，但其指出关于市场支配地位的证据缺少严谨性和客观性，正如法院在判决书中指出："鉴于唐山人人公司未就市场份额的计算方式向法院提供充分证据，法院无法确信该市场份额的确定源于科学、客观的分析，其主张北京百度公司在'中国搜索引擎服务市场'占有二分之一以上的市场份额，依据不足，法院不予支持。"[33]

在书生诉盛大案中上海高级人民法院给出了相同的结论。书生公司作为原告声称盛大公司和玄霆公司（两被告）拥有 80％的市场份额，并基于此推定被告具有市场支配地位。法院基于以下两个原因驳回书生公司的观点：首先，书生

〔33〕 人人诉百度案二审判决书，第 6 页。

公司并没有明确地界定相关市场；其次，书生公司也没有提供充分的证据。法院指出，书生公司的请求并不能基于被告的广告宣传进行证明〔34〕。而在徐亮诉青岛通宝汽车公司案中，原告试图通过推定制度证明被告具有市场支配地位的努力也未成功。在这个案例中，法院给出以下分析：

“其次，关于被告是否在本院确定的相关市场内占据支配地位的问题，本院认为，第一，《反垄断法》第十九条第一款第一项规定‘有下列情形之一的，可以推定经营者具有市场支配地位：（一）一个经营者在相关市场的市场份额达到二分之一的’，本案中，原被告双方均认可在青岛地区除本案被告外，还有多家广汽本田 4S 店，均能提供广汽本田飞度轿车所用的机油滤清器及机油，而原告未能提供证据证明本案被告所占市场达到法律规定份额；第二，虽然原告认为其保养车辆需要正厂出品的产品，但原告未能证明其所需机油滤清器及机油是市场上其他产品所无法替代的，也就是说其未能证明其车辆保养仅能使用正厂出品的产品。因此，本院认为，被告在青岛地区广汽本田飞度轿车所用的机油滤清器及机油市场未能占据支配地位。”〔35〕

在李方平诉中国网通案中，法院再次扩展原告界定的相关市场范围。李方平声称的相关商品市场为固定电话服务和小灵通服务。但是，法院认为相关市场是包括移动电话服务在内的语音通信市场。因为李方平没有在更广的范围内对被告的市场支配地位提供证据，法院认为李方平并没有尽到举证责任。更进一步说，法院分析如下：

“根据我国反垄断法的规定，具有市场支配地位的经营者不得滥用市场支配地位，排除、限制竞争，并禁止具有市场支配地位的经营者从事滥用市场支配地位的行为。这里所称的市场支配地位是指经营者在相关市场内具有能够控制商品价格、数量或者其他交易条件，或者能够阻碍、影响其他经营者进入相关市场能力的市场地位。在与滥用市场支配地位有关的垄断民事诉讼中，原告负有证明相关市场、被告在该相关市场上占有支配地位、被告实施了滥用其市场支配地位的行为以及被告滥用市场支配地位的行为给原告造成了实际损失的责任。本案李方平有关被控垄断行为的相关市场范围仅为固定电话或固定电话、小灵通及 ADSL 业务的主张依据不足且缺乏有效证据，原审法院根据现有证据确定固定电话、小灵通与移动电话之间，计算机的 ADSL 上网与无线上网之间分别存

〔34〕 书生诉盛大案二审判决书，第 3 页。
〔35〕 许亮诉青岛通宝汽车公司案判决书，第 2－3 页。

在较强的可替代性并无不当。李方平关于原审法院认定相关市场为语音通信市场，而未认定被上诉人主张固定电话相关市场具有支配地位属于事实认定错误的上诉理由缺乏事实和法律依据，本院不予支持。由于李方平有关本案相关市场的主张不能成立，且即使在其所主张的相关市场上李方平亦未能证明网通北京分公司占有市场支配地位，故李方平有关原审法院没有认定网通北京分公司在固定电话相关市场实施了滥用市场支配地位行为属于事实认定错误的上诉理由不能成立，本院不予支持。”〔36〕

尽管在最近的奇虎诉腾讯案中法院在界定相关市场和确认市场份额的过程中存在同样的问题，但本案体现出与众不同的特色。这个案例对于我们的分析具有重要意义，因为与其他案例（表 3 中 AB）不同：尽管存在上文中提到的问题，但该案最终符合反垄断法第 19 条的适用条件。另外，与之前的反垄断私人诉讼案例不同，奇虎诉腾讯案最终是由最高法院审理的。这是中国反垄断法施行后最高法院处理的第一起案例。

在奇虎诉腾讯案中，无论是在一审还是二审中，奇虎称腾讯在相关市场中占四分之三强的市场份额。奇虎称该市场份额足以触发《反垄断法》第 19 条第 1 款市场支配地位推定制度的适用。但一、二审法院均未支持该观点。一审法院指出奇虎界定的市场过分扩大腾讯的市场地位。奇虎界定相关商品市场为即时通讯市场，一审法院对相关商品市场的范围进行扩展，不仅包括文本、音频和视频即时通信，而且包括微博和其他网络社交服务等。另外，关于相关地域市场一审法院也从奇虎界定的中国扩展为全世界。因此，一审法院驳回了奇虎称腾讯享有 76.2％市场份额的诉请，认为此观点是不可靠的，进而不能够采信。在这个案例中法院即是通过以上分析探讨推定制度在本案中能否得以适用。

因为在一审法院新界定的相关市场前提下奇虎未能够提出新的证据证明腾讯的市场份额超过了 50％，进而推定制度在本案中难以得到适用。一审法院分析如下：

“如前所述，原告对本案相关商品市场和相关地域市场的界定过于狭窄，原告依据其所主张的相关商品和地域市场来计算被告的市场份额，不能客观、真实地反映被告在相关市场中的份额和地位。尤其是原告最主要的证据艾瑞咨询报告统计的产品范围，与本院认定的相关商品的范围有差异：① 艾瑞咨询对于即时通信软件的监测只针对个人电脑端产品，并未包含手机端和平板电脑端产品

〔36〕 李方平诉中国网通案二审判决书，第 4 页。

即移动即时通信软件;② 将即时通信产品作为核心产品一部分的微博和 SNS 社交网站产品未计入相关市场商品集合;同时原告本身认为应当属于即时通信相关市场范围的微博和 SNS 社交网站以网页形式提供的即时通信产品也未列入;③ 艾瑞咨询和 CNNIC 研究的范围仅限于中国大陆地区,不包含港澳台地区和世界范围内其他使用 QQ 产品的国家,等等。因此,艾瑞咨询监测的腾讯在 2010 年中国即时通信整体市场的份额中占到 76.2%,并不能真实反映腾讯 QQ 在本案相关商品市场中的份额。综上,原告以并不具备真实基础的市场份额来推定被告在相关市场上具有垄断地位的主张本院不予认可。"〔37〕

在二审中最高法院修正了一审法院的部分分析,但法院最终还是驳回了奇虎的诉讼请求。与一审法院的主要差别是:二审法院支持了奇虎关于相关地域市场的界定,认为本案中相关地域市场为"中国大陆"。这个狭窄的相关地域市场使奇虎能够在诉讼过程中较容易进一步提供证据说明腾讯的市场份额。奇虎重新计算了腾讯的市场份额,认为腾讯在相关市场市场份额超过 80%。最高法院采信了这些证据。

既然腾讯拥有这么高的市场份额,最高法院面临以下问题:《反垄断法》第 19 条推定制度是否适用于该案例及应该如何适用。在此层面上最高法院观点如下:"反垄断法第十九条规定了市场支配地位的推定规则,即经营者在相关市场的市场份额达到二分之一的,可以推定其具有市场支配地位,但是这一推定可以被推翻。可见,市场支配地位是多因素综合评估的结果。"〔38〕这与一审法院的观点是类似的。紧接着,二审法院继续分析如下:

"一般而言,市场份额越高,持续的时间越长,就越可能预示着市场支配地位的存在。尽管如此,市场份额只是判断市场支配地位的一项比较粗糙且可能具有误导性的指标。在市场进入比较容易,或者高市场份额源于经营者更高的市场效率或者提供了更优异的产品,或者市场外产品对经营者形成较强的竞争约束等情况下,高的市场份额并不能直接推断出市场支配地位的存在。特别是,互联网环境下的竞争存在高度动态的特征,相关市场的边界远不如传统领域那样清晰,在此情况下,更不能高估市场份额的指示作用,而应更多地关注市场进入、经营者的市场行为、对竞争的影响等有助于判断市场支配地位

〔37〕 奇虎诉腾讯案一审判决书,第 43 页。
〔38〕 奇虎诉腾讯案二审判决书,第 98 页。

的具体事实和证据。”〔39〕

随后，最高法院从几个方面评估了腾讯的市场地位，包括市场竞争状况、腾讯控制价格的能力、服务质量及其他交易条件、腾讯的财政能力和技术优势、腾讯产品的独立性以及市场进入等。最终，尽管腾讯具有较高的市场份额但法院认为其不具有市场支配地位。

总之，通过对以上案例的分析笔者发现，推定制度在案例分析中发挥作用有限。尽管在提及推定制度的3个案例中最终确认被告具有市场支配地位，但在这3起案例中法院并非全都是依照推定制度的分析框架对案件进行分析的。另外，除奇虎诉腾讯案外，其他案例中因为无法准确界定相关市场或准确计算市场份额原告均未成功证明推定制度在案例中能够得以适用。此外，从这些案件中我们无法推知被告数量不相同时关于推定制度的适用是否会有不同。

而在奇虎诉腾讯案中，最高院为何没有进一步适用第19条对案例进行分析，原因不得而知。值得一提的是，在二审过程中，奇虎和腾讯均聘任众多的专家学者就第18条提供证据，或许在众多清晰证据面前，最高法院认为没有必要利用19条对案例分析，而直接利用已被证明的诸多因素对腾讯的市场地位问题进行分析。尽管最高法院最终支持了奇虎关于相关市场的界定，但可能最高法院对此市场界定仍心存谨慎进而在19条的应用上采取了回避态度。最高法院或者可能只是弱化推定制度的作用。无论最高法院的真实原因是什么，无可辩驳的是在此案中对于推定制度在诉讼过程中所起的作用这个问题最高法院并没有给出答案。

五、市场支配地位推定制度的影响

（一）举证责任的分配

毫无疑问，被告能够推翻依据《反垄断法》第19条做出的推定。学界在这方面已经达成基本的共识。另外，从《反垄断法》第19条的文本内容上来看也能够得出这一结论。法院对此也是持同样的态度，奇虎诉腾讯案中便有此体现。当解释《反垄断法》第17条和第18条时，法院对反垄断法第19条也有所提及：“反垄断法第十九条规定了市场支配地位的推定规则，即经营者在相关市场的市场份额达到二分之一的，可以推定其具有市场支配地位，但是这一推定可

〔39〕 奇虎诉腾讯案二审判决书，第99页。

以被推翻。”〔40〕

但关于这种“可推翻性”如何影响诉讼中的当事人却鲜有讨论。具体而言，《反垄断法》第19条规定的推定制度能否起到将举证责任从原告转至被告的作用？举例来说，假设原告已经证明被告在相关市场上占有50%的市场份额而法院也认可推定制度的适用；在此情况下由于相反证据的缺乏被告被推定具有市场支配地位。假设被告提供相反的证据推翻这种推定。在此标准下通知被告基于什么资格提供相反的证据具有重要意义。另一个比较重要的问题是如果被告无法提供相反的证据法律后果如何。对于这两个问题，《反垄断法》没有给出明确的结论。

更具体地说，被告能否将提供相反的证据推翻推定作为诉讼策略（事实上否认推定情况）或者通过提出相反的证据以期免除自己的举证责任（遵循从被告处转让的举证责任原理，法律上否认推定情况）？另外，如果被告不提供任何证据结果如何？法官是否仅仅依据市场份额认定被告的市场支配地位还是要求原告提供进一步的证据？换言之，无法承担举证责任的不利后果是否以及在多大程度上能够从原告转移至被告是不明确的。

从我们选取的样本案例中，对于以上问题我们无法给出绝对答案。从法院判决中我们无法得知被告是因何种资格能够在诉讼过程中提出相反的证据。法院判决中对此问题未作回应。尽管在奇虎诉腾讯案中法院被赋予选择是否依据《反垄断法》第19条将举证责任转移的机会，但最高法院对此问题并没有予以回答。因此，考虑第19条能否起到转移举证责任的作用便具有重要意义。换而言之，《反垄断法》第19条推定内容中包含一系列可反驳的事实这种观点可能是可取的。

尽管讨论《反垄断法》第19条规定的是法律推定，还是事实推定，从表面上看是无关紧要的，但是如果对此问题不进行明确的回答读者尤其是国外的读者可能会产生困惑。因为，一方面，这两种推定制度产生的效果不同；另一方面，中国法律对此两种推定制度均有规定〔41〕。基于这样的原因，笔者将对这两种推定制度进行比较分析以便于之后进一步分析。

（二）事实推定与法律推定比较

在这部分，笔者应用英国法证据原则比较法律推定和事实推定造成的影响。

〔40〕 奇虎诉腾讯案二审判决书，第98页。

〔41〕 王福华：《民事诉讼法学》，清华大学出版社2012年第1版，第207页。

笔者相信应用这种方法,国外读者会比较容易理解,进而能够从笔者的分析中进行相关思考。笔者在这部分的目的并不是简单地进行法律性的比较研究,也不是将英国法原则适用于其域外环境。笔者的目的仅仅是关注举证责任的分配以便行文主题的讨论。而这些主题笔者会在介绍中国法相关原则之后进行介绍。在阅读本部分内容之时,有两点必须牢记。第一,中国民事诉讼程序承认事实推定和法律推定之间的区别。第二,这点与英国法证据原则没有什么区别〔42〕。

在英国法背景下,可推翻的事实推定和法律推定产生不同的效果。法律推定产生转移举证责任的效果,而事实推定不产生这样的效果。另外,两种制度下赋予调查者(法官、法庭、陪审团或者执法机构)的权利也不同。事实推定赋予调查者(例如,法官)更大的自由裁量权,法官能够决定是否利用推定事实得出结论。而在法律推定下,调查者没有这样的自由裁量权,因此法律推定制度下调查者必须基于推定的事实得出结论。

第二个区别非常关键。正如 Dennis 在事实推定文中所述"即使在没有相反证据的情况下,调查者也没有义务作出结论"〔43〕。如 Phipson 对证据的描述"事实推定尽管很有说服力,但法庭也有可能忽视它,它只是会影响法庭的推断"〔44〕。更为普遍地是,自由裁量权的介入导致学者忽视事实推定的前提即真正的推定(true presumption),如 Durston 所言:"所谓的'事实推定'并非'真正的推定',现实生活中,没有什么比常识更易受间接证据的影响。它们不是真正的推定,因为并不必然要求法庭采纳这些推定。另外在推定过程中,一旦假定前提事实成立,任何超越此的证据均为其他类型的有效的间接证据……〔45〕"

从《反垄断法》第 19 条表述中我们可知其授予法院很大的自由裁量权。具体而言,这种自由裁量权体现为法院可以裁定是否基于基本事实证据(即市场份额)来推定当事人具有市场支配地位。第 19 条表述为"可以推定经营者具有市场支配地位"〔46〕。这种表述如笔者前文讨论,与法律推定是不相符的,因此与举证责任的转移关系不大。

---

〔42〕 王福华:《民事诉讼法学》,清华大学出版社 2012 年第 1 版,第 207 页。事实推定与法律推定在美国法中也有体现。法律推定"是指在没有相反证据出现的情况下,法院基于确定的事实作出的一种假设……而事实推定则是指基于已经确认的事实推导出的可反驳的一种假设……"BA Garner (chief ed), Black's Law Dictionary (7th edn, West Group 1999)。而关于英国、美国、中国法律中对推定制度的不同规定以及这 3 个国家关于市场支配地位推定制度的实践情况可以作为比较法研究的主题。

〔43〕 Ian Dennis, The Law of Evidence (3rd edn, Sweet & Maxwell 2007) 510.

〔44〕 Phipson, 136.

〔45〕 Gregory Durston, Evidence (OUP 2008) 149.

〔46〕 关于《反垄断法》第 19 条的内容参见本文第三部分。

在反垄断法的配套法律法规中也有类似的表述。《反价格垄断规定》第19条规定:"有下列情形之一的,可以推定经营者具有市场支配地位……〔47〕"《禁止滥用市场支配地位行为的规定》第11条也作出相同的规定〔48〕。2005年反垄断法草案采用的也是类似的措辞:"经营者在相关市场中具有以下市场份额,可以被假定为具有市场支配地位……〔49〕"2007年反垄断法草案引入了市场支配地位的推定制度,其表述为:"如果满足以下条件,则经营者可以被视为具有市场支配地位……〔50〕"仔细阅读以上各版官方文件,我们可以得出以下结论:推定的内涵都没有改变,调查者有权得出自己的结论〔51〕。

因此,有必要讨论《反垄断法》第19条规定的是否为真正的推定或者其只是指导法律实施者根据已有的市场份额证据得出可能的推断。第19条只是加强以下准则:市场份额越高越容易推出企业具有市场支配地位,换言之,市场份额只是断定市场支配地位的一项参考性指标。被告或者被调查的公司可提供对其有利的证据以避免对其不利结论的得出,但此行为并非基于法律义务(举证责任转移产生的法律义务)而是一种诉讼技巧。另外,即使经营者提不出相反的证据,调查者也可能做出有利于被告的结论。

最后,如果有人假设《反垄断法》第19条规定的是法律推定,同样令人深思。依据英国法证据准则我们知道,法律推定会导致两种不同的转移举证责任的方式。一种是完全证明责任的转移(a shift in the burden to persuade);另一种是受一定限制的转移——证明义务的转移(a shift in the burden of producing evidence)。证明责任通常称为法定举证责任(legal burden of proof),是指"法律规定的一方必须承担的就某一事实证明到一定程度的义务,如果当事人无法满足法律规定则要承担不利后果"。〔52〕 证明义务是指当事人一方提供证据的义务。〔53〕 法律推定可能转移证明义务和证明责任,也可以仅仅转移证明义务。

证明责任的转移会使被告承担举证不能的不利后果,而证明义务的转移却

〔47〕 国家发改委(NDRC)2010年12月29日发布,2011年2月1日施行。

〔48〕 国家工商总局2010年12月31日发布,2011年2月1日施行。

〔49〕《中华人民共和国反垄断法草案》(2005年4月8日版)第15条。

〔50〕《中华人民共和国反垄断法草案》(2007年8月24日版)第18条。

〔51〕 所有的法律文件使用的均是"可以"。可以意味着"允许",推定意味着"从一个事实推断出另一个事实"。《法律文书大辞典》(中国法律词典),陕西人民出版社1991年版,第190、350页。推定的主要意思是允许调查者进行推断。

〔52〕 Phipson,125.

〔53〕 同上。在美国诉讼过程中举证责任主要指提出证据的义务(burden of production)。Tally (注释17) 308 - 09; Garner (注释21)。

没有此后果。在后一种情况下，即使被告没有提出相反的证据，最终也是原告要提出足够的证据证明被告具有市场支配地位。第 19 条构成的举证责任的转移是证明责任的转移还是证明义务的转移是另一个关键的问题，这必须在中国法律规定和原则背景下进行讨论。

六、结　　论

在这篇文章中，笔者搜集中国滥用市场支配地位的案例，通过分析了解市场支配地位推定制度在案例中的地位和适用情况，以便更好地了解推定制度的适用效果。

笔者发现尽管在我们选取的样本案例中，绝大多数案例中会涉及推定制度，但相关市场的错误界定或者市场份额的错误计算阻碍推定制度在一些案例中的进一步适用，这些案例主要是指被告在相关市场中不是唯一的垄断者的案例。而问题的根源主要在于原告无法利用充分有效的证据证明自己的主张。在未来一段时间内如果原告无法提升其界定相关市场和测量市场份额的技能，这种状况恐怕会持续。

尽管我们根据《反垄断法》第 19 条进行的推定是可被推翻的，而推定的这一特征会使对于市场支配地位的分析不限于市场份额。但我们在判决中并没有发现第 19 条起到转移举证责任的作用，这与《反垄断法》第 17 条规定的举证责任的分配是一致的，与最高院司法解释中关于举证责任的规定也是一致的。

而此司法解释将帮助我们阐明《反垄断法》第 19 条规定的推定制度是可推翻的法律推定还是可推翻的事实推定。在前一种情形下，我们有必要弄清第 19 条是否像西方法律那般承认以及如何区分证明责任与证明义务，笔者将来关于此的研究可能将着重于比较法研究。中国、欧盟、美国法中，市场支配地位推定制度在确定市场支配地位中的作用将是研究主题。此外，中国是借鉴德国和韩国的经验制定了《反垄断法》第 19 条，比较这三个法域的经验或许也能够为我们带来启示。

社会市场经济与《基本法》

汉斯·卡尔·尼佩岱[*] 著
金枫梁[**] 译

摘要： 经济宪法存在着完全放任的市场经济、计划经济、中立的经济与社会市场经济 4 种基本范式。德国《基本法》并没有规定采取何种经济模式，在学界与实务中存在广泛争议。然而，从《基本法》基本权利推导而言，德国《基本法》已经承认德国的经济宪法是社会市场经济。

关键词： 社会市场经济，《基本法》，经济宪法，基本权利

一、经济宪法的基本范式

（实证法）法律意义上的经济宪法所指的情形是，宪法位阶规范对一国经济秩序的原则性规定。这种情形下存在着如下 4 种值得考虑的基本范式（模型）。

1. 完全放任或者“纯粹”（“自由主义式”）的市场经济

这种范式的本质在于，经济生活仅仅通过自由竞争的基本原则自行调整。该情形下经济宪法的任务在于，例如通过特别严格的条款约束立法权等方式维护国家不得干涉的基本原则。国家通过单行立法（einfache Gesetze）对经济生活进行干涉是予以禁止的。国家（对经济运行的）干涉只能通过修宪的方式才有可

---

* Hans Carl Nipperdey（汉斯·卡尔·尼佩岱），原德国科隆大学法学教授，德国联邦劳动法院院长。限于篇幅，本文删除了其庞大的德文脚注，具体请参见 Nipperdey，Hans Carl，Soziale Marktwirtschaft und Grundgesetz，3. Auflage，Köln/Berlin/München/Bonn，1965。

** 金枫梁，上海交通大学竞争法律与政策研究中心研究员，德国柏林自由大学法学博士。

能。但同时，修宪也可能导致自由市场经济原则被完全放弃或者至少被严重地削弱。这种自由经济的例子是美国与新的经济条款引入到联邦宪法前的瑞士。在前者，在罗斯福通过《新交易法案》前以及该法案初期，最高法院在对释宪问题上持禁止国家干涉的自由主义的严格立场。两国存在的一个重要区别是：为保护普遍的竞争自由免受合同当事人的侵害，美国早期就已经颁布了反托拉斯的立法，而瑞士最初对卡特尔持友善态度。

纯粹市场经济具有保证企业主尽可能地展开经济活动，并在整体上促进经济巨大发展的优势。其缺陷在于，错误地认为单凭自由放任原则（Laisesez-faire）就能保障所有的福利；而在现实中，经济自由的滥用会排除竞争并导致严重的经济与社会弊端。禁止国家干涉原则会导致国家出台理性的社会政策成为不可能。

2. 国家计划经济（中央集权经济）

这是与自由市场经济完全对立的范式。其特征在于，经济运行由中央的计划与引导规定，而且完全地或者绝大多数情形下不需要市场经济意义上的法律。多个国家的战时经济就是一个例子。但是，对个人实施从摇篮到坟墓的持续照顾并指引其生活之路的超福利国家，也属于此列。计划经济的极端形式就是国有经济（staatsunmittelbare Wirtschaft）：不仅仅经济生活直接受国家的计划与引导的约束，从事经济活动企业的财产权本质上也属于国家。共产主义国家的经济秩序就是例子。从经济宪法角度而言，它们可以被称为计划经济。因为宪法本身对计划、引导以及从事经济行为的企业向国家转让财产权进行了规定，并也是宪法实施的现状（Verfassungswirklichkeit）；这在社会主义的国家秩序是常态。然而，最近关于在苏联与东欧集团中有关盈利原则与弹性价格制度的讨论能在多大程度上会走向尊重市场经济原则与经济的去集权化，值得期待。

计划经济与指令经济的缺点已经是众所周知的。它给经济运行造成了严重的功能性紊乱，这种紊乱的成本最终总是会摊派到消费者身上。计划经济进一步造成了普遍的集体主义与对人性尊严的藐视、僵化与拘束、可能的家长式监管与自由的覆灭；在中央集权经济中，某些成果也可能有侧重地以“强制性”的方式取得。

3. *存在于两种极端经济宪法模式之间的中立的经济宪法*

一般地，它也与自由的国家宪法相对应。其特征在于宪法并没有规定某种特定的经济秩序或者对某种特定的经济秩序予以明确的否认。在这种情形下，整个经济生活遵循私营企业主自主决定的原则。然而，当一个相应的、由议会通过的法律授予国家采取措施时,它并不禁止国家对公民的财产权、经济自由与合同自由进行规范与监管(regelnd und dirigierend)。在该情形中,国家对经济生活的干涉受到法律保留的法治国原则约束。这可以称为"计划经济的轻微之手"。

与极权计划经济相比,经济政策上中立的经济宪法的优势是明显的。但国家干涉的可能性也增加,以至于该类经济形式能起轻易地蜕变为计划经济。但首要的是,一个该类型的"混合型"的经济宪法造成了结果的不一致性、错误干涉与通过"措施法"实施的表现出来的某种特定恣意。进一步,它并没有通过宪法的形式排除这样一种危险:私人在经济生活中通过卡特尔或者具有市场支配力量的企业摧毁竞争性的经济(Wettbewerbswirtschaft)。

4. 社会市场经济的经济秩序

这是在认识上述类型经济秩序优缺点,联邦德国在目前的经济秩序中已经引入了的。它在知识的准备受到盎格鲁·萨克逊也即美国法学与法律实践中有关禁止"限制贸易"所取得的巨大绩效的支持。欧洲和德国的新自由主义的学说(Lehren des Neoliberalismus)对此也同样产生了深刻的影响。它们由杰出的国民经济学家(以及少数法学家)的工作中发展出来。他们首先是 Walter Eucken, Alexander Ruesstow, Franz Boehm, Wilhelm Röpke, F. A. von Hayek, L. von Mises, Fritz W. Meyer, F. A. Lutz, O. Veit, L. Miksc, B. Pfister, Günther Schmölders,以及法国的 Jacques Rueff。社会市场经济能在德国实现,归功于 Ludwig Erhard 和 Alfred Mueller-Armack。

社会市场经济的特征有 4 个关键原则,它们同时也被认为秩序要素。

(1) 它首先是市场经济,也就是经济生活中适用自由竞争与自动自发原则并通过宪法予以规定。

(2) 它是与国家相对的市场经济。与中立的经济宪法不同,国家对经济生活的干涉受制于宪法本身严格设立的界限,无论如何都不只是仅仅受制于法律保留原则——该原则可能会导致对市场经济的任意干涉。

(3) 它是社会市场经济。基于社会利益平衡而对个人自由的直接限制与国家对经济生活的干预的标准一开始就是《基本法》所规定的社会国原则。这些界限与干预不仅仅是其正当的权利,也是其宪法义务。

(4) 它是一种社会市场经济。原因在于它凭借国家力量广泛地维持并且确保了竞争发挥作用,从而为经营者自身设置了竞争的秩序原则,因而经营者不能将之排除或者予以限制。通过这个原则合理与稳定的价格得到维持,从而保护了消费者的利益,凭此最重要的社会政策得以展开。直到晚近,德国人还认为,竞争性的经济没有合宪性的法律基础。曾有观点认为,竞争在经济秩序中自生自发地运行,并且依靠自主形成的价格进行调节。国家对经济秩序的任何干预必须保持克制。然而,市场经济并不受制于基本的法律原则——这一假设并不确切。尽管总有一些模糊观点认为,例如营业自由、竞争自由与合同自由对竞争性的经济是必备条件。但是,这些单一(法律)原则一度并不为其所生效范围内被承认。这体现出了德国法学、司法与法律政策也包括国民经济学以及经济实务的疏忽与长久以来的失误。正如浮现在他们面前的古典国民经济学一样,从强制经济与官僚主义的经验出发的自由经济的信奉者更信奉的是:尽管市场经济有许多的缺陷,但却是最好地能合理地满足所有人需求大多数需求的体制。人们曾经并不承认,自由经济正常运行不仅仅需要具备经济上的必要前提与保障,也需要具备必要的法律前提与保障。因为,自由经济的自生自发机制也能因为人为干预而受严重的干扰。该干扰不仅仅可以通过国家实施,例如通过特许制度对营业自由的干预、需求审查或者过度限制供求者数量与自由竞争的配给制;也可以首先由市场参与者自身实施:根据基于合同自由与结社自由,他们通过订立卡特尔,也即价格协议与数量限制,实施与竞争实质相悖的竞争手法,建立垄断与寡头垄断的方式去排除价格调整经济的功能,从而导致市场经济被排挤,这个体系本身也完全变质。

这里得出的基本原则是:要使市场经济体制在经济中得到有效的运行,这个市场经济必须顾及所有人的利益,也即社会市场经济。国家不必保持完全的克制,而是必须合法地保障该体制所得以维系的自由。该保障体现在《基本法》第2条第1款与宪法的社会国原则。根据社会市场经济基本原则,国家必须动用其合法手段去维护市场与竞争的自由。

二、作为德国市场经济宪法的“社会市场经济”的争议

《基本法》保障的是以社会市场经济为内容的经济宪法。

很明显,德国联邦共和国并没有实施完全放任的市场经济与计划经济(中央行政经济)。但正如已经宣称一样,《基本法》也并未持经济宪法中立性的立场。与魏玛宪法相反,《基本法》并未有专门的章节明确规定涉及经济宪法的条款;因此,有观点曾认为,《基本法》完全没有规定确定经济宪法,这种对经济体制不作

决定的行为被理解为是经济宪法中立性的保障。从政治的基本价值上，联邦共和国体现出完全民主的新类型；在经济政策观点上，反而停留在相对民主的立场。这有利于防止立法与行政将经济政策理解为某种经济理论学说的实践，或者是一种对“既成事实”确认。

该观点并不正确。首先，《基本法》中是否含有专门规定经济宪法的章节或者是否立宪者至少明确规定特定经济宪法相关的阐述，这些并不重要。E. R. Huber 认为，立宪者没有满足纯粹外在表达要求是《基本法》的缺漏，这是不确切的。关键的问题仅仅在于，经济宪法的基本原则规定在《基本法》尤其是基本权利条款中；正如将被展现的那样，这些基本权利条款在整体上包含着一个确定的经济宪法体系，也就是社会市场经济。因此，如同政治宪法一样，对经济宪法而言，对民主的相对化理解同样是错误的。

E. R. Huber 认为，《基本法》保障了经济宪法；该经济宪法特征是经济宪法上的自由保障不是绝对的，而是与经济宪法上的社会义务处于一种平衡的关系，以至于现行经济宪法体制是自由与义务的复合体。这基本上值得赞同。但是，“混合的”经济宪法的表达方式是极为不妥的，在事实上也是错误的。这种相当模糊的概念似乎意味着，在监管与自由之间能极为随意地来回变换。这种表达不是本文所谈到的经济宪法。不如采用社会市场经济的经济宪法——这一相当清楚和固定的概念。

联邦宪法法院在 1954 年 6 月 20 日的“投资补助案”(BVerfGE 4,7)的判决书中认为，《基本法》没有选择某种特定的经济秩序与经济宪法。该判决的原文认为(上述判决第 17 页以下)：

“《基本法》既没有保障行政权与立法权在经济政策上的中立性，也没有保障一个仅仅以市场机制运行的‘社会市场经济’。《基本法》‘经济政策中立性’的原因仅在于立宪者并没有明确地选择某种特定的经济体制。这使得立法者只要同时尊重《基本法》时，就可以追求对他而言是恰当的经济政策。

当下的经济与社会秩序，尽管是一种《基本法》所容许的秩序，但绝不是唯一可能的秩序。原因在于立法者意志所作出的经济与社会政策决定，可以为其他的决定所替代或者中断。”

还在 1958 年 7 月的 11 日的“药房判决”(BVerfGE 7,377 400)中，德国联邦宪法法院第一庭的判决委员会根据 BVerfGE 4,7(17 f.)重新——然而完全附带地——认为，《基本法》中立性的意义是指，立法者有权追求每一个对他而言是合适的经济政策，然而同时再次附上具有深远意义的、前段中的限制：只要他同时尊重《基本法》，尤其是基本权利。在学界中，"投资补助判决"中提到的句子经常被用做理由来说明：《基本法》并没有对社会市场经济原则进行合宪地规定。

在一个似乎是反对将社会市场经济作为一个宪法原则的评书中，德国联邦宪法法院公开地认为，经济宪法只有两种可能性，即计划经济（中央管理经济）与自由市场经济（经济上的自由主义），他尽管运用了"社会市场经济"这一术语。当德国联邦宪法法院想宣称，《基本法》并没有就该两种答案做出一个决定，这显然是完全正确的。但正如前述所强调的，由于德国联邦共和国并不实行计划经济，联邦宪法法院只想公开地宣称，自由市场经济的经济宪法并没有规定在宪法中。对此，首先指出的是，从经济宪法上看，对经济所做出的规制的决策是否"符合市场"是没有意义的。然而，社会市场经济仅仅允许采用与市场相符合的措施来运行的观点从未公开表达过。但重要的是德国联邦宪法法院否认了保障《基本法》在经济政策上的中立性，并且在就对立法者而言是合适的经济政策的问题上，立法者受《基本法》约束，即首先受制于针对经济宪法的规范。为德国联邦宪法法院所特别强调的约束；这种约束的价值在部分文献中有所忽视。

三、基本权利与"社会市场经济"

该书观点的正确性建立在对《基本法》规定的详细审视基础之上。德国联邦宪法法院在其一系列重大的判决中实际上也承认了社会市场经济是《基本法》的经济宪法。

该论点的出发点在于，一国的政治宪法与经济宪法有紧密的关联。这与极权国家采用完全的计划经济，一个纯粹自由的国家形态或采用自由的市场经济，或者保持中立一样。这种结论不必从宪法中有关对某特定经济形式的明确规定中得出，而是对立宪者为国家秩序所清楚阐明的基本原则进行适用的必然结果。

因此，关键的问题在于，在经济领域，《基本法》中所规定的规范与宪法基本原则既排除国家计划经济、自由经济，也排除中立性；同时，从内在关联上看，规定在《基本法》中的规范与宪法基本原则构成了社会市场经济。

下述的审视将从单独的宪法规定予以阐述。

（1）德国联邦共和国实施的是自由、民主的基本秩序（《基本法》第 18 条，第 21 条第 2 款），德国联邦宪法法院将该秩序称为一个"广泛的国家原则"。一个自由民主的基本秩序体现在，不是少数履行国家职责的政治权力诉求去规定人民的生活，而是这种秩序体现民主和法治原则，但也体现在那些传统西方民主特征所具有的自由原则。它们也体现在：在国家秩序中，人类的尊严、行动与发展自由、生存与自我空间、独立性与自我的正当性以及对这些利益的保护处于中心地位。在此意义上，德国联邦宪法法院将自由民主基本秩序特征作了如下描述："排除每一个暴力与专制统治，人民自我决定作为基础，根据多数人意志、自由与平等基础上的法治国原则作为主导秩序"。德国联邦宪法法院正确地指出，与将排他性的统治力量凌驾于人性尊严、自由与平等的极权国家完全不同，自由民主基本秩序是一个相互关联的价值秩序。

人以及人类是自由法治国的核心。在保护他人尊严作为我们整体法治秩序的基础情形下，他们能在自由与平等基础上自主地安排他们的法律关系。这里自由的私法已经得到肯定。该秩序建立在以私人财产权、继承权以及《基本法》第 2 条第 1 款中发展自由基础之上，并在其具体特征上体现为营业自由、竞争自由与合同自由。在我国这不仅仅被规定在众所周知的关于公民法律关系的法律尤其是《民法典》中，也更深刻地与更有效地运行着。它建立在西欧文化中的基本权与自由权以及博爱与自由的基础上。没有它们便没有有效运行的私法。因此，与《俾斯麦宪法》不同、比《魏玛宪法》更深入的是，《基本法》保障与保护了所运行私法秩序基本原则与经济秩序的合宪性。基本权利作为直接效力的法律制约立法，执法与司法(《基本法》第 3 条第 1 款)。对基本权利的限制基本上只能通过或者基于法律，当这种可能性明确地规定在《基本法》中时。只有在例外情形，为保护宪法秩序的目的(《基本法》第 2 条第 1 款)，对被称为不可限制的基本权的限制才是可能的。在任何情况下，《基本法》第 19 条的前提与界限必须予以重视。最后，保护个人作为法治国主要原则被明确地规定。自由原则与法治国原则的确立不仅仅是对国家宪法、也是对经济宪法与社会宪法的基本决断。特别是法治国原则的可预期性、可计算性、可审查性与合比例性确立了国家对经济干预措施的正当性与内容。这些概念都是不确定的法律概念。法院，尤其是德国联邦宪法法院有义务对国家措施是否建立在对不确定法律概念的合理解释基础上进行完全的审查。

(2) 基本权利目录中首要的自由权是人自由发展权(《基本法》第 2 条第 1 款)，德国联邦宪法法院一开始就认可了它具有基本权利的性质。根据德国联邦宪法法院的观点，该条款保障了普遍的行为自由，并作为其表现形式之一保障了在营业与经济生活领域的行为自由。

《基本法》第 2 条第 1 款意义上的保护条款是否仅仅适用于人们思想的(ideell-charakterliche)展开(人格核心理论)或者保障了包括了经济行为自由在

内的普遍行为自由是《基本法》生效后的最初几年讨论的问题，法院尤其是德国联邦宪法法院的判决以及学界通说都肯定了第二个答案。

没有其他条款能比《基本法》第 2 条第 1 款的表述更出色、更清晰地表达出了由此构成的经济秩序。该宪法条款规定了经济生活领域内个人的普遍与广泛的基本权利。它具有基本规范的性质：如果没有特定的自由权利独立地保护人们在特定领域的行为并最终地予以调整情形下，总是能追溯到该条款并在该条款下予以适用。

① 具有自由人格权的企业主的自我负责也保障了竞争自由。

经济活动自由是一种积极自由：公民应当在竞争秩序的框架内从事经济行为的自由。对自由维护的保障功能首先体现在防范国家对自由的体现为侵害或者限制的干涉。宪法并不保护免于竞争与不随愿的竞争，因为这些保护针对的是竞争者的经济自由。

竞争自由原则意味着，每个经济生活的参与者必须接受当中与之相随的风险，只要竞争行为并不违反《反不正当竞争法》、《反限制竞争法》与私法中的一般侵权行为法。

对竞争者受基本权保护的自由的侵害首先出现在国家对竞争者施加限制自由的禁令或者要求，或者出现在国家对他的竞争者施以特别的优待。

“自由竞争”在学界被正确地定义为每个企业主与其他企业在市场上自由地进行绩效竞争的权利。绩效竞争特征清楚地表明，只有当单独竞争者的绩效决定竞争的效果时，自由竞争才存在。

当缺乏正当性理由而出现了经济竞争的自然绩效因素（die natürliche Leistungsfaktoren）经济外的情形（例如，通过国家的干预）出现，且该情形可以改变即改善或者降低了市场参与者的竞争机会时，违反《基本法》第 2 条第 2 款的歪曲竞争（同时也是减弱竞争或者破坏竞争）出现了。国家可以通过国家援助法去干涉市场的秩序的情形是：当更高位阶的经济或者社会照顾义务迫使国家援助那些由于自然劣势导致面临危机的产品与行业、处于劣势地位的社会阶层、灾区或者特定的低收入或低产出的个体企业，以保障竞争能力时。

立法者对竞争自由的侵犯需要建立在根据《基本法》第 2 条第 1 款保留限制的正当性基础之上，这一观点与联邦宪法法院的判决并不矛盾。尽管该法院发展出了该原则，并且迄今为止并没有明确地放弃“个人发展自由受宪法秩序约束也意味其也受每部合宪法律的约束”这一观点。该判决在学界经常被解释为，当联邦宪法法院将该基本权利受制于一个普遍性的法律保留（原则），并将之让渡给单行法的立法者适用。

然而,从对司法实务更细致的考察可以得出,联邦宪法法院完全没有发展出一个清晰的、支持某种学说的国家干预理念;根据该观点,引导经济、侵犯自由竞争的法律无须进一步的正当性。相反,联邦宪法法院司法实务总是很清晰地强调自由主义因素。

联邦宪法法院没有承认,国家对经济生活领域的规制是不受宪法限制的。尽管它已经声明,《基本法》在经济政策上是"中立"的,因而立法者有权力去追求每一个对其而言是正确的经济政策;然而,德国联邦宪法法院同时要求立法者必须尊重《基本法》的基本原则,从而对立法者进行了实质性的限制。

这些限制包括立法者不仅仅必须尊重基本权利,也必须尊重所有成文与不成文的宪法结构性的基础原则,尤其是法治国原则与社会国原则。当法律应当符合《基本法》第 2 条第 1 款中的宪法秩序的保留原则情形下,法律内容的实质性的要求就达到了。

从联邦宪法法院的判决中可以得出对所探讨的问题的 3 个基本原则:

第一,立法者对经济发展自由尤其是竞争自由的干涉需要有宪法上的正当性。限制自由的法律只有符合宪法秩序时才具有正当性。

第二,基于公共福祉的原因,当立法者的干涉是必要的(必需的、不可缺少并且是恰当时),该法律规定符合《基本法》第 2 条第 1 款中的宪法秩序,尤其是社会国原则。

第三,立法者必须遵循比例原则。

② 广义上的营业自由(企业自由、经济自由)与《基本法》第 12 条所规定的营业自由不一致,但也同样地受到承认。

德国至今通用的用语习惯中将营业自由理解为人们进行经营的选择自由;与之相反的是,营业自由有广义与狭义之分。广义上的营业自由在词义上与营业(经济)领域普遍的行为自由没有不同,它尤其包括了竞争自由、合同自由、生产自由与消费自由。在西方文明国家(Kulturstaaten)的法律秩序中,这种广义的营业自由的理解是一般化的。这在对该问题以及瑞士联邦宪法经济条款的形成的讨论上有着特别清楚的体现。1897 年 2 月 4 日,德国帝国法院著名的卡特尔判决就是从广义的营业自由出发的;在合同自由与营业自由的冲突上,该判决完全错误地做出了有利于合同自由的判决,并且因此造成了法律发展错误的严重后果。营业自由的概念不仅仅包括了狭义上的营业自由,即首先排除了准入限制与特许制度的职业(营业)选择自由,也包括了经济(营业)自由。只要狭义上的营业自由的适用存在异议时，《基本法》第 12 条的适用优先于第 2 条第 1 款。然而，这不能意味着，每一种仅涉及以某种方式从事职业行为的措施必须根据《基本法》第 12 条第 1 款第 2 句（所从事职业规则的许可性）予以评断；也不能因而认为《基本法》第 12 条第 1 款是"职业行为统一的复合体"，并且将之视为"职业法领域的特别法"。否则，对经济生活的规制将不受《基本法》第 2 条第 1 款适用的严格前提的约束。德国联邦宪法法院在"营业时间判决"、"手工业高级能力鉴定书（großen Befähigungsnachweis）判决"、"卫生用品酒店主判决"中，已经出现了认识错误。因此，《基本法》第 12 条第 1 款对《基本法》第 2 条第 1 款的优先适用的情形仅仅是所涉及的措施具有秩序性的特征以及具有防范危险的目的，专业规则就属此类；但并不涉及企业一般性的经济自由。对合同自由、销售、价格等的规制并不是《基本法》第 12 条第 1 款第 2 句意义上的"专业准则"。这也适用于外贸中对某些行为的禁止；当德国联邦宪法法院令人兴奋地明确地谈及"外贸基本自由宪法上的要求"时，却错误地将之视为专业准则。即便在某一特定期间一般性的"建设中止"——正如 1962 年夏季颁布的法律一样——也不是专业准则，而是一个对企业自由不正当的侵犯。德国联邦宪法法院根据《基本法》第 12 条第 1 款第 2 句发展出来的原则并不适用于这种侵犯；适用的标准则是针对不存在一般法律保留的基本权（例如，《基本法》第 12 条第 1 款第 1 句）而适用的规范。

将广义营业自由（企业自由）作为一项宪法原则排除了国家监管、规制、行政性经济与计划经济，并允许国家的干预只能根据宪法设置的限制的标准进行。

③ 法律溯及力的正当性问题也必须在该视角下进行审视。

对法律溯及力限制在当下已无争议。但仍然没有彻底阐述清楚的是，这些限制从哪些宪法规范中推导出来。追溯力多面性的问题显然不能在本文被广泛地阐述。然而，就给个人经济增加负担的法律而言，《基本法》第 2 条第 1 款提供决定性的连接点。《基本法》第 103 条第 2 款禁止刑法规范的追溯力；与之相反，该基本权（《基本法》第 2 条第 1 款）并没有将具有追溯力的、从而能施加负担的法律一概地予以禁止。然而，此类法律正当性的界限是由自我发展自由的本质来确定。自由发展的基本权利积极地保障所有人类生活领域的行为自由。当公民行为时结果对其而言不可预见、因而对其行为而言可能是不确定的；消极意义上，自由发展的基本权利也必须同时保护公民某行为的后果有害地追溯到该行为。如果允许国家对已结束的生活过程施加影响，发展自由（Entwicklungsfreiheit）在现实生活中将不复存在。因为，这种自由仅仅是可以想象的，只有当国民行为决定在事实上是自由时，即他能预见并注意其法律后果，而不必担心他规划的前置条件被国家措施所否定。有溯及力的法律侵犯了已结束的生活事件，也给个人造成了经济负担。因此，只有当法律颁布后，个人一开始就能预期到，有溯及力的法律并不与发展自由相冲突。法治原则同样要求国家干涉的可预见性与可计算性，也是该观点的依据。

(3)《基本法》第 2 条第 1 款所保障的竞争自由原则的突出意义证实了经济宪法问题。

① 竞争自由的概念说明，经济活动参与者免于竞争的宪法请求权并不正当。

就此而言，德国联邦宪法法院在“药房案”判决中强调，对职业行为中依然存在的竞争保护(Konkurrenz)从来不能作为对干涉职业自由选择的正当性理由。在旧《客运法》第 9 条合宪性的决议中，德国宪法法院进一步精确化了该观点：竞争保护作为从业资格规则(Zulassungsregelung)附带效应的必须予以避免；对竞争保护在现实中不是不可避免的。相应地，在审查《营业时间法》的合宪性问题时，联邦宪法法院错误地判断了有关自由竞争的基本权利：基于竞争中立的视角(Wettbewerbsneutralität)，《营业时间法》的规范对象将没有雇佣他人进行营业的营业主也包括在内。在现实中，该规则产生了阻碍竞争的影响：因为该规则剥夺了小零售商根据对其自身能力的考量参与到竞争、以平衡雇佣他人进行营业的竞争者的优势的可能性。另外，即便对于雇员营业的销售商而言，《营业时间法》也没有宪法上的正当性。雇员劳动保护的正当性原则似乎能通过传统中存在的并被普遍承认的真实劳动保护方式达到，即禁止雇员工作时间超过最高工作时的方式得以保护。值得怀疑的是，是否《营业时间法》的立法还能被视为《基本法》第 12 条第 1 款第 2 句中的专业准则。根据联邦宪法法院所认可的原则，只当对共同福祉的理性权衡是必需的，且同时并不违反禁止过度原则时，对专业准则的限制才是正当的；但无论如何，该立法与联邦宪法法院承认的原则相抵触。

但具有重大意义的是，作为广义意义上的营业自由表现的竞争自由不仅仅针对国家，它也更涉及基本权利原则上不能通过私人之间的协议予以限制的问题；除非该协定具有特别的、为立法者承认理性的理由。因此，卡特尔禁止原则符合《基本法》第 2 条第 1 款的规定不抵触。它同时也是社会市场经济区别于自由市场经济的关键特征。

绩效竞争原则与竞争自由存在必然的关联。《基本法》第 2 条第 1 款仅仅认可绩效竞争，即竞争行为；它体现在通过根据质量、廉价与公平的广告的方法促进自己产品的销售，而不是通过歪曲绩效、原本就不正当的竞争，也不是通过禁止或者联合抵制方式实施的阻碍竞争，因为这些竞争的形式逾越了《基本法》第2条第1款的界限；对竞争的阻碍也同样触犯了竞争对手受同样保护的发展自由。绩效竞争是具有社会妥当性的。它并不是民法典823条第1款意义上对竞争者营业行为的侵害。

在市场经济中，竞争自由是个人的基本权利。它同时意味着《基本法》对市场经济性质的宪法的制度性保障。经济规制、经济监管与经济促进这些国家措施是对竞争的限制，必须受《基本法》第2条第1款的约束。

② 国家向私人发放补贴也构成了对竞争的损害。

当未受补贴者承担了（补贴）成本因而受补贴者享有更大的竞争机会时，该补贴单方面地改变了基本上仅仅依赖于市场经济秩序因素的竞争态势。因此，补贴同样需要具备《基本法》第2条第1款所规定法律保留原则的正当性。尤其是社会国原则可以作为补贴的正当理由。例如，为了提供同样的起始条件或者避免因企业破产后对雇员产生的社会不公平。但是出于国民经济尤其是基于外贸经济的考量，广义上社会国原则也可以作为补贴的正当化理由。当它为了实现重大的公共利益而不是既得利益者的期望时，也同样是允许的。因此，援助原则与比例原则同样适用。

③ 最后出现的问题是，国家是否享有竞争自由或者是否将国家直接干预与国家经济自主行为予以相同对待。

在基本权利不适用公法人的情形下，首先并不予排除国家在经济领域从事经济行为。但是《基本法》第2条第1款连同《基本法》第19条第2款为这种行为设置了界限。必须认识的是：国家的自身的经济行为在现实中仅仅是国家对经济生活影响的一种方式，它如同直接干预一样，确实触及并损害竞争自由的基本权利。因此，只有当它满足《基本法》第2条第1款所规定的3个限制条件尤其是合宪秩序保留原则时才是允许的。国家从事经济行为必须基于根据共同福祉条款在具有公共福利的重大考量时才是正当的。公共福祉条款隐含的"国家辅助原则"允许国家从事经济行为，当私人经济没有能力履行在经济领域内保护整体以及个体公民利益的任务。这首先适用于履行供给必需品的任务上。相反，旨在改善国家财政或者完全是为了从私人经济中的竞争中获取利润的经济行为是不允许的。例外仅仅存在于根据《基本法》第105、106、108条许可的金融垄断；在这些领域，金融垄断排除了个人的私人经济行为。然而，金融垄断仅仅适用于在《基本法》生效时就存在的金融垄断。因此，不得从事新设垄断（企业）或者已存在的国营企业扩张为垄断（企业）的行为。此外，将《基本法》第15条中推导出的社会化规定（Sozialisierungsbestimmung）作为国家从事该经济行为的正当性是错误的，因为这同时涉及财产权的层级（Eigentumsschichtung）问题；只有该财产权的层级基于《基本法》第15条的严格要求，但无论如何不能通过国家自身行为阻碍私人经济的歧路下，才是可能的。

因此，当时依然由国家控制的企业（例如，大众股份公司，Preussag VEBA）的私有化存在于竞争自由中。

（4）《基本法》第2条第1款也规定了消费自由，即消费者有决定他是否有意愿，有意愿获得什么、数量以及何处购得商品的法律自由。对此，Partsch正确地指出："在经济生活决定人们的行为、需求与愉悦的情形下，人们既没有能力去维持他们的尊严，也没有机会去发展个性。收集购买证的普通消费者既认识不到什么是尊严，也不知道什么是发展个性。"在市场经济中，消费自由是企业生产自由必要的对应物。但是《基本法》第2条第1款中的界限也适用于它。

（5）正如德国联邦宪法法院所明确认为的那样，合同自由作为一般行为自由的表现源自《基本法》第2条第1款规定；没有合同自由，市场经济是不可想象的。

个人自由发展的权利赋予私人自由地共同调整彼此之间的关系的权利。这种"私人自治"是市场经济不可或缺的原则。在多样化的市场经济生活中，缔结、解除合同自由以及订约人确定合同内容的自由是商品自由流通与满足需求的法律手段。这包括了企业自主确定销售与购买渠道的自由。因此，认为直接销售而非通过多个渠道销售损害了我国经济秩序基础的观点是站不住脚的。市场经济并不固定特定的销售方式。多层次的商业渠道符合企业营销学目的，因而是销售组织也受观念变迁影响的形成模式，并不是经济参与者附加的一般性义务的形式。经营者基本上可以选择符合其目的销售体系。

价格自由是合同自由的本质要素。重要的是，合同自由完全不受普遍法律保留原则的约束，而仅仅受《基本法》第2条第1款的限制。合宪性秩序的必要性可以是国家干涉正当性理由。同时，共同福祉条款也必须遵守。价格是市场经济最重要的调整器，国家通过价格规定固定价格，是国家对合同自由的侵犯的一个典型例子。只有在防止危险以及价格总体态势被严重干扰的情况下是必要的，价格规定才是合宪的。这里也适用比例原则。它禁止国家利用价格规定从事积极的、影响价格秩序与经济秩序的经济政策——该经济政策在现实中不具有保障秩序的功能。事实上，自1948年6月25《价格自由条例》颁布后，大多数价格得以放开，而价格拘束是例外。

相对于在此处论及的经济宪法上的、社会市场经济基本观点而言，在农业经济以及其他的部门仍然存在的对合同自由的广泛干预，尤其是价格固定（最低价、固定价格）似乎首先是异类。它们只能通过公共福祉条款予以正当化。这意味着，只要这种对价格的干涉在一个过渡时期内，即直到适应了当下变化的欧洲与国际化的市场态势，具有扶持农业经济的功能，这种干涉是正当的。然而，它不允许作为一种长期性的工具去阻碍我国农业经济必要的结构调整。只要这种干涉独立于既得利益者的要求，且从维护全体人民的饮食安全（参见《基本法》第74条第11项）出发直到完成一个自由的农业市场时，这种干预在所述的界限内是正当的。但公共福祉条款都无法为现存的、已判断为失败的自给自足经济（Autarkiebestrebung）提供正当性。所述的也适用于对农业经济的其他的干预。

（6）《基本法》第12条第1款规定了职业自由的基本权利。它使得无以数计的供应者成为可能，从而保证了竞争存在，并调整有利于消费者的价格，因而是市场经济特别重要的因素。

德国联邦宪法法院首先在1958年5月11日的“药房案”中对宪法规范的解释使得基本权利的自由的内涵进一步贴近社会现实，且将与市场经济相悖的规范（例如，需求审查）宣告为无效，因而值得广泛的赞同。根据德国联邦宪法法院合理的观点，职业自由包括了所有未被禁止的行为，即便这种行为与传统或者法律规定的“职业形象”不同。然而，立法者在特定前提下享有设置职业类型，并且在就该范围内限制自由职业选择的权限。职业自由基本上也同样适用于国家事先规定行为内容的职业以及“与国家相关的职业”。重要的是，只要表现形式有独特的社会重要性，就不必在自主经营与非自主经营两者之间进行区分；从一种职业转向另一种职业的选择与转换，属于《基本法》第12条第1款的职业选择。德国联邦宪法法院区分职业选择（Berufswahl）与专业准则（Berufsausuebung），且两者是《基本法》第12条第1款的权限范围，而没有回溯到《基本法》第2条第1款与《基本法》第19条第2款的必要。然而，该权限的赋予是为了专业准则（Berufsausuebung），因而只有在这种视角下，才允许干涉职业选择自由。

对立法者干预的差异化区分是非常重要的：只要对公共福祉的理性考量（对其进行限制）是合适的，就可以对职业自由（Freiheit der Berufsausübung）进行限制；此处的对基本权利保护限于对过度附加且不合理的条件从而具有违宪性危险的防范。与之不同的是，职业选择的自由（Freiheit der Berufswahl）才能受到限制的情形是,“只要对职业选择的自由(Freiheit der Berufswahl)的限制是为了保护特别重要(“占据主导地位”)的社会利益所必须的”,即:“只要对利益的保护存在问题的——在仔细地权衡时必须赋予这些利益对个人的自由请求权的优先性;并且只要对该保护不是以其他方式,即不限制或者较少限制职业选择的方式予以保障的情形下,立法者在内容上越自由就越涉及纯粹的职业执行规则(Ausübungsregelung)。”立法者在内容上越受约束越强,就越涉及职业选择。职业行为的自由越明显地被限制,对能为限制提供正当性的公共利益的紧急性的要求就应当越高。在证明侵害职业选择自由是不可缺的情形下,立法者必须选择对基本权利限制总是最小的侵害形式。这同样适用于辅助与比例原则。对主体设置的前提条件仅仅是出于保护重要的共同利益的目的时才是正当的。比例原则是在该意义上得以适用——事先规定的主体要件与符合秩序地从事职业行为这一所追求的目的不允许存在不成比例的关系。相反,对客观前提的证明则有着特别严格的要求;通常地,这些措施仅仅在特别重大的公共利益存面临可证实的或者极可能发生的危险而需要防止时才是正当的。

德国联邦宪法法院在“手工判决案”中审查主体资格要件(能力资格大证书)清楚地表明,为普遍认可的并被赞同的公共价值(Gemeinschaftswerte)值得保护;这些共同价值首先来源于立法者特殊的经济与社会政策目的。德国联邦宪法法院认为,在类似案件中不能因为建立在该基础之上的政策是有争议的就宣告职业规则(Berufsregelung)违法。因而,审查的范围就在于法律规范保护的公共利益是否是一种更高位阶的公共价值,从而为限制职业选择自由提供正当性理由。当立法者的观念明显是错误的或者与《基本法》价值是不相容时,立法者的观点就不再成立。基于这个前提,德国联邦宪法法院肯定了就业政策(维持和促进一个健康、有绩效的整个手工业的就业作为公共利益)是重要的社会利益的观点,并且将对职业选择自由的限制或者对规定(职业)许可限制的目的在于防止全体或者个体由于不合格的职业行为而遭受危险的顾虑都是正当的。立法者也能创造一个新的公共价值,并且得到认可。但这必须是根据《基本法》价值体系发展出的重要的公共价值;它可以成为限制基本权利的依据。就业利益(Standesinteressen)作为此类的公共利益不被承认。就业状态(Berufsstaende)是《基本法》的异数。《基本法》第 12 条确定了就业利益(Standesinteresse)与公共利益的价值关系。根据该关系,在维系职业选择自由上的公共利益居于优先地位,而就业利益次之。因而,与德国联邦宪法法院的立场相反,对就业状态重视可能不是一个重要的社会利益。最后,根据德国联邦宪法法院的观点,每一种迫使大量市场供应者退出市场并且最严重地损害发展自由尤其是竞争自由职业秩序的职业规则都有可能具有正当性。在大型行业例如手工业中，公共利益需要特别的保护。因而，就此而言，只要能力证明大证书在预防具有潜在危险性职业中预防个人与公共利益的危险与损害是必要时，就具有合宪性。

最后，德国联邦宪法法院宣称的营业自由不是“社会与经济秩序的客观原则”的观点值得深思。这个作为正确判决书中的附带意见中的不必要的句子的基础明显地建立在法院试图加强《基本法》第 12 条第 1 款效力作为个人基本权利的努力上。这在下述的表述中有着清晰的体现：“保障个人更多地享有自主营业的自由”、“如果《基本法》第 12 条第 1 款的规定中，只有营业自由原则是合宪的，那么该原则的实现的框架仅仅是一般性的法律保留原则(但这没有发生——作者注)；营业自由的保障根据‘法律的标准’予以保障”，正如魏玛宪法一样。对法院而言明显的是，《基本法》第 12 条第 1 款作为一个真正的、因而非常重要的基本权利这一特征，为“法律干涉设立一个基础性的严格界限”。然而，这个值得赞同的理由无论如何都没有否认将营业自由作为我国经济宪法原则。当联邦宪法法院将《基本法》第 12 条第 1 款仅仅持此类观点时，很少遭到质疑。相反，似乎应当指出的是，《基本法》第 2 条第 1 款承认了广义的营业自由作为经济宪法的客观原则。即使联邦宪法法院不必在《基本法》第 12 条第 1 款终局性地对一个具体的重要的生活领域规定一个明确的、实质性的《基本法》的价值判断。尽管如此，联邦宪法法院以“营业自由不被保障”出发点不正确为由拒绝接受该观点：在规定权限内对法益的权衡不仅仅取决于对个人自由与共同利益的保护，也同样取决于经济自由与危险防范这两个重要的共同价值。似乎可以得出的结论是，只要基于重大共同体利益的要求，就可以在规范职业选择时对一般经济性自由的干涉。这尤其适用于职业许可时的设置客观性要件的正当性问题。如果联邦宪法法院承认，经济自由是值得保护的，那么必然可以从该基本原则中推导出这一正确的观点——从事职业行为中对竞争的保护不能作为对自由职业选择权进行干预的理由。

(7) 没有结社自由的现代市场经济是不可想象的。设立社团与公司的自由是所有德国人而言是一项基本权利(《基本法》第 9 条第 1 款)。这同样适用于任何类型的经济结社。当结社的目的或者行为违反刑法典、与宪法秩序或者全民和谐相处的思想相抵触时，结社禁止(《基本法》第 9 条第 2 款)。《基本法》第 9 条第 3 款尤其为联合自由(Koalitionsfreiheit)提供了保障，也即形成了旨在维护和改善劳动、经济条件而结社的权利。该基本权利保护的不仅仅是作为个体的社员，也保护具有社员身份的联合体。根据通说，它保障了“消极的结社自由”。

(8) 不保障私人财产权与继承权以及遗嘱自由就不存在市场经济。财产权与自由之间存在着难以分割的内在关联。没有私人财产权就没有自由与私法。私人财产权是维系人类共同生活最重要的秩序力量，也是私法的核心制度。因此，在私人财产权不存在的地方尽可能最大范围内创造私人财产权是重要的。因而，有关财产权增长与对财产进行课税，尤其是雇工的财产形成以及公有财产的私有化的立法措施是具有宪法意义上的问题。

在以偏离市场价格以及特别优惠的方式将股票给企业职工以及社会弱者的行为完全不是不合理或者恣意的(它们并不违反《基本法》第 3 条)，反而符合狭义上的社会国原则。这同样适用于国家在出售建筑用地中开具的优惠条件。

在私人财产权免于剥夺问题的保护上，《基本法》第 14 条的保护力度更甚于魏玛宪法。对财产权的剥夺只有是为了公共福祉考量时候才是许可的，而且剥夺财产权只能以法律的形式或者根据规定剥夺财产权的形式与范围的法律才能进行。德国联邦宪法法院正确地指出，在《基本法》生效后颁布的、以剥夺财产权为内容的法律没有注意到“唇齿条款”(Junktimklausel)。财产权是一种制度保障，但也体现在对具体的私人财产权的保障。同时，财产权的概念在最广泛的意义上予以解释。除了物权法的财产权外，它也包括了所有体现财产价值的权利包括期待权。因而，与财产权内在相关的企业成果与企业领导权以及营业权也必须予以保障。经营资产的处分自由也属此列。

由于《基本法》第 15 条中的规定过于宽泛的宪法上与实践中失去意义，德国大反对党也放弃该条款的实施；然而，根据该条，土地与地基，自然资源与生产资料能根据有关补偿方式与范围法律被转换为公共财产或者其他形式共有经济(社会化)。与此相反，《基本法》第 15 条完全不是引导经济措施的基础，因为在此处该条款所涉及的并不是一种干涉，而是一个与财产权层次不同的社会化。

(9)《基本法》第 12 条规定了工作自由的基本权利。所有德国人有权利自由地选择工作岗位、职业培训(第 1 款)。除了传统中普遍地地针对所有人同样的公共服务义务之外，不得强迫任何人从事一定的劳动(第 2 款)。强制工作只有在法院判决剥夺自由的情形下才是正当的(第 4 款)。恰恰这种自由又是市场经济的重要因素，特别是对于依赖工作生存的群体。它排除了“对劳动力的国家控制”，没有这种控制，计划经济就是不可能存在的。雇员如同企业主一样是经济的整合因素，并如同企业主一样，享受作为一个自由人在分工化的经济部门从事适合自己的职业，以发展个性的权利。尽管苏战区的宪法第 15 条保障了“工作权”，但既没有选择工作岗位的自由，也没有强制劳动的禁令。工作与生存更多是由国家通过经济的引导来“保障”。

(10) 最后，除了上述基本权利外，政治上的普遍性保障将经济宪法与政治宪法整合起来从而具有重要意义。普遍自由(人的自由，《基本法》第 2 条第 2 款；言论自由尤其是出版自由，《基本法》第 5 条；集会自由，《基本法》第 8 条；通信自由，《基本法》第 10 条；迁徙自由，《基本法》第 11 条；住宅不可侵犯，《基本法》第 13 条；请愿权，《基本法》第 17 条)就属于此列；这些自由保障了个体自主的生活并排除了国家的过度干预。

(11) 上述的自由权利维持着自身的特征，并通过《基本法》第 79 条第 3 款规定的不容更改地适用的社会国原则(《基本法》第 20 条第 1 款，第 28 条第 1 款)得以修正；该社会原则是我国的基本原则之一。它不仅仅包括了一项工程或者一条纯粹的解释规则，也是一个具有直接约束力的法律规范。立法、司法与执法都必须受它约束。

① 首先，社会国原则将自由与义务处于在一个平衡关系中，因而为个人在共同体中的定位提供了决定性标准。它是在《基本法》第 2 条第 1 款意义上的宪法秩序确定个人自由发展界限的重要组成部分。由此，《基本法》第 2 条第 1 款连同社会国原则是对国家与个人关系的一个基本论述：它一方面是对将个人自由完全地听命于国家强制的极权国家的否定，另一方面也是对个人毫无节制的自由滥用从而导致压制他人的自由的完全自由主义国家的否定。从完全自由与通过合适的规范限制自由的紧密关系上看，为了自由的目的，国家基于自由的目的有义务保护社会经济生活中的弱者。通过这种方式，去实现对绝对自由的限制。

② 但是，社会保护原则的实施涉及自由原则，不能仅仅通过国家干预来实现。社会保护更多地首先通过个体公民在彼此相互交往中自愿的与自我负责的社会义务行为，尤其是通过自我管理的、建立在自愿基础成立的协会的方式来得以实现。只有当该类型的、自愿的社会义务性行为不能达到或者没有提供足够的保护时，才允许国家通过权力行为尤其是通过立法措施去干预自由，尤其是合同自由。社会国原则是个人自由的直接界限。经济上强势者不能通过向弱者施以负担的方式进行剥削，也不得与正当的整体利益相抵触。人民中的弱势群体值得特别的保护。

③ 即便财产权也受到了社会基本秩序意义上的宪法的影响。法律规定了财产权的内容与限制。财产权负有义务是基本原则。财产权的使用应当同时有

利于公共福利(《基本法》第14条第2款)。剥夺财产权与限制财产权的内容之间的界限具有特别重要的意义。但是,将不予补偿的纯粹财产权的规定置于社会义务下予以审视时,立法者必须尊重一般性法治国的基本原则所要求的目的与手段之间的合适比例。

当存在着资本与劳动的合作关系,但这种关系在经济生活中不得损害企业主的以自由与责任为基础的地位时,建立在法律平等基础上的法治国才具有自由的与社会的性质。

④ 最后,从社会国原则中可以得出有关整体经济宪法的关键性结论。如前所述,社会市场经济先前发展出来的基本原则在现实中得到保障,对社会市场经济功能的是极为重要的。与自由市场经济相反的是,社会市场经济体系的经济体系因此不是完全任其发展。尽管国家对经济生活的干预基本上应当保持谨慎的态度,并且仅仅为当事人签订的合同提供法律保护。自从1948年引入社会市场经济后,国家的干预却大幅度地提高了。然而,只要国家的干预确保了社会市场经济基本秩序地位不受到歪曲,免受(私人力量)的滥用以及社会危害时,国家的干涉就尤其具有正当性。当措施法(Maßnahmegesetze)也同样承担类似功能时,措施法的合宪性是没有争议的。当符合市场需求的措施是不充分时,国家实施的干涉尽可能地是"在坚持竞争经济前提下采取的纠正市场的措施",但不限于此。Mueller-Armack正确地指出,只要经济的基本运行(Grundvorgang)整体上是具有市场经济性质的,市场经济就能承受与市场相抵触但不损害市场经济本质的措施。

⑤ 作为经济宪法的社会市场经济为国家的干预设定了严格而清楚的界限,可以提出下述的基本原则:如果具有普遍性的法律保留原则附加到基本权利中,那么根据德国联邦宪法法院在"药房案"中的观点,只要共同福利的理性考量是符合目的的,就可以对自由进行限制。那么,对基本权利的保护就限于诸如防止过度负担以及不合理附加条件等危险的预防。

在缺乏具有普遍性的法律保留原则的情形下,国家根据《基本法》第2条第1款严格的公共福祉条款对诸如《基本法》第2条第1款中的发展自由、竞争自由、消费自由、合同自由、职业选择自由与工作自由进行干预时,只有干预对特别重要的共同利益的保护的不可或缺时,才具有正当性。如果类似的干预是必然的,立法者必须选择对基本权利侵害最少的形式。补充性原则与比例原则同样适用于采取干预性立法的立法者。相反,一个法律规定对经济生活的限制超出界限,试图对经济采取普遍式的监管与规制时,或者与所追求的公共福利目的不符合比例时，它就是不合宪的。

在任何情形下，即便法律能对基本权利进行限制时，都不得损害其本质内容（《基本法》第 19 条第 2 款）。因此，危机时期最低限度的经济行为自由应当得到保障。

⑥ 社会国原则修正了涉及工资、薪水以及其他劳动条件协议等社会生活领域的合同自由。对这些问题的规范不再类似纯自由主义的观点（《营业条例》第 15 条意义上的合同自由就是建立在该观点基础上的）那样完全听凭雇主与雇员单独地通过合同取得一致，而是基于保护真实的合同自由的目的将之让渡给同样强大的工会（《基本法》第 9 条第 3 款）；而工会能在劳资协议中协商关于劳动关系的内容、缔结与结束（《劳资合同法》第 1 条第 1 款）。

⑦ 狭义意义上的社会国原则也必然会对货币政策产生影响并修正了货币政策。尽管也存在有其他原因，社会国原则是 1961 年德国联邦政府执行的德国马克升值的政策正当性基础，因为它压制了基于国际收支顺差带来的通货膨胀而带来的经济危机，尤其是阻止国内的货币贬值。但维持货币购买力与价格稳定从而维护人民各个阶层的利益是基于社会国原则的要求。

（12）最后，对经济宪法各个基本原则之间能存在冲突并彼此否定的认识，具有重要意义。这取决于正确认识自由权之间的关系尤其是它们的位阶关系。问题的出发点在于，合同自由的行使不得自我去否定或者严重地损害合同自由本身或者一个具有更高位阶的基本原则。这同样适用于合同自由与广义上的营业自由、竞争自由之间的关系；《基本法》第 2 条第 1 款是后两者的宪法基础。卡特尔协议的意义与目的是限制每个市场参与者或者外行进行自由竞争的基本权利。由于参与卡特尔的当事人限制了其他人进行自由竞争的权利；因而对卡特尔予以禁止应当是合宪的。

卡特尔协议对经济秩序特别的危险在于，作为自由形态之一的竞争自由由于卡特尔协议的存在被排除了。但竞争自由不仅仅是单独的市场主体获取利益的基本权利，也是作为普遍发展自由在经济生活领域中基本秩序原则的体现，也是宪法秩序的组成部分。卡特尔禁止的反对者的观点的缺失之处首先在于，该观点对基本权利的审视仅仅是从个体出发。基本权利当然是基于个体的利益提出来并赋予个体的。人类与他的自由处于我们秩序的中心位置。但是恰恰是因为这个原因，该秩序必须保障个体的自由得到维护，无论国家本身还是其他的权利人都不能压制它。自由作为秩序原则得不到维护与贯彻就没有个体的自由。因此，个体自由与所有人的自由存在着一个对立的交互影响关系。这种紧张关系值得维护。在经济生活领的这种关系容易被卡特尔破坏。卡特尔不仅仅使得相关领域内的竞争局面也即竞争者之间的关系被改变,也整个市场面貌也随之更改。相对于其他市场竞争者与其他大量的经济参与者尤其是消费者而言,卡特尔参与者通过限制竞争自由的协同作用取得了额外的行为空间与利润空间,这使得他人的行为空间与市场绩效空间势必受到或者已受到限制。但是,竞争自由原则是市场经济运行完全不可或缺的,因而卡特尔本身与竞争自由的宪法基本原则相悖。当处于相同地位的市场参与者不复存在,额外市场力量集中在参与卡特尔经营者时,卡特尔改变了存在的秩序空间。这种力量关系的流转并不受合同自由的保护。这种流转一开始仅仅出现在合宪的秩序内,因而其本身并不是取消宪法秩序的一种手段。因此,就此而言,卡特尔协议的当事人并不能以合同自由或者发展自由的基本权利作为依据。就此意义而言,竞争自由高于合同自由。只有自由竞争与社会市场经济相符合;而卡特尔与市场经济的基本秩序相悖。因而,禁止卡特尔不但并不违宪,正如《反限制竞争法》颁布前而之后几乎没有人声称其完全不正确一样;它反而是对宪法秩序的具体化,因此并不构成对其他基本权利(财产权与平等权)的侵犯。这并不排除,特定类型的卡特尔并不威胁自由的秩序架构时,可以得到《反限制竞争法》所规定的卡特尔禁止的豁免。然而,确定的是,销售数量协议,产量限制、最低价格、其他价格约束、划分区域等协议妨碍了竞争自由;而只有竞争自由符合我们自由的经济秩序。就此意义而言,有关二手商品的价格约束、价格建议、具有市场支配地位经营者、经济集中的复杂性问题也必须予以重新审视与塑造。只有当自由竞争秩序得到维护时,才能期待所有群体尤其是消费群体对这个制度保持信赖与认可。市场经济宪法负有的社会性义务要求国家履行如下任务:保障竞争自由与市场经济的功能免受卡特尔与其他经济上力量集中(垄断者,市场支配经营者)妨碍。这是自由市场经济与社会市场经济决定性的区别。

四、结　　论

上述的宪法原则与基本权利不仅仅使得社会市场经济作为一个特定的经济政策成为可能,也是将社会市场经济作为形式与实质上的符合宪法的决断;因为,它包含了该经济秩序的所有本质要素。只有社会市场经济才有必要与自由、社会的法治国家相适应。它在制度上得到了保障。

就此而言,《基本法》肯定了一个经济宪法秩序,该秩序否定了计划经济(中央行政管理经济）与完全自由的市场经济（经济自由主义），但同时也否定了经济秩序的中立性。这个经济宪法的基础是建立在对劳动分工社会的自由竞争原则的正当性的认识，在增进民族与人民生活的福利与幸福所扩张的自由秩序原则的动态观察基础之上。社会市场经济是《基本法》第2条第1款与第9条第2款意义上的“合宪的秩序”；它是自由民主基本秩序（《基本法》第19条第2款，第21条第2款）与民主社会法治国与联邦国家《基本法》（第20条、28条）的整合因素。因此，联邦宪法法院正确地指出，当违反了保护占领区内的经济制度的苏维埃法律而遭刑罚时，就该刑事判决书提出的司法协助是不正当的；因为这些法律与德国联邦共和国的宪法秩序相悖。因此，在《基本法》效力范围内，根据联邦共和国宪法秩序并不违法的行为的刑罚不予以执行。同时，苏维埃共产主义经济制度特征与我们与宪法秩序相容的经济宪法完全冲突。对此，联邦宪法法院对社会市场经济的自由经济秩序有着积极的信仰。基于联邦宪法法院对《基本法》其他完全自由的解释，在“投资补助案”中的一些误解现在已经得以澄清。由于社会市场经济不是某种经济政策，而是规定于宪法中，它既不能通过计划经济制度（集权型经济，国家管制型经济，中央管理经济），也不能通过完全自由市场经济，或者中立性而取而代之。德国立法者不能追求对其而言是符合实际的经济政策。它受制于规定在《基本法》中的社会市场经济宪法的宪法规范。联邦宪法法院承担着宪法守护者的重要任务，而不是屈从于极可能频繁出现的机会主义观点。从社会市场经济到国家管制型经济、自由法治原则与基本权利转向完全的自由原则、社会国原则转向中立的偏离，已经违背了我国的基本权利条款，该观点的反对者对此认识错误。因此，废除社会市场经济宪法作为经济宪法只有通过对《基本法》的根本性的修改才是可能的。

效果分析在滥用市场支配地位案中之必要

——奇虎 360 诉腾讯案会是改变中国反垄断法规则的一个契机吗?*

Adrian Emch** 著

谭 淼*** 译

摘要: 中国的《反垄断法》对于在判断滥用市场支配地位是否成立时需要证明存在反竞争效果以及何种反竞争效果的问题上并没有给出清晰的答案。最高人民法院在 2014 年 10 月作出的奇虎 360 诉腾讯案判决是中国反垄断法历史上里程碑式的判决,其在效果分析如何适用的问题上带来了重大的转变,表明在分析被诉行为是否为垄断行为时,效果分析是必要的,尽管在分析效果时应采用何标准仍然存在模糊性,但该判决显示出最高院更偏向从竞争者角度出发进行效果分析。中国反垄断执法机构及其他法院是否采取该判决的裁判思路尚具有不确定性。

关键词: 效果分析,反垄断法,滥用市场支配地位,奇虎 360 诉腾讯案

---

* 本文同时被收录于 Philip Lowe, Mel Marquis 与 Giorgio Monti(eds)主编的 What is a Uniform Application of EU Competition Law?, Hart Publishing (即将出版)。本文作者感谢 Thomas Cheng 与侯利阳对本文初稿提出的宝贵建议,同时感谢吕清的归纳整理。

** Adrian Emch(孟记安),Hogan Lovell 律师事务所北京分所合伙人,北京大学竞争法讲师,国际竞争网络的非政府咨询师。曾就职于欧盟竞争总司。

*** 上海交通大学凯原法学院 2016 级法学硕士。

一、引 言

2014 年 6 月，欧盟普通法院对英特尔案作出判决。该判决在反垄断界引起争论。引起争论的其中一个原因是欧盟普通法院宣布，是否具有实际的反竞争效果不是判断英特尔的行为是否违法的考虑因素〔1〕。此观点与美国反垄断法截然不同。在美国反垄断案中（相当于欧洲的滥用市场支配地位案），对于竞争效果的分析总体上是不可少的〔2〕。

鉴于欧盟与美国反垄断裁判路径的截然不同，本文欲探究中国反垄断法在该问题上是如何反应的。本文将特别关注以下两个问题：① 在判断滥用市场支配地位是否成立时，中国反垄断执法机构和法院是否需要证明存在反竞争效果；② 何种反竞争效果需要被证明？

中国的《反垄断法》〔3〕对这些问题并没有给出清晰的答案，〔4〕因此有必要通过中国反垄断执法机构作出的决定、法院作出的判决，找到解决该问题指引。

最高人民法院在 2014 年 10 月作出的奇虎 360 诉腾讯案判决，是中国反垄断法历史上里程碑式的判决。在效果分析如何适用的问题上，该判决带来了重大的转变。

二、效果分析是否必不可少？

（一）奇虎 360 诉腾讯之前

在奇虎 360 诉腾讯案之前，大部分反垄断执法机构和法院并没有直接回答该问题——证明存在反竞争效果是否为滥用市场支配地位成立的前提条件。在许多决定、判决书中，执法机构和法院根本没有讨论该问题，证明了在滥用市场支配地位案件中，行政机关或法院没有考虑过是否需要证明反竞争效果的存在。

---

〔1〕 Case T-286/09, Intel v European Commission, 12 June 2014, [2014] ECR II-0000, paras 103-104, for example.

〔2〕 See, for example, United States v Microsoft Corp, 253 F. 3d 34, 58 (DC Cir 2001) (en banc) (per curiam).

〔3〕《中华人民共和国反垄断法》，中华人民共和国主席令 68 号，2007 年 8 月 30 日颁布。

〔4〕 中国学术界对该问题同样没有较多的关注。一些学者倡导对竞争的效果分析应成为滥用市场支配地位行为成立的前提条件，但学术界对该问题的意见并不一致。同样地，对于该问题的细节讨论无太多文献支持。可参见尚明：《〈中华人民共和国反垄断法〉理解与适用》，法律出版社 2007 年版，第 20 页；金福海：《反垄断法疑难问题研究》，知识产权出版社 2010 年版，第 100 页。

在另外一些行政决定中，特别是在各地工商局作出的决定中，决定书中含有关于被调查行为反竞争效果的讨论，但是，没有说明效果分析是否必要〔5〕。

上海市第二中级人民法院于 2014 年 9 月作出的童华诉中国移动判决，是笔者能够找到的唯一明确表示效果分析是必要的案例。

在该案中，消费者起诉中国移动通信集团上海有限公司不当停机、修改号码保留期，因此构成滥用市场支配地位。被告答辩称，该公司的行为(包括修改保留号码保留期)是按照其与原告的合同来执行的。上海市第一中级人民法院最终驳回了原告的诉讼请求，判决中国移动的行为没有造成反竞争的效果〔6〕。

该判决具有重要意义，因为它试图解释《反垄断法》总则部分的第 6 条。概括说来，《反垄断法》第 6 条规定企业不得滥用其市场支配地位以排除或者限制竞争〔7〕。

上海市第一中级人民法院认为第 6 条的含义是："只有具有市场支配地位的经营者所实施的行为，具有了排除、限制竞争的后果，才属于《反垄断法》所禁止的滥用市场支配地位的垄断行为。〔8〕"

除童华诉中国移动案外，笔者唯一能找到含有反竞争效果分析的判决是锐邦诉强生案判决，判决书中含有类似反竞争效果的分析(但该案与童华诉中国移动案并不完全一致)。在该案中，证明反竞争效果的存在是否为成立垄断行为的前提要件同样被提出并讨论。尽管是在纵向垄断协议的语境下讨论该问题，而不是在滥用市场支配地位的语境下〔9〕。

---

〔5〕 内蒙古自治区烟草公司赤峰市公司涉嫌滥用市场支配地位案，(2014)工商行政管理总局竞争执法公告第 16 号，2014 年 7 月 30 日，参见：www. saic. gov. cn/zwgk/gggs/jzzf/201407/t20140730_147167. html，s 4；广东惠州大亚湾溢源净水有限公司涉嫌滥用市场支配地位案，(2014)工商行政管理总局竞争执法公告第 13 号，2014 年 11 月 6 日，可见：www. saic. gov. cn/zwgk/gggs/jzzf/201401/t20140106_140960. html，s 5；重庆燃气集团股份有限公司涉嫌滥用市场支配地位案，(2014)工商行政管理总局竞争执法公告第 19 号，2014 年 11 月 21 日，参见：www. saic. gov. cn/zwgk/gggs/jzzf/201411/t20141128_150176. html，s 6；江苏徐州市烟草公司邳州分公司滥用市场支配地位案，(2014)竞争执法公告第 18 号，2014 年 10 月 31 日，参见 www. saic. gov. cn/zwgk/gggs/jzzf/201411/t20141104_149672. html s 4；东方市自来水公司垄断案，(2015)竞争执法公告第 2 号，2015 年 2 月 12 日，参见：www. saic. gov. cn/zwgk/gggs/jzzf/201502/t20150212_152067. html，s 5；以及辽宁省烟草公司抚顺市公司滥用市场支配地位案，(2015)竞争执法公告第 7 号，2015 年 7 月 1 日，参见：www. saic. gov. cn/fldyfbzdjz/dxal/201509/t20150925_161988. html。

〔6〕 上海市第二中级人民法院，童华诉中国移动通信集团上海有限公司滥用市场支配地位纠纷案，2014 年 9 月 2 日，(2014)沪二中民五(知)初字第 59 号。

〔7〕《反垄断法》第 6 条。

〔8〕 上海市第二中级人民法院，童华诉中国移动通信集团上海有限公司滥用市场支配地位纠纷案，2014 年 9 月 2 日，(2014)沪二中民五(知)初字第 59 号。

〔9〕 该案中，法院重点分析的是《反垄断法》第 13 条第 1 款第 2 项，而不是第 6 条。

但是,规制滥用市场支配地位与纵向垄断协议的基本原则是类似的,笔者认为,锐邦诉强生案的裁判思路对滥用市场支配地位案有重要的借鉴意义。

在锐邦诉强生案中,被告强生公司是一家拥有多元化产品的医疗器材公司,其中包括生产、销售医疗吻合器及缝线产品。原告向北京指定经销区域内的医院销售强生公司的医疗吻合器及缝线产品。在长达15年的合作关系后,强生公司终止了与锐邦公司的销售合同,因为锐邦公司以低于限制转售价销售强生公司的产品。原告请求强生公司赔偿损失,认为强生公司的行为已构成《反垄断法》第14条规定的"维持固定转售价格"。在一审中上海市第一中级人民法院判决强生公司胜诉,但在二审中上海市高级人民法院撤销了部分一审判决并进行了改判〔10〕。

正如《反垄断法》在成立滥用市场支配地位是否需要证明反竞争效果存在的问题上语焉不详,《反垄断法》同样未明确表示成立"维持固定转售价格"(或其他横向、纵向的垄断协议)是否需要证明存在反竞争效果〔11〕。类似于《反垄断法》第6条,《反垄断法》第13条第2项是这样规定的:垄断协议,是指排除、限制竞争的协议、决定或者其他协同行为〔12〕。

在锐邦诉强生案中,法院引用了《最高人民法院关于审理因垄断行为引发的民事纠纷案件应用法律若干问题的规定》(以下简称司法解释)。该司法解释表明,如果被诉垄断行为属于横向垄断协议,被告应对该协议不具有排除、限制竞争的效果承担举证责任〔13〕。但该司法解释对于纵向垄断协议反竞争效果的证明责任没有说明。在此背景下,上海市高级人民法院认为,成立维持固定转售价格行为需要证明存在反竞争效果。得出这样的结论是因为,在反垄断法界,普遍认为横向垄断协议比纵向垄断协议对竞争带来的消极效果更大〔14〕。(译者注:

---

〔10〕 一审判决结果,可见上海市第一中级人民法院,北京锐邦涌和科贸有限公司诉强生(上海)医疗器材有限公司、强生(中国)医疗器材有限公司纵向垄断协议纠纷案判决,2012年5月18日,(2010)沪一中民五(知)初字第169号;二审判决结果,可见上海市高级人民法院,北京锐邦涌和科贸有限公司诉强生(上海)医疗器材有限公司、强生(中国)医疗器材有限公司纵向垄断协议纠纷案判决,2013年8月1日,(2012)沪高民三(知)终字第63号。

〔11〕《反垄断法》第3条中列举了3种类型的垄断行为,在垄断协议与滥用市场支配地位中没有提及垄断行为的反竞争效果,但在经营者集中上提出有关内容——"垄断行为包括具有或者可能具有排除、限制竞争效果的经营者集中"。

〔12〕《反垄断法》第13条第1款第2项。

〔13〕《最高人民法院关于审理因垄断行为引发的民事纠纷案件应用法律若干问题的规定》,法释〔2012〕5号,2012年5月3日公布,第7条。

〔14〕 上海市高级人民法院,北京锐邦涌和科贸有限公司诉强生(上海)医疗器材有限公司、强生(中国)医疗器材有限公司纵向垄断协议纠纷案,(2012)沪高民三(知)终字第63号。

举重以明其轻，既然横向垄断协议需要证明存在反竞争效果才能成立，那么纵向垄断协议就更需要了）

值得注意的是，本文欲解决的问题是锐邦诉强生案的裁判思路能否应用于滥用支配地位案件中。与纵向垄断协议类似，司法解释同样未明确说明在滥用市场支配地位案中哪一方对反竞争效果负举证责任〔15〕。一般而言，除了一些例外情况（比如上文所述的欧盟综合法院对于英特尔案的判决），学界与实务界普遍认为卡特尔式的垄断行为比滥用市场支配地位行为带来的反竞争效果更大。虽然与涉及纵向垄断协议的企业相比，涉及滥用市场支配地位的企业可能拥有更大的市场力量，但学界与实务界仍存在共识——滥用市场支配地位的行为性质可能是有利于竞争，也有可能是不利于竞争，行为的性质依具体的情境而定。上述理解将有利于将上海高院在锐邦诉强生案中的裁判思路应用于滥用市场支配地位的案子中。

（二）奇虎 360 诉腾讯

在此背景下，对在滥用市场支配地位案中是否需要证明存在反竞争效果，奇虎 360 诉腾讯案判决给出了什么观点？

1. 最高院的判决

奇虎 360（原告）是中国安全软件的市场领导者。即时通信服务的旗舰产品腾讯 QQ 则是中国互联网用户的必备软件。

争端始于两公司采取的一系列针锋相对的措施。早在 2010 年，腾讯公司发布旗下的安全软件产品（QQ 软件管家和 QQ 医生〔16〕），同时鼓励 QQ 即时通信软件用户下载。奇虎 360 声称 QQ 即时通信软件扫描查看用户的个人隐私数据，因此触发了奇虎 360 安全软件禁止 QQ 即时通信软件的扫描行为，目的是保护用户的隐私。作为回应，腾讯公司向用户发出声明，声称如果计算机上装载奇虎 360 安全软件，那么 QQ 即时通信软件将停止运作。因为用户只能安装两者其中之一，因此这被称为“二选一”行为。

“二选一”行为仅持续了 1 天。但腾讯公司（最终胜诉）于 2011 年 6 月诉奇

---

〔15〕《最高人民法院关于审理因垄断行为引发的民事纠纷案件应用法律若干问题的规定》第 8 条规定，原告应当对被告在相关市场内具有支配地位和其滥用市场支配地位承担举证责任。被告以其行为具有正当性为由进行抗辩的，应当承担举证责任。

〔16〕“QQ 软件管家”以及“QQ 医生”后整合为升级版“QQ 电脑管家”（“QQ 电脑管家”后又重新命名为“腾讯电脑管家”）。本文以“QQ 安全软件”指代腾讯各类安全软件产品。同时，以“QQ”简称腾讯公司开发的即时通讯软件。

虎 360 不正当竞争[17]。2011 年 11 月，奇虎 360 依据《反垄断法》向广东省高级人民法院反诉腾讯，诉称腾讯要求 QQ 即时通信软件用户卸载 360 安全软件（独占交易[18]）、将 QQ 安全软件捆绑在 QQ 即时通信软件上（搭售），这两种行为都构成滥用其在即时通信软件市场上支配地位。

广东省高级人民法院驳回奇虎 360 的所有诉讼请求，奇虎 360 随即上诉于最高人民法院[19]。最高人民法院维持一审判决，认为腾讯公司不构成滥用市场支配地位。

二审中，最高人民法院根据以下指导性原则来分析腾讯是否构成滥用市场支配地位：

“即使被诉经营者具有市场支配地位，判断其是否构成滥用市场支配地位，也需要综合评估该行为对消费者和竞争造成的消极效果和可能具有的积极效果，进而对该行为的合法性与否作出判断。为此，本院认为有必要对被诉垄断行为对竞争的影响及其合法性与否进行分析认定。”[20]

在对滥用市场支配地位行为作出总的评价后，最高院开始审查原告的两项指控：限制交易与搭售。在分析限制交易时，判决书中没有明确说明是否需要证明反竞争效果的存在，但判决书中的结论显然表明证明反竞争效果的存在是关键[21]。

相对应地，在搭售问题上，最高院设定 5 个标准以判断被诉搭售行为的合法性。其中第 5 个标准——“搭售对竞争具有消极效果”对解决本文问题最为重要[22]。最高院列出的 5 个标准对其审理的所有搭售案件都具有指导意义，因此在搭售案件中，分析搭售对竞争是否具有消极效果是不可缺少的一步。

奇虎 360 诉腾讯案的有趣之处还在于它讨论了效果分析的举证责任分担问

---

〔17〕 广东省高级人民法院，腾讯科技（深圳）有限公司等诉北京奇虎科技有限公司等不正当竞争纠纷案，2013 年 4 月 3 日，(2011)粤高法民三初字第 1 号；二审维持原判，见最高人民法院，上诉人北京奇虎科技有限公司、奇智软件（北京）有限公司因与被上诉人腾讯科技（深圳）有限公司、深圳市腾讯计算机系统有限公司不正当竞争纠纷一案，2014 年 2 月 18 日，(2013)民三终字第 5 号。

〔18〕《反垄断法》第 17 条第 1 款第 4 项提及的“限定”交易相对人只能与其进行交易或其指定的经营者进行交易，该情形在中国也被称为限制交易。

〔19〕 广东省高级人民法院，北京奇虎科技有限公司诉腾讯科技（深圳）有限公司等滥用市场支配地位纠纷案，2013 年 3 月 20 日，(2011)粤高法民三初字第 2 号。

〔20〕 最高人民法院，北京奇虎科技有限公司与腾讯科技（深圳）有限公司等滥用市场支配地位纠纷案，2014 年 10 月 16 日，(2013)民三终字第 4 号，第 106 页。

〔21〕 最高院特别指出，腾讯的行为“并未导致排除或者限制竞争的明显效果。这一方面说明被上诉人实施的‘产品不兼容’行为不构成反垄断法所禁止的滥用市场支配地位行为……”同上，第 108—109 页。

〔22〕 同上，第 109 页。

题:“被诉垄断行为是否具有正当性与其是否具有排除、限制竞争的效果并不完全一致,两者既有联系,又存在区别。对正当性承担举证责任并不等同于对行为不具有排除、限制竞争的效果承担举证责任。还需说明的是,被诉垄断行为排除、限制竞争效果的存在有助于证明被诉经营者具有市场支配地位。一审法院在现有证据不能证明被上诉人具有市场支配地位的情况下,要求上诉人举证证明被诉搭售行为产生了排除、限制竞争的后果,并无明显不当。〔23〕”

该段论述没有直接表明哪一方应对被诉垄断行为导致的效果负举证责任。但最高院指出,至少在奇虎 360 诉腾讯案中,奇虎 360 未能有效证明被告具有市场支配地位,因此原告还应对被告被诉垄断行为造成消极效果承担举证责任(译者注:因为这可从另一方面证明被告具有市场支配地位)。

2. 解读最高院判决

在滥用市场支配地位案中原告是否应就存在反竞争效果负举证责任,最高院在奇虎 360 诉腾讯案的判决中已给出相对清晰的答案。

最高院认为,在无法证明被告腾讯是否占有市场支配地位的情形下,原告应就被告的行为造成排除或限制竞争效果(部分地)承担证明责任。无论如何,在分析滥用市场支配地位之初,法院的判决态度显得十分肯定:“本院认为有必要对被诉垄断行为对竞争的影响及其合法性与否进行分析认定。”〔24〕

(三) 奇虎 360 诉腾讯案后

在奇虎 360 诉腾讯案判决后,另外两份判决表明,效果分析在滥用市场支配地位案中是必要的。这两份判决是——广东足球案以及杨志勇诉中国电信案(均于 2015 年 12 月 14 日作出二审判决)。虽然这两份判决未能有奇虎 360 诉腾讯案的判决详尽,但与本文讨论的问题相关。

在奇虎 360 诉腾讯案判决后,广东足球案判决是首个确定效果分析必要的判决。该案与五人制室内足球赛有关。2009 年,广东足球协会独家批准珠超在广东省境内组织、管理、运营和举办广东省室内的五人制足球联赛,制定有关的规章、规则、标准和制度,决定参赛球队的数量和加盟球队的资格,批准珠超公司独家拥有广东省室内的五人制足球联赛的知识产权和一切商业的经营开发权利。

〔23〕 最高院特别指出,腾讯的行为“并未导致排除或者限制竞争的明显效果。这一方面说明被上诉人实施的‘产品不兼容’行为不构成反垄断法所禁止的滥用市场支配地位行为……”,第 110 页。

〔24〕 最高人民法院,北京奇虎科技有限公司与腾讯科技(深圳)有限公司等滥用市场支配地位纠纷案,(2013)民三终字第 4 号。

粤超公司的主营业务为组织运动赛事，同时也是珠超公司的同业竞争者。粤超起诉珠超以及广东省足协，称其违反了《反垄断法》多项条款。广州市中级人民法院驳回了粤超的诉讼请求〔25〕。粤超随即上诉于广东省高级人民法院，广东高院维持一审判决〔26〕。最后，粤超申诉并且获得了在最高人民法院进行再审的机会。但实质上，粤超在各级法院均以败诉收场。

在众多争议焦点中，最高院判决以最长的篇幅论述了广东足协的行为是否已构成“滥用行政权力排除或限制竞争”。但与此同时，最高院也讨论了广东足协的行为是否构成滥用市场支配地位。最高院并没有直接引用早前奇虎360诉腾讯案的判决，而是通过以下陈述展开对滥用市场支配地位的分析：“市场经营者有自主选择其交易方的权利，对具有市场支配地位的经营者，只有在同等条件下拒绝和部分经营者交易，且具有排除或限制竞争效果的情况下，才构成对反垄断法第十七条第一款第三项的违反。”〔27〕

通过详细分析被诉垄断行为，最高院认为，既没有充分的证据证明广东省足协对粤超及其他经营者有拒绝交易的行为，也没有证据证明被诉行为对市场竞争产生了消极的效果。因此，尽管最高院认为广东省足协处于市场支配地位，但粤超未能提供证据证明被诉垄断行为对竞争造成了负面影响，由此驳回了粤超关于广东足协滥用市场支配地位的诉讼请求〔28〕。

杨志勇诉中国电信案是继奇虎360诉腾讯后，第二个在滥用市场支配地位案判决中应用了效果分析的案件。该案中，原告杨志勇，系一名残疾人，诉称中国电信以及其上海分公司存在一系列违反《反垄断法》的行为。杨志勇特别提出电信运营商在宽带项目及其他服务项目上以不合理的价格收费。上海市第一中级人民法院在一审中驳回了杨志勇的诉讼请求〔29〕。在上诉审中，上海市高级人民法院对一审判决予以维持〔30〕。

上海高院关于上述案件分析的开始部分值得我们注意。上海高院列出了在

〔25〕 广州市中级人民法院，广东粤超体育发展股份有限公司与广东省足球协会、广州珠超联赛体育经营管理有限公司垄断纠纷案，(2012)穗中法民三初字第400号。

〔26〕 广东省高级人民法院，广东粤超体育发展股份有限公司与广东省足球协会、广州珠超联赛体育经营管理有限公司垄断纠纷案，(2014)粤高法民三终字第242号。

〔27〕 最高人民法院，广东粤超体育发展股份有限公司与广东省足球协会、广州珠超联赛体育经营管理有限公司垄断纠纷案，(2015)民申字第2313号。

〔28〕 同上，第22段。

〔29〕 上海市第一中级人民法院，杨志勇诉中国电信股份有限公司滥用市场支配地位纠纷案，2015年5月25日，(2013)沪一中民五(知)初字第208号。

〔30〕 上海市高级人民法院，杨志勇诉中国电信股份有限公司滥用市场支配地位纠纷案，2015年12月14日，(2015)沪高民三(知)终字第23号。

反垄断民事诉讼中,原告指控被告实施滥用市场支配地位的行为,应举出充分证据证明:① 被告在相关市场具有市场支配地位;②(被告)并无正当理由实施《中华人民共和国反垄断法》所禁止的行为;③ 被告的行为“产生了严重损害市场竞争的效果”。该案中,原告指控被告实施多项滥用市场支配地位的行为,上海高院着重分析了原告是否举证证明了被告的行为满足第3要件:“鉴于,产生严重损害市场竞争效果是对市场行为进行反垄断干预的必要前提。”〔31〕

总的来说,笔者认为,通过观察奇虎360诉腾讯案以及在此前后的行政决定或判决,已经充分说明在滥用市场支配地位案中,反竞争效果的证明是必要的。在奇虎360诉腾讯案之后仅有的几个相关判决和决定也证明了笔者的结论是经得起检验的。

当然,奇虎360诉腾讯是一起民事诉讼,笔者不能完全肯定该判决的裁判思路会被反垄断执法机关采纳。作为奇虎360诉腾讯案判决的核心观点——反竞争效果的分析,这部分位于滥用市场支配地位分析的开始,表明反竞争效果分析在成立滥用市场支配地位分析的总体框架中至关重要。

三、何种反竞争效果需要被证明?

本部分探讨在具体案件中,中国反垄断执法机构和法院将认定何种效果为反竞争效果。

(一)奇虎360诉腾讯之前

总的来说,在关于反竞争效果方面,中国反垄断执法机构、法院根据《反垄断法》作出的行政决定与判决,并没有保持连贯性。大量案件,特别是反垄断执法机关办理的案件,关于垄断行为对市场或社会的影响通常只有一个相对抽象且宏观的描述〔32〕。尽管大量案件决定或判决中只包含相当抽象的观点,但仍有一些决定和判决中含有执法机构或法院的深入分析,研究这部分决定和判决对解决本文问题更为有效。

在上述案件中,根据遭受影响的群体不同,效果分析通常分为两大类:对同

〔31〕 同前,第13段。

〔32〕 比如,在江苏徐州市烟草公司邳州分公司滥用市场支配地位案中,江苏省工商行政管理局作出的行政处罚决定中写道当事人实施差别待遇的行为“妨碍了市场公平竞争”以及“破坏了卷烟零售环节公平竞争的市场秩序”,但并没有关于反竞争效果的进一步的定量或定性分析。江苏徐州市烟草公司邳州分公司滥用市场支配地位案,同前注5。

业竞争者的影响与对购买者的影响。

在奇虎360诉腾讯案之前，关注垄断行为对竞争者影响的决定与判决很少。其中一例是童华诉中国移动。该案中，上海市第二中级人民法院认为（中国移动）对于（用户）号码保留期的限制符合合同法规定。法院认为被告的行为“未产生任何排除、限制竞争的损害后果。”同时，中国移动的行为在其“同业竞争者”中也并未产生任何排除、限制竞争的损害后果〔33〕。尽管被诉行为有可能已经对个人用户产生损害，但对同业竞争者没有造成反竞争的效果。

相反地，在大量案件中，执法机构和法院都关注垄断行为对购买者的影响，其中在许多案件中还包括终端消费者。垄断行为对购买者的影响是多样的。比如，在东方市自来水公司垄断案和重庆燃气集团股份有限公司涉嫌滥用市场支配地位案中，地方工商局在行政处罚决定书中都提及了垄断行为使得消费者的负担日益加剧〔34〕。在行政决定与判决中典型的基于购买者角度的效果分析是垄断行为限制了购买者的选择权。

在搭售案中，搭售行为对于购买者选择权的限制是主要（但不是唯一）被讨论的问题。在许多案件中，反竞争的效果体现在，购买者欲购买某一商品时不得不购买被搭售的商品〔35〕。陕西广电案是最近发生的有代表性的案件。

该案中，原告（吴小秦）起诉陕西广电网络传媒（集团）股份有限公司（简称陕西广电）——陕西境内的电视转播商。吴小秦向陕西广电缴纳了数字电视服务费用合计90元。但是，在签订合同后，吴小秦注意到90元收费中包括数字电视基本收视维护费75元及附加的数字电视节目费15元。吴小秦诉称，陕西广电滥用其市场支配地位搭售附加的数字电视节目，同时吴小秦自身选择是否购买附加的数字电视节目的权利被排除了。

一审中，西安市中级人民法院认为，陕西广电未向吴小秦告知其有相关电视服务的选择权，违反了吴小秦的意愿，属于反垄断法所禁止的搭售或者附加其他

---

〔33〕 上海市中级人民法院，童华诉中国移动通信集团上海有限公司滥用市场支配地位纠纷案，同前注6，第4页。

〔34〕 东方市自来水公司垄断案或重庆燃气集团股份有限公司涉嫌滥用市场支配地位案，(2015)竞争执法公告第2号。

〔35〕 可参考，北京盛开体育发展有限公司垄断案，(2014)竞争执法公告第14号，2014年6月11日，见 www.saic.gov.cn/zwgk/gggs/jzzf/201406/t20140611_145915.html；内蒙古自治区烟草公司赤峰市公司涉嫌滥用市场支配地位案；贵阳中级人民法院，江裕贵诉遵义铁路联营联运实业有限公司、成都铁路局垄断纠纷案，2014年12月20日，(2014)筑民三(知)初字第193号；贵阳中级人民法院，赵兴诉遵义铁路联营联运实业有限公司、成都铁路局垄断纠纷案，2014年12月15日，(2014)筑民三(知)初字第171号。

不合理交易条件的行为[36]。

陕西省高级人民法院在二审中认为："搭售的不法性表现在消费者不同时购买被搭售产品就无法取得搭售产品，如果加上支配地位的条件，意味着消费者除了接受经营者提供的组合销售外，别无选择，违反了消费者的购买意愿；而且凭借剥夺购买人自由选择的权利来排除竞争，具有反竞争性。"[37]但是，考虑到个案的事实，陕西高院撤销了一审法院认为原告的选择权利被限制的判决[38]。

除了搭售，关于购买者选择权限制的讨论还会在限制交易（购买者无法从占有市场支配地位的企业中购买其真正需要的那部分商品）[39]、拒绝交易（无正当理由，占有市场支配地位的企业拒绝与购买者进行交易）中出现[40]。

简言之，在以往的许多搭售案件或其他滥用市场支配地位的案件中，反垄断执法机构和法院的重点在于被诉行为对于购买者（即直接交易相对人）的影响。其核心问题集中于被诉行为在相对人之间是否公平。基于购买者角度的效果分析还包括许多其他方面的分析（除了中国法律明文规定的"公平交易"，还包括政策、意识形态宣传等）。

首先，反垄断法的目的包括"保护消费者权益"[41]。一般而言，该目的符合国际反垄断法的原则与实践。虽然在许多国家的反垄断法中消费者福利被视为最终目的，但这并不意味着全球反垄断执法机关面对被诉垄断行为时，会直接关注被诉行为对消费者造成的影响。总的说来，在滥用市场支配地位案中，反垄断执法机关通常会先关注被诉行为对同业竞争者的影响，以此来判断是否存在"排除竞争者的效果"。接下来，才会判断一个或多个同业竞争者被排除的情况是否会导致商品更高的价格或改变市场结构，从而损害消费者福利。

在中国，如果反垄断法"保护消费者权益"的目的没有在决定或判决中出现（特别是在"消费者"的概念通常会被理解为"购买者"的情况下），那么该判决或

〔36〕 西安市中级人民法院，吴小秦因与陕西广电网络传媒（集团）股份有限公司捆绑交易纠纷案，(2012)西民四初字第00438号。

〔37〕 陕西省高级人民法院，吴小秦因与陕西广电网络传媒（集团）股份有限公司捆绑交易纠纷案，(2013)陕民三终字第00038号。

〔38〕 陕西省高级人民法院认为，存在证据证明消费者可以不购买组合销售的商品。但在本案中，广电网络未能如实告知吴小秦尚有基本服务可以选择，应当适用消费者权益保护法或合同法进行保护，而非适用垄断法进行规制。同上。

〔39〕 可参考江裕贵诉遵义铁路联营联运实业有限公司、成都铁路局垄断纠纷案；赵兴诉遵义铁路联营联运实业有限公司、成都铁路局垄断纠纷案，同前注35。

〔40〕 可参考广东省高级人民法院：顾芳与中国南方航空股份有限公司拒绝交易纠纷上诉案，2015年5月5日，(2014)粤高法民三终字第1141号。

〔41〕《反垄断法》第1条，同前注3。

决定通常会以购买者的角度来分析被诉行为对于竞争的影响[42]。（译者注：即从直接交易相对人的角度分析效果，而不是从广大消费者角度分析效果。）

第二，以往许多案子，包括法院诉讼，是由个人消费者来对抗占有市场支配地位的企业。因此有必要采取基于消费者角度的分析路径，特别是法院需要判断消费者是否具有诉讼主体资格以及消费者遭受的损失与被诉垄断行为之间是否具有因果关系。但是，正如下文将谈到的，判断消费者诉讼主体资格与福利损失不应与判断被诉行为是否具有反竞争效果相混淆。

第三，1993 年颁布的《反不正当竞争法》包含了一些关于反垄断的条款，其中第 12 条规定："经营者销售商品，不得违背购买者的意愿搭售商品或者附加其他不合理的条件。"[43]这表明，一方面，违背购买者"意愿"成为搭售成立的要件之一[44]；另一方面，搭售成为区别于"附加不合理条件"的独立违法类型（或至少是与"附加不合理条件"类似的违法类型）。显然，禁止附加不合理条件保护的重点是直接购买者。

《反不正当竞争法》中关于搭售的表述被吸收进《反垄断法》以及《工商行政管理机关禁止滥用市场支配地位行为的规定》中[45]，由此大致塑造了《反垄断法》关于搭售的裁判思路。比如，陕西高院在陕西广电案中认为："搭售行为之所以违法，是由于其对市场竞争秩序的妨碍，规制搭售行为的立法目的之一便是维护购买者的选择权。"[46]

简言之，反垄断执法机构和法院将购买者选择权是否受到限制，作为判断被诉行为（特别是搭售行为）是否具有反竞争效果的考虑因素，或者将被诉行为是否对购买者造成其他方面负面影响（比如，增加了购买者的经济负担）作为是否具有反竞争效果的考虑因素。相比之下，笔者发现，有且仅有一份判决，法院是明确关注被诉行为对同业竞争者的影响（童华诉中国移动）。但是，正如下文笔者即将讨论到，奇虎 360 诉腾讯案改变了这一现象。

---

〔42〕 可参考张永忠：《反垄断法中的消费者福利标准：理论确证与法律适用》，《政法论坛》2013 年第 3 期；刘继峰：《反垄断法益分析方法的建构及其运用》，《中国法学》2013 第 6 期。

〔43〕《中华人民共和国反不正当竞争法》，(1993)中华人民共和国主席令第 10 号，1993 年 9 月 2 日公布，第 12 条。

〔44〕 当然，在许多案件中，搭售通常的含义为"纯粹捆绑销售"——商品组合销售，消费者不能单独购买某一件商品。根据定义，这通常是基于提供者的意愿组合销售，而不是根据购买者的意愿。如果在中国，"违背购买者意愿"替代了适当的效果分析，那么搭售很可能会成为一种"本身违法"的垄断行为类型。

〔45〕《反垄断法》第 17 条第 1 款第 5 项；《工商行政管理机关禁止滥用市场支配地位行为的规定》，(2010)国家工商行政管理局令第 54 号，2010 年 12 月 31 日，第 6 条。

〔46〕 陕西省高级人民法院，吴小秦因与陕西广电网络传媒(集团)股份有限公司捆绑交易纠纷，(2013)陕民三终字第 00038 号。

(二) 奇虎360诉腾讯

在奇虎360诉腾讯案中,法院判断被诉垄断行为产生了何种反竞争效果?

1. 最高院的判决

当从不同的角度审视最高院判决中的反竞争效果分析时(被诉行为对同业竞争者的影响以及被诉行为对消费者影响),可以发现,两种角度的分析贯穿于判决之中。

判决书中许多处提及的是腾讯的行为对于“竞争”的影响,并没有直接说明是对竞争者的影响。虽然最高院字面上采用的是分析被诉行为对“竞争”的影响,但该表达大部分时候是指被诉垄断行为对于相关市场上腾讯的主要竞争者的影响。从表达的简洁性出发,下文所述的“影响”大多数时候是指对同业竞争者的影响。

值得注意的是,原告诉称被告实施了两项滥用市场支配地位的行为:限制交易与搭售。对于这两项指控,最高院均从同业竞争者角度与购买者角度分析。

最高院依次从以下三个方面讨论腾讯的行为是否构成滥用市场支配地位中的限制交易:对于消费者利益的影响;腾讯的动机;对于竞争的影响。

首先,对于消费者利益的影响,法院认为:“虽然这一限制可能对消费者使用腾讯QQ或者360安全软件造成不便,但是由于在即时通信市场和安全软件市场均有充分的替代选择,腾讯QQ软件并非必需品,这种不便对消费者利益并无重大影响。当然,这并不意味着被上诉人实施‘产品不兼容’行为无可指责。”〔47〕“综上,虽然被上诉人实施的‘产品不兼容’行为对用户造成了不便,但是并未导致排除或者限制竞争的明显效果。”〔48〕

第二,最高院在判断腾讯是否存在动机排除现存或潜在的竞争对手进入腾讯占有领先地位的即时通信服务市场时,法院参考了之前奇虎360针对腾讯展开的一系列行为以及最高院之前关于奇虎360不正当竞争案的判决(该案中奇虎360被判实施不正当竞争行为)〔49〕。最高院认为腾讯排除、限制即时通信服

〔47〕 最高人民法院,北京奇虎科技有限公司与腾讯科技(深圳)有限公司等滥用市场支配地位纠纷案,(2013)民三终字第4号。

〔48〕 同上。

〔49〕 最高人民法院,北京奇虎科技有限公司等与腾讯科技(深圳)有限公司等不正当竞争纠纷案,(2013)民三终字第5号。

务市场的竞争而采取“产品不兼容”行为的动机并不“明显”。

第三，最高院在讨论腾讯的行为对同业竞争者的影响时，所用的子标题为“关于被上诉人实施‘产品不兼容’行为对竞争的实际影响”。值得注意的是，虽然该标题位于判决书中效果分析第三点，但其内容却是最长的。

最高院在两个市场分析腾讯实施“产品不兼容”行为对竞争的影响：即时通信服务市场与安全软件市场。对两者的分析都极尽详细。最高院认为，对于即时通信服务市场，在腾讯实施“二选一”行为后 2～3 周，其主要竞争对手 msn、飞信和阿里巴巴等的用户数量均有较高增幅。比如，msn 用户数量增长近 62%〔50〕。与此同时，腾讯的市场份额下降了约 1%。

对于安全软件市场，法院阐明了以下观点：“被上诉人实施的‘产品不兼容’行为的确对上诉人的市场份额造成一定程度的消极影响。但是，反垄断法所关注的重心并非个别经营者的利益，而是健康的市场竞争机制是否受到扭曲或者破坏。”〔51〕

接着，最高院详细地分析了安全软件市场份额的变化。首先，法院查明，在“二选一”行为期间，奇虎 360 用户数量下降了约 10%，在安全软件市场中的市场份额从 74.6%下降至 71.3%。同一时期，腾讯在安全软件市场中的市场份额仅上升 0.57%，市场份额为 4.46%。根据上述数据，最高院认为腾讯实施的“产品不兼容”行为对安全软件市场的影响是非常微弱的，该行为并未显著地排除或限制竞争。

关于原告提出的腾讯采取的行为是否构成反垄断法所禁止的搭售行为，最高院和一审法院均认为，分析是否构成搭售的关键在于腾讯有无限制用户的选择权。一审法院明确以“限制用户的选择权”作为判定是否构成搭售行为的标准，〔52〕而最高院在上诉审中则以“强制”作为标准(即用户不得不接受被搭售的商品)〔53〕。

在两审中，两级法院均认为用户的选择权在实践中得到了保障，原因是用户可以自主卸载 QQ 安全软件(即自主解绑被搭售的软件)；同时，腾讯向用户征求

---

〔50〕 最高人民法院，北京奇虎科技有限公司与腾讯科技(深圳)有限公司等滥用市场支配地位纠纷案，2(2013)民三终字第 4 号。

〔51〕 同上。

〔52〕 广东省高级人民法院，北京奇虎科技有限公司诉腾讯科技(深圳)有限公司等滥用市场支配地位纠纷案，(2011)粤高法民三初字第 2 号。

〔53〕 最高人民法院，北京奇虎科技有限公司与腾讯科技(深圳)有限公司等滥用市场支配地位纠纷案，2(2013)民三终字第 4 号。

了包含被搭售软件的软件升级的同意。

再者，在搭售行为的分析中，最高院也简要地讨论了“二选一”行为对奇虎360与腾讯的市场份额的影响。最高院认为，根据上诉人奇虎360的逻辑，“二选一”行为将会使得腾讯将其在即时通信服务市场上的领先地位延伸到安全软件市场。

但实际上，奇虎360在安全软件市场上已占有70%以上的市场份额，腾讯的市场份额没有超过5%，在实施“二选一”行为期间腾讯的市场份额也仅增长了0.57%。最高院总结道，没有充分证据证明因被诉垄断行为导致奇虎360的市场份额大幅下降或被诉行为“对安全软件市场内的其他经营者产生了排除或者限制竞争的效果。〔54〕”

2. 解读最高院判决

最高院判决书中含有关于被诉行为造成的反竞争效果的较长篇幅的讨论。但是，尽管判决书中有较长的篇幅阐述此问题，但对于究竟应采用何标准来评估反竞争效果仍然不明晰。

特别值得注意的是，最高院在深入分析腾讯的行为是否构成限制交易与搭售之前提到“需要综合评估该行为对消费者和竞争造成的消极效果和可能具有的积极效果”〔55〕。原则上，这可解释为最高院从两个角度出发分析行为效果，既关注被诉行为对消费者的影响，也关注对同业竞争者的影响。

更进一步地，最高院详尽地分析了被诉限制交易行为的影响，在分析中法院运用了3个标准：对消费者的影响；腾讯的“动机”；对竞争的影响。因此，最高院并没有仅从单一标准分析被诉行为的反竞争效果。被诉搭售行为的分析也是如此，最高院基于对竞争者影响（传递理论）和对用户的影响（选择权）两个角度展开分析。

尽管最高院是从三个角度展开分析被诉行为对竞争造成的影响（包括从竞争者角度以及从用户角度）〔56〕，但笔者认为，该判决传递出一种转变的信号，即效果分析更侧重于从竞争者角度出发分析，这也是笔者从奇虎360诉腾讯案中

〔54〕 最高人民法院，北京奇虎科技有限公司与腾讯科技（深圳）有限公司等滥用市场支配地位纠纷案，2(2013)民三终字第4号。

〔55〕 同上。

〔56〕 最高院对于腾讯“动机”的讨论非常有趣，因为最高院试图将主观因素带入效果分析中。在极端的情形下，将“动机”作为效果分析的标准将完全忽视被诉行为对于外在竞争者与购买者造成的影响，而仅关注占有市场支配地位企业的主观状态。虽然最高院关于“动机”的讨论过于简单化，但笔者在本文中将不会重点关注这一问题。

提炼出的第一个关键观点,理由如下文所述。

第一,无论是在讨论限制交易行为还是搭售行为,判决书中用最长篇幅讨论被诉行为造成市场份额等各类数据的变化,数据表明被诉行为对奇虎 360、腾讯以及其他竞争者的市场份额(以及用户数量)并没有产生重大的影响。

第二,在关于限制交易的讨论中,当分析被诉行为对于消费者的影响时,最高院将"是否给用户带来不便"作为判断被诉行为是否具有反竞争效果的标准之一。最高院总结道,虽然腾讯的行为给用户带来不便,使得用户需要改变他们的购买行为,但是效果分析应关注的是在即时通信服务市场和安全软件市场上是否均有充分的替代选择。在此基础上,最高院基于用户角度的分析实质上指向了基于竞争者角度的分析。

第三,在搭售行为的分析中,最高院没有完全从传统消费者的角度,即被诉行为限制了消费者的选择权角度分析效果。最高院认为,虽然 QQ 即时通信软件与 QQ 安全软件在打包安装时并没有提示用户,但腾讯为用户保留了轻松卸载 QQ 安全软件的选择。其次,法院查明,在将两个较早版本的 QQ 安全软件升级为现在的安全软件时腾讯向用户告知了选择权。

某种程度上,最高院降低了被诉行为对于用户选择权影响程度的标准,即只要用户能够自主解除被搭售商品的绑定(本案中表现为用户能够自主卸载 QQ 安全软件)〔57〕,就不构成搭售。简而言之,最高院也许已悄然改变了裁判思路,即从消费者角度转变为竞争者角度。

笔者从奇虎 360 诉腾讯案中得出的第二个关键点为,该判决显示出,在多个层面上,最高院关于被诉行为对竞争者影响的分析思路也发生了改变。

第一,最高院明显关注的是市场份额以及其他相关的市场数据,并且通过这些数据来分析影响。最高院已表现出一种采取定量的、以数据为基础的分析方式,而不仅仅停留在理论分析。

第二,判决分析的是被诉行为实际上给竞争造成的影响,而不是潜在的影响。

值得注意的是,奇虎 360 诉腾讯案中"二选一"行为实际上只持续了一天。在那一天中,腾讯在安全软件中的市场份额上升了 0.57%,奇虎 360 下降了

---

〔57〕 该观点与陕西省高级人民法院在陕西广电案中的观点一致,即未告知用户具有选择权(而用户实际上拥有选择权)应适用消费者权益保护法或合同法进行保障,而不是受反垄断法规制。陕西省高级人民法院,同前注 37。

3.3%。最高院认为本案中市场份额的改变并不能证明被诉行为产生了明显的反竞争效果〔58〕。

但是，上述数据也显示出，如果被诉行为持续得更久，对市场份额也许会造成更明显的影响。有趣的是，法院也明确接受该观点，即如果“产品不兼容”的行为持续更长时间，那么有理由相信腾讯在即时通信服务市场份额将大幅下滑。法院认为腾讯的市场份额实际未发生较大的变化更可能是因为“二选一”行为仅持续一天因此用户迅速回流〔59〕。相反地，如果腾讯的行为是持续几周或几个月而不仅是一天，那么奇虎 360 的市场份额将会发生什么变化呢(仅在一天中奇虎 360 的市场份额就下降了 3.3%)？最高院的判决清晰地反映了其裁判思路，即比起潜在的或理论上的影响，被诉行为对竞争的实际影响才是真正需要考虑的因素。

最高院更专注被诉行为对竞争造成的实际影响，这一点对应着判决书中的一部分内容，该部分内容标题为——“关于被上诉人实施‘产品不兼容’行为对竞争的实际影响。”〔60〕

如果上文分析无误，比起欧盟，最高院在奇虎 360 诉腾讯案中裁判思路与美国更为接近。

第三，奇虎 360 诉腾讯案中，法院并不是简单采取了基于竞争者角度的效果分析方法。最高院认识到，评估被诉行为对竞争者的影响只是全局分析的第一步。接下来，法院将分析哪些竞争者因被诉行为已被排除在市场之外，以及讨论这种情况是否会对终端消费者造成影响。法院主张的反垄断法“保护的是竞争，而不是竞争者”是全球反垄断法界公认的准则。最高院在判决书中写道：“反垄断法所关注的重心并非个别经营者的利益，而是健康的市场竞争机制是否受到扭曲或者破坏。”〔61〕据此可以认为最高院接受了上述全球反垄断法界公认的准则。尽管最高院采取两步走的裁判思路，但反垄断执法机构以及其他法院并没

〔58〕 法院还讨论了被诉行为对腾讯及其竞争对手在即时通信服务市场上市场份额的影响。但是，正如笔者在搭售行为分析中谈到的，确定腾讯的行为造成反竞争效果最有说服力的理论是，如果腾讯在即时通信服务市场上具有的领先地位能够因其行为延伸到安全软件市场上，即可证明其行为的确给竞争者造成了消极的影响。因此，被诉行为对安全软件市场造成的影响是分析的关键。相对应地，腾讯的行为对即时通信服务市场的影响也可部分证明它在即时通信市场是否占有支配地位，而法院认为无法证明腾讯在即时通信市场上占有支配地位。

〔59〕 最高人民法院，北京奇虎科技有限公司与腾讯科技(深圳)有限公司等滥用市场支配地位纠纷案，2(2013)民三终字第 4 号。

〔60〕 同上。

〔61〕 同上，第 108 页。

有明显地跟随这一思路。

（三）奇虎 360 诉腾讯案后

虽然距离最高院作出奇虎 360 诉腾讯案的判决已过去一年多，但在反垄断执法机构、法院作出的决定、判决中，均无明确引用奇虎 360 诉腾讯案判决。但是，有几个行政决定以及判决至少是受到了奇虎 360 诉腾讯案最高院判决的启发。

在奇虎 360 诉腾讯案后，第一个受该案判决启发的是北京市第二中级人民法院于 2014 年 12 月作出的米时公司诉奇虎 360 案判决。本案中，米时公司的诉讼请求与奇虎 360 公司在其诉腾讯案中的请求类似，与此同时，法院做出了与最高院一致的判决〔62〕。

原告米时公司，是一家专业开发经营电子商务名片以及手机终端电子名片交换系统的软件公司。米时公司起诉奇虎 360，诉称奇虎 360 实施了违反《反垄断法》的限制交易和搭售行为。奇虎 360 公司开发的 360 手机安全卫士，是一款用于拦截垃圾短信以及骚扰来电的手机安全应用软件。360 手机安全卫士拦截了由米时公司开发的软件发出的信息和电子商务名片，并将其归入垃圾短信。因此，360 手机安全卫士用户不能接收到由原告开发的软件发出的短信或电子商务名片。

在一审中，北京市第二中级人民法院驳回了米时公司的诉讼请求，原因之一是米时公司提供的证据不足以证明奇虎 360 在相关市场上占有支配地位。法院没有讨论奇虎 360 的拦截行为是否构成滥用市场支配地位。在判决中，法院强调奇虎 360 的拦截行为是不妥当的，“但这种不妥当并未造成严重的社会负面影响，因此不需要反垄断法介入规制”〔63〕。

法院进一步认为，因为 360 手机安全卫士完全拦截了米时的短信以及电子商务名片，用户无法辨认出发送至其手机上的米时信息，以至于用户在行使选择权方面受到了限制。但法院同样认为奇虎 360 为保障用户选择权而不断改善其

〔62〕 北京市第二中级人民法院在最高院判决奇虎 360 诉腾讯案后两个半月后作出该判决。虽然法院没有提及最高院的判决，但该判决几乎完全复制最高院判决，说明北京市第二中级人民法院的法官们完全认同理解最高院判决。可参考 Adrian Emch & Jiaming Zhang, Chinese Competition Law — the Year 2015 in Review, Global Competition Litigation Review 30, 35 (2016)。

〔63〕 北京市第二中级人民法院，北京米时科技股份有限公司与北京奇虎科技有限公司滥用市场支配地位及不正当竞争纠纷案，2014 年 12 月 31 日，(2014)二中民(知)初字第 8091 号，第 31 页；二审法院维持一审判决，可见北京市高级人民法院，北京米时科技股份有限公司与北京奇虎科技有限公司滥用市场支配地位及不正当竞争纠纷，2015 年 4 月 30 日，(2015)高民(知)终字第 1035 号。

技术，当拦截疑似垃圾短信的信息时，奇虎 360 设置了弹出小窗的方式来提醒用户是否查看而不是完全屏蔽[64]。

正如上文所述，本案判决与奇虎 360 诉腾讯案判决有一些相似之处。最主要的相似点在于，北京市第二中级人民法院认为用户的确遭受了损害，但这些损害不足以使得被诉行为构成滥用市场支配地位。区别于最高院，北京市第二中级人民法院在判决采用了不同的术语，将最高院判决中的“不便”变为了“不当”，但裁判思路是相当接近的。

北京市第二中级人民法院在米时诉奇虎 360 案中采用了笔者在奇虎 360 诉腾讯案中提炼的第一关键点作为裁判思路，那就是在进行被诉行为的效果分析时，从用户角度转移到竞争者角度。这也正是法院认为对用户造成的负面影响不足以成为证明奇虎 360 滥用市场支配地位的原因。该案判决展现出了法院愈加采用竞争者视角进行效果分析的趋势。但相比之下，米时诉奇虎 360 案判决并没有体现笔者在奇虎 360 诉腾讯案中归纳的第二关键点，即如何从竞争者角度展开分析被诉行为对竞争的影响。法院未能掌握足够的数据，因此也未能充分说明被诉行为对竞争造成的实际影响以及对消费者福利造成的影响。

第二个案子是杨志勇诉中国电信案。该案中，上海市高级人民法院审查了中国电信一系列的行为是否对竞争造成消极效果。原告的其中一个诉求是，中国电信在通话时间计费上采取不公平的“过秒计分”方式，此行为构成滥用市场支配地位。对此，法院认为：“反垄断法关注的是竞争秩序，通过保障自由竞争、促进自由竞争提高市场效率，从而让消费者获得更多质优价低的商品或服务，而不是直接地以计价方式、计价水平来判断是否违法，不能以对消费者定价是否足够便宜来确定市场行为是否损害市场竞争。”[65]

同样，杨志勇诉中国电信案的判决与最高院作出的奇虎 360 诉腾讯案的判决高度相似，杨志勇案判决也同样认为用户的“便利”不能成为评判是否具有反竞争效果的标准。

继奇虎 360 诉腾讯案后，第三个与其裁判思路类似的是对重庆青阳药业的行政处罚决定，这是一起重庆市工商行政管理局（以下简称重庆工商局）对当地一家原料药生产商的拒绝交易行为而于 2015 年 12 月公告处罚的案件。该案

〔64〕 北京市第二中级人民法院，北京米时科技股份有限公司与北京奇虎科技有限公司滥用市场支配地位及不正当竞争纠纷，同上，第 31 页。

〔65〕 上海市高级人民法院，杨志勇诉中国电信股份有限公司滥用市场支配地位纠纷案。

中，重庆工商局以数据为基础分析青阳药业的行为对竞争者的影响。该决定内容虽未及最高院奇虎 360 诉腾讯案判决详细，但其内容与奇虎 360 诉腾讯案判决类似。

被调查企业，青阳药业，是一家既参与上游生产环节，也参与下游销售环节的企业：在上游作为别嘌醇原料药的生产商，在下游作为别嘌醇成品药(制剂)销售商。被调查的行为实质上是青阳药业停止供应竞争者别嘌醇原料药以排除下游别嘌醇成品药市场竞争。

重庆工商局作出的行政处罚决定书第五大点专门讨论了"当事人拒绝交易行为造成的危害后果"。该部分开头言明"当事人拒绝向市场销售别嘌醇原料药的行为排除了其他别嘌醇制剂生产企业的竞争"。接着，开始详细分析被调查行为的反竞争效果。重庆工商局认为青阳药业的行为造成部分下游别嘌呤成品药生产企业减产、转产甚至停产，"排除或降低下游经营者参与竞争的权利和机会"。

重庆工商局进一步查明在拒绝供货行为发生后的近一年时间，青阳药业在别嘌醇成品药市场上的占有率从大约 10%上升至 57%。

重庆工商局在行政处罚决定书中也讨论了拒绝供货行为对上游及下游市场价格造成的影响。重庆工商局查明，在拒绝供货行为发生期间，别嘌醇原料价格上涨了 1 倍有余，这也导致下游其他别嘌醇成品药生产企业产品价格上涨。在别嘌醇成品药市场，目前成品药的价格与拒绝供货行为前的药品价格相比，上涨将近 5 倍。重庆工商局认为，原料药价格助推制剂成本上涨最终都转嫁给了消费者，增加了别嘌醇制剂消费者的负担〔66〕。

重庆工商局的行政处罚决定并没有直接引用奇虎 360 诉腾讯案的二审判决，但该行政处罚决定显示出其受到了最高院判决的指导。该行政处罚决定的思路符合上文笔者在奇虎 360 诉腾讯案中提取的两点关键点："第一，分析反竞争效果时以竞争者角度出发分析；第二，基于竞争者角度展开分析被诉行为造成的具体效果。"本案中，重庆工商局通过分析青阳药业及其他别嘌醇制剂生产企业的市场份额，产品价格等"硬数据"来判断青阳药业拒绝供货行为造成的影响。

行政处罚决定书中强调 7 家别嘌醇制剂生产企业中有 4 家因青阳药业的拒绝供货行为而遭遇停产或转产。与此同时，青阳药业在别嘌醇制剂的市场份额

〔66〕 重庆青阳药业有限公司涉嫌滥用市场支配地位拒绝交易案，(2015)竞争执法公告第 12 号，2015 年 12 月 22 日，见 www.saic.gov.cn/zwgk/gggs/jzzf/201512/t20151222_165152.html。

从大约10%上升至57%。因此,重庆工商局查明青阳药业的拒绝供货行为的确产生了排除竞争者的效果(同时青阳药业成为下游别嘌醇制剂市场占有支配地位的企业)。上述重庆工商局的思路十分接近最高院认为的应分析被诉行为对竞争造成的实际影响的裁判思路。

最后,重庆工商局对青阳药业拒绝供货行为的分析不止于确认了该行为排除了其他同业竞争者,而是继续分析该行为是否对消费者福利造成了消极效果。重庆工商局查明拒绝供货行为导致别嘌醇制剂价格飙升,消费者最终承担大幅上涨的药品价格,这的确对消费者福利造成负面影响。

四、结　　论

回顾奇虎360诉腾讯案以及在此前后作出的判决与行政决定,笔者认为,奇虎360诉腾讯案判决表明在分析被诉行为是否为垄断行为时,效果分析是必要的,但法院并未清楚表明应从哪些方面入手分析被诉行为造成的反竞争效果。尽管在分析效果时应采用何种标准仍然存在模糊性,但该判决显示出最高院更偏向以竞争者角度出发进行效果分析。

目前,受奇虎360诉腾讯案指导的案例有一些,但并不多。时间会证明中国的反垄断执法机构以及法院是否会充分执行最高院的裁判思路。笔者希望这将成为现实。

最高院的判决应成为具有高度权威性的法律渊源。毕竟,最高院是中国最高级别的审判机关,并且是(至少在理论上是)民事诉讼与行政诉讼的最高裁判机关(例如,对反垄断执法机关提起的诉讼)。

但是,某些因素将减弱该判决的效力,使得中国反垄断执法机构及其他法院采取该判决裁判思路的可能性降低。

第一,现存的双重管辖权使得保持法律实施的一致性更为困难。在中国,有两个行政机关拥有规制滥用市场支配地位的职权,这两个机关的执法实践、优先考虑的因素和风格大相径庭。除此以外,还有许多滥用市场支配地位案件归法院管辖。可以清晰地看到,由执法机构作出的“公权力处罚决定”与法院在诉讼中作出的“维护私权利的裁判”是存在不同之处的。比如,因职权主义在中国受到限制,因此法院的裁决应根据当事人双方的诉求决定,同时法院作出的分析不能超出当事人诉辩范围。相反,行政机关可以通过强大的公权力获取其需要的数据信息,同时行政机关在行政决定中的分析不必局限于涉嫌垄断企业(或举报人）的诉求。

简言之，在奇虎 360 诉腾讯案中，最高院并未将其裁判限于民事诉讼的范围。原则上，最高院作为中国最高级别法院作出的判决应适用于各级司法、执法机关。但是，行政执法机关是否会在毫无说明的情况下接受该案例的指导，这仍然不明确。

第二，《反垄断法》具有多重目标，正如《反垄断法》第 1 条规定：为了预防和制止垄断行为，保护市场公平竞争，提高经济运行效率，维护消费者利益和社会公共利益，促进社会主义市场经济健康发展。虽然对于该条款的深入分析不仅局限于该条款所提及的目标，但该条款至少说明在滥用市场支配地位的效果分析中，基于购买者角度与竞争者角度的分析都是必要的。

第三，《反垄断法》第 17 条列举的滥用市场支配地位的行为包括排除竞争者与剥削购买者两大类。比如，掠夺性定价就是一种排除竞争者的行为（即使低价在短期内使购买者受益）。反过来，不合理的高价是一种剥削购买者行为（即使高价使得同业竞争者可能获取更大的市场份额）。回顾以往的案子以及法律规定，笔者认为，《反垄断法》中列举的大部分滥用市场支配地位行为的目的（除了掠夺性定价），都可以既解释为排除竞争者，也可解释为剥削购买者。因此，在滥用市场支配地位案中，两种角度的分析将互相渗透，效果分析应从何种角度出发进行分析，仍然是多样化的。

学位论文选登

美国联邦反托拉斯执法的司法审查强度问题研究*

洪莹莹**

摘要：对于采行政执法中心制的我国反垄断法实施而言，相关执法决定的司法审查强度问题关乎反垄断实体规则的塑造及最终的有效实施，迫切需要关注。然而，我国现行立法及实践并不足以对此问题提供支撑。作为世界上最先进的反垄断司法辖区，美国经验可资借鉴。从现行审查强度来看，联邦巡回上诉法院对FTC的事实认定进行较为遵从的实质性证据审查，对法律解释和具体的法律适用重新审查，但对后者给予一定遵从，对裁量适用滥用裁量权审查。这根植于美国事实-法律二分法的上诉审传统，但同时呈现出一定的特殊性。而从纵向历史维度，对FTC执法决定的司法审查强度则由于美国联邦反托拉斯法实施的司法中心制和FTC的机构声誉等因素呈现出动态变化的过程。

关键词：反托拉斯，行政执法，司法审查强度，FTC

一、引　　言

作为行政行为合法性控制和对当事人权利救济的必要手段，司法审查是各国行政法中不可或缺的重要组成部分。而在立法没有排除司法审查的范围内，

* 本文系安徽省教育厅高校人文社会科学研究项目重点项目“我国反垄断法实施的公私互动机制研究”（项目编号SK2016A003）的阶段性研究成果。

** 洪莹莹，安徽财经大学讲师，南京大学法学博士。

司法审查强度又是司法审查实体规则的核心内容。所谓司法审查强度，是指法院对进入司法领域的行政行为介入干预的纵向范围[1]，它解决的是已经纳入诉讼程序的行政行为将受到何种程度的监督和审查，法院如何看待行政机关在行政程序中作出的认定，能否以自己的判断来代替行政机关的判断这一问题[2]。可见，司法审查强度根本上涉及的是行政权与司法权之间的分工与界限问题。

反垄断行政执法是行政执法的一个领域，在法律没有例外规定的情形下，它同样受到司法机关的监督和约束。但是由于反垄断立法公认的原则性和模糊性，反垄断法实体规则的形成很大程度上依赖于具体的实施过程，因此法院能在何种程度上对反垄断行政执法决定进行监督和审查、干预和替代不仅关乎一般意义上反垄断领域司法权与行政权的关系，也关乎反垄断实体规则的塑造和最终的有效实施。同时，反垄断执法具有一定的特殊性，执法机关享有巨大的裁量权、执法具有极强的专业性等均可能对司法审查强度产生复杂的影响。基于此，在存在反垄断行政执法机制的国家，反垄断行政执法的司法审查强度是一个不容忽视的问题。

在我国，由于行政执法在反垄断法实施中的核心地位以及《反垄断法》第53条明确规定了对所有反垄断执法决定均可以提起行政诉讼[3]，相关反垄断执法的司法审查强度问题尤为重要。虽然目前我国实践中并未涌现大量反垄断执法诉讼，被网络上称为全国第一例反垄断行政执法诉讼案的南京混凝土不服江苏省物价局行政处罚案也因程序问题而被裁定驳回起诉[4]，但在反垄断执法已呈常态化且仍在不断加大力度的背景下，对这一问题深入关注的必要性已是毋庸置疑。然而，我国现行立法却对此却缺乏明确规定[5]，理论、实践也不能

---

〔1〕 参见杨伟东：《行政诉讼司法审查强度研究》，中国政法大学2001届博士论文。

〔2〕 参见江必新：《司法审查强度问题研究》，《法治研究》2012年第10期。

〔3〕《反垄断法》第53条规定："对反垄断执法机构依据本法第二十八条、第二十九条作出的决定不服的，可以先依法申请行政复议；对行政复议决定不服的，可以依法提起行政诉讼。对反垄断执法机构作出的前款规定以外的决定不服的，可以依法申请行政复议或者提起行政诉讼。"而该法第28、29条规定的是经营者集中问题，因此这意味着虽然对经营者集中决定要求行政复议前置的程序，但整体上所有类型的反垄断执法决定最终都可以被提起行政诉讼。

〔4〕 参见《江苏省两家混凝土企业不服反垄断处罚败诉》，http://www.sdpc.gov.cn/fzgggz/jgjdyfld/jjszhdt/201412/t20141208_651322.html，2016年4月1日最后访问。

〔5〕 就《反垄断法》而言，该法第53条是唯一涉及司法审查的条款，但并没有关于审查强度的规定。就2014年修订的《行政诉讼法》而言，有学者指出，新《行政诉讼法》对司法审查的标准设计依然宽泛，司法审查强度更是未有涉及。参见谭炜杰：《行政合理性原则审查强度之类型化——基于行政诉讼典型案例的解析与整合》，《法律适用》2014年第12期。

提供充分支撑，因此，有必要对域外经验进行考察，以求借鉴。

美国作为世界上反垄断法的发源地，其著名的三倍赔偿条款以及主要由此促成的司法中心实施体制一直为各国所熟知，但事实上，作为司法实施的补充，美国联邦贸易委员会(FTC)的行政执法过程以及联邦巡回上诉法院对 FTC 行政裁定(order)的司法审查也在一定程度上推动了联邦反托拉斯法的发展，〔6〕相应地，联邦巡回上诉法院对 FTC 行政裁定的司法审查强度同样具有丰富的参考价值。为此，本文拟深入、系统研究美国联邦反托拉斯行政执法的司法审查强度，从中找寻启示。

二、美国行政执法的司法审查强度

如前所述，反托拉斯执法仅是行政执法的一个领域，相关司法审查强度在没有特殊规定的情形下亦受到一般行政法制度和原理的约束，因此，有必要先对美国行政执法司法审查强度的整体状况进行了解。

在美国，司法审查强度对应的英文表述主要包括 scope of judicial review, intensiveness of judicial review, intensity of judicial review 等，其中 scope of judicial review 较为通用，且在立法中得到明确规定，而后两种表述只是在学术文献中偶有出现。如果从字义上理解，scope 是范围的意思，但是王名扬先生指出，此处所指范围和通常理解的意义略有不同，并非针对事物的横断面和广度，而主要是指问题的深度，即法院在多大的纵深程度以内对问题进行审查〔7〕，故其实质上是强度的问题。在美国，行政执法司法审查强度主要通过司法审查标准体现，其基本特点是在区分事实和法律问题的基础上对两者适用不同强度的司法审查标准。这种做法最初确立于判例法中，之后被联邦《行政程序法》成文法化。根据美国联邦《行政程序法》第 10 条(美国法典第 5 编第 706 条)的规定〔8〕，法院

〔6〕 鉴于美国将反垄断法惯称为反托拉斯法，下文统一表述为反托拉斯法。

〔7〕 参见王名扬：《美国行政法》(下)，中国法制出版社 2005 年版，第 668 页。

〔8〕 对当事人提出的主张，在判决所必要的范围内，审查法院应决定全部相关的法律问题，解释宪法和法律条款，并且决定行政行为术语所表示的意义或适用。审查法院应(1)强制执行不合法的拒绝的或不合理迟延的行政行为，并且(2)对下列情形的行政行为、裁定和结论判决违法并撤销：(A) 专横、任性、滥用自由裁量权，或其他的不合法的行为；(B) 违反宪法上的权利、权力、特权，或特免；(C) 超越法定的管辖权限、权力或限制或者缺乏法定权利；(D) 没有遵守法律规定的程序；(E) 适用本编第 556 节和 557 节的规定的案件，或者法律规定的其他根据机关的听证记录而审查的案件，没有实质性证据支持；或者(F) 没有事实根据，达到事实必须由法院重新审理的程度。在作上述决定的时候，法院应审查全部记录，或记录中为一方当事人所引用的部分；并且应充分注意有关造成损害的错误(prejudicial error)的规则。See 5 U. S. C. § 706 (2012).

对行政裁定的事实认定、法律问题,及裁量问题分别适用不同的审查标准。

(一)对事实认定的审查

由于《行政程序法》区分了不同的行政程序,因而对不同行政程序中的事实认定也确立了不同的审查标准。总体上,该法对事实认定的审查规定了适用于正式程序的实质性证据标准(substantial evidence),非正式程序的专横、任性和滥用自由裁量权标准(arbitrary, capricious, abuse of discretion)及严重缺乏事实根据的重新审查标准(de novo)。但由于重新审查极其罕见,实质性证据标准和专横、任性、滥用自由裁量权标准在适用于事实认定时也在 Citizens to Preserve Overton Park, Inc. v. Volpe(1971)案之后呈现出汇合的趋势[9],且 FTC 的裁决程序为正式程序,故此处只探讨实质性证据标准。

《行政程序法》中规定的实质性证据标准最初是源自判例法,由 ICC v. Union Pacific Railroad Co. (1912)案率先确立。该案中,对于州际商业委员会的事实认定,联邦最高法院指出:

"在决定这些法律和事实的混合问题时,法院将自己限于最终的问题:委员会是否是在行使自己的权力?法院不会考虑裁定的便宜性或明智性,或是否基于相似的证人证言,它会做出类似的判决。委员会的事实有表面证据效果,本院已经给予他们基于法律授权和丰富的经验而做出的裁判应有的分量。当然,它的结论应受审查,但当被证据支持之时,将被认为是结论性的。这并非是说它的决定涉及如此众多巨大的公共利益可以仅被微弱证据支持,但法院除了决定是否有实质性证据支持该裁定之外,不会进一步考察事实。"[10]

而在 Consolidated Edison Co. v. Labor Board(1938)案中,大法官休斯(Hughes)进一步指出:"实质性证据标准比微弱证据要求的更高[11],它意味着一个理性的人可以接受其作为某一结论的充分支持的证据"[12]。之后,这成为对实质性证据标准的经典表述。据此,实质性证据标准意味着:① 只要行政机

---

〔9〕 See Matthew J. McGrath, Convergence of the Substantial Evidence and Arbitrary and Capricious Standards of Review During Informal Rulemaking, 54 Geo. Wash. L. Rev. 541(1986);王名扬:《美国行政法》(下),中国法制出版社 2005 年版,第 686 页。

〔10〕 See ICC v. Union Pacific R. Co. , 222 U. S. 541 (1912).

〔11〕 Substantial evidence is more than a mere scintilla。根据元照英美法词典的解释,微弱证据规则(scintilla of evidence)是指案件中只要有任何的证据,即使很微弱,也可产生一定的法律后果,包括:① 如果这些微弱的证据倾向于支持案件中的某一实质性争议,只要这些证据不是模糊的、不确定的、与案件不相关的事实,那么案件必须交由陪审团审理并作出裁决;② 如果案件中的证据很微弱,但能够支持一方当事人的主张,则法庭不得对该案作出简易判决。

〔12〕 See Consolidated Edison Co. v. Labor Board, 305 U. S. 197, 229 (1938).

关的认定可以被证据合理地支持，即使存在得出其他结论的可能性，该认定仍应被支持〔13〕。换言之，“从证据中可能得出两种不一致的结论并不妨碍一个行政机构的认定被实质性证据所支持”〔14〕。② 禁止法院代替行政机关进行事实认定，即“禁止法院自己做出对证人证言的评价，在不确定和相互冲突的推论中为自己挑选”〔15〕，而只能审查行政机构的结论是否有实质性证据的支持。

（二）对法律问题的审查

如前所述，联邦《行政程序法》第 10 条明确规定：“对当事人提出的主张，在判决必要的范围内，审查法院应该决定所有与法律相关的问题并且解释宪法和制定法，确定行政行为中相关术语的意义和适用。”据此，法院是制定法解释的最终权威，由法院对法律问题进行重新审查是美国法律传统的自然产物。对法律问题应进行重新审查意味着上诉法院在解释法律时无须受到行政机关的约束，可以独立判断并决定法律的涵义。

然而，随罗斯福新政而崛起的现代规制国对法律解释权限的传统分配提出了挑战。新政期间，国会针对社会经济各个领域颁布了大量的制定法，由独立的管制机构或行政分支负责实施。法律内在的不完备性、因政治博弈妥协而产生的模糊性、社会经济及技术的发展变迁均使得制定法的遗漏、多义、模糊在所难免，因此通过对行政机构进行宽泛的授权，由其对负责执行的制定法进行解释成为时代之选择。为与这种现实相适应，在行政审判实践中，联邦最高法院并未一味地无视行政解释，而是发展出了一系列的司法遵从学说。第二巡回法院的法官 Henry Friendly 在 1976 年的一个判决意见中曾指出：“我们是时候承认……在联邦最高法院的判决中存在两种相互矛盾的分析路径，许多判决中最高法院对行政机构将制定法适用于特定事实的决定给予了极大的遵从，这些决定只有在不合理的情况下才能被推翻……然而，也有一系列令人印象深刻的案件显示，在涉及制定法涵义的时候，司法判断可以自由代替行政判断”〔16〕。而在遵从的情形中，斯基德摩遵从（Skidmore deference doctrine）和谢弗朗遵从（Chevron

---

〔13〕 在 Labor Board v. Nevada Consolidated Copper Corp. (1942)案中，联邦最高法院全体一致同意：“对记录的调查显示出，存在这样一些实质性证据，可以支持国家劳动关系局得到如下结论：被告拒绝雇佣老员工是由于被告相信他们已经从事或威胁要从事破坏被告财产的行为并已经威胁要伤害被告雇佣的管理人员及他们的家人。但同样也存在实质性证据支持该局已经实际认定的结论：被告拒绝雇佣老员工是出于阻止他们成为工会会员的动机。从证据中得出两种结论的可能性并不能阻止劳动关系局从中选择一种。” See Labor Board v. Nevada Consolidated Copper Corp., 316 U. S. 105, 106 (1942).

〔14〕 See Consolo v. Fed. Mar. Comm'n, 383 U. S. 607, 620 (1966).

〔15〕 See Polypore Int'l, Inc. v. FTC, 686 F. 3d 1208, 1213 (11th Cir. 2012).

〔16〕 See Pittston Stevedoring Corp. v. Dellaventura, 544 F. 2d 35, 49 (2d Cir. 1976).

deference doctrine)等规则均在特定条件下要求法院对行政解释予以不同程度的遵从,但是鉴于这些规则从未在反托拉斯领域适用,故本文不予展开。

(三) 对事实-法律混合问题的审查

虽然许多情形下,法律与事实可以截然分开,但在更多时候尤其是将法律适用于事实的过程中,其所产生的问题无法贴上单一的事实或法律标签,因此,早在1786年,曼斯菲尔德勋爵(Lord Mansfield)就已经在普通法诉讼中使用了法律和事实的混合问题这一表述〔17〕。而对于如何审查法律和事实的混合问题,则一直是个难题。这一问题的复杂性在于法律与事实混合问题中同时包含了法律因素和事实因素,而两种因素则分别指向了不同的审查标准。

总体上,法院主要是按审查事实裁定的标准审查混合问题,其代表性判例是著名的Gray v. Powell案(1941)。在该案中,联邦最高法院指出:"在审查行政机关根据1937年《烟煤法》第6条b做出的特定烟煤消费者不是生产者因而不能依据该法豁免的行政决定之时,当法院确定行政机关已经组织了公平的听证、通知当事人并给予其向行政机关陈述和表达意见的机会以及以一种公正和合理的方式适用了制定法之时,其职能就得到了完全的履行。〔18〕"本案被认为确立了对混合问题的合理性审查标准〔19〕。

(四) 对裁量行为的审查

《联邦行政程序法》中规定任意、专断、滥用自由裁量权标准并非仅适用于非正式程度的事实认定,而是可以统一适用于行政裁量行为。然而,被誉为行政法学王冠上之明珠的行政裁量及其界限,却在行政法学界难有定论。整体上,英美法系对裁量概念的使用比较混乱,并不区分要件裁量及效果裁量,如Davis对裁量的定义是"只要公职人员权力的实际界限允许其在可能的作为或不作为方案中自由做出选择,那么它就拥有裁量"〔20〕。

联邦《行政程序法》中对司法审查范围的规定两处涉及裁量问题。第一,美国法典第701条规定了司法审查条款的适用范围并界定了相关概念。对于适用范围,该条规定,"本章根据相关规定适用,除非在下列范围内:① 制定法排除司

〔17〕 See Johnstone v. Sutton, I T. R. 493, 545 (K. B. i786). Cf. HOLMES, THE COMMON LAW (1881),转引自 Robert L. Stern. Review of Findings of Administrators, Judges and Juries: A Comparative Analysis, Harvard Law Review, Vol. 58, No. 1 (Nov., 1944), pp. 70 - 124,85.

〔18〕 See Gray v. Powell, 314 U. S. 402 (1941).

〔19〕 参见王名扬:《美国行政法》(下),中国法制出版社2005年版,第709页。

〔20〕 参见[美] 肯尼斯·卡尔普·戴维斯著:《裁量正义》,毕洪海译,商务印书馆2009年版,第2页。

法审查；② 行政行为是法律授权的裁量行为……”〔21〕第二，美国法典第 5 编第 706 条中在审查范围的意义上涉及了裁量，即法院可以撤销行政机关专横、任性、滥用自由裁量权，或其他的不合法的行为。对于这样两个条款，可能会引发这样一种疑问：既然第 701 条规定本章的司法审查条款不适用于行政裁量行为，为何第 706 条又规定了专横、任性、滥用自由裁量权的审查标准？笔者以为，运用体系解释的方法，将两条结合起来看，其涵义应该是，对于行政裁量行为，法院仅审查其是否滥用裁量权，而一旦未滥用裁量权，在行使裁量权的范围内，则不予干涉。

而对于构成滥用裁量的表现，较为典型的是如果行政机构考虑了不相关的因素，或排除了国会希望它考虑的因素，或对其中某一或某些因素给予了不合理的权重，即构成裁量滥用。在这种情形下，行政机构不再是基于国会的指示行事，以及其作为专家机构的价值并进而应受法院遵从和国会信任的理由也就不复存在〔22〕。此外，不正当的目的、不遵守自己的先例和诺言、显失公平的严厉制裁以及不合理的迟延也被认为构成滥用裁量权〔23〕。

以上即为美国行政行为司法审查的一般强度，那么联邦反托拉斯领域又是如何？

三、美国联邦反托拉斯执法现行司法审查强度

众所周知，FTC 和司法部（DOJ）是联邦反托拉斯法最主要的两大执法机构，虽然州司法部长以及一些行业监管机构根据反托拉斯法或其他国会立法的规定也享有一定的执法权，但在执法权、执法能力、执法资源等各方面皆无法与 FTC 和 DOJ 相提并论〔24〕，本文不予涉及。而就 FTC 和 DOJ 而言，二者性质、权限及执法方式并不完全相同。

FTC 是 1914 年根据《联邦贸易委员会法》成立的独立管制机构，集行政权、准

〔21〕 5 U. S. C. § 701 (a) (2012) This chapter applies, according to the provisions thereof, except to the extent that—(1) statutes preclude judicial review; or(2) agency action is committed to agency discretion by law.

〔22〕 See Surveillance. Abuse of Discretion: Administrative Expertise vs. Judicial, University of Pennsylvania Law Review, Vol. 115, No. 1 (Nov., 1966), pp. 40 - 46.

〔23〕 参见王名扬：《美国行政法》（下），中国法制出版社 2005 年版，第 682—683 页。

〔24〕 参见李胜利：《美国反托拉斯执法机构的执法冲突和协调及其启示》，《法商研究》2014 年第 2 期。

立法权、准司法权于一身，它不仅拥有对信息的收集、调查、行政指导等一般意义上的行政权和制定规则的准立法权，还可以对具体案件做出裁决(adjudication)。例如，《联邦贸易委员会法》第5条规定："委员会被授权阻止任何个人、合伙或公司使用商业中或影响商业的不公平竞争方法。"对于违反该条的行为，委员会有权发布禁令(cease and desist order)。当事人若对委员会的禁令不服可以向联邦巡回上诉法院提起上诉。而DOJ是隶属于政府的传统行政机构，在进行调查取证等前期执法活动之后，除了做出不起诉的决定或与当事人的和解决定等，它对反托拉斯行为的正式追诉仅能通过向联邦地区法院提起诉讼的方式展开，由法院进行审理和判决，而无权直接对违法行为予以禁止或处罚。因此，本文研究的美国联邦反托拉斯法司法审查主要针对的是对FTC反托拉斯执法决定的审查。

(一) 联邦反托拉斯执法司法审查强度的成文法依据

当联邦最高法院第一次于1912年将实质性证据标准适用于对州际商业委员会事实裁定的审查之后，1914年颁布的《联邦贸易委员会法》成为国会颁布的第一部明确规定该标准的制定法[25]。这意味着，早于并在联邦《行政程序法》之外，该法即对有关FTC执法的司法审查强度做出了规定。因此，对于FTC反托拉斯执法的司法审查标准，要同时考察《联邦贸易委员会法》和联邦《行政程序法》，若前者有直接规定便适用该规定，若没有，则《行政程序法》第10条亦构成相应的制定法依据。

美国法典第15编第45条(C)规定了对委员会裁定的审查。就有关审查强度部分，该条规定：

> "任何个人、合伙或公司，被委员会命令停止使用某种竞争方法或行为时，可以在收到命令的60天之内，向使用该竞争方法地或行为地，或该个人、合伙、公司居所或营业所在地的巡回上诉法院申请复审，请求法院审查并撤销该命令……基于这一诉请……法院有权确认、变更或撤销委员会的裁定……如果委员会对于事实的认定有证据支持，将是结论性的……如果任何一方当事人向法院申请提交新证据，并可以充分证明这些证据具有实质性意义且其未能在委员会提交是有合理基础之时，法院可以要求将这些新证据提交给委员会，并由委员会按照法院认为恰当的方式和条件在听证

〔25〕 See Robert L. Stern. Review of Findings of Administrators, Judges and Juries: A Comparative Analysis, Harvard Law Review, Vol. 58, No. 1 (Nov., 1944), pp. 70 - 124.

中审理……”〔26〕。

首先，本条规定了对FTC事实认定的审查标准。但是可以发现，有关事实认定审查的规定中，“如果委员会对于事实的认定有证据支持，将是结论性的”，这其中并没有“实质性”这一修辞，而且在最初之时，委员会使用的是“testimony”而非“evidence”〔27〕。那么有证据支持是否就等于有实质性证据支持呢？如果仅从字义上理解，两者显然是不同的。但是，一方面，《联邦贸易委员会法》出台时国会认可联邦法院对ICC事实认定适用实质性证据的特殊背景直接指向这一解释；另一方面，联邦最高法院在适用其他制定法中的相同条款时，将“有证据支持”解释为“有实质性证据支持”，如在涉及《国家劳工关系法》的Washington Coach Co. v. Labor Board案中，联邦最高法院指出，“因为第§10(e)规定，如果该局的事实认定有证据支持，将是结论性的，本案中有实质性证据支持事实认定”〔28〕。因此，是否有明确的“实质性”修饰并无碍。此外，在《联邦贸易委员会法》之后，其他制定法也纷纷效仿，虽然表述也并不完全一致，但均被认为规定了相同的实质性证据标准。

其次，本条对于审查结果的规定和对新证据接纳的规定也与审查强度相关。就审查结果而言，在确认和撤销之外，还规定了法院对FTC裁定的变更权。这一规定显然在实质性证据标准之外对审查FTC裁定的强度有所影响，因为允许法院在确认、撤销之外可以直接变更裁定清楚表明立法者旨在赋予上诉法院对救济以及案件其他方面的最终控制权，而且意味着在案件处理结果上允许法院替代委员会判断。而就证据的接纳上，允许递交新证据也在一定程度上增加了司法审查强度，不过由于规定新证据必须交由委员会进一步审理，故并未在事实认定上予以直接替代，从这一意义上，司法审查强度的增加是有限的。

再次，对于法律问题、法律与事实混合问题以及裁量问题的司法审查标准，《联邦贸易委员会法》中没有作出明确规定，而依据联邦《行政程序法》的相关规定，则应对法律问题采重新审查，对裁量适用滥用裁量权标准。但是，如前所述，《行政程序法》中对法律问题规定的重新审查标准与判例法中发展出的司法遵从规则体系有很大差异，且对于事实与法律的混合问题，判例法中也确立了合理性审查标准。那么在制定法与判例法的互动之间，法院对FTC反托拉斯执法进行

〔26〕 See 15 U. S. C. §45C (2012).

〔27〕 the findings of the commission as to the facts, if supported by testimony, shall be conclusive.

〔28〕 See Washington Coach Co. v. Labor Board, 301 U. S. 142,146－147 (1937).

审查时究竟适用何种标准以及如何适用？

（二）联邦反托拉斯执法司法审查标准的判例法实践

依据《联邦贸易委员会法》的规定，对于FTC发布的执法裁定，若当事人不服，则可以向联邦巡回上诉法院提起诉讼。因此，联邦巡回上诉法院的案例可以提供观察联邦反托拉斯执法司法审查标准的直接样本。通过FTC官方网站上的案例检索功能〔29〕，笔者搜集了最近几年较具代表性的反托拉斯执法司法审查案例，并将这些案例中提及的司法审查标准简单整理至下表。

联邦巡回上诉法院反托拉斯司法审查判例中的审查标准简表

案件名称及编号	审　查　标　准
McWane，Inc. V. FTC，14 - 11363（11th Cir. 2015）	对委员会的事实认定（findings of fact）和经济结论（economic conclusion）本院依据实质性证据标准审查（substantial evidence standard）；对于委员会的法律结论和将法律适用于特定事实则适用重新审查标准（de novo），然而我们也会给予委员会对一个特定商业实践违反FTC法的明智判断一些遵从
ProMedica Health Sys.，Inc. v. FTC，749 F. 3d 559（6th Cir. 2014）	我们对委员会的法律结论重新审查，对它的事实认定依据实质性证据标准，对委员会救济措施的选择审查适用滥用裁量权审查
The North Carolina State Board v. FTC，12 - 1172（4th Cir. 2013）	如果被实质性证据支持，FTC的事实认定是结论性的。我们在对法律问题重新审查的同时，对委员会就一个具体商业行为是“不公平”的明智判断而给予一些遵从
Polypore Int'l，Inc. v. FTC，686 F. 3d 1208（11th Cir. 2012）	我们重新审查委员会的法律结论。我们也重新审查对于事实的法律适用。我们对事实裁定的审查受美国法典第15部分第45条(c)支配，该条规定委员会对事实的认定，如有证据支持，应该是结论性的。我们对委员会就违法行为而选择的救济给予遵从
Chicago Bridge & Iron Co.，NV v. FTC，515 F. 3d 447（5th Cir. 2008）	本院根据实质性证据标准审查委员会的事实决定，对与委员会裁定有关的所有法律问题重新审查
Schering-Plough Corp. v. FTC，402 F. 3d 1056（11th Cir. 2005）	我们对委员会的事实认定和经济结论依据实质性证据标准审查。然而，当这些认定与行政法官的不一致时我们可以更加细致地审查。虽然我们对FTC对于一个特定商业行为是否违法而做出的明智判断给予一些遵从，我们对法律问题重新审查

〔29〕 See https://www.ftc.gov/enforcement/cases-proceedings/advanced-search，2016年6月10日最后访问。

综上,各巡回法院对FTC反托拉斯执法司法审查标准的适用整体上较为一致,对事实问题适用实质性证据标准,对法律问题适用重新审查,对裁量适用较为遵从的滥用裁量权审查。但是对于法律适用于事实的问题,有些巡回法院强调会给予FTC一定的遵从,有些则表明对所有与裁定相关的法律问题均适用重新审查,未强调一定的遵从。此外,有些判例中在事实认定(fact-finding)之外提到了经济结论,这一问题在一般的行政执法司法审查标准并没有单独提及,而且有些判例中还出现了表述的审查标准和实际适用的审查标准前后不完全一致的情形。

因此,为了更直观和具体地了解反托拉斯领域司法审查标准的适用,本文选取Polypore Int'l, Inc. v. FTC(2012)进行分析。之所以选择这个判例,是因为该案的审查涉及事实认定、法律问题及裁量后果所有方面,且前后存在一定的矛盾,还涉及民事诉讼审判中的"明显错误"标准,故具有一定的典型性。

(三) Polypore诉联邦贸易委员会(2012)

1. 案件基本事实

Polypore和Microporous是两家电池隔板(battery separators)生产商。与本案相关的电池隔板类型主要是汽车电池隔板、动力电池隔板和深循环电池隔板[30]。Polypore的分公司Daramic主要生产纯聚乙烯(PE)汽车和动力电池隔板,同时还生产乳胶涂层材质的深循环市场电池隔板。Microporous的规模要小得多,主要生产纯橡胶深循环电池隔板和橡胶-PE基动力电池隔板。此外,Microporous对汽车电池市场隔板的进入进行了调查,但尚未实际销售[31]。

Microporous的深循环电池隔板产品是该类产品的行业标准,始终控制市场90%的份额,而Daramic的HD深循环市场电池隔板产品仅占有余下10%的份额。但动力电池隔板市场恰好相反,Daramic控制90%,Microporous控制10%。在汽车电池隔板市场上,另一家美国生产商Entek和Daramic展开竞争,两者所占市场份额分别是52%和48%。整体上,汽车电池隔板的生产占据所有电池隔板生产的四分之三,在欧洲和亚洲有许多其他的电池隔板生产商,但他们不向北美电池生产商销售[32]。

---

〔30〕 汽车电池也被称为启动点火器电池(starter-lighter-ignition, SLI),主要用于小汽车、卡车、公交车、轮船和水上摩托车,动力电池则主要用于移动工业机械如叉车和采矿设备,深循环电池,则用于需要长时间低电流的设备。See Polypore Int'l, Inc. v. FTC, 686 F. 3d 1208, 1213 (11th Cir. 2012).

〔31〕 See Polypore Int'l, Inc. v. FTC, 686 F. 3d 1208, 1213 (11th Cir. 2012).

〔32〕 ibid.

在2000年年初至中期，Microporous开始考察汽车电池隔板市场，并于2003年就开始对相关业务进行投标，制作样品以及与一些大客户进行接洽。Polypore认为Microporous欲染指汽车电池隔板市场的行为对其产生了威胁，故一方面专门开发了Microporous计划，试图与有流失风险的客户签订长期合同。另一方面，为了消除价格竞争，Polypore计划并着手收购事宜〔33〕。

FTC于2008年9月提起行政诉讼，指控Polypore对Microporous的收购可能实质性减少竞争或易于创设垄断，违反克莱顿法第7条。最初，行政法官裁定收购有可能在4个相关市场上实质性减少竞争，命令剥离包括奥地利工厂在内的所有收购资产。Polypore向委员会上诉，委员会没有支持行政法官对收购会实质性减少UPS电池隔板的竞争，但确认了对汽车、动力和深循环3个电池隔板市场实质性减少竞争的认定，于是发布了一个修正的资产剥离令，Polypore向第11巡回上诉法院提起上诉〔34〕。

2. 主要争议问题

上诉中，Polypore就委员会的裁定提出3点质疑：① Polypore认为委员会将Microporous作为Polypore的一个实际竞争者而非潜在竞争者并因此将收购作为横向兼并对待是错误的。② 委员会认为Microporous和Polypore在深循环电池隔板上是同一个市场是错误的。③ Polypore认为委员会的剥离令过于宽泛，不应当将北美之外的奥地利工厂亦剥离出去。

3. 本案中的司法审查标准及具体适用

在判决书的第二部分，法院说明了司法审查的标准。“我们重新审查(de novo)委员会的法律结论。我们也重新审查对于事实的法律适用。我们对事实裁定的审查受美国法典第15部分第45条(c)支配，〔35〕该条规定委员会对事实的认定，如有证据支持，应该是结论性的。该法禁止法院自己对证人证言进行评价，在不确定和相互冲突的推论中为自己挑选结论。法院必须接受委员会的事实裁定，如果他们被‘一个理性人可以接受其作为对结论的充分支持的证据’所印证。我们对委员会就违法行为而选择的救济给予遵从。”

运用这些标准，对于三点争议，第11巡回上诉法院分别进行了审查。首先，法院认为Microporous虽然没有实际进入市场，但已经生产样品并与大客户接

〔33〕 See Polypore Int'l, Inc. v. FTC, 686 F.3d 1208, 1213 (11th Cir. 2012).

〔34〕 ibid.

〔35〕 See 15 U.S.C. § 45(c).

洽,达成备忘录,对方亦准备购买,且 Polypore 已经针对其带来的竞争压力采取相应措施,因此即使没有实际销售也已经对市场产生实质性、实际的促进竞争的影响,这些可以对本案将合并作为实际竞争者之间的横向并购并适用 Philadelphia National 案中规则予以正当化。

其次,法院指出 Microporous 和 Polypore 在深循环电池隔板上是否属同一市场,根本上是界定相关市场的问题,而这是一个事实问题,采用明显的错误标准予以审查。法院认为界定相关市场主要是描述那些因为产品具有相似性的生产者有实际或潜在的从别人手中赢得相当业务的能力的过程,而产品市场的边界则是由产品及其替代品之间使用的合理互换性所决定的。法院根据 1962 年布朗鞋业案中列明的相关因素〔36〕,考察了 Daramic HD 从 2005 年 3.8%的市场份额增加至 2007 年 10.6%等事实,认为有充分证据支持委员会的裁定,即委员会对深循环电池隔板只构成一个市场的判断没有错误。同样,委员会对 Entek 不会进入市场的判断也没有错误。

最后,委员会在制定非法行为救济措施上有宽泛的裁量权,而本案中委员会并没有滥用裁量权。综上,法院认为委员会的裁定应予以确认,它在将收购作为横向合并、认定深循环隔板是一个单一的市场、决定 Entek 不会进入动力市场并将奥地利工厂包含在其分拆令中是正确的。

4. 分析

本案中,法院对法律问题和法律适用均适用重新审查,且没有强调对法律适用的有限遵从。对事实认定,法院没有明确采用实质性证据的表述,但根据其对法条和判例法语言的援引,此处的审查标准即是实质性证据标准,然而矛盾的是,在具体审查中,法院却又宣称适用明显的错误(clear error)标准。对于委员会的救济措施,法院适用了滥用裁量权的审查标准。

而所谓的对事实认定的明显错误标准,事实上是适用于民事诉讼中上级法院对下级法院无陪审团案件审查的标准,本案中出现了误用。就此问题,McWane, Inc. V. FTC(2015)案中,法院做出了澄清,明确应适用实质性证据标准。第 11 巡回上诉法院指出:"Polypore 案中法院认为我们审查 FTC 关于市场的界定应采取明显的错误标准。明显错误标准是用于审查地区法院事实认定的

〔36〕 行业或公众对次级市场作为一个独立的经济实体的认可状况,产品的特殊性和用途,独特生产设施,不同客户,不同的价格,敏感性价格变动,专业供应商。See Brown Shoe Co., Inc. v. United States, 370 U.S. 294(1962).

传统标准,我们用它审查地区法院法官关于市场的界定……Polypore 从这个案件中借用了'明显的错误'标准。但实质性证据标准,而不是明显的错误标准是用于审查行政机构决定的传统标准。事实上,Polypore 也自己在意见前面部分表明了审查事实认定的实质性证据标准。其他巡回上诉法院也遵循了这一区分,用实质性证据标准审查 FTC 的市场界定,而适用明显的错误标准审查地区法院的事实认定〔37〕。"

此外,由各巡回法院审查标准表可以发现,反托拉斯领域司法审查的标准相对于一般行政行为的司法审查标准存在一定的特点。第一,对于法律解释的审查,以谢弗朗遵从为核心的司法遵从规则体系在反托拉斯领域并没有适用。第二,对于将法律适用于事实,虽然判例法也并不完全一致,但是整体上,主流标准是合理性审查,而联邦反托拉斯领域虽然有时候强调对于 FTC 关于行为是否违法的明智判断给予一些遵从,却原则上仍然采取重新审查。在这种情形下,是否遵从以及遵从的程度是由法院把握和决定的。第三,当适用实质性证据标准之时,反托拉斯司法审查案件通常会区分事实认定(fact-finding)和经济结论(ecnomic conclusion),这说明了反托拉斯案件中事实的复杂性。事实上,美国判例法中惯于将事实分为证据性事实或原初事实(evidential fact/primary fact)和最终事实(ultimate fact),前者是指可以通过证据直接确定并从中通过推理和推断的过程得出最终事实的事实,后者则是指从证据性事实中推断得出而对起诉或抗辩至关重要的事实〔38〕。而笔者以为,这种简单的二分法并不足以概括反托拉斯案件中的所有事实,在反托拉斯案件中,不仅包括一些简单的证据性事实(如限制协议是否存在的事实)和最终事实(如协议是否不合理地限制了贸易),还包括许多介于两者之间的,需要通过证据进行推论,但又仅能构成阶段性结论而非最终性结论的事实。例如,对相关市场的界定、对市场支配力的评价、对反竞争效果的评价,等等。这些都需要更专业的知识和判断,可能会对司法审查强度产生影响。

但这些只是反映了目前联邦巡回上诉法院所适用的司法审查标准以及相对于一般司法审查标准的部分特点,并未能呈现联邦最高法院在联邦反托拉斯领域司法审查强度的整体状况,而唯有动态、历史地考察,方能更加全面深刻地理解这一问题。

---

〔37〕 See McWane, Inc. V. Federal Trade Commission, pp. 16 - 20, 14 - 11363 (11th Cir. 2015).

〔38〕 See Meeker v. Lehigh Valley R. Co., 236 U.S. 412,427 (1915).

四、美国联邦反托拉斯司法审查强度的历史考察

（一）基于变更裁定权对事实问题的一度严苛审查

在联邦反托拉斯执法司法审查的标准中，对事实认定的实质性证据标准看起来似乎是最寻常不过，没有什么特殊之处，但是如果进行纵向的历史考察发现，一方面，联邦最高法院也曾经对 FTC 的事实认定进行严苛的审查；另一方面，联邦最高法院随后对事实认定的宽松审查实际上是以对事实-法律混合问题极其严苛的审查为背景的。

在 FTC 刚刚成立不久，联邦最高法院曾经对其反托拉斯裁定进行非常严格的审查，而理由则是《联邦贸易委员会法》规定了法院对 FTC 裁定的变更权。在 FTC v. Curtis Publishing Co. (1923)案中，被告 Curtis 是一家主营业务在费城的宾西法尼亚州出版商，从事期刊、报纸的出版、销售和州际商业流通。Curtis 与许多批发商签订了地区代理协议，禁止后者销售其他出版商发行的期刊或报纸，同时也固定了价格。FTC 认为 Curtis 此举旨在抑制竞争，是限制竞争行为，违反了《联邦贸易委员会法》第 5 条，构成不公平竞争，也违反了《克莱顿法》第 3 条，因为其实质性减少了竞争或易于创设垄断。基于此，FTC 发布了禁止令，要求其停止并终止达成或实施此类协议。而 Curtis 则否认 FTC 对它的违法指控，辩称之所以禁止代理商销售其他出版商的期刊或杂志是因为 Curtis 计划由学生作为报纸的分销商，学生需要特别的训练和管理，因此只有通过独家代理的方式才能实现，同时独家代理商也承诺投入所有必要的时间和精力来促进 Curtis 报刊的整体销量〔39〕。在审查中，联邦最高法院认为：

> “我们此前已经指出什么构成不公平竞争的最终决定是法院的权力而不是委员会，相同规则也必须适用于指控实质减少竞争或易于创造垄断的租约、销售、协议或非正式协议等情形。显然，法院必须考察委员会的事实认定是否被证据支持，如果被支持，他们是结论性的。但由于制定法授予了确认、修改或撤销裁定的管辖权，法院有权审查全部记录并自行确定争议问题以及是否有委员会未报告的重要事实。如果有关于这种事实的实质性证

〔39〕 See FTC v. Curtis Publishing Co., 260 U. S. 568 (1923).

据并可以合理得出不同结论，我们认为这个问题应该发回委员会——最初的事实认定主体——做出补充裁定，但是如果所有情形清楚表明，为了司法公正的利益，争议应该被无延迟地解决，则法院根据制定法完全有权这样做。[40]”

基于此，联邦最高法院认为 FTC 的诉状是简短且模糊的，“在取得长达 2 500页的证人证言之后，委员会仅形成了一个非常简单和相当模糊的两页纸的报告”[41]，且最为关键的是，委员会的指控全部基于 Curtis 与批发商之间的第二份协议，若综合之前存在的第一份协议，便可以清晰发现 Curtis 的独家代理确实要求批发商以特定价格销售给学生，并进行特别的管理和训练，以及致力于促进 Curtis 报刊的总体销量。最终，联邦最高法院认为委员会没有发现所有重要事实，而只考虑了那些他认为必要的证据，因此，禁令显然是错误的，应该在没有延迟的情况下撤销[42]。

对于这样一种对事实认定的强势审查立场，首席大法官塔夫脱（Taft）在本案中提出了质疑（doubting），布兰戴斯（Brandeis）大法官协同。“多数意见中引发我质疑的是关于当法院发现存在委员会没有报告的重要事实之时法院的审查义务的讨论。……因为它可能产生这样一种解释：法院拥有针对委员会未决定的问题而汇总有利和不利证据的裁量权，并使自己成为事实认定者，我斗胆质疑其明智和正确性。……我仅仅将这一疑问提出，因为我认为有一点非常重要，即我们应该严格遵守国会希望联邦贸易委员成为事实认定主体这一显而易见的意图，法院应该在判决中保留委员会的这种角色，不应在证据存在矛盾之时强加自己对事实问题的观点。[43]”

Merill 教授认为，首席大法官塔夫脱当时的这番质疑对联邦法院系统的法官们产生了直接影响。他们在这之后的案件中再未对 FTC 的事实认定进行过任何有实质意义的审查，但 Merill 同时也指出，法院事实上也没有必要揪住事实问题不放，因为面对如此含糊不清的制定法，法官们完全可以利用对法律问题的重新审查而对 FTC 进行严格的控制[44]。Merill 的这番论断并非仅出自主观推

〔40〕 See FTC v. Curtis Publishing Co., 260 U.S. 568, 580(1923).

〔41〕 ibid., 577(1923).

〔42〕 ibid., 582(1923).

〔43〕 ibid., 583(1923).

〔44〕 See Thomas W. Merrill, Article III. Agency Adjudication, and the Origins of the Appellate Review Model of Administrative Law, 111 Colum. L. Rev. 939, 972(2011).

测,而是一种经验总结,因为联邦最高法院确实在很长的一段时间内将对法律问题的重新审查利用到了极致,这也恰恰就是法院对 FTC 反托拉斯裁定法律问题审查的特殊之处。

(二) 不当界定法律问题下的重新审查

如前所述,《联邦贸易委员会法》中并未规定法院如何对 FTC 裁定的法律问题进行审查,因此遵循一般的上诉审模式,法院进行重新审查。但是当法院对委员会裁定的法律问题适用重新审查标准时,却呈现出这样一种特殊性:即在长达 20 年的时间内,法院都将具有混合性质的法律适用问题一概界定为法律问题而对其采取重新审查的路径,从而表现为一种极强的司法审查强度。

这种极为严厉的审查始于 FTC v. Gratz(1920)一案。该案是联邦最高法院审理的第一个有关 FTC 反托拉斯裁定的案件,判决中,联邦最高法院强力宣示了其对《联邦贸易委员会法》第 5 条所禁止的"不公平竞争方法"涵义的解释权。具言之,该案被告 Gratz 及其他被告在州际从事用于捆绑大包棉花的不锈钢扎带和黄麻袋的销售,在销售中,几个被告采取了捆绑销售的方法,要求客户必须同时购买不锈钢扎带和黄麻袋。对此,委员会认定被告是出于阻碍和限制竞争的目的、意图及效果实施了上述行为,因而构成不公平竞争,并发布禁令。第二巡回上诉法院宣告该禁令无效,联邦最高法院也做出相同判决。在多数意见中,大法官麦克雷诺兹(McREYNOLDS)宣称:"制定法没有对'不公平的竞争方法'进行定义,它们的确切涵义存在争议。作为法律问题,应该由法院,而不是委员会最终决定它们的意义。"〔45〕由此,法院将什么是"不公平的竞争方法"界定为纯粹的法律问题,并判决应由法院最终决定其意义。

然而,《联邦贸易委员会法》立法过程中参议院委员会的一份报告指出:"委员会认真考虑了是否可以尝试界定商业实践中盛行的各种多样的不公平行为并予以禁止,或者是否可以仅通过宽泛的、一般性的宣示谴责不正当行为,而交由委员会决定什么样的行为是不公正的。后者被认为是更佳的方式,因为正如一位代表所言,有太多不公平的行为需要界定,如果要一一列明,这将是一件无休止的工作,在将其中 20 个写进立法之后,可能又会发明其他不公平方法。"〔46〕因此,该法第 5 条采用极其宽泛的"不公平竞争方法"的表述旨在授权委员会通过一系列先例而对该法予以充实,具体界定不公平竞争方法。

---

〔45〕 See FTC v. Gratz, 253 U.S. 421,427 (1920).

〔46〕 See Senate Report No. 597, 63d Cong., 2d Sess., 13 (1914).

布兰戴斯大法官在异议意见中也指出："与之前的立法试图界定什么行为应该被视为不公平相反，《联邦贸易委员会法》将决定权留给委员会。现行法律的经验表明，明确界定必然是刚性的，同时也会令人尴尬，而且如果严厉适用可能会有很大的困难。竞争的方法在一个产业中的特定情形下可能是不公平的，但在另一个产业或甚至在相同产业的不同情形则是完全相反。此外，列举无论多全面都必然是不完全的，因为经济条件持续变化，新的不公平竞争方法不断产生。"〔47〕

所以，布兰戴斯的意思是，对于一个行为是否构成不公平竞争几乎完全依赖于对具体案件情形的判断，而本案中，法院的判决却意味着它可以通过推翻委员会在特定案件中的决定而随时确立一个面向未来的、有关特定竞争方法是否在法律许可范围之内的一般性规则。对此，迪金森也认为，一个行为是否公平常常取决于附带的事实（subsidiary facts），确立硬性（hard-and-fast）的类型化规则并不现实亦不明智。也许未来会发展更多规则以界定特定事实下给定的竞争方法之合法性，但在此之前，一个竞争方法是否公平仍然属于所谓的法律-事实混合问题，其结论完全取决于委员会的事实认定〔48〕。

但尽管如此，该案之后，联邦最高法院以此为由频频推翻 FTC 的裁定，认为其对"不公平商业行为"条款的适用是非法的〔49〕。也正因如此，Merril 才认为，联邦最高法院并无须借助于对事实裁定的审查，因为在《联邦贸易委员会法》如此宽泛模糊的规定之下，只要它不同意委员会的裁定，便可随时以法律解释之名而任意将其推翻〔50〕。可见，法院通过将本应依赖于特定情境的"什么构成不公平的竞争方法"界定为纯粹的法律解释问题而进行重新审查，从而对委员会的裁定进行了极其严格的审查，而同时期，法院对州际商业委员会的裁定却相当遵从，并反复申明委员会裁定是否合理显然属于事实问题，并落入委员会裁量范围之内，这一点与对 FTC 的审查立场形成了非常强烈的反差。

此外，前述美国行政法判例中发展出的谢弗朗遵从规则也从未适用于联邦反托拉斯领域，唯一的一些遵从仅是在新政之后才逐渐体现在对 FTC 的具体法律适用，即混合问题的审查之上。如在 Atlantic Refining v. FTC (1965)案中，

---

〔47〕 See FTC v. Gratz, 253 U.S. 421,436 (1920).

〔48〕 See John Dickinson. Administrative Justice and the Supremeacy of Law in the United States, Cambridge Harvard University Press, 1927, pp. 238.

〔49〕 See Thomas W. Merrill, Article III. Agency Adjudication, and the Origins of the Appellate Review Model of Administrative Law, 111 Colum. L. Rev. 939, 970-972 (2011).

〔50〕 ibid., 972 (2011).

联邦最高法院援引了 Hearst(1944)案中的判词："当国会已经规定由一个行政机构最初将一个宽泛的制定法术语适用于特定情形时，我们的职责仅限于决定委员会的裁定是否'有记录依据(has warrant in the record)'和'合理的法律基础(a reasonable basis in law)'，虽然法院拥有最终话语权，但我们必然要对委员会的结论给予极大的尊重。"〔51〕但一方面，Atlantic(1965)在之后的案件中并未得到太多援引，〔52〕另一方面，其遵从程度也始终未达到鲍威尔(1941)案中的程度。之后至今，对法律适用于特定事实的混合问题，联邦巡回上诉法院基本上适用重新审查的原则，但给予一定遵从，只是程度较为灵活，不同案件中有所差别，正如同为第 11 巡回上诉法院审查的案件，Macwane 案中强调了重新审查的同时应给予有限遵从(limited deference)，而 Polypore 案却仅说明重新审查的标准，但却从未直接援引鲍威尔原则。

(三) 对裁量权行使的审查

当 FTC 的行为被界定为对自由裁量权的行使之时，虽然与一般行政法司法审查一样，适用滥用自由裁量权的标准，但是有必要对美国联邦反托拉斯领域执法裁量权范围的界定进行考察。对此，制定法或判例法并没有做出精确的限定，但是通常情况下，委员会对是否追诉违法行为的选择以及救济措施(remedy)的设计被认为具有宽泛的裁量权。

就追诉裁量的问题，1958 年，联邦最高法院在 Moog Indus.，Inc. v. FTC 案中，推翻了第七巡回法院中止实施 FTC 禁令的判决。该案中，第七巡回法院之所以中止实施该禁令，理由是 FTC 在对该案请愿人进行追诉的同时却放过了其他大部分相同情形的竞争者，而对请愿人的追诉可能对其经济上造成毁灭性打击。联邦最高法院推翻该判决，认为 FTC 在这一领域被授予了宽泛的裁量权〔53〕。在之后的 Universal-Rundle Corp. v. FTC 案中，第七巡回上诉法院再一次终止了一个类似于 Moog 案中的选择性追诉的禁令，但联邦最高法院支持了第七巡回上诉法院，理由则是 FTC 滥用了裁量权〔54〕。

在救济措施的设计上，联邦最高法院同样承认委员会宽泛的裁量权，对此

---

〔51〕 See Labor Board v. HearstPublications, Inc.，322 U. S. 111, 131 (1944).

〔52〕 根据美国一个专业网站的检索，Atlantic(1965)判决之后在 72 个案件中被援引(含联邦最高法院和巡回上诉法院)，但是 FTC 作为一方当事人的仅有 15 件，且援引该案主要是为了说明国会对联邦贸易委员会的宽泛授权，而非合理性审查。See https://www. courtlistener. com/? q=cites%3A%28107071%29&page=1，2016 年 7 月 1 日最后访问。

〔53〕 See Moog Indus.，Inc. v. FTC, 355 U. S. 411(1958).

〔54〕 See Universal-Rundle Corp. v. FTC, 352 F. 2d 831(7th cir. 1965).

Jacob Siegel Co. V. FTC(1946)案作出了最经典的说明。不过该案涉及的是误导性陈述而非反垄断,但这并不影响它成为现在各巡回上诉法院审查委员会反垄断裁量权行使时最广泛引用的案件。该案中,虽然联邦最高法院基于商标保护与反托拉斯政策的价值考量而推翻了第三巡回法院对委员会裁定的确认,但却认可了委员会宽泛的裁量权。联邦最高法院认为:

"委员会在选择与贸易商业领域非法行为足够匹配的救济措施上有宽泛的裁量权,法院的司法审查应受到限制。它除了要确定委员会在救济选择上是否做出了可允许之判断外再无其他。就本案而言,即委员会是否滥用裁量权……国会已经授权委员会专司该法之执行,仅留给法院相当有限的审查权。委员会是决定救济对于消除不正当或欺骗性贸易行为是否必要的专家机构。委员会享有宽泛的判断余地,法院不会干涉,除非它所选择的救济与认定存在的非法行为之间没有合理关联。"〔55〕

之后,法院对委员会救济裁量权行使之审查皆以此为标准,并在一些判例中继续延伸和发展了这一立场。如在 United States v. E. I. duPont de Nemours & Co.,(1961)案中,联邦最高法院指出,救济措施的一切存疑按照有利于委员会的方式解决〔56〕。不过联邦最高法院在本案中也同时强调了上诉法院对委员会裁定的变更权,指出变更权也拓展至对救济措施的变更〔57〕,而这也是需要关注的另一个问题,即法院对委员会裁定的变更权。

五、美国联邦反托拉斯司法审查强度的特点及启示

(一) 特点

从前述分析可以发现,美国联邦反托拉斯司法审查强度的特点可以从横向的静态比对和历史的动态考察两个方面进行归纳。

首先,从横向的角度进行静态对比,美国联邦反托拉斯司法审查强度的特点体现在:① 现行联邦反托拉斯领域司法审查标准与一般行政执法司法审查标准不完全相同。这主要体现在,在法律问题的审查上,盛行于其他行政执法领域的

〔55〕 See Jacob Siegel Co. v. FTC, 327 U.S. 608, 613 (1946).

〔56〕 All doubts as to the remedy are to be resolved in the Commission's favor. See United States v. E. I. duPont de Nemours & Co., 366 U.S. 316, 334, (1961).

〔57〕 See Jacob Siegel Co. v. FTC, 327 U.S. 608, 611 (1946).

行政解释司法遵从规则体系从未直接适用于反托拉斯案件；② 在法律与事实混合问题的审查上，上诉巡回法院也仅多是强调在重新审查的原则下给予委员会具体法律适用判断一定的遵从，而几乎没有适用或普遍确立对事实法律混合问题审查的合理性标准；③ 在裁量权的界分上，通常认可委员会的追诉裁量权和救济裁量权，而进行较为宽松的滥用裁量权审查。

此外，笔者还发现，实践中，各巡回上诉法院对委员会法律适用于事实的最终结论的审查上态度较为暧昧。例如，对于法律适用于事实的结论，依据现行标准应在重新审查的同时给予一定遵从，Macwane 案就是如此〔58〕。但在第 11 巡回上诉法院的另一个案件中，法院认为该案的争议在于“是否有实质性证据支持委员会的结论，即 Schering 与 Plough 的专利和解协议不合理的限制了竞争，违反了谢尔曼法第 1 条和《联邦贸易委员会法》第 5 条”〔59〕。笔者以为这是由于法律与事实混合问题上的难以定性所造成的，若更多强调其经济结论的特性则会导向对实质性证据标准的适用；相反，若更多强调其法律结论的特性就会转而倾向重新审查的标准。

其次，从动态历史考察的维度则可以归纳美国联邦反托拉斯司法审查强度的如下特点。第一，由于《联邦贸易委员会法》规定了法院对委员会裁定的确认、撤销、变更权以及要求调查新证据的权力，法院在早期审查委员会的事实认定时，曾经扩张实质性证据的适用，强调当委员会未完全报告重要的事实且记录中有实质性证据支持这一事实并足以合理得出不同结论之时，法院可以将案件发回委员会重新审查或直接予以变更。第二，以对法律问题的重新审查之名而否认委员会宣告不公平竞争方法的权力。如前所述，在委员会成立之后的 20 年，联邦最高法院通过将依赖于事实情境的不公平竞争方法界定一概定性为抽象的法律解释问题而无一例外地推翻了委员会的反托拉斯裁定，以致虽然前述对事实问题的严苛审查未得到广泛运用，司法权却通过法律问题这一管道而侵入行政权之领域。第三，有关行政解释的谢弗朗遵从规则从未适用于联邦反托拉斯领域。第四，联邦最高法院逐步承认了对于委员会具体法律适用应给予遵从，但整体上，被奉为法律-事实混合问题主流标准的 Powell 原则从未被联邦最高法院明确适用于联邦反托拉斯领域，Atlantic 案中的合理审查路径也没有广为遵行。

---

〔58〕 See McWane, Inc. v. Federal Trade Commission, pp. 20, 14 - 11363 (11th Cir. 2015).
〔59〕 See Schering-Plough Corp. v. FTC, 402 F. 3d 1056 (11th Cir. 2005).

那么是什么导致了美国联邦反托拉斯司法审查强度模式呈现出以上一些特点？从中可以获得哪些启示？

(二) 启示

1. 事实-法律问题区分对美国行政执法司法审查强度的影响

可以发现，尽管美国联邦反托拉斯司法审查强度存在一定的特殊性，但整体上，美国采取的是区分事实-法律问题分别采用不同强度审查标准的模式，这一模式也被称为上诉审模式(appellate review)。美国法中的这一审查强度模式效仿了普通法诉讼中法官与陪审团，上级法院与下级法院之间的关系，借用了相关民事诉讼中的实证性证据标准等审查规则。而之所以进行区分，其基础则在于比较优势理论，即行政机构和法院比较优势的不同。这一观点最初由迪金森教授提出，他认为，若不对事实和法律问题进行区分而采用完全相同的审查模式，则会忽视行政机关与法院的分工，产生延迟、重复和浪费〔60〕。更具体而言，行政机构直接接触证人，举行听证，收集信息和制作记录，其更具有认定事实的优势，而上诉法院，则被假定对法律问题更具有解释上的能力和权威。此外，专家经验是又一影响因素。随着现代经济、社会的发展，行政机关面临的管制任务日益专业化、复杂化、多样化、新颖化，被动、不连续的司法过程难以应对，而行政机关则可以通过日常的管理、执法实践积累丰富的经验和特长，而且，独立的管制机关在人员组成上也引入了大量的经济学专家等，具有应对复杂实践问题的知识储备和能力，而这些则是通识法官难以具备的。

2. 美国联邦反托拉斯法实施司法中心制对审查强度的影响

众所周知，美国联邦反托拉斯法中的三倍损害赔偿条款因对私人产生的激励作用极大地推动了美国联邦反托拉斯法的实施并奠定了联邦法院在反托拉斯法实施中的中心地位，而 FTC 的行政过程仅仅是对联邦反托拉斯法司法实施的补充。

依据《联邦贸易委员会法》成立的 FTC，通常认为其设立出于以下几点原因：① 法院对反托拉斯法和其他经济管制的司法敌意；② 法院判决的过分延迟；③ 需要一个持续和内在紧密联系的贸易管制法体系；④ 需要处理贸易管制事项的专家经验〔61〕。因此，从机构性质上，国会旨在使 FTC 成为一个能够促

〔60〕 See John Dickinson. Administrative Justice and the Supremacy of Law in the United States, Cambridge Harvard University Press, 1927, pp. 71.

〔61〕 See Herbert W. Clark. The Judicial Functions of the Federal Trade Commission Should Be Transferred to the District Courts, Section of Antitrust Law, Vol. 10, Proceedings at the Spring Meeting, Washington, D. C., April 4 - 5, 1957 (1957), pp. 51 - 71.

进复杂的反托拉斯法发展的独特有效的工具[62],即确立一个拥有专家经验、宽泛权力、政治无涉的处理限制贸易的连续性机构以促进合理的、专业、快速、有效和中立的反托拉斯政策的执行[63]。但是,FTC的行政执法仅被预设为补充性质,该法规定的司法审查条款如前述的确认、撤销、变更裁定权也被认为清楚表明立法者旨在赋予上诉法院对反托拉斯案件的最终控制权[64]。

事实上,美国联邦反托拉斯法的实施呈现出来的正是这样一种图景,即私人实施多于公共实施,公共实施中就职能重合部分DOJ的实施整体上强于FTC的实施。因而,美国反托拉斯法实施中司法机构的作用显著区别于其他任何国家。对于仅是宽泛宣示的大多数反托拉斯制定法而言,具体规则的填充并非通过立法或行政立法的方式实现,而是由法院在普通法传统下逐案进行的。在这一过程中,联邦最高法院塑造、发展了绝大部分的实体规则和政策,作为其必然后果之一,司法审查整体的强力也就难以避免,尤其是对于法律问题,联邦最高法院一次又一次的重申了其在解释上的霸权[65],而FTC却从未运用其法规制定权(rule-making)对反垄断问题颁布过抽象性解释立法,故谢弗朗遵从等规则从未适用也就不足为奇。但是由于《联邦贸易委员会法》第5条是FTC专司实施,且由于难以统一精确界定不公平竞争方法,因此在该条的具体适用上,联邦最高法院最终给予了其一定的遵从。

3. 行政执法机构声誉对审查强度的影响

虽然威尔逊总统和国会期待FTC作为一个裁决者,可以在促进反托拉斯政策发展的同时增加特定反托拉斯案件决定中的确定性和精确性[66],但是这一期望却在相当长一段时间内落空了,FTC的表现差强人意,机构声誉极低。

曾于1961—1969年在FTC担任委员的Philip Elman这样描述过当时的FTC:“我对FTC的整体印象是它是一个昏昏欲睡的,二流行政机构。他们的律

---

〔62〕 See David Balto. Returning to the ElmanVision of the Federal Trade Commission: Reassessing the Approach to FTC Remedies, Antitrust Law Journal, Vol. 72, No. 3 (2005), pp. 1113 - 1125.

〔63〕 See Richard A. Posner, The Federal Trade Commission, The University of Chicago Law Review, Vol. 37, No. 1 (Autumn, 1969), pp. 47 - 89.

〔64〕 See David A. Nelson, Judicial Control. Appellate Review of Federal Trade Commission Proceedings, Michigan Law Review, Vol. 57, No. 8 (Jun., 1959), pp. 1190 - 1214.

〔65〕 See Marsela Maci. The Assessment of RPM under EU Competition Rules: Certain Inconsistencies Based on a Non-substantive Analysis, E. C. L. R. 2014, 35(3), 103 - 109.

〔66〕 See D. Bruce Hoffman, M. Sean Royall. Administrative Litigation at the FTC: Past, Present, and Future, Antitrust Law Journal, Vol. 71, No. 1 (2003), pp. 319 - 331.

师很平凡。他们无法与司法部或其他管制机构上诉部门的律师质量相比。”〔67〕这一描述具有很强代表性，反映了相当长一段时间内各界对 FTC 普遍看法。而之所以如此，FTC 成立之初国会对其羸弱的配备有很大影响。早在 1916 年，有学者即指出 FTC 非常缓慢和谨慎地摸索着其运行之道，它的行为由于国会未能充分拨款而进一步被阻碍，同时委员会成立之时的商业大萧条和商业条件的不确定性也使其缓慢前行〔68〕。之后，由于拨款、人员配备、内部管理等各方面的原因，FTC 饱受非议和诟病。波斯纳极其尖锐地指出：“FTC 群龙无首，管理不善，职员配备弱，痴迷于琐碎之事，政治化，总而言之，无效率并不能胜任。〔69〕”

也许正因如此，虽然在联邦最高法院 1912 年判例法确立了对 ICC 裁定的上诉审模式之后，《联邦贸易委员会法》第一时间将该模式予以成文法化，但是之后同样的司法审查模式在对两个委员会的适用上却可谓冰火两重天，即联邦法院在对 ICC 体现出广泛遵从的同时，却对 FTC 极其严苛。对于 ICC 有关费率是否合理的裁定，联邦最高法院认为其是事实问题，且属于制定法授予委员会的裁量权限之内，故采用实质性证据标准进行审查，而对于 FTC 做出的有关不公平竞争方法的界定，联邦最高法院确认为不公平竞争方法的确定是法律解释的问题，因而应重新审查。

两者反差如此之明显以至于有学者指出，当事实-法律二分法司法审查模式作为联邦最高法院从对 ICC 裁定过于激进的审查立场的一种策略性撤退之时，却在对 FTC 的审查中充满了攻击性意蕴〔70〕。美国学者 Carl McFarland 甚至专门著书进行对比分析，该书对 1920—1930 年间对 FTC 和对 ICC 的司法控制进行了深入比较研究，在充分展示法院对待两者态度上的区别之后分析了背后原因，认为主要包括铁路是公用事业而商业不是、州际商业委员会卓越的行政管理经验、州际商业委员会意见的高度说服力和明智、两个委员会决定的实施程序差异、新成立的 FTC 较受质疑以及国会自 1906 年就持续支持州际商业委员会

---

〔67〕 See NormanI. Silber, WithAll DeliberateSpeed. TheLife of PhilipElman: An OralHistory Memoir282(Michigan 2004). 转引自 RobertPitofsk, Past, Present, and Future of Antitrust Enforcement at the Federal Trade Commission, The University of Chicago Law Review, Vol. 72, No. 1, Symposium: Antitrust (Winter, 2005), pp. 209 - 227.

〔68〕 See Cornelius Lynde. The Federal Trade Commission and Its Relation to the Courts, The Annals of the American Academy of Political and Social Science, Vol. 63, National Industries and the Federal Government (Jan., 1916), pp. 24 - 36.

〔69〕 See Richard A. Posner. The Federal Trade Commission, 37U. Chi. L. Rev. 47(1969).

〔70〕 See Thomas W. Merrill, Article III. Agency Adjudication, and the Origins of the Appellate Review Model of Administrative Law, 111 Colum. L. Rev. 939, 970 - 972 (2011).

却未对 FTC 进行完善等六个方面〔71〕。

可见，其中的“属人性”因素明显，联邦最高法院对委员会的不予认可直接影响了对委员会反托拉斯执法决定的司法审查强度。正如有观点指出，司法审查的严格程度随行政机构的声誉而变化〔72〕。不过，时至今日，委员会正持续向着其成立之初被预设但却长久未能实现的专家机构方向发展，充分运用其行政诉讼解决各种重要、复杂、疑难的反托拉斯问题。〔73〕 也正因如此，FTC 慢慢摆脱了过去被嘲笑的历史，而真正成长为一个强有力的专家机构，逐渐赢得了尊重，而这也必然会影响法院的司法审查强度。

---

〔71〕 See Edward S. Corwin. Review: Judicial Control of the Federal Trade Commission and the Interstate Commerce Commission, 1920 - 1930, The American Political Science Review, Vol. 28, No. 3 (Jun., 1934), pp. 518 - 520.

〔72〕 See Landis. The Administrative Process (1938)，转引自 Anthony Lewis, Values of Judicial Review of Administrative Agency Proceedings, Administrative Law Bulletin, Vol. 11 (WINTER, 1958), pp. 198 - 200.

〔73〕 See D. Bruce Hoffman, M. Sean Royall. Administrative Litigation at the FTC: Past, Present, and Future, Antitrust Law Journal, Vol. 71, No. 1 (2003), pp. 319 - 331.

案例研究

过滤互联网视频广告是否构成不正当竞争

——猎豹浏览器案浅析

张瀛舟*

摘要：对于过滤互联网视频广告功能是否构成不正当竞争行为由于2013年合一公司诉金山安全公司等不正当竞争案(以下简称猎豹浏览器案)而受到较大关注，并在近年出现了许多类似案件。同时，在德国出现的类似案例，却得到了与我国完全相反的判决。本文认为商业模式本身仅构成法益而非权利，在个案中应允许对于“免费＋广告”的商业模式进行革新以促进技术创新等。特别是在日益强调创新以及消费者利益的趋势下，宜将消费者利益、是否有利于创新、主观是否存在恶意如是否具有针对性等多方面因素进行充分考量以认定是否构成不正当竞争行为，而不应一味认定提供具有过滤互联网视频广告功能的工具均构成不正当竞争。

关键词：不正当竞争，利益衡量，消费者利益，商业模式，过滤广告

一、问题的提出

现在我国绝大多数的视频网站主要采取“免费＋广告”的商业模式，即用户若想要免费观看视频的前提是必须观看一些广告。而与一般网页中出现在页面中间甚至浮动的广告不同，视频网站所提供的广告多是前贴片广告，用户通常能够选择静音，但无法跳过，广告的时长则与视频时长挂钩，并根据视频网站而有

---

* 张瀛舟，上海交通大学凯原法学院2016级法科特班研究生。

所不同。近年来，还出现了部分视频网站在视频中间插播广告等方式，但前贴片广告仍然是最为典型的模式，并且有广告时间日渐加长之趋势。对于我国多数的视频网站而言，广告收入都是其重要的收入来源。因此，在合一公司发现其所运营的优酷网的广告被猎豹浏览器所过滤时，即认为猎豹浏览器的这一功能构成了不正当竞争行为，并诉至法院。两审法院均判决原告胜诉〔1〕。我国实践中与之类似的案件，无论是涉及播放视频时会过滤广告的路由器、视频聚合还是专门用以过滤多种广告的客户端软件，法官均持统一的态度，判定过滤广告一方败诉。

该案虽然在我国的司法实践中并未受到争议，但由于该案核心的过滤广告这一行为属于在我国《反不正当竞争法》中未类型化的行为，同时还牵涉消费者利益、不正当竞争和技术创新的界限等值得深思的问题，因此在理论界掀起了一定的风波。有些观点认为此类案件一致认定构成不正当竞争的判决有阻碍创新之嫌，在司法实践中对于不正当竞争行为进行认定时应当充分考虑创新这一价值取向，且认为消费者利益包含不观看广告的利益。同时，也有些观点认为所谓的技术创新以及通常所引用的技术中立原则均应当以不妨碍其他经营者的正常经营为限，并引用了北京高院法官在百度诉奇虎不正当竞争案〔2〕中所提出的"非公益必要不干扰"原则，提出正如类似案件中法官所言，从长远来看，过滤视频广告不符合公共利益。而德国的类似诉讼特别是关于提供过滤广告功能最流行的插件 Adblock Plus 的诉讼中，则均判决 Adblock Plus 的运营者 Eyeo 公司胜诉，其中提出的一些观点可以作为我们更好地认定过滤广告行为是否具有合法性的参考。

当下，互联网成为人们生活中极其重要的一部分，在"免费＋广告"的商业模式为绝大多数互联网公司所采用的同时伴随着更多提供过滤广告功能的软件诞生，微软、三星、苹果等公司都开始允许自带浏览器中加入过滤广告功能或插件。而过滤广告的行为是否具有合法性对于以广告为主要收入的互联网公司而言具有重要的意义，对于整个互联网范围内的广告设置方式甚至商业模式的转变与否均有着相当的影响。特别是在现在提倡消费者利益、"万众创新"、强调"互联网＋"的大环境中，通过分析利用过滤广告技术是否构成不正当竞争行为，能够

〔1〕 北京市海淀区人民法院(2013)海民初字第 13155 号民事判决书；北京市第一中级人民法院(2014)一中民初字第 3283 号民事判决书。

〔2〕 北京市高级人民法院(2013)高民终字第 2352 号民事判决书。

进而探讨是否应绝对保护“免费+广告”的商业模式抑或是提倡技术创新、利益衡量以允许对于商业模式的革新，对于探索不正当竞争和创新的界限提供一定的帮助。

本文将首先对于猎豹浏览器案[3]的案情进行介绍并对于两审的判决思路进行分析，再于后续两章对于判决要旨中的主要内容结合相关的案例及理论观点进行探讨。其中将着眼于两个核心问题：一是过滤互联网视频广告行为能为我国《反不正当竞争法》规制的前提即一般条款的存在及其适用标准；二是对于经营者的商业模式是否应当进行保护及保护的进路。

二、猎豹浏览器案案情及判决要旨

（一）猎豹浏览器案案情及判决结果

1. 猎豹浏览器案案情

原告合一公司是优酷网的经营者。被告方中，贝壳公司是猎豹浏览器官方发布平台“猎豹网站”的经营者，金山安全公司是猎豹浏览器的开发者及著作权人，金山网络公司是猎豹浏览器及猎豹网站的著作权人。

由金山安全公司所开发的猎豹浏览器本身是一个具有浏览网页、观看网页视频等多种功能的浏览器，过滤广告并非是其唯一或者主要功能。在猎豹浏览器中，金山安全公司通过技术措施向使用浏览器的用户提供“网页广告过滤”功能，此功能默认处于关闭状态。用户主动开启该功能后，浏览页面时网页中的多种广告就能够被过滤，具体广告形式包括静止图片、动态图片以及视频网站原本无法关闭或跳过的广告如贴片广告。可过滤的广告中包括优酷网的广告，但是该功能也能够过滤其他经营者投放的广告，并非针对优酷网的经营者合一公司。用户还能够对于具体的过滤规则进行个性化的定制，以决定是否过滤以及过滤何种广告。该功能本身是开源的，无论是想要使用浏览器过滤广告的用户抑或是投放广告的经营者如合一公司等均可以查看过滤规则。由于用户使用开启网页广告过滤功能的猎豹浏览器访问优酷网时，可以直接观看视频而无须观看广告。因此，猎豹浏览器自然受到众多用户的喜爱。

当时合一公司发现自己所投放在优酷网上的广告被猎豹浏览器所过滤，认为开发和提供猎豹浏览器的过滤广告功能构成不正当竞争，故将金山安全公司、

[3] 北京市第一中级人民法院(2014)一中民初字第3283号民事判决书。

金山网络公司以及贝壳公司诉至法院。而被告提出的抗辩则主要包括5个方面。一是过滤视频广告这一功能属于中立技术，依据技术中立原则不应认定提供该技术的行为构成不正当竞争。二是过滤原告所投放的视频广告是基于用户需求，因此被告行为符合公共利益。三是原告所投放的广告属于恶意广告，因此商业模式不合法。四是浏览器中加入过滤视频广告功能的行为已经属于行业惯例。五是原被告之间并不存在竞争关系。

2. 猎豹浏览器案判决结果

法院一审判决，猎豹浏览器非法过滤优酷视频贴片广告的行为，构成不正当竞争，金山应承担合一公司经济损失、合理费用以及诉讼费用总计人民币30万元〔4〕。二审判决驳回上诉，维持原判〔5〕。该案为2014年中国法院五十件典型知识产权案例之三十，以及2014年度北京法院知识产权十大案例之十。

(二) 猎豹浏览器案判决要旨

1. 猎豹浏览器案一审判决要旨

一审法院在认可了合一公司对于“免费＋广告”这一商业模式具有可受法律保护的利益的基础上，认为猎豹浏览器过滤优酷网广告的行为具有不正当性。

(1) 原告的正当商业模式受法律保护

一审法院认为通过支付相应成本提供加载广告的各类免费视频节目吸引用户访问，再从广告主处取得收益是视频网站所广泛采用并为市场广为接受的商业模式。且优酷网的广告虽不可关闭，但是仍然不能被认定为恶意广告。因此，该“免费＋广告”的商业模式属于正当商业模式，合一公司对其经营的优酷网所采用的正当商业模式具有可受法律保护的利益。

(2) 被诉行为具有不正当性

在认可原告具有受法律保护利益的基础上，则需进一步判断被告被诉行为是否具有不正当性这一核心问题。对此一审法院从三方面阐述了被诉行为具有不正当性。

首先，一审法院认为双方存在竞争关系。虽然双方并不存在特定细分领域直接竞争的关系，但是却存在对于经营利益的竞争。被告方提供过滤优酷网视频广告的猎豹浏览器会影响原告的交易机会和广告收益，所以原被告之间存在竞争关系。

---

〔4〕 北京市海淀区人民法院(2013)海民初字第13155号民事判决书。

〔5〕 北京市第一中级人民法院(2014)一中民初字第3283号民事判决书。

其次，一审法院认为由于被告存在损害他人合法权益的主观过错，因此猎豹浏览器的过滤广告这一功能并不属于中立技术。法院虽然认可技术中立原则的存在，并同意技术所导致的侵权后果并不能完全、无条件地归责于技术的开发者，但认为技术本身是人类开发的，自然在一定程度上会受到技术开发者等人的控制和影响，所以强调衡量某一种技术是否属于中立技术的核心在于考察技术开发者等主体是否存在损害他人合法权益的主观过错。而一旦在开发该项技术之时开发者等已经存在主观过错，那么即使该功能需由用户自行开启等也不能成为该项技术具有中立性的理由。

而法院认为基于现有的证据，猎豹浏览器中的视频广告过滤功能，较有可能是由开发者金山安全公司等对于猎豹浏览器进行的针对性开发，且开发者应当知道该功能会对于优酷网等视频网站正当的商业模式造成损害。法院认为被告开发并经营猎豹浏览器中过滤广告功能的行为，并非技术上无法避免的，而是被告意图以此作为宣传亮点以吸引用户使用。因此，法院认定被告破坏优酷网正当商业模式的主观过错明显，而这种开发时主观过错的存在致使猎豹浏览器视频广告过滤这一技术本身不具备价值中立性。即使该功能默认关闭，仍然不能改变该技术本身不具有中立性的实质。

再次，一审法院认为浏览器过滤视频广告不属于行业惯例。在法院看来，被告提交的公证书仅能证明多种浏览器具有过滤广告的功能，但过滤的对象多是恶意广告、弹窗广告等，而非本案所涉及到的、法院认为非属恶意广告的视频贴片广告。此外，公证书也未能显示业内其他浏览器具备过滤视频广告的功能，而仅能过滤通常的网页广告如静态图片等。因此，一审法院认为该公证书不足以证明存在过滤视频广告的行业惯例。

综上所述，一审法院认为在双方存在竞争关系的前提下，被告采用不具有中立性的技术侵犯原告正当商业模式这一合法利益的行为不符合行业惯例，属于不正当竞争行为。

2. 猎豹浏览器案二审判决要旨

二审法院与一审法院的裁判思路有所不同，首先论证了竞争关系的存在，然后在论证了原告的商业模式受到法律保护之后从诚实信用原则入手分析被告行为的不正当性，并在最后将被告的抗辩一一驳回。

1）双方之间存在竞争关系

二审法院将竞争关系的存在作为构成不正当竞争行为的前提条件之一，认为竞争关系的存在不取决于经营者之间是否属于同业竞争关系等，而应取决于经营者的行为是否具有损人利已的可能性。所谓的损人利已的可能性具体包括损害其他经营者利益以及为自身获取现实或潜在的经营利益的两方面的可能性。若两方面的可能性同时存在,即可认定两者具有竞争关系。

在本案中,原告经营的是视频网站,被告经营的是浏览器,因此两者不具有同业竞争关系。但是二审法院认为,猎豹浏览器所具有的过滤视频广告这一功能不仅具有对合一公司采用“免费+广告”这一商业模式的经营活动及其所带来的经营利益造成损害的可能性,而且也有使被告方获得更多用户也就是为自身获取经营利益的可能性,因此猎豹浏览器过滤互联网视频广告的行为符合具有损人利已的可能性这一竞争关系存在的标准。本案中一审法院仅言明原被告之间存在经营利益的竞争,而二审法院在一审法院的基础上进一步进行了拓展,将经营利益的竞争分为损害他人利益以及获得自身利益两个方面。

2）原告的正当商业模式受法律保护

二审法院认为原告经营优酷网所采用的“免费+广告”这一商业模式应受到法律保护。法院认为视频网站的正常经营活动需支出相应的成本,且优酷网的许多视频都是需要网站付费购买版权而非由普通用户所自行上传。由于用户不观看视频广告会使原告的正常经营活动难以维系,因此在用户不支付任何对价即观看广告的情况下,原告显然并无提供视频之义务。由于原告的“免费+广告”这一商业模式不仅没有违反法律规定,也没有违反商业道德和诚实信用原则,具有正当性,应当受到法律保护。

3）被诉行为具有不正当性

与一审法院的思路相同,论证了原告经营行为的合法性之后就需论证被告方开发并提供具有过滤视频广告功能的浏览器的行为是否具有不正当性。但是二审法院将具有不正当性直接界定为违反诚实信用原则的行为,并分为两类,一类为破坏其他经营者正当经营活动的行为,另一类为不正当利用其他经营者经营利益的行为。二审法院认为被告方的行为无论在主观方面或是客观方面均同时符合两类行为的内涵,与诚实信用原则不符。

其一,二审法院认为被诉行为破坏了原告的正常经营活动。理由为猎豹浏览器中的过滤视频广告这一功能一旦开启,将会使合一公司所投放的广告无法正常播放,从而会影响其广告收益,因此破坏了合一公司的正常经营活动。法院认为虽然用户才是直接对于优酷网视频广告进行过滤的主体,但是浏览器所具有这一功能本身显然是直接诱因。此外,即使视频广告过滤功能默认关闭,现有用户的使用习惯决定了会有相当一部分用户选择开启这一功能。因此,被告的行为在客观上造成了破坏原告正常经营活动的后果。而在主观上,法院认为同样作为互联网从业者的被告显然对于用户选择开启过滤广告功能以及过滤广告对于原告经营利益造成损害的可能性均明确知晓。在知晓的基础上依然对于猎豹浏览器的相应功能进行开发并向用户提供,体现了被告在主观上存在破坏原告正当经营活动的故意。

其二,二审法院认为被诉行为不当利用了原告的经营利益。二审法院认为被告有利用猎豹浏览器中过滤广告的功能获得合一公司所经营的优酷网用户这种经营利益的主观故意,且具有造成此种客观后果的可能性。法院认为用户显然希望观看视频时不观看任何广告,因此猎豹浏览器中过滤广告的功能会吸引相当比例的优酷用户同时成为猎豹浏览器的用户,从而增加猎豹浏览器的用户数量。这种客观方面的后果是很可能存在的,而被告在显然知晓这一客观后果的情况下向用户提供猎豹浏览器,显然具有利用原告经营利益的主观故意。

4) 对于被告抗辩的驳回

其一,二审法院同样认为有关技术中立原则的抗辩不能成立。二审法院与一审法院一样,认为技术中立原则虽非法定原则,但仍应当作为参考。与一审法院有所出入的是,二审法院认为对于技术中立原则的正确理解之核心在于区分技术本身与对技术的使用行为,技术中立原则中的中立仅指前者。由于违法行为的认定本身仅针对对于技术的某一特定使用行为,而不会影响对该技术的其他合法使用行为,因此认定使用行为违法并不会阻碍技术本身的发展。二审法院认为本案中,被告为了开发出浏览器中过滤视频广告功能而采用的技术如底层扩展过滤技术等本身具有中立性,但开发并提供猎豹浏览器属于对这些具有中立性的技术的使用行为。因为即使认定过滤技术被用以过滤视频广告则构成不正当竞争,但过滤技术仍然具有其他合法的使用方式,所以对于本案被诉行为构成不正当竞争的认定并不违反技术中立原则,无碍技术创新。

其二,二审法院认为优酷网的广告并非恶意广告。二审法院认为被告并未能够证明优酷网前贴片广告符合恶意广告的法定或约定俗成的含义。虽然优酷网的视频广告似乎符合《互联网自律公约》中对于恶意广告的定义,但是该公约仅是部分互联网企业间签署的协议,无法据此表明行业对恶意广告的一般认知。法院还认为广告时长及是否可以关闭均不应成为恶意广告的判断因素,而仅是合一公司等经营者所作出的经营选择,只要不违反法律规定或商业道德,则不属于恶意广告。用户难以接受时间较长且无法关闭的广告这一事实本身与广告是否属于恶意广告并无必然联系。并且用户即使无法接受这种广告,仍可选择在广告时间做其他事情，或选择看其他视频网站等。此外，二审法院还以传统媒体如电视、广播等作为类比，认为若消费者或经营者不会因电视及广播节目中广告同样时间较长且无法关闭而认为构成恶意广告的话，则不应认定原告提供的广告属于恶意广告。

其三，二审法院认可公共利益是判断行为合法性的一个考虑因素。但是猎豹浏览器中的过滤视频广告功能仅满足了部分用户的需求，在客观上反而会使全体用户付出更高的代价，并在长期影响视频网站行业的发展，最终将不利于公共利益。

二审法院从短期和长期分别探讨了被诉行为若认定合法，对于公共利益所可能产生的负面影响。法院认为短期而言，视频网站的主要商业模式可能会转向付费模式，从而不利于用户利益。现在的视频网站中通常同时存在“免费＋广告”与付费两种商业模式。在“免费＋广告”这一商业模式下，用户需要支付一定时间成本但无须支付经济成本。但若法院认可了提供具有过滤视频广告功能的猎豹浏览器这类行为的合法性，则很可能意味着视频网站在未来难以获得广告收入，从而使得其主要商业模式必须转变为付费模式。这一转变意味着用户观看视频所支付的对价由原来的可选择支付时间成本或经济成本变为只能支付经济成本。而长期而言，由于存在导致视频网站丧失生存空间的可能性，因此同样不利于用户利益。法院认为现下我国消费者对于付费模式的接受程度相当有限。而若是采用消费者难以接受的商业模式，将会使得经营者的经营活动难以维系。因此，如果视频网站无法使用“免费＋广告”这一商业模式，而用户又难以接受付费模式，那么未来很可能出现整个视频网站行业难以维系的局面。这必然会导致用户通过互联网获得视频内容的机会大大减少，从而客观上导致用户的利益受到损害。

其四，二审法院同样认为有关行业惯例的主张不能成立。二审法院认为根据现有证据，确实有一些浏览器具有过滤广告的功能，但过滤的对象均非针对视频广告。此外，即使其他浏览器确实具有过滤视频广告的功能，这一行业惯例的存在也无法决定被诉行为的合法性。行为合法性的判断的依据是法律的相关规定，不合法的行为即便成为行业惯例，亦不能代表其具有合法性。

综上所述，与一审判决相比，二审判决将不正当性界定为违反诚实信用原则，并分成两类行为，从主观和客观方面分别进行讨论，且对于竞争关系的判断进行了更为明晰的界定，对于技术中立原则的表述则在表面上有所不同，而笔者认为二审判决最为重要的是对于被诉行为是否符合公共利益进行了具体的分析。

下文还会继续结合本案中两审判决的判决要旨中的核心内容如该案中行为不正当性的判断标准、行为是否符合公共利益以及原告是否对于其“免费＋广告”的商业模式享有受法律保护的利益进行进一步的探讨。

三、一般条款的适用标准

虽然在猎豹浏览器案[6]公布的判决内容中法官未进行相关论述，但一般条款的存在，显然是过滤互联网视频广告行为这一在第2章中未被列举的新型行为能够适用我国《反不正当竞争法》进行规制的基础。对于我国《反不正当竞争法》中一般条款是否存在主要有认为无一般条款的“法定主义说”[7]、“完全的一般条款说”[8]以及认可司法层面存在一般条款的“有限的一般条款说”[9]。无论是根据学者对于司法实践的统计[10]或是最高人民法院的法官提出的“有限法定主义”原则[11]等，均体现出现今的通说为“有限的一般条款说”。

而在能够适用该条作为一般条款的前提下，如何认定未类型化的行为是否具有不正当性就需要探求一般条款的具体适用标准。笔者认为，一般条款的适用标准并非单一的道德性或经济性标准，而是应当采纳利益衡量原则，利益衡量框架包含的重点因素包括主观要件、消费者利益、后文专章提到的商业模式以及原告的生存空间等。虽然现时竞争关系的存在被认为是适用一般条款进行规制的前提之一，但由于在笔者看来竞争关系的存在并非是一般条款适用标准的重要构成内容，因此不着重论述。

(一) 一般条款的总体适用标准

1. 道德性标准和经济性标准

在肯定具有一般条款的基础上，对于具体适用的标准为道德性标准或为经

---

〔6〕 北京市第一中级人民法院(2014)一中民初字第3283号民事判决书。

〔7〕 陈立骅、陈建洋：《中华人民共和国反不正当竞争法释义》，中国法制出版社1994年版，第20页。

〔8〕 邵建东：《我国反不正当竞争法中的一般条款及其在司法实践中的适用》，《南京大学法律评论》2003年第1期；杨紫烜主编：《经济法》，北京大学出版社1999年版，第182页；种明钊主编：《竞争法》，法律出版社1997年版，第166—167页。

〔9〕 孔祥俊：《反不正当竞争法的创新性适用》，中国法制出版社2014年版，第92—98页；王先林：《竞争法学》(第二版)，中国人民大学出版社2015年版，第86页。

〔10〕 有学者曾对904个相关案件进行统计，其中援引《反不正当竞争法》第2条的案件占比为35.7%。来源为谢晓尧：《在经验与制度之间——不正当竞争司法案例类型化研究》，法律出版社2010年版，第89页。

〔11〕 孔祥俊：《反不正当竞争法新论》，人民法院出版社2001年版，第183页。

济性标准，抑或其他标准等有着不同认识。最高人民法院认为对于竞争行为特别是《反不正当竞争法》第2章未类型化的行为的正当性，应以行为是否符合诚实信用原则以及公认商业道德为基本的判断标准〔12〕。虽然近来有一些学者开始主张经济性标准，认为维护竞争秩序才是反不正当竞争法维护的终极目标，因此应聚焦于行为的客观市场效果方面〔13〕，或是提出以违反道德性标准的代价促进了竞争，恰是法律应容忍的〔14〕。但道德性标准仍为我国通说〔15〕。

关于道德性标准的具体内涵，有学者认为诚实信用原则是一般条款的核心〔16〕，另有学者侧重于公认、诚实的商业道德〔17〕。还有学者认为在《反不正当竞争法》中，诚实信用原则本身表现为公认商业道德〔18〕。许多学者还提到行业公认标准和通行做法是重要的参考依据〔19〕。笔者认为正如最高人民法院在腾讯诉奇虎不正当竞争案〔20〕中指出的，行业规则并非一定具有合法性，它们“不能违反法律原则和规则，必须公正、客观”。

在猎豹浏览器案〔21〕中，二审法院直接提出行为之所以具有不正当性，在于其破坏其他经营者正当经营活动并不正当利用其他经营者经营利益，违反了诚实信用原则。可见，法院是采用了道德性标准并将诚实信用原则作为了判断行为是否具有不正当性的核心。当面临被告提出的行业惯例的抗辩时，二审法院认为一方面行业内并无过滤视频广告的惯例，另一方面行业惯例本身的存在并不能证明具有合法性，后者与最高人民法院以及多数学者的观点都是相同的。

---

〔12〕 最高人民法院(2009)民申字第1065号民事裁定书。

〔13〕 蒋舸：《〈反不正当竞争法〉一般条款在互联网领域的适用》，《电子知识产权》2014年第10期。

〔14〕 张学军：《互联网服务不正当竞争行为辨析》，《竞争政策研究》2015年第2期。

〔15〕 谢晓尧：《竞争秩序的道德解读——反不正当竞争法研究》，法律出版社2005年版，第31—32页；赵军：《网络市场不正当竞争行为的法律规制》，《特区经济》2010年第6期；张钦坤：《反不正当竞争法一般条款适用的逻辑分析——以新型互联网不正当竞争案件为例》，《知识产权》2015年第3期；王艳芳：《〈反不正当竞争法〉在互联网不正当竞争案件中的适用》，《法律适用》2014年第7期等。

〔16〕 王先林：《试论诚实信用原则与反不正当竞争法——兼论我国〈反不正当竞争法〉封闭性之克服》，《政法论坛》1996年第1期。

〔17〕 李昌麒主编：《经济法学》，中国政法大学出版社1999版，第403页；谭俊：《论互联网行业不正当竞争的新特征及其法律规制》，《电子知识产权》2014年第10期。

〔18〕 孔祥俊：《知识产权法律适用的基本问题——司法哲学、司法政策与裁判方法》，中国法制出版社2013年版，第120—121页。

〔19〕 吴莉娟：《互联网不正当竞争案件中商业模式的保护》，《竞争政策研究》2015年第2期；张平：《〈反不正当竞争法〉的一般条款及其适用——搜索引擎爬虫协议引发的思考》，《法律适用》2013年第3期；张钦坤：《反不正当竞争法一般条款适用的逻辑分析——以新型互联网不正当竞争案件为例》，《知识产权》2015年第3期；王艳芳：《〈反不正当竞争法〉在互联网不正当竞争案件中的适用》，《法律适用》2014年第7期等；杨华权：《论爬虫协议对互联网竞争关系的影响》，《知识产权》2014年第1期等。

〔20〕 最高人民法院(2013)民三终字第5号民事判决书。

〔21〕 北京市第一中级人民法院(2014)一中民初字第3283号民事判决书。

对于前者，在事实层面笔者抱有一定的异议，因为现今绝大多数的浏览器都允许安装插件，而许多非常受欢迎的插件如 Adblock Plus，Adblock，Advertising Terminator 以及 Adguard Adblocker 等都具有过滤视频广告的功能，一些客户端、聚合服务等同样可以过滤视频广告。

2. 利益衡量原则

有学者提出在过滤广告案件中应依据个案的情况进行综合的利益衡量〔22〕。还有学者较为创新地在对于不正当竞争行为的考察中引入公法中更常见的比例原则〔23〕，而比例原则的重点即在于对不同利益的衡量。笔者认为，对于行为的不正当性认定应采用利益衡量的原则。道德性标准常用的诚实信用原则和公认的商业道德本身均是难以清晰界定的概念，并且“竞争”最基本的涵义就是“为了自己方面的利益而跟人争胜”，既然不是合作而是相互争夺交易机会，那么具有对于他人一定程度的破坏性其实是蕴含在竞争的本义中的。反不正当竞争法一个较为突出的特点便是客体往往并不能构成权利，而仅构成法益，这一点将在下文对于商业模式的保护进路讨论时再详述。既然是法益，那么如德国最高法院在 Fernsehfee 电视精灵案〔24〕中采取利益衡量的原则便是顺理成章的。正如学者所言，德国和美国因强调利益衡量，看似会使权益保护飘忽不定，实际却正是遵循了法益保护的路径〔25〕。具体而言，笔者认为在利益衡量中应当衡量被告的主观是否具有恶意及针对性、消费者利益、原告商业模式的正当性、原告是否还能继续参与竞争等因素，并充分考虑创新这一重要价值。

3. 竞争关系的认定

虽然在我国的猎豹浏览器案〔26〕及相关案例中法院均对于竞争关系的存在专门进行了论述。此外，德国的一个判例中法官曾直接认定原被告之间缺乏竞争关系〔27〕。但在笔者看来，我国现在的司法实践中对于认定存在竞争关系其实并未产生过多争议，德国也在同一法院最新的判决中承认了竞争关系的存

---

〔22〕 周樨平：《竞争法视野中互联网不当干扰行为的判断标准——兼评“非公益必要不干扰原则”》，《法学》2015 年第 5 期。

〔23〕 兰磊：《比例原则视角下的〈反不正当竞争法〉一般条款解释——以视频网站上广告拦截和快进是否构成不正当竞争为例》，《东方法学》2015 年第 3 期。

〔24〕 BGH，24.06.2004 - I ZR 26/02.

〔25〕 周樨平：《竞争法视野中互联网不当干扰行为的判断标准——兼评“非公益必要不干扰原则”》，《法学》2015 年第 5 期。

〔26〕 北京市第一中级人民法院(2014)一中民初字第 3283 号民事判决书。

〔27〕 LG München I，27.05.2015 - 37 O 11843/14.

在〔28〕。根据反不正当竞争法的历史，在早期如《巴黎公约》等确实有竞争关系存在这一要求，然而现在已经逐渐淡化了〔29〕。而在被认为对于竞争关系具有创新性认定的爱奇艺诉极科极客不正当竞争案〔30〕中，法官就认为竞争关系应以行为是否损害到他人竞争利益而非身份如所处行业等认定。因此，在类似案件中认定竞争关系的存在于笔者看来并不存在障碍。事实上，在我国的《反不正当竞争法》中，本就没有对于竞争关系的明文规定，这一要件在司法实践中其实已经体现出被空置之趋势，在最近的修订过程中甚至可以考虑使我国的《反不正当竞争法》彻底成为一种市场行为法。

（二）利益衡量框架中应当考量的因素

本节将对于笔者认为的适用于该类案件的利益衡量框架中的主观要件以及消费者利益这两个因素进行详细论述，而对于原告商业模式的正当性、原告是否还能继续参与竞争等其他因素将在下章中再加论述。

1\. 主观要件及技术中立原则

有学者将主观要件认为是道德性标准的重要部分〔31〕，还有学者进一步认为宜采纳我国民法学者提出的主客观过错统一说〔32〕。而在技术中立原则的提出地美国作出的 Grokster 案〔33〕这一权威判决中认为主观故意与技术中立原则具有密切的联系。

在猎豹浏览器案〔34〕中，两审法院均对主观过错进行了阐述，但是一审判决主要将主观过错作为了判断技术是否具有中立性的标准，而二审法院则主要在判断行为不正当性时提及了主观过错，在技术中立原则中则未明确提及主观要件。但是根据笔者的分析，二审法院对于技术中立原则的论述中其实已经包含了对于主观过错的考察。

由于被告以技术中立原则进行抗辩，在两审中法院都对该原则进行了阐述，并对原则本身表示认可，但是论证却有不同。一审法院明确表示技术提供者是否存在损害他人合法权益的主观过错为判断技术中立性的核心标准。而在二审

---

〔28〕 LG München I, 22.03.2016 - 33 O 5017/15.

〔29〕 王先林：《竞争法学》（第二版），中国人民大学出版社 2015 年版，第 81 页。

〔30〕 北京知识产权法院（2014）京知民终字第 79 号民事判决书。

〔31〕 周樨平：《竞争法视野中互联网不当干扰行为的判断标准——兼评“非公益必要不干扰原则”》，《法学》2015 年第 5 期。

〔32〕 汪涌：《软件不正当竞争行为及其法律规制》，《法律适用》2012 年第 4 期。

〔33〕 Metro-Goldwyn-Mayer Studios Inc. v. Grokster, Ltd., 545 U.S. 913, 125 S. Ct. 2764, 162 L. Ed. 2d 781 (2005).

〔34〕 北京市第一中级人民法院（2014）一中民初字第 3283 号民事判决书。

判决中，法院提出区分技术本身与技术使用行为才是判断技术是否具有中立性的核心。但判决中认为过滤技术本身属于中立的技术，开发及提供猎豹浏览器的行为则属于使用技术的行为而不具有中立性的论述则令人困惑。浏览器的开发本身只是各项技术的聚合，若认为过滤广告的技术具有中立性，似乎并无认定浏览器本身不具有中立性的原因。二审判决在技术中立原则一处未提到主观要件，但是在论述被诉行为违反诚实信用原则之时直接提及了被告具有主观过错，意即将主观要件作为了道德性标准的重要内容。根据笔者的理解，法院判决中所述的对技术的使用行为实际上暗含了对于主观要件的考察，也就是由于被告以主观上违反诚实信用原则的故意对技术进行了使用。因此，作为使用结果的浏览器本身才不具有中立性。

而美国与德国法院在技术中立原则的考察中，均将主观要件作为核心要件。美国联邦最高法院在著名的 Betamax 案〔35〕中确立了技术中立原则，在 Grokster 案〔36〕中又对于这一原则进行了限缩解释，强调了存在主观故意时能够构成帮助侵权，即使技术本身中立也就是具有非实质性侵权用途，若被告具有帮助侵权的主观过错，仍然可以认定被告帮助侵权。在德国的多个判例〔37〕中，法官反复强调了被告的行为不构成不正当竞争的最大原因在于用户下载安装 Adblock Plus，并选择过滤广告均是自愿的，被告并没有对于原告的商业模式进行直接的干扰。法官认为开发者仅是提供了一种工具，具体是否过滤和过滤何种广告的决定权都在用户手中，因此直接给原告造成经济损失的并非是被告而是用户本身，被告也没有进行任何形式的强迫或故意引诱等。法院还多次提及被告提供 Adblock Plus 这一过滤广告插件的主要目的不是干扰其他人的竞争，而是为获得商业利益，甚至在最新的判例中还明言是为了推广其独特的"Acceptable Ads"这种商业模式〔38〕。此外，Adblock Plus 本身可以由用户定制过滤规则，默认规则也并未具有对于原告的针对性，更加体现了被告不具有主观故意。

---

〔35〕 Sony Corp. of America v. Universal City Studios, Inc., 464 U.S. 417, 104 S. Ct. 774, 78 L. Ed. 2d 574 (1984).

〔36〕 Metro-Goldwyn-Mayer Studios Inc. v. Grokster, Ltd., 545 U.S. 913, 125 S. Ct. 2764, 162 L. Ed. 2d 781 (2005).

〔37〕 LG Hamburg, 21.04.2015 - 416 HK O 159/14; LG München I, 27.05.2015 - 37 O 11843/14; LG München I, 22.03.2016 - 33 O 5017/15.

〔38〕 LG München I, 22.03.2016 - 33 O 5017/15.

然而在猎豹浏览器案〔39〕的两审判决中，虽然均认为被告存在主观过错，但是对于被告具有主观过错均缺少完整的论证。一审法院将被告对于浏览器的过滤广告功能进行的可能具有针对性的开发等同于被告知道会对于原告的商业模式造成损害的主观过错。二审法院提及了虽然直接过滤广告的是用户，但认为被告开发的浏览器是直接诱因。并认为被告作为互联网从业者，对于用户选择过滤功能的可能性，以及过滤后果可能对合一公司经营利益所造成的损害显然明确知晓，还将提供浏览器会导致用户的增加作为认定被告具有破坏原告正常经营活动以及利用原告经营利益的主观过错的理由。

值得注意的是，猎豹浏览器的过滤广告功能虽然不需要用户再次从应用商店中进行下载安装，然而其默认的状态是关闭，更重要的是并非对于合一公司专门进行了过滤视频广告的开发，不具有针对性。被告即使同样作为互联网的从业者，并且为猎豹浏览器专门开发了过滤广告的这一功能，这本身并不能体现出被告具有不正当竞争的故意，毕竟被告最主要的目的并非是要对于原告的经营造成阻碍，而是为了获取竞争优势，使自己的浏览器能够获得更多用户以获得经营利益。并且使用被告提供的猎豹浏览器浏览优酷网不仅不会导致观看优酷网的用户减少，反而可能导致优酷网的用户增加，只是观看广告的用户可能会减少。二审法院直接将知晓原告部分用户会成为自己的用户等同于行为具有不当性，并没有对于何为“不当”利用进行论证，这一点是非常值得商榷的。对于经营者而言，其目标自然是获得用户，这是无可厚非的，而获得其他经营者的用户也往往属于正当竞争的产物。显然仅有使其他经营者的用户同时成为自己的用户本身这一行为，无法证明属于不正当竞争。法院既然将不正当利用其他经营者经营利益界定为违反诚实信用原则的内涵之一，自然就不能再以违反诚实信用原则作为该部分“不当性”的内涵，否则就会陷入循环论证。但法院也同样未提到其以其他内涵作为“不当性”的标准。

反观美国的Grokster案〔40〕，美国联邦最高法院在判决中运用了诸如被告对于一个已经被起诉为版权侵权的公司的用户散发其软件、具有明显引诱性的广告语和利用搜索引擎的相关行为等一系列证据以阐述被告具有引诱用户侵权的主观故意。此外，法院还认为虽然 Grokster 公司以及 StreamCast 公司意图

---

〔39〕 北京市第一中级人民法院(2014)一中民初字第3283号民事判决书。

〔40〕 Metro-Goldwyn-Mayer Studios Inc. v. Grokster, Ltd., 545 U.S. 913, 125 S. Ct. 2764, 162 L. Ed. 2d 781 (2005).

利用他们所开发的 P2P 软件中的广告赚钱这一点值得注意,但认为想要获得利益的证据本身不足以合理地推断出被告具有主观故意〔41〕。

在笔者看来,在利益衡量框架中,被告是否有主观过错特别是主观故意是一个重要的考量因素,同时主观要件还是技术中立原则中一个重要的判断标准,但是要论证主观故意的存在,法院至少应当以被告将过滤视频广告作为卖点而重点进行宣传等能够体现被告明显的主观故意甚至主观恶意的证据作为认定的基础,而从本案公布的判决内容来看,却缺少了这一重点的论证。

2. 消费者利益

在猎豹浏览器案中,二审法院认为《反不正当竞争法》的立法目标虽是追求合法有序的竞争秩序,但最终将必然有利于公共利益,因此公共利益是对于行为是否具有合法性的一个考虑因素〔42〕。在笔者看来,根据二审法院的相关论述,这一公共利益所指向的其实是所有消费者的利益,而消费者利益应当成为该类案件利益衡量框架中最重要的考量因素之一。

其实在我国此前的司法判例中已经多次提到了行为可能因为符合正当目的而被认定为属于正当竞争行为。在腾讯诉奇虎不正当竞争案〔43〕中考察了消费者利益可否成为正当理由,在百度诉奇虎不正当竞争案〔44〕中,法官提出了“非公益必要不干扰原则”,但认为即使用户对干扰手段知情并主动选择,除非为了公共利益否则不能损害他人合法权益〔45〕。一些学者提出消费者利益是一种正当目的〔46〕,或认为反不正当竞争法保护的是包括竞争者、消费者和公共利益在内的多元目标〔47〕,另一些学者更认为竞争法最终保护的就是消费者〔48〕。

在德国的数个判例〔49〕中,法院明确提出需要在个案中同时对于经营者、消费者和其他市场参与者的利益进行全方位的衡量。这与有学者认为消费者利益

---

〔41〕 王迁:《P2P 软件提供者的帮助侵权责任——美国最高法院 Grokster 案判决评析》,《电子知识产权》2005 年第 9 期。

〔42〕 北京市第一中级人民法院(2014)一中民初字第 3283 号民事判决书。

〔43〕 最高人民法院(2013)民三终字第 5 号民事判决书。

〔44〕 北京市高级人民法院(2013)高民终字第 2352 号民事判决书。

〔45〕 石必胜:《互联网竞争的非公益必要不干扰原则　兼评百度诉 360 插标和修改搜索提示词不正当竞争纠纷案》,《电子知识产权》2014 年第 4 期。

〔46〕 张素伦:《互联网不正当竞争行为的判定应引入消费者权益因素》,《电子知识产权》2014 年第 4 期。

〔47〕 丛立先:《网络版权问题研究》,武汉大学出版社第 2007 年版,第 145—148 页。

〔48〕 邓志松:《互联网丛林中的竞争规则》,《电子知识产权》2010 年第 11 期。

〔49〕 LG Hamburg, 21. 04. 2015 - 416 HK O 159/14; LG München I, 27. 05. 2015 - 37 O 11843/14.

不是一种正当目的，仅是强化了干扰方的利益加总的观点〔50〕是相合的，也是笔者所持的观点。

关于过滤广告是否属于消费者利益或公共利益，甚至是否构成正当目的，存在着不同的观点。在猎豹浏览器案〔51〕中，被告提出猎豹浏览器的过滤视频广告功能满足了用户不愿观看优酷网难以接受的前贴片广告的需求，故行为系基于公共利益。但二审法院不赞同被告的主张，认为过滤广告仅有利于部分而非所有消费者。其理由为“免费＋广告”这一商业模式被破坏后经营者会转为付费，使消费者观看视频所支付的对价由原来可在时间或经济成本变中进行选择变为只有经济成本这一种方式，此外还可能导致许多视频网站的关闭。

在腾讯诉奇虎不正当竞争案二审判决〔52〕中，最高人民法院认为用户虽无观看广告义务，但是既不支付时间成本、又免费享受服务的行为，已不属于合法的消费者利益。提出“非公益必要不干扰原则”的法官和有的学者认为过滤广告与社会普遍价值无关，不属于公共利益〔53〕。有学者认为广大消费者的利益即为公共利益〔54〕，认为过多、过滥的视频广告严重影响上网体验，且符合比例原则，足以构成正当目的〔55〕。在德国的一个判例〔56〕中，法院认为用户与原告之间并没有达成为了观看其内容就必须要接受浏览其广告的协议，因此不存在被告帮助原告违反合同的可能，过滤广告完全属于消费者的权利。

猎豹浏览器案〔57〕中法院对于消费者利益进行了考量这一点显然是值得赞许的。笔者也承认过滤广告工具的出现可能会导致视频网站更多地转向付费模式，从而不利于一部分的消费者，并且还可能会使更多网站采用植入性广告这一过滤广告工具所暂时无法识别的方式，出现影响新闻等内容之中立性的可能性〔58〕，并进而对于消费者产生误导等问题，但是法院得出不利于所有消费者利

---

〔50〕 周樨平：《竞争法视野中互联网不当干扰行为的判断标准——兼评“非公益必要不干扰原则”》，《法学》2015年第5期。

〔51〕 北京市第一中级人民法院(2014)一中民初字第3283号民事判决书。

〔52〕 最高人民法院(2013)民三终字第5号民事判决书。

〔53〕 石必胜：《互联网竞争的非公益必要不干扰原则 兼评百度诉360插标和修改搜索提示词不正当竞争纠纷案》，《电子知识产权》2014年第4期；周樨平：《竞争法视野中互联网不当干扰行为的判断标准——兼评“非公益必要不干扰原则”》，《法学》2015年第5期。

〔54〕 张广良：《具有广告过滤功能浏览器开发者的竞争法责任解析》，《知识产权》2014年第1期。

〔55〕 兰磊：《比例原则视角下的〈反不正当竞争法〉一般条款解释——以视频网站上广告拦截和快进是否构成不正当竞争为例》，《东方法学》2015年第3期。

〔56〕 LG München I, 22.03.2016 - 33 O 5017/15.

〔57〕 北京市第一中级人民法院(2014)一中民初字第3283号民事判决书。

〔58〕 Levi, Lili: “Faustian Pact: Native Advertising and the Future of the Press, A.” Ariz. L. Rev. 57 (2015): 647.

益的论证仍然值得推敲。

首先,在本案中虽然法院通过影响了原告收益或是使视频网站难以维系等表述体现了对于原告所受损害的考察。但遗憾的是,法院并没有采取任何的论证证明其确实会受到损害。而在德国汉堡的判例〔59〕中,法院运用了理论上的说理,不过未采用任何实证证据进行证明。诚然,由于被告使大量用户采用过滤广告的行为成为了可能,从而可能导致广告主支付的广告费用减少,进而使原告受到损害这一点本身确实是较易推知的。

其次,在德国的判例〔60〕中法院提及针对性的广告本身往往伴随着隐私的泄露以及可能下载到恶意软件的危险,这一点作为消费者利益的一部分也应该被纳入整体的利益衡量框架中进行衡量,但不知是否因猎豹浏览器案中被告未提起相关反驳,法院对于此点只字未提。针对性网络广告所提供的可能性在于大数据的存在,具体而言一般来源于其他网站获得的 Cookies,这背后包含着相当严重的隐私泄露的风险〔61〕。在互联网时代,个人的隐私如浏览记录等的泄露成为一个重要的话题,根据第三方 PageFair 和 Adobe 的联合报告〔62〕,调查者中的 50%都提出其采用过滤广告工具的理由在于不希望个人的隐私被泄露以进行针对性广告分析。多数过滤广告工具均宣称能通过阻断广告插件、脚本代码等减少个人隐私的泄露。而猎豹浏览器本身被公司直接命名为猎豹安全浏览器,并在其官方微博上宣扬能防止个人隐私泄露〔63〕也似乎正是表明了此种考量。另外,广告往往伴随着可点击的链接或是自动打开新的标签页的行为,甚至有的广告还可能会自动下载恶意软件或者病毒,而过滤广告就能帮助阻止这一点。

再次,在多个德国的判例〔64〕中,法院认为根据宪法,公民享有决定接受何种信息,即浏览何种内容甚至是决定具体网页的编排方式的权利,并且这种权利为每个公民而非部分浏览网站的消费者所享有。个别的消费者选择过滤广告的行为在法院看来正是属于行使该种宪法性权利的体现,因此本身并不侵权,被告

---

〔59〕 LG Hamburg, 21.04.2015 - 416 HK O 159/14.

〔60〕 ibid.

〔61〕 Thierer, Adam. “Pursuit of Privacy in a World Where Information Control Is Failing, The.” Harv. JL & Pub. Pol'y 36 (2013): 409.

〔62〕 Adobe & PageFair, 2015 Ad Blocking Report.

〔63〕 猎豹浏览器官方微博,拦截幽灵广告,捍卫个人隐私,http://weibo.com/2705393843/znBTN8YKe? type=repost#_rnd1450947229974,2016 年 7 月 11 日最后访问。

〔64〕 LG Hamburg, 21.04.2015 - 416 HK O 159/14; LG München I, 27.05.2015 - 37 O 11843/14; LG München I, 22.03.2016 - 33 O 5017/15.

自然更无帮助侵权之可能。而在猎豹浏览器案[65]中，法官显然并不认为公民享有此类权利，也未提消费者具有此种法律上保护的利益。笔者虽同意根据我国《宪法》等，当下难以推知公民享有此种权利，但是既然承认经营者有投放广告的自由，即使不认为公民享有相对的权利，那么至少将其作为消费者利益的一种进行法益上的综合衡量仍是恰当的。

最后，具有过滤广告功能的浏览器的出现与经营者采用付费模式之间是否具有必然的关系，以及是否会如二审法院所述“很可能出现整个视频网站行业难以维系的局面”[66]值得推敲。关于这一点将在下文的商业模式一章中进行详细的探讨。

四、过滤广告工具与视频网站的商业模式

在我国和德国的相关判决中，法院均将过滤广告工具对于“免费＋广告”这一商业模式造成的影响进行了考察。本章将首先论述对于商业模式本身是否应当保护以及保护的进路，而由于依据猎豹浏览器案[67]及通说，正当的商业模式才能够受到法律保护，因此就需要进而考察视频网站现时采用的“免费＋广告”这一商业模式的正当性。若该商业模式具有正当性，则进一步探讨过滤广告工具对于网站的影响程度，以最终判断视频网站是否会如猎豹浏览器案[68]的判决中所言，因过滤广告工具而必须转换商业模式，且在未来难以再维系生存。

（一）保护“免费＋广告”商业模式的进路

1. 商业模式的保护方式

对于商业模式是否应当予以保护，我国司法实践中采取肯定意见，而在学界有所分歧，在认定应予以保护时又因对于商业模式属于权利或是法益的分歧产生了不同的保护模式。若认为属于权利，则一般采取正向保护的方式，而若认为仅属法益，则通常将其作为利益衡量框架中衡量的利益中的一种。

在猎豹浏览器案[69]中，法院提出原告的商业模式属于合法经营活动，应受

〔65〕 北京市第一中级人民法院(2014)一中民初字第3283号民事判决书。
〔66〕 同上。
〔67〕 同上。
〔68〕 同上。
〔69〕 同上。

《反不正当竞争法》保护。虽然法院未有明言认定商业模式属于权利或是法益，但是从判决书中，难以得出法院是采用了利益衡量的方式进行论证。从认定原告的商业模式受到被告的破坏属于违反诚实信用原则，因此具有不正当性可以推知，法院其实采取的是将商业模式作为权利而正向保护的进路。

早期，我国一些学者采用“反不正当竞争权”等说法〔70〕，认为有类似于绝对权的效力〔71〕。而近来越来越多的学者开始支持反不正当竞争法所保护的客体是法益，提出应依据个案的情况进行综合的利益衡量〔72〕。有些学者仍然认为正当商业模式属于权利因而应受到绝对保护〔73〕，甚至认为无论商业模式是否正当，其他经营者的干扰等均属不正当竞争〔74〕。另一些学者则主张商业模式无法律保护之必要，否则社会就很难进步〔75〕，并认为无须尊重他人的商业模式正是市场经济竞争法则的体现〔76〕。有学者提出我国的视频网站运营商应创新出新的商业模式，从而更好地迎合用户需求〔77〕。

在我国早期的司法实践中，其实已经提出了商业模式应受法律保护的理念〔78〕。近年来，在腾讯诉奇虎不正当竞争案〔79〕中，最高人民法院提出“正当的商业模式必然产生受法律保护的正当商业利益”，阐述了商业模式产生的是利益而非权利，并为后续的地方法院的判决所采纳。但是在这些判决中，法官似乎并没有将商业模式所产生的利益仅仅作为利益衡量框架中天平一端的一部分，而多强调“他人不得以不正当干扰方式损害其正当权益”〔80〕，百度诉奇虎不正当竞争案〔81〕中更是明确提出“非公益必要不干扰”原则，强调经营权的不可干扰，

〔70〕 文希凯：《制止不正当竞争与工业产权》，《知识产权》1991年第3期。

〔71〕 邵建东编著：《竞争法教》，知识产权出版社2003年版，第48页。

〔72〕 孔祥俊：《反不正当竞争法原理》，知识产权出版社2005年版，第27页；郑友德、胡承浩、万志前：《论反不正当竞争法的保护对象——兼评“公平竞争权”》，《知识产权》2008年第5期；吴莉娟：《互联网不正当竞争案件中商业模式的保护》，《竞争政策研究》2015年第2期；周樨平：《竞争法视野中互联网不当干扰行为的判断标准——兼评“非公益必要不干扰原则”》，《法学》2015年第5期。

〔73〕 张今：《互联网新型不正当竞争行为的类型及认定》，《北京政法职业学院学报》2014年第2期；张钦坤：《反不正当竞争法一般条款适用的逻辑分析——以新型互联网不正当竞争案件为例》，《知识产权》2015年第3期。

〔74〕 张学军：《互联网服务不正当竞争行为辨析》，《竞争政策研究》2015年第2期。

〔75〕 谢晓尧观点载于窦新颖：《浏览器拦截或快进广告侵权吗?》，“中国知识产权报”2014年3月28日。

〔76〕 张广良：《具有广告过滤功能浏览器开发者的竞争法责任解析》，《知识产权》2014年第1期。

〔77〕 董慧娟、周杰：《对浏览器过滤视频广告功能构成不正当竞争的质疑》，《电子知识产权》2014年第12期。

〔78〕 北京市第一中级人民法院(2005)一中民初字第5454号民事判决书。

〔79〕 最高人民法院(2013)民三终字第5号民事判决书。

〔80〕 同上。

〔81〕 北京市高级人民法院(2013)高民终字第2352号民事判决书。

认为其他经营者对于正当的商业模式进行的干扰通常构成不正当竞争行为。因此，在笔者看来，现在的司法实践中更似采用了正向思维的权利保护模式。

而在德国的判例[82]中，法院明确提到根据2004年的Fernsehfee电视精灵案[83]，广播新闻自由仅仅是针对公权力主体的干扰，并无法引申出经营者可以不受到其他经营者竞争，因此其商业行为不被影响的请求权。法院明确提出经营者需要面对商业的竞争与技术的革新，也就是商业模式本身并不受到法律的绝对保护。

笔者认为，商业模式总是在演进的，因此始终对于一个事物进行绝对的、静态的保护并不符合竞争的本义。市场秩序往往属于耦合秩序，特别是新兴的互联网领域变化极快，更加难以形成可长久适用而不加改变的商业模式。若将商业模式认定为权利而采取正向保护的思想，将不符合某些除外条件的破坏其他经营者商业模式的行为都认定为属于不正当竞争行为，可能会不恰当地扩大不正当竞争行为的范围，从而导致阻碍自由竞争、公平竞争，对于消费者利益以及技术创新等无法进行足够保护的结果。因此，在互联网领域中应当更多地尊重市场自身试错与进化，采取法益保护的思想进行个案中的利益衡量以认定是否需要保护该种商业模式，从而有助于市场创新等。

2.“免费＋广告”商业模式的正当性

在猎豹浏览器案[84]中，两审法院都论述了原告的商业模式具有正当性，其中一审法院直接言明属于正当商业模式的重要理由为原告提供的不属于恶意广告，二审法院也专门将原告的广告不属于恶意广告列为了一个论点。根据最高人民法院在腾讯诉奇虎不正当竞争案[85]中的观点，只有正当商业模式才应被法律保护，并且认为“免费＋广告”这一商业模式若是仅仅提供广告，则本身不具有侵害性。但如果属于恶意广告，则不再能认定为属于合法、正当的商业模式。此外，也有学者认为视频网站商业模式是否正当取决于是否属于恶意广告[86]。笔者认为，仅正当商业模式才可能受到法律保护，而在考察“免费＋广告”商业模式的正当性时，最重要的因素就在于该商业模式中的广告是否属于恶意广告。

猎豹浏览器案[87]中，一审法院认为恶意广告往往具有破坏网站信息完整

---

〔82〕 LG Hamburg，21.04.2015－416 HK O 159/14.

〔83〕 BGH，24.06.2004－I ZR 26/02.

〔84〕 北京市第一中级人民法院(2014)一中民初字第3283号民事判决书。

〔85〕 最高人民法院(2013)民三终字第5号民事判决书。

〔86〕 张今：《互联网新型不正当竞争行为的类型及认定》，《北京政法职业学院学报》2014年第2期。

〔87〕 北京市第一中级人民法院(2014)一中民初字第3283号民事判决书。

性、不恰当地干扰用户正常浏览网页等特点，并认为不可关闭无法证明属于恶意广告。二审法院则提及了《互联网终端软件服务行业自律公约》，但否认其能够作为行业惯例，并认为广告无法关闭及时间长短并不属于恶意广告的判断因素，并以传统媒体进行类比〔88〕。

关于何为恶意广告，在我国法律中尚无明文规定。我国《广告法》第 44 条第 2 款规定："利用互联网发布、发送广告，不得影响用户正常使用网络。在互联网页面以弹出等形式发布的广告，应当显著标明关闭标志，确保一键关闭"。在国家工商行政管理总局所最新发布的，现时暂未生效的《互联网广告管理暂行办法》的第 8 条中，采纳了与《广告法》第 44 条第 2 款相同的定义，并于第 2 款中增加了"不得以欺骗方式诱使用户点击广告内容"的描述。而《互联网终端软件服务行业自律公约》的第 19 条将频繁弹出的对用户造成干扰的广告类信息以及不提供关闭方式的漂浮广告、弹窗广告、视窗广告等明确为恶意广告，因此不提供关闭方式的视频贴片广告从字面上而言恰是符合其恶意广告的定义。猎豹浏览器案中二审法院认为该公约仅为部分互联网企业间签署的协议，因此不属行业惯例〔89〕，这一点在笔者看来是有待商榷的。虽然《互联网终端软件服务行业自律公约》仅是部分企业签署，但这一文件属中国互联网协会的自律公约，签约企业包括了新浪、腾讯、百度、奇虎等许多中国最重要的互联网企业。因此，这一份自律公约在笔者看来已经能够构成行业惯例，即使无法认定其合法性，至少可以作为参考。此外，法院以传统媒体的广告类比，然而由于对传统媒体广告也难以确定恶意广告之界限，因此传统媒体广告本身的存在性并不足以论证原告的广告是否属于恶意广告。

显然，绝大多数互联网视频广告包括原告当时的广告并未提供任何一键关闭或者播放一定时间跳过等方式。而实践中一些视频网站在播放器的按键等处暗藏广告点击链接，还可能落入《互联网广告管理暂行办法》第 8 条第 2 款中以欺骗方式诱使用户点击广告的范畴。当然，根据常理，时间短的前贴片广告即使不能关闭，也不会被认定为属于恶意广告。但是根据笔者的亲身体验，我国的视频网站所播放的广告一般无法关闭，且时间较长。我国用户数最多的视频网站如优酷土豆、爱奇艺、乐视以及腾讯视频等，即使是短视频也播放 15 秒的前贴片广告，若长度达 40 分钟左右的一集电视剧，一般有长达 80 秒的广告，像原告经

〔88〕 北京市第一中级人民法院(2014)一中民初字第 3283 号民事判决书。
〔89〕 同上。

营的优酷网广告则可长达95秒，想要观看一集一个多小时的综艺节目前需要观看120秒以上的广告则更显平常，爱奇艺等网站甚至还会在播放至一半时弹出广告。而全球最为著名的视频网站YouTube，其提供的In-stream广告长度总长为15秒，并且5秒时即提供可跳过的选项。这一方式现在也被合一公司所经营的优酷网在个别的视频中试验，被称为“享看广告”。

二审法院还提出用户并非毫无选择权，完全可以选择在广告时间做其他事情，或因此而选择看其他视频网站〔90〕。然而对于观看视频的用户而言，15秒至数分钟的时间中用户通常都会选择等待，选择做其他事情的可能性并不高。此外，最高人民法院在腾讯诉奇虎不正当竞争案〔91〕中也提出了由市场来解决产品质量，让用户“用脚投票”〔92〕，但正如有学者所言〔93〕，在目前我国互联网主要采用“免费＋广告”这一商业模式并有集体延长广告时长之趋势的情况下，用户“用脚投票”的结果可能只能是放弃网络。虽然对于现在我国主流视频网站的广告还很难明确为属于恶意广告，但若是各大网站继续协同加长广告的长度，并仍然不允许关闭，甚至增加播放视频中广告的弹出，或是在播放、暂停键中暗藏广告，一旦点击则会自动点开广告等，笔者认为可能会落入恶意广告的范畴，而不能认定为属于正当商业模式。

（二）过滤广告工具与转变商业模式的关系

根据二审法院的阐述〔94〕，如果认定被诉行为的合法性，则很可能意味着包括原告的众多视频网站难以获得广告收入，将会致使短期内我国的视频网站很可能无法继续采用“免费＋广告”这一商业模式，而将主要商业模式变为付费模式。但是在笔者看来，认定提供过滤广告工具合法在短期内并不会导致“免费＋广告”这一商业模式不可采，而即使是视频网站选择渐渐转变为付费模式，与过滤广告工具也并非具有必然关联。

1.“免费＋广告”商业模式的可用性

笔者认为根据现有的数据，还不足以证明广告过滤工具的出现会导致经营者不能够再采用“免费＋广告”的商业模式。而根据德国的判例，法院也认定广告过滤并不会对于原有的“免费＋广告”商业模式产生严重至无法

〔90〕 北京市第一中级人民法院(2014)一中民初字第3283号民事判决书。

〔91〕 最高人民法院(2013)民三终字第5号民事判决书。

〔92〕 同上。

〔93〕 胡海容、黄光辉：《天使与魔鬼之辩：第三方开发广告过滤软件引发的法学思考》，《知识产权》2014年第10期。

〔94〕 北京市第一中级人民法院(2014)一中民初字第3283号民事判决书。

再采用的影响[95]。

首先，过滤广告工具并没有直接对于提供网站的经营者的服务器、内容等产生直接的影响，影响的只是每个使用过滤广告工具的个别用户所浏览的界面。网站向用户提供广告的自由本身并没有遭到剥夺，只是可能会影响从广告主处得到的收益。

其次，类似案件中的原告所希望提供的核心内容并非广告，而是其视频、新闻等其他内容，过滤广告工具的存在不仅不会妨碍经营者本身所希望提供内容的呈现，恰恰相反，能够起到更好地向用户提供核心内容的效果。

再次，由于使用过滤广告工具者有限，即使受众人数减少，仍能有足够的用户看到广告。过滤广告工具的用户量正逐年增长是不可否认的事实，根据第三方 PageFair 和 Adobe 的联合报告[96]，截至 2015 年 1 月，全球范围内每月已有一亿八千一百万过滤广告的活跃用户。而根据 Adblock Plus 的官方博客[97]，其已经有超过一亿用户。然而，虽然使用过滤广告工具的用户数量确实不容小觑，但是与全世界的网民数量相比，仍有占很大比重的用户没有采用过滤广告的手段，可以作为广告投放的对象。更重要的是，这些选择过滤广告的人往往对于广告没有兴趣，并非是广告主所希望投放的理想对象。因此，即使在猎豹浏览器案[98]中有部分原告的用户使用了被告的浏览器，也很可能仍有足够的用户能够成为原告的广告主的投放对象。

此外，网站经营者还能通过一些其他方式如技术措施使用户看到广告。比如检测到过滤广告工具后，采用检测到工具即不提供服务，或是告知用户在关闭工具后才能够进入网站等措施说服用户关闭过滤广告工具。且由于过滤规则都是开源的，通过反过滤措施使过滤规则失效也并非难事，这也是猎豹浏览器案[99]中的原告以及其他许多互联网网站实际上一直采用的手段。这些技术措施既可以使网站保持较多的广告收入，甚至在过滤与反过滤的交锋当中，能够进一步促进技术进步，使开发的过滤广告工具达到类似“白帽”黑客的效果。

最后，也是最为重要的在于过滤广告工具可能有助于打造不再罔顾消费者

---

〔95〕 LG Hamburg, 21. 04. 2015 - 416 HK O 159/14; LG München I, 27. 05. 2015 - 37 O 11843/14; LG München I, 22. 03. 2016 - 33 O 5017/15.

〔96〕 Adobe & PageFair, 2015 Ad Blocking Report.

〔97〕 Adblcok Plus Official Blog, 100 million users, 100 million thank-yous, https://adblockplus.org/blog/100-million-users-100-million-thank-yous，2016 年 7 月 11 日最后访问。

〔98〕 北京市第一中级人民法院(2014)一中民初字第 3283 号民事判决书。

〔99〕 同上。

利益的广告投放模式。虽然 Adblock Plus 的“Acceptable Ads”功能因其盈利性饱受质疑，但其本身提出的标准如广告放置的位置、广告在网页中的占比、可区分性等仍然值得参考，在当下强调消费者利益的趋势下，若能将合理的广告标准作为考量之一以建立更加符合多方利益的广告投放模式，将会起到更好地保护消费者等主体的利益之效果。正如 Google 的广告运营部门负责人所言，用户会使用过滤广告工具是源自其需求，而需求的背后主要来自众多用户对于恼人的广告已无法忍受。作为广告的投放者，应考虑与广告过滤行业的经营者共同打造令用户能够接受、甚至是愿意主动观看的广告〔100〕。实际上，我国有一些富含创意的广告在视频网站中也获得了相当高甚至超过两亿的点击率，而优酷网之前提供的“享看广告”中的广告本身也获得了用户类似“良心广告”、“特意搜来看看”这样的高度评价〔101〕。

2. 转变为付费模式不是过滤广告合法的必然结果

在笔者看来，虽然被告提供具有过滤广告功能的浏览器确实有导致原告广告收入减少的可能性，但视频网站即使确实选择转变为付费模式，也并非是过滤广告工具所导致的必然结果，还可能有其他多种因素的影响。

根据优酷土豆 2014 年的年报，其 2014 年亏损达到了 8 亿多人民币〔102〕，2015 年前三季更亏损超过 2 亿美元。其他一些主流视频网站如 2014 年流量第二的爱奇艺在 2015 年、2014 年、2013 年分别亏损为 23.8 亿元、11.1 亿元、7.43 亿元〔103〕。即使是“免费＋广告”商业模式的领头羊 YouTube 虽无确切的财务数据流出，但据称也仍未实现盈利〔104〕。与上述视频网站形成鲜明对比的是，同样以“免费＋广告”商业模式为主的乐视却已经连续 4 年实现了盈利〔105〕。由于如猎豹浏览器以及主流的广告插件等过滤广告工具并没有进行针对性的开发，乐视的广告同样会被过滤，但是其却能连年实现盈利。还有一点值得注意的是，相较于视频网站多提到的广告费用是为了补贴高昂的带宽费用这一理由，现在

〔100〕 Recode, Google Ads Boss: ‘We Need to Deal With’ Ad Blocking as an Industry, http://www. recode. net/2015/9/30/11619052/google-ads-boss-sridhar-ramaswamy-svp-ad-blocking-apple-ios, 2016 年 7 月 11 日最后访问。

〔101〕 优酷网：农夫山泉 2016 年新广告片之贵州武陵山，http://v. youku. com/v_show/id_XMTQ4MzEwNDkxNg==. html? from=s1. 8-1-1. 2，2016 年 7 月 11 日最后访问。

〔102〕 Youku Tudou Inc, Annual Report 2014.

〔103〕 腾讯科技：百度年报显示李彦宏持股 16%爱奇艺去年营收 52.9 亿，http://tech. qq. com/a/20160411/007220. htm，2016 年 7 月 11 日最后访问。

〔104〕 Winkler R, YouTube: 1 Billion Viewers, No Profit, http://www. wsj. com/articles/viewers-dont-add-up-to-profit-for-youtube-1424897967, 2016 年 7 月 11 日最后访问。

〔105〕 乐视网信息技术（北京）股份有限公司：《2015 年年度报告》。

出现了视频网站在一定程度上盲目以高价争抢热门内容、将巨额资金用以宣传等趋势。这些从侧面说明了视频网站的巨额亏损即使在短期内存在，但并非必然是过滤广告工具的存在所导致的必然结果。因此认定过滤广告行为合法与视频网站的经营者可能在短期内放弃“免费＋广告”的商业模式、转变为付费模式并无必然联系。对于视频网站的经营者而言，从建立之初沿用至今的“免费＋广告”的这一商业模式，却面临迟迟无法将流量转化为收入的这一互联网“注意力经济”的共同难题。视频网站商业模式的转型在当下已经渐渐成为一种趋势，但这本身并难以证明是过滤广告工具诞生导致的必然结果。

（三）过滤广告工具对于视频网站生存的影响

在猎豹浏览器案[106]中，二审法院认为若允许提供过滤广告工具，将会在长期致使我国的视频网站丧失生存空间，无法再参与竞争。其实我国的司法实践中一直坚定地判定过滤广告一方败诉，在从某种程度上体现了法院对于广告投放一方这类更强势的经营者的利益的偏向的同时，恰恰体现了法院对于我国视频网站难以维系生存的担忧。德国的判例[107]中提及原告并没有已经因为被告的过滤广告的行为而无法生存、面临立即退出相关市场的危险。法院认为除非原告无法再参与原本所身处的行业的竞争或是需要付出极为昂贵的代价来避开来自原告的干扰，否则不能认定具有现实危险。在笔者看来，虽然我国视频网站盈利能力的缺失等确实使其呈现出难以维系的可能，也因这些网站对于“免费＋广告”商业模式的依赖而似乎使得过滤广告成为一种明显的不正当竞争行为。但是视频网站是否会仅仅因为过滤广告工具的存在，就面临无法在市场上继续竞争的现实危险其实是值得质疑的。

在猎豹浏览器案[108]中，虽然我国多数的视频网站连年巨额亏损已经成为一个不争的事实，但原告却并没有通过证据证明，其确实发生了生存难以维系，只能退出市场的现实危险，而笔者认为该案中被告的行为还未严重到此种程度。即使原告一时之间面临了巨额亏损，也有其他的方法可以帮助原告继续在市场上竞争。

首先，在德国汉堡的判例[109]中法官就提及了原告在采取技术措施之外还

---

〔106〕 北京市第一中级人民法院（2014）一中民初字第3283号民事判决书。

〔107〕 LG Hamburg，21.04.2015－416 HK O 159/14；LG München I，27.05.2015－37 O 11843/14；LG München I，22.03.2016－33 O 5017/15.

〔108〕 北京市第一中级人民法院（2014）一中民初字第3283号民事判决书。

〔109〕 LG Hamburg，21.04.2015－416 HK O 159/14.

可以通过转换其商业模式的方式来弥补金钱上的损失，如像 New York Times 等采取付费模式。而实践中，美国最著名的付费视频内容提供者如 HBO 以及 Netflix 均获得了盈利，其中 HBO 在 2015 年的利润率甚至高达 30%〔110〕。两者盈利的关键在于它们提供的大量自制原创节目受到了观众的青睐而愿意付费购买。YouTube 于 2015 年年底推出了付费服务“YouTube Red”，使用户月付 9.99美元就可以不观看广告，并在近期宣布计划在 2017 年推出 Unplugged 电视订阅服务〔111〕。2015 年热播的《芈月传》和《太子妃升职记》均是由乐视影业所自行制作，并帮助乐视网在 2015 年我国视频播放量中位居第一。这也证明了采用付费模式、提供自制内容很可能是视频网站未来的趋势。

诚然，我国的用户付费意识还难以与美国比肩，并且知识产权保护方面的相对缺失也会减少用户付费的可能。但是近年来我国愿意付费观看视频的用户数量已经取得了巨大的增长。根据乐视 2014 年的年报，其付费业务的收入与 2013 年相比增加了 288.22%〔112〕，而根据其 2015 年的年报，凭借网站的多项自制热播节目，其付费业务的收入甚至已经超过了广告收入〔113〕，还于近期宣布总付费会员超过了 2 000 万〔114〕。爱奇艺凭借对于《盗墓笔记》安排付费会员能够更早看到全集的播放模式，该剧的网播总流量超过 10 亿，并有大量的用户购买爱奇艺的会员，帮助该应用一时之间登上 App Store 畅销榜的第二〔115〕。这些都证明了在知识产权保护逐渐完善的当今中国，如果能够制造吸引观众的原创内容，付费模式的前景是可期的。

其次，即使不完全采用付费模式，仍然有其他的商业模式可供选择。乐视可以说是一个我国视频网站进行商业模式拓展的较好的例子，其在初期通过较低的价格购买非原创内容版权并在后期进行版权分销的情况下，近年通过旗下的子公司投入原创内容甚至在院线上映的电影等内容的制作取得了不菲收入，如乐视影业制作的《消失的子弹》、《归来》以及《小时代》系列等均获得了高额票房。

---

〔110〕 Redef：The state and future of Netflix V. HBO in 2015，https://redef.com/original/the-state-and-future-of-netflix-v-hbo-in-2015，2016 年 7 月 11 日最后访问。

〔111〕 The Verge：YouTube is reportedly building a streaming cable service called Unplugged，http://www.theverge.com/2016/5/4/11591882/youtube-unplugged-cable-streaming-service-rumor，2016 年 7 月 11 日最后访问。

〔112〕 乐视网信息技术(北京)股份有限公司：《2014 年年度报告》。

〔113〕 乐视网信息技术(北京)股份有限公司：《2015 年年度报告》。

〔114〕 搜狐公众平台、贾跃亭：超越苹果不是乐视目标，http://mt.sohu.com/20160510/n448629889.shtml，2016 年 7 月 11 日最后访问。

〔115〕 爱奇艺：爱奇艺《盗墓笔记》流量破 10 亿，点燃中国网民视频 VIP 会员购买热情，http://www.iqiyi.com/common/20150706/50cdeb392409634c.html，2016 年 7 月 11 日最后访问。

乐视还将业务触角伸到了终端如手机、电视，与其具有知识产权的内容相结合，以共同形成全方位的商业体系，甚至开始进入汽车、房地产开发等。在视频流量跃居第一的同时，全方位的商业模式帮助乐视网成为我国主流视频网站中第一个连年盈利的网站，其成功转型对于我国同行业的其他网站具有一定的参考价值。

最后，根据“反事实思维”，即使原告能够证明自己所经营的视频网站确实难以维系生存，其也需要证明是受到被告的影响才无法继续参与竞争，而仅证明单凭如今的广告收入无法支撑其支出是不够的。因为视频网站难以维系很有可能是即使被告不开发出此种浏览器，由于视频网站本身在版权、带宽、宣传等方面的投资过多而又无法得到足够的收入，原告仍然无法盈利最后只能退出市场。

五、结　语

猎豹浏览器案[116]涉及过滤互联网视频广告这一新型的竞争行为，又牵涉消费者利益、创新这两个反不正当竞争法中可能的保护趋向，因此理论上对于该案的观点分歧较大，提供了广阔的可以探讨的空间。根据前文中对于两审判决中判决思路特别是判决要旨中核心问题的分析，笔者认为若采纳利益衡量原则而非判决中所采纳的道德性标准，由于法院并未能对于被告具有主观过错进行切实的论证，且认定过滤视频广告合法并不足以导致我国视频网站的生存难以维系，特别是考虑到过滤广告工具对于消费者利益的正面影响等利益衡量框架中的因素，依据已公开的判决内容而言，笔者认为尚不能认定该案中的被诉行为构成不正当竞争行为。但是笔者也并非认为相关的案件中即应一律认定过滤广告行为合法，而是应根据利益衡量框架对于个案中的情况进行论证，并依据衡量之结果决定被诉行为之合法与否。

在我国过去的司法实践中，非常强调道德性标准，而在肯定“免费＋广告”的商业模式的正当性的基础上，由于过滤广告工具通常被认为直接干扰了这一商业模式，因此法院似乎不需多加论述就可以证明提供过滤广告功能一方违反了诚实信用原则或是公认的商业道德等，理应构成不正当竞争。然而，当消费者利益以及对于创新的激励等价值显得愈加重要，仅仅是干扰商业模式的行为是否足以构成不正当竞争，以及干扰和竞争的界限究竟为何就被打上了一个问号。

---

〔116〕 北京市第一中级人民法院(2014)一中民初字第3283号民事判决书。

我国大多数的视频网站在承受巨额亏损之后，体现出了协同加长前贴片广告的时间甚至发展更多可能落入恶意广告的广告投放模式的趋势，因此催生了消费者过滤广告或是希望广告能够在投放时间、方式等方面更为恰当，不会泄露用户隐私等需求。而迎合这一需求的开发者不断开发出适用于各种平台的过滤广告工具，在过程中可能包含商业公司本身的破解行为以及非以盈利为目的之第三方开发并提供、更新过滤规则等。往往有广告就有过滤，然后反过滤，周而复始，过程中双方所采用的技术逐渐升级、创新，更重要的是促使视频网站创新自己的商业模式，并更注重消费者的需求。

虽然过滤互联网视频广告这一行为仅仅是可能的新型不正当竞争行为的一种，但却是一个能够体现出强势的经营者固有的商业模式与消费者的需求和由需求所引发的技术创新之间发生冲突的很好的例子。在这些利益冲突之时，应当建立怎样的标准去认定行为的合法与否，以及若采取利益衡量原则之时是否应当对某些利益如消费者利益有一定的倾斜等问题，本文提出了粗浅的一些想法，还望抛砖引玉，从而对于认定高速演化的各类新型行为是否构成不正当竞争有所助益。

研究咨询报告

中国反垄断行政执法大数据分析报告(2008—2015)

林 文 甘 蜜*

引 言

我国《反垄断法》自2008年8月1日起施行,截至2015年12月底,已实施7年多。7年多来,围绕《反垄断法》一系列立法、行政执法及司法适用工作相继展开。近年来,反垄断执法机构查处的一系列大型垄断案件更是引发了大众对于反垄断法律实践的关注,《反垄断法》正逐渐在中国市场经济环境中发挥其"经济宪法"的作用。

同时,必须正视的是,由于我国《反垄断法》实施时间较短,《反垄断法》在全社会的认知度不高,经营者公平竞争的意识还没有树立起来。相较于反垄断法已实施多年的欧美等发达国家而言,我国反垄断法的立法尚不成熟,2008年颁布的《反垄断法》中原则性规定较多,在行政执法过程中难以直接适用,执法机构需要不断通过制定行政法规、部门规章、规范性文件等方式对《反垄断法》进行完善,以提高行政执法效率。而我国目前没有统一的反垄断行政执法机构,国家发展和改革委员会、国家工商行政管理总局、商务部针对各自管理的垄断案件推出一系列细化规定,也使得我国反垄断相关立法略显杂乱无章。具体到反垄断法执法实践过程中,则存在执法机构执法经验不足、执法人员数量有限、竞争问题分析论证难度大、反垄断调查遭遇地方保护阻力等问题。

我们在从事反垄断法律服务过程中,对中国反垄断行政执法机构7年多以来

* 林文,北京金诚同达(上海)律师事务所合伙人;甘蜜,北京金诚同达(上海)律师事务所律师助理。

的执法成果进行了全面梳理,凭借数据统计及可视化分析,来观察中国反垄断行政执法的成长历程,以及执法实践与法律规定之间的差异,同时总结出反垄断执法机构各自的执法特点及潜在困境,以便国内外同行、相关机构、学者在研究我国反垄断执法问题时能更具针对性,进而推动中国反垄断法相关立法、行政执法的进步。

本报告搜集了自2008年8月1日至2015年12月31日期间[1],三大反垄断执法机构官网发布的全部行政处罚决定书、公告、案件新闻,部分省级执法机构官网公布的反垄断行政执法信息[2],以及其他媒体公开的较为详细的反垄断行政执法信息。在对案件信息进行整理提炼之后,主要分析了行政处罚相对人分类、相对人性质、相对人行业、处罚标准、有关从轻和减轻处罚、豁免和宽大制度的适用等问题。

本报告结构分为3部分,即按反垄断三大行政执法机构——工商机关、发改委和商务部各自的行政执法数据分别进行分析。

第一部分　工商机关反垄断执法大数据分析

一、行政执法总数据分析

如图1-1所示,截至2015年12月31日,工商总局共公布反垄断竞争执法公告34件,34件竞争执法公告中包含反垄断行政处罚案件101件。[3] 其中2013年公布12件(包含行政处罚文书48份);2014年公布8件(包含行政处罚文书15份);2015年公布14件(包含行政处罚文书40份)。

国家工商总局反垄断与反不正当竞争执法局任爱荣局长披露,截至2015年年底,工商行政管理机关共立案查处垄断案件58件,结案34件,中止调查5件[4]。2016年2月3日,工商总局发布竞争执法公告"2016年第1号中国人寿、泰康人寿等保险公司江西分公司达成实施垄断协议案",实为2015年12月28日处罚,

〔1〕 如无特别说明,本文中相关分析结果均指在此期间的反垄断行政执法情况。

〔2〕 仅指省级价格主管部门、省级工商部门官网发布的反垄断行政执法案件。

〔3〕 工商总局是将同一时间、查处的同一系列案件作为一件竞争执法公告,本报告是将竞争执法公告中的每一件行政处罚决定书(一个文书号)作为一件案件计算。

〔4〕 任爱荣:《充分发挥中央和地方两个积极性　竞争执法工作取得新进展》,载《中国竞争法律与政策研究报告2015年》,法律出版社2016年版,第15页。

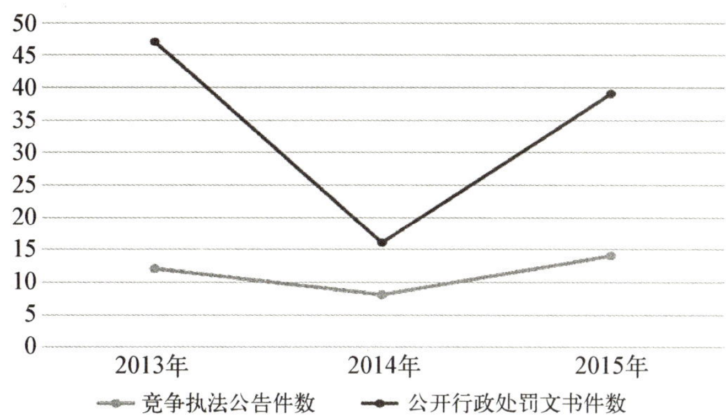

图 1-1　2013—2015 年每年竞争执法公告件数及行政处罚文书件数

但本次仅统计分析了 2015 年年底之前公布的行政处罚案件，故该案共计 17 件未计入本报告。

如图 1-2 所示，101 件案件中，其中 2010 年查处 7 件，占 6.9%；2011 年查处 1 件，占 1.0%（浙江省慈溪市建设工程检测协会组织本行业经营者从事垄断协议案）；2012 年至 2014 年连续 3 年保持查处 20 件左右；2015 年查处达到 34 件，占 33.3%。

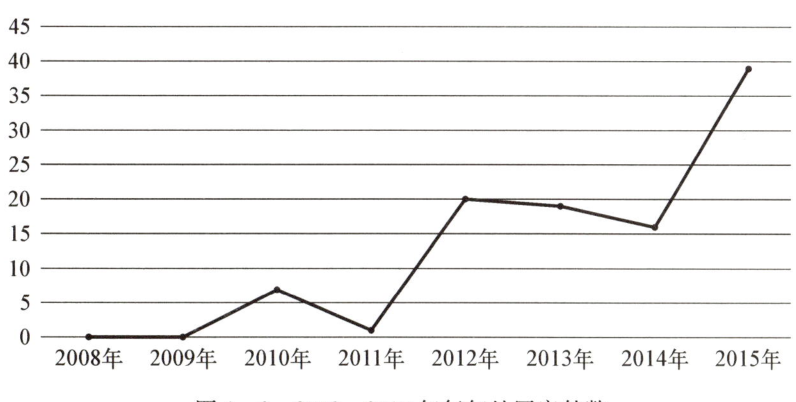

图 1-2　2008—2015 年每年处罚案件数

立案同样呈现逐年增长态势。2009 年立案 1 件；2010 年立案 2 件；2011 年立案 7 件；2012 年立案 14 件；2013 年立案 12 件；2014 年立案 13 件；2015 年立案 9 件。

2009 年，江苏省工商行政管理局查处的连云港混凝土行业垄断协议案，是我国工商行政管理机关适用《反垄断法》做出行政处罚的第一案。

2010 年，广东省工商行政管理局适用《反垄断法》，制止广东省河源市政府滥用行政权力排除、限制竞争行为，是我国第一起适用《反垄断法》依法制止滥用行政权力排除限制竞争行为的案件[5]。

2012年，湖南省工商行政管理局查处的车辆保险垄断协议系列案是全国保险行业首个垄断案件(包括永州市保险行业协会、张家界市保险行业协会、常德市保险行业协会和郴州市保险行业协会)。

2015年9月18日，安徽省工商局对信雅达系统工程股份有限公司下达20万元的罚款行政处罚决定书，这是工商机关首起依据《反垄断法》对当事人或利害关系人不配合调查作出的行政处罚案件。

以上说明，中国反垄断执法机构的执法力度明显加强。这既是中国反垄断执法机构经验积累到一定程度的必然反映，也是对各方面要求和期待的回应，更表明目前中国市场上垄断行为的严重性和普遍性[6]。

二、地域分布

如图1-3所示，101件案件按照被处罚的行政相对人地域区分，湖南省的

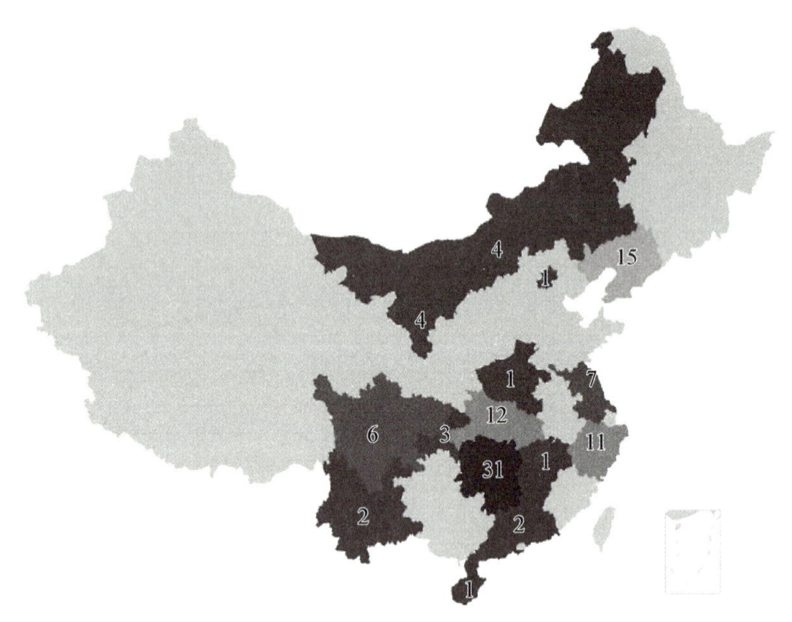

图1-3　地域分布及处罚数量

〔5〕 吴振国、吴鸣鸣:《中国〈反垄断法〉实施五周年回顾与展望》,《中国法律》2013年第4期。

〔6〕 王先林:“我国反垄断执法中的平等适用问题”,《中国经济导报》2014年11月13日。

反垄断行政处罚案件为31件，遥遥领先第1位，占总数30.7%；相比排名第2的辽宁省15件，整整多出1倍；第3名湖北省与第4名浙江省案件数量相差不大，分别为12件和11件；前3名占全部行政处罚案件总数量的68.3%。余下28个省(自治区和直辖市)仅占31.7%。

排名前3的湖南省、辽宁省和湖北省反垄断行政执法经验明显高于其他区域。

三、行 业 分 布

如图1－4所示，101件案件中排名前3的行业分别为建筑材料制造业、保险业和电信服务业。其中，建筑材料制造业排名第1，共计55件，占54.5%；保险业26件，占25.7%；电信服务业5件，占5.0%，分别位居第2位和第3位；其他行业的工商反垄断行政处罚案件共计14件，仅占14.8%。

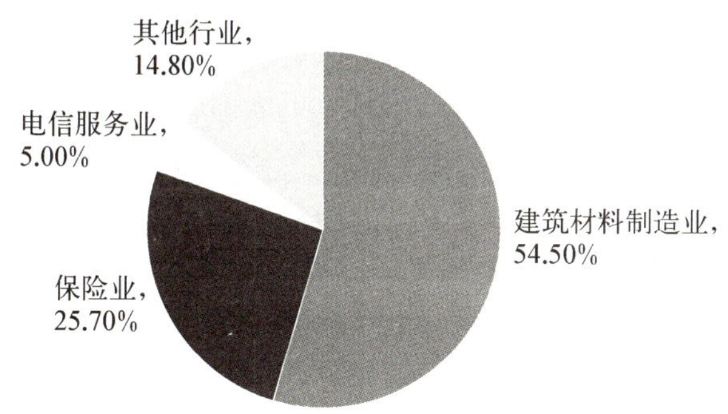

图1－4　案件行业分布

如2015年全年查处垄断案件12件，涉及烟草、电信、供水、医药、燃气、供电、保险、广播电视和盐业等行业〔7〕。

四、主 体 分 类

如图1－5所示，101件案件中受罚当事人以法人为主，共计49件，占总数的48.5%；其次为其他组织，共计40件，占总数的31.4%，其他组织主要包括行业

〔7〕 任爱荣：《充分发挥中央和地方两个积极性　竞争执法工作取得新进展》，载《中国竞争法律与政策研究报告2015年》，法律出版社2016年版，第15页。此外12件系竞争执法公告数。

协会、商会，以及非法人主体等；受罚当事人为自然人的案件 12 件，占 11.9％，排名第三。

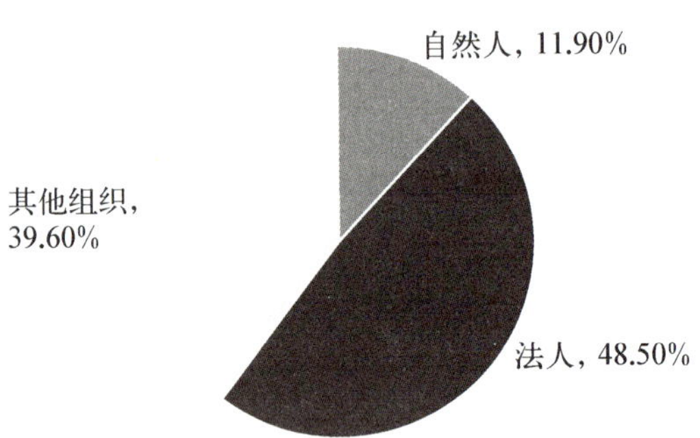

图 1－5　被处罚者主体分类

五、主 体 性 质

如图 1－6 所示，101 件案件中，被处罚的民营企业为 81 件，占 80.2％；其次社会团体或行业协会为 12 件，占 11.9％；国有企业为 8 件，占 7.9％。

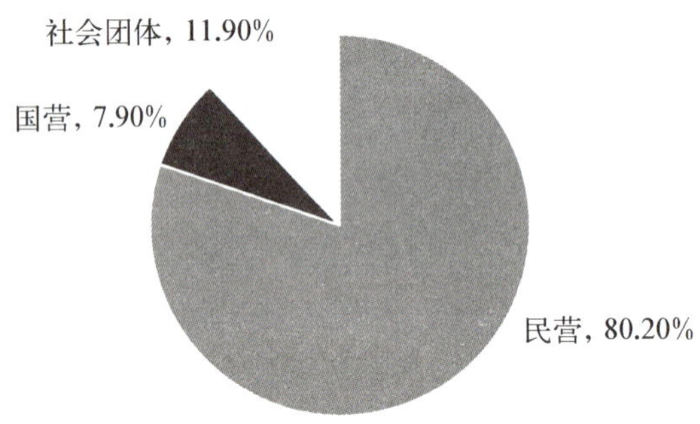

图 1－6　被处罚者主体性质分类

截至 2014 年 11 月，2014 年立案调查的微软、利乐涉嫌垄断案仍然没有调查终结，外资企业仅占案件总数的 5％〔8〕。其他 37 件案件当事人主体为国有企业、私营企业、行业协会等。截至 2015 年年底，工商已结案的反垄断行政处罚案件尚未出现外资企业受罚。

---

〔8〕 参见赵超："2014 反垄断：最大罚单给力，突击检查不停——反垄断法实施 6 年以来，我国正建立和完善能够切实维护市场竞争秩序的反垄断制度体系"，《新华每日电讯》2014 年 12 月 24 日。

六、案 件 来 源

如图1-7所示，101件案件中未交代案件来源的46件，占46.1%；55件交代来源，占53.9%；交代来源中投诉的案件共计32件，占比31.4%；举报的案件共计12件，占比11.8%；媒体曝光的案件有6件；其他部门移送审查的案件有3件；在例行检查中发现垄断行为的案件1件〔9〕；当事人向工商机关主动咨询，请求确认其经营管理活动是否违法的案件仅1件〔10〕。

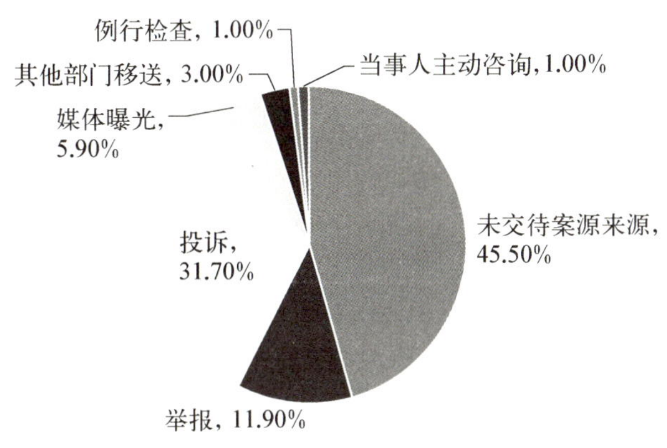

图1-7　案件案源

说明投诉和举报目前仍然是工商反垄断行政调查信息来源的主要途径〔11〕，投诉和举报的前提是对被投诉或被举报者基本情况比较熟悉和了解。因此，一般均为同行业竞争者或内部人员，少量为消费者。

需要注意的是，投诉或举报如果涉及垄断事由的，不能同时向发改委和工商总局进行投诉或举报，因为涉及价格和非价格有时难以界定。为克服管辖冲突，两个机构达成协议，即双方只要一方受理了投诉，另一方即应拒绝相同的投诉〔12〕。

〔9〕 重庆燃气集团股份有限公司垄断行为案。

〔10〕 重庆青阳药业有限公司涉嫌滥用市场支配地位拒绝交易案。

〔11〕 如工商总局副局长滕佳才在2012年12月18日发表的讲话中介绍，其所有的17起卡特尔调查都是依据消费者和公司的报告。参见任勇、邓志松：《中国的反卡特尔执法和降低法律风险到最小的途经》，载祁欢主编：《2013反垄断年度论坛和政策评论》，中国政法大学出版社2014年版，第67页。另宁望鲁局长在2011年会议中介绍，国家工商总局先后收到150起涉嫌垄断行为的投诉举报材料。见宁望鲁：《工商行政管理机关竞争执法工作实践》，载《中国竞争法律与政策研究报告2011年》，法律出版社2012年版，第19页。

〔12〕 参见王晓晔：《中国反垄断执法三年和依法治国》，载《中国竞争法律与政策研究报告2011年》，法律出版社2012版，第33页。

但仍然难免存在同时应当受理情形，因为相同投诉如何界定？投诉或举报者不事先告知，受理机关不可能知道。

七、立 案 期 限

如图 1-8 所示，34 件工商竞争执法公告案件中，共有 21 件竞争执法公告公布案源及其日期，其中 10 件立案期限在 3 个月以内；7 件立案期限在 3 个月至半年之间；立案期限在半年到一年之间的有 2 件〔13〕；而立案期限超过 1 年的为 2 件〔14〕。

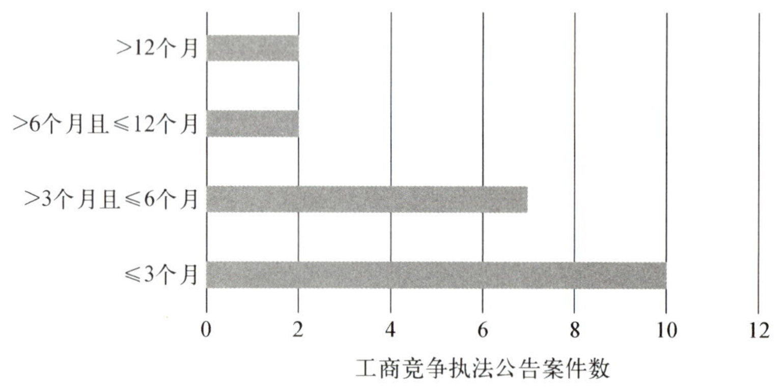

图 1-8　案件立案期限

大部分的工商反垄断行政处罚案件的立案期间均在半年以内，这是由工商反垄断执法需由工商总局授权。接到案源以后，省级工商部门会对案件事实进行初步核查并给出立案意见，然后将核查报告与立案意见一并提交到工商总局，再由工商总局决定是否立案并进行授权。

需要注意的是，尽管工商反垄断执法在立案阶段行政效率尚可，但是不同案件之间的差距较大。立案期限最长的"广州市番禺动漫游艺行业协会垄断协议案"一案中，2013 年 3 月 13 日，《广州日报》就刊登了一篇名为《广州会展业惊现"排他协议"——产业过剩竞争激烈"搭车展"、"撞车展"频上

〔13〕 分别为"重庆巫溪县东翰采石场等四家采石场垄断协议案"与"永州奥都混凝土有限公司等 7 家公司垄断协议案"。

〔14〕 分别为"重庆燃气集团股份有限公司垄断行为案"和"广州市番禺动漫游艺行业协会垄断协议案"。

演》的报道，然而直到 16 个月之后即 2014 年 6 月 9 日，广东省工商行政管理局才将案件的核查报告与立案意见汇报工商总局，2014 年 7 月 21 日，该案才正式立案。

与前述立案明显相反的是，立案期限最短的“北京盛开体育发展有限公司垄断案”一案中，2014 年 3 月 18 日，中央电视台《焦点访谈》栏目报道了当事人的垄断行为，2014 年 3 月 19 日国家工商总局就立即立案展开调查，从收到案源到立案仅 1 天时间。“北京盛开体育发展有限公司垄断案”的立案之迅速主要来源于中央电视台对舆论的强大影响力，同时此案发生在北京，工商总局直接立案并亲自调查。16 个月与 1 天之间的差距引人注目。

目前，工商机关对于反垄断行政违法案件应当在接到案件线索后多长时间内予以立案，《反垄断法》、《行政处罚法》和《工商行政管理机关查处垄断协议、滥用市场支配地位案件程序规定》并没有明确规定〔15〕。立案期限长对于经营者来说是有利的，经营者可在工商机关正式立案调查前提前纠正其违法行为，而主动停止违法行为在决定行政处罚时是一个考量因素。

垄断行为多发生在市县基层，如果基层“多一事不如少一事”未上报案件线索，国家级、省级工商局难以及时发现案源。并且，如果国家级、省级工商局亲自调查取证，要下到市县基层，不仅执法成本大，而且效能低下。因此，必须改革完善这种事权不一的执法体制。〔16〕

八、调 查 期 限

如图 1－9 所示，101 件案件中，6 个月内结案的案件有 9 件，占 8.9％；40 件案件调查期限在 6 个月到 1 年之间，占 40.6％；调查期限在 12 个月到 18 个月之间的有 29 件，占 28.7％；超过 18 个月的案件 23 件，占 22.8％。

与反垄断行政违法案件立案期限未予规定相同，《反垄断法》、《行政处罚法》和《工商行政管理机关查处垄断协议、滥用市场支配地位案件程序规定》对于调查期限同样未予规定，故反垄断调查何时终结，案件应当何时结案等，当事人无法预期。

〔15〕《工商行政管理机关查处垄断协议、滥用市场支配地位案件程序规定》第 6 条、第 26 条。

〔16〕 永州市局协助省局查办垄断案件的探索实践，http://www.cneu.org.cn/lunwen/show6246.html，2016 年 5 月 20 日最后访问。

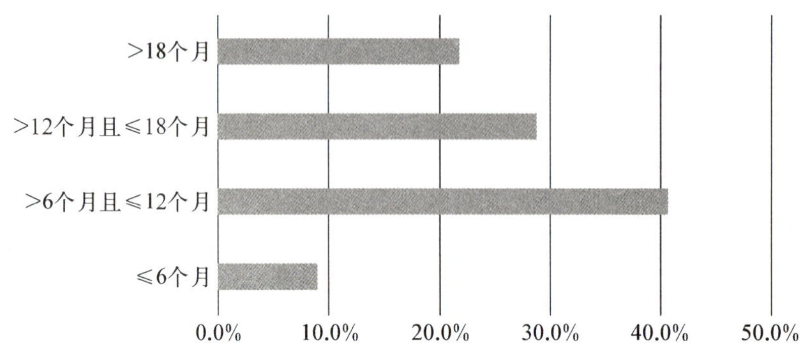

图 1－9　工商反垄断行政处罚案件调查期限分析〔17〕

九、案件垄断类型

如图 1－10 所示，101 件案件中横向垄断案件 87 件，占 86.1%；滥用市场支配地位案件 13 件，占 12.9%〔18〕。尚未公布纵向垄断及行政垄断案件。〔19〕

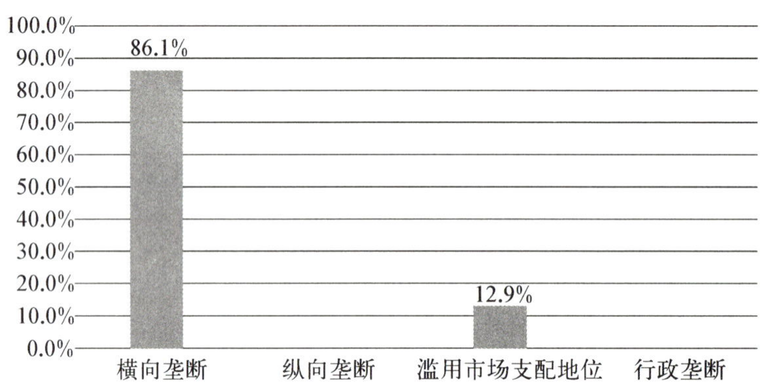

图 1－10　工商反垄断处罚案件垄断类型

〔17〕 需要说明的是，对于立案期限的分析，每一件竞争执法公告中的分案是同一时间收到案源以及立案的，但每一件竞争执法公告中的分案当事人受处罚的日期是有所不同的，因此，此处在分析工商反垄断行政处罚案件的调查期限时，采取的基数则是 101 件工商反垄断行政处罚案件数，而非竞争执法公告件数。

〔18〕 如前文所述，本次共统计工商机关查处的垄断案件 101 件，其中横向垄断协议案件与滥用市场支配地位案件合计 100 件，剩下 1 件案件为“安徽省信雅达系统工程股份有限公司拒绝配合反垄断调查工作行政处罚案”。

〔19〕 广东省河源市政府滥用行政权力排除、限制竞争案因未公开行政处罚决定书，故未纳入本次统计。2010 年广东省工商局适用《反垄断法》，制止了地方政府滥用行政权力排除、限制竞争行为，这是我国第一起适用《反垄断法》依法制止滥用行政权力排除限制竞争行为的案例。该案资料参见 http://www.chinanews.com/fz/2011/12－29/3568753.shtml，2016 年 5 月 4 日最后访问。

(一) 滥用市场支配地位

如图 1-11 所示,13 件滥用市场支配地位案件的具体垄断行为[20],11 件均为捆绑交易,即没有正当理由在交易时附加不合理的交易条件;1 件差别待遇("江苏徐州市烟草公司邳州分公司滥用市场支配地位案");1 件拒绝交易("重庆青阳药业有限公司涉嫌滥用市场支配地位拒绝交易案")。13 件滥用市场支配地位的垄断案件主要发生在公用企业领域,其中 2 家为供水企业;3 家为烟草制品批发业;5 家为电信服务业;文体娱乐业、燃气供应业和医药制造业各 1 家(见表 1-1)。

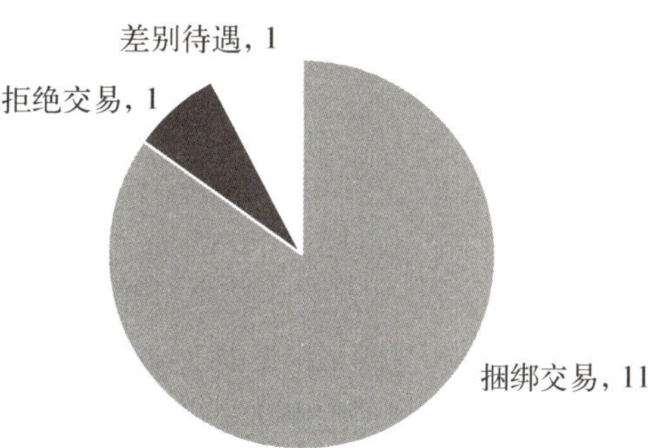

图 1-11　滥用市场支配地位类型分析

滥用市场支配地位行为可分为两种基本类型:一是针对同业竞争者所实施的滥用行为,另一类是针对交易相对人所实施的滥用行为。前者主要包括低价倾销(掠夺性定价)、独家交易、搭售等。后者主要包括价格歧视等差别待遇、拒绝交易、强制交易和垄断性高价等。针对同业竞争者所实施的滥用行为的构成主要包括无正当理由妨碍了他人的公平竞争,并且产生了实质性的影响(妨碍型滥用)。针对交易相对人所实施的滥用行为的构成主要是其不正当或不公平(剥削型滥用)。[21]《反垄断法》第 17 条列举了 6 种具体的滥用市场支配地位的行为,工商部门主要负责查处(三)至(六)这 4 种滥用市场支配地位的垄断案件(见表 1-1)。

表 1-1　滥用市场支配地位案件详情

序号	年份	案件名称	所属行业	垄断行为	结　果
1	2013	广东惠州大亚湾溢源净水有限公司滥用市场支配地位案	自来水生产和供应	捆绑交易	2 363 597.45 元
2	2014	北京盛开体育发展有限公司垄断案	文化、体育和娱乐业	捆绑交易	终止调查

〔20〕《反垄断法》第 17 条列举了 6 种具体的滥用市场支配地位的行为,分别为:① 垄断定价;② 掠夺定价;③ 拒绝交易;④ 限定交易;⑤ 捆绑交易;⑥ 差别待遇。由于价格垄断类型的案件属于国家发改委的管辖范围,故工商机关主要负责查处③~⑥这 4 种滥用市场支配地位的垄断案件。

〔21〕 王先林:"滥用市场支配地位之法律规定",《中国工商报》2015 年 7 月 1 日。

（续表）

序号	年份	案件名称	所属行业	垄断行为	结　果
3	2014	内蒙古自治区烟草公司赤峰市公司滥用市场支配地位案	烟草制品批发业	捆绑交易	595.70 万元
4	2014	江苏徐州市烟草公司邳州分公司滥用市场支配地位案	烟草制品批发业	差别待遇	1 723 745.04 元
5	2014	重庆燃气集团股份有限公司垄断行为案	燃气生产和供应业	捆绑交易	1 793 588.55 元
6	2015	海南省东方市自来水公司垄断案	自来水生产和供应	捆绑交易	593 208.06 元
7	2015	中国铁通集团有限公司宁夏分公司垄断案	电信服务业	捆绑交易	中止调查
8	2015	中国联合网络通信有限公司宁夏回族自治区分公司垄断案	电信服务业	捆绑交易	中止调查
9	2015	中国电信股份有限公司宁夏分公司垄断案	电信服务业	捆绑交易	中止调查
10	2015	重庆青阳药业有限公司涉嫌滥用市场支配地位拒绝交易案	医药制造业	拒绝交易	439 308.53 元
11	2015	辽宁省烟草公司抚顺市公司滥用市场支配地位行为行政处罚案	烟草制品批发业	捆绑交易	433.449 万元
12	2015	中国移动通信集团内蒙古有限公司垄断案	电信服务业	捆绑交易	中止调查
13	2015	中国联合网络通信有限公司内蒙古自治区分公司垄断案	电信服务业	捆绑交易	中止调查

(二) 横向垄断协议

如图 1－12 所示，在 87 件横向垄断协议类型案件中，涉及分割市场的垄断案件有 64 件，占 73.6%；其次为涉及限制商品数量的垄断案件 10 件，占 34.5%；固定商品价格的垄断案件仅有 2 件，分别为“西双版纳州旅游协会组织本行业经营者从事垄断协议案”和“西双版纳州旅行社协会组织本行业经营者从事垄断协议案”；联合抵制交易的垄断案件仅有 1 件，为“广州市番禺动漫游艺行业协会垄断协议案”。〔22〕

说明横向垄断中分割市场的违法行为是主要类型。

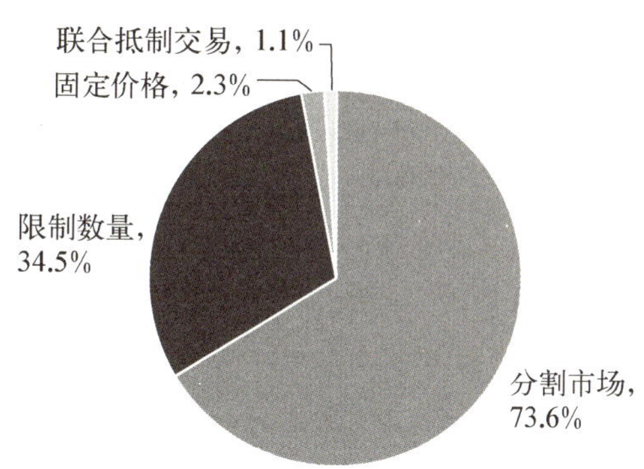

图 1－12 横向垄断协议类型分析

十、非行业协会经营者法律责任

结合前述【行政处罚主体性质】一节的分析可知，101 件案件中，当事人为非行业协会经营者的案件共计 89 件，占 88.1%。因行业协会反垄断法律责任与经营者不同，故本节仅单独分析非行业协会主体的法律责任(见表 1－2)。

表 1－2 非行业协会经营者的一般违法责任〔23〕

违 法 行 为	法 律 责 任
达成并实施垄断协议	停止违法行为 and 没收违法所得 and 罚款(上一年度销售额 1%～10%)
达成未实施垄断协议	(可以)处 50 万元以下罚款
滥用市场支配地位	停止违法行为 and 没收违法所得 and 罚款(上一年度销售额 1%～10%)

(一) 没收违法所得

1. 没收违法所得现状

如图 1－13 所示，89 件非行业协会经营者垄断案件中仅 20 件案件被处以没

〔22〕 此处统计涉及重复计数，因部分垄断协议可能同时包含分割市场与限制商品数量的内容。
〔23〕 此处不考虑适用宽恕制度而从轻、减轻或免除处罚的情形。

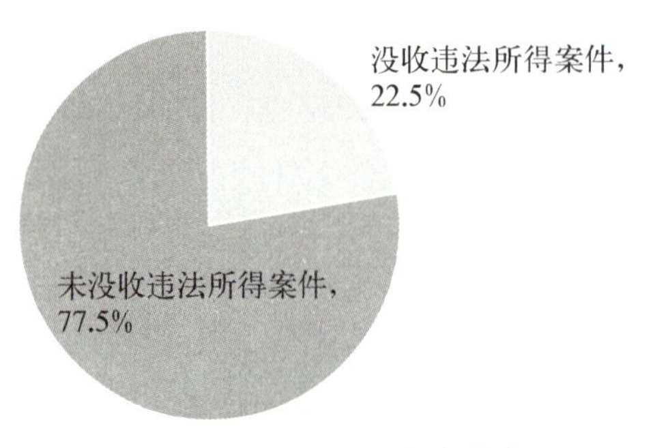

图 1－13　没收违法所得案件占比

收违法所得，占 22.5%。

按照《反垄断法》第 46 条和第 47 条的规定[24]，经营者无论是实施垄断协议，还是滥用市场支配地位，都应“由反垄断执法机构责令停止违法行为，没收违法所得，并处上一年度销售额百分之一以上百分之十以下的罚款”。如果“尚未实施所达成的垄断协议的，则可以处五十万元以下的罚款”。因此，针对垄断行为作出行政处罚时，“没收违法所得”和“罚款”之间是并处关系，也即是说，执法部门在对违规者进行处罚时，首先应当没收违法者全部的违法所得，再依据实际情况进行罚款。

2. 未没收违法所得因素

如图 1－14 所示，89 件非行业协会经营者垄断案件中，7 件中止调查；18 件仅达成但未实施垄断协议因而不存在违法所得；1 件因拒绝配合调查而给予行政处罚。

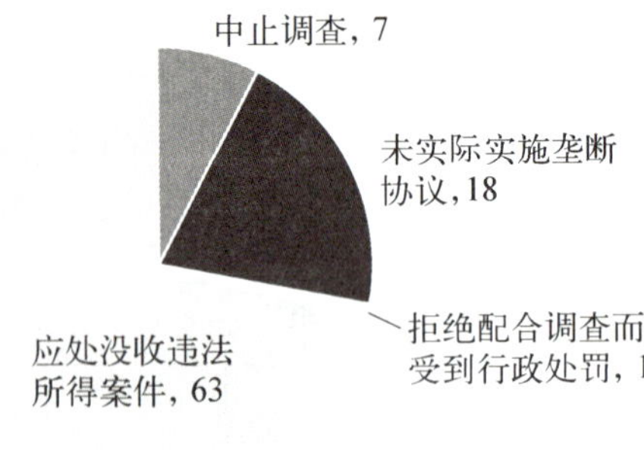

图 1－14　应处没收违法所得情况

故应没收违法所得的案件应为 63 件，应占非行业协会经营者垄断案件的 70.7%。然而实际执法过程中，只有 20 件非行业协会经营者垄断案件当事人被没收违法所得，并且在大部分未没收违法所得的案件中工商部门都未对不没收的原因进行交代。

未没收违法所得的经营者垄断案件中，除因尚未产生违法所得的案件之外，部分案件当事人明显存在违法所得但工商部门完全忽略对违法所得的处理，如“重庆燃气集团股份有限公司垄断行为案”、“湖南省永州市保险行业垄断协议案”。而披露了应没收而未没收违法所得原因的案件仅 4 件，如表 1－3 所示。

当事人的违法所得无法计算时，工商机关选择了不予没收违法所得的处罚。但这是否会成为反垄断执法实践中的漏洞引人深思，后续的垄断案件中，当事人

〔24〕 同时还有《工商行政管理机关禁止滥用市场支配地位行为的规定》第 14 条和《工商行政管理机关禁止垄断协议行为的规定》第 10 条。

表 1-3 应没收而未没收违法所得案件原因

竞争执法公告号	案件名称	未没收违法所得理由
2013 年第 9 号	浙江省江山市混凝土经营者从事垄断协议案	三当事人无法提供实施垄断协议期间关于混凝土销售收入与原材料成本的财务资料，其在该特定期间的违法所得无法准确计算，因而未被处以没收违法所得
2014 年第 15 号	内蒙古自治区赤峰中心城区烟花爆竹批发企业实施垄断行为案	考虑到当事人批发销售额中可能存在部分零售商因交通条件以及对供货商的信赖等因素自愿与其交易而形成的合理交易额，但由于其中的“合理交易额”与因分割市场形成的“强制交易额”不易划分清楚，其违法所得按无法计算处理
2014 年第 17 号	重庆巫溪县东翰采石场等四家采石场垄断协议案	当事人为个体经营且未建立财务账册，成本及已缴纳的税金等无法核算，故当事人以垄断协议分割销售市场所获违法所得无法计算
2015 年第 3 号	麻阳苗族自治县页岩砖经营者垄断案	由于当事人没有完整的财务账册和记账凭证，当事人生产销售页岩砖的利润无法计算

极有可能通过销毁相关财务资料来避免没收违法所得的处罚，而是否会引起税法或其他法律所规定法律责任值得探究。

目前在反垄断案件违法所得问题的审查方面，大部分行政处罚文书中是否有审查、如何计算都未明确交代，以及已出现的案例中当违法所得无法计算时如何处理也没有相关法律法规指导，这极容易成为反垄断调查过程中经营者可钻的漏洞。

为解决违法所得的计算问题，受国务院反垄断委员会委托，发改委起草了《关于经营者垄断行为违法所得认定和罚款计算确定的指南》，该《指南》已于 2016 年 6 月向公众公开征求意见。

3. 没收违法所得计算

如表 1-4 所示，在上述 20 件没收了违法所得的案件行政处罚文书中，仅“江西省泰和县液化石油气经营者从事垄断协议案”、“广东惠州大亚湾溢源净水有限公司滥用市场支配地位案”、“海南省东方市自来水公司垄断案”3 件案件的行政处罚文书中详细阐明了违法所得的计算过程，介绍了当事人 2008 年 8 月 1 日以后实施垄断行为期间所得收入，扣除缴纳的税费、经营支出后所得利润。“海南省东方市自来水公司垄断案”一案中对违法所得的计算最为严谨和规范，海南省工商局委托了专业会计师事务所进行审计。

表 1－4　没收违法所得案件情况

序号	案件名称	所属行业	垄断类型	违法所得
1	江苏省连云港新电混凝土有限公司参与达成并实施分割销售市场的垄断协议行政处罚案	建筑材料制造业	横向垄断	26 896.08 元
2	江苏省连云港苏锦混凝土制品有限公司参与达成并实施分割销售市场的垄断协议行政处罚案	建筑材料制造业	横向垄断	24 247.83 元
3	江苏省连云港东盛商品混凝土有限公司参与达成并实施分割销售市场的垄断协议行政处罚案	建筑材料制造业	横向垄断	18 993.83 元
4	江苏省连云港中港混凝土有限公司参与达成并实施分割销售市场的垄断协议行政处罚案	建筑材料制造业	横向垄断	30 357.91 元
5	江苏省连云港润丰混凝土有限公司参与达成并实施分割销售市场的垄断协议行政处罚案	建筑材料制造业	横向垄断	35 985.56 元
6	江西省泰和县液化石油气经营者从事垄断协议案	燃气生产和供应业	横向垄断	205 537 元
7	河南省安阳市旧机动车经营者从事垄断协议案	汽车零售业	横向垄断	1 733 122.45 元
8	广东惠州大亚湾溢源净水有限公司滥用市场支配地位案	自来水生产和供应	滥用市场支配地位	860 236.09 元
9	海南省东方市自来水公司垄断案	自来水生产和供应	滥用市场支配地位	38 521.48 元
10	中国太平洋人寿保险股份有限公司湖北分公司从事垄断协议行政处罚案	保险业	横向垄断	91.40 万元
11	富德生命人寿保险股份有限公司湖北分公司从事垄断协议行政处罚案	保险业	横向垄断	43.32 万元
12	永诚财产保险股份有限公司湖北分公司从事垄断协议行政处罚案	保险业	横向垄断	43.32 万元
13	泰康人寿保险股份有限公司湖北分公司从事垄断协议行政处罚案	保险业	横向垄断	43.32 万元

(续表)

序号	案件名称	所属行业	垄断类型	违法所得
14	中国大地财产保险股份有限公司湖北分公司从事垄断协议行政处罚案	保险业	横向垄断	43.32 万元
15	中国太平洋财产保险股份有限公司湖北分公司从事垄断协议行政处罚案	保险业	横向垄断	43.32 万元
16	中国人寿保险股份有限公司武汉市汉阳区支公司从事垄断协议行政处罚案	保险业	横向垄断	43.32 万元
17	中国人民财产保险股份有限公司武汉市江汉支公司从事垄断协议行政处罚案	保险业	横向垄断	25.99 万元
18	太平财产保险有限公司湖北分公司从事垄断协议行政处罚案	保险业	横向垄断	13 万元
19	合众人寿保险股份有限公司湖北分公司从事垄断协议行政处罚案	保险业	横向垄断	11.77 万元
20	平安养老保险股份有限公司湖北分公司从事垄断协议行政处罚案	保险业	横向垄断	42.01 万元

其余案件对于违法所得则一笔带过,并未阐明计算过程。

(二) 行政罚款

截至 2015 年 12 月 31 日,工商部门在反垄断行政执法领域罚款数额共计 43 441 130.62元。个案中反垄断行政罚款数额由垄断行为的严重程度决定,即违法行为性质越恶劣、持续时间越长,相应的行政罚款数额就会越大[25]。

1. 上一年度的理解

如图 1-15 所示,案件中"上一年度"一般是指立案审查前的上一年度,而不是处罚决定作出时的上一年度。[26]

---

〔25〕《反垄断法》第 49 条。

〔26〕 由于部分行政处罚决定文书案件信息公开不甚全面,如竞争执法公告号 2013 年第 3 号"河南省安阳市旧机动车经营者从事垄断协议案"一案中完全未交代罚款的计算基准,不知是以哪一年的相关销售额为基数,故笔者仅整理了公开了销售额年份、立案年份及处罚年份的案件,且由于 1 件竞争执法公告号中多个分案中销售额的计算方式是统一的,故图表 19 中横坐标以竞争执法公告号来表示各案件。

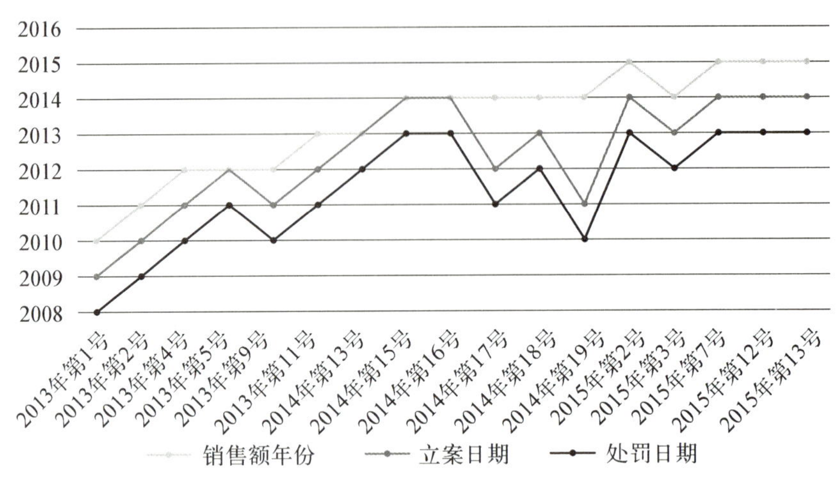

图 1－15 销售额的“上一年度”计算

《反垄断法》中未明确指明“上一年度销售额”究竟是指立案审查日期的前一年还是做出处罚决定时的前一年，导致实务中存在不同做法。在实践中，我国行政机关和法院一般都将“上一年度”理解为“上一会计年度”或“上一公历年度”，这两者在我国又是统一的。我国《会计法》规定了会计年度自公历月日起至月日止。因此，一般而言，在我国“上一年度”就是上一年的 1 月 1 日至 12 月 31 日。但是，国外对于“上一会计年度”的规定各不相同，一些国家以 4 月 1 日至来年的 3 月 31 日为一个会计年度，还有一些国家以月日至来年月日为一个会计年度，甚至有的国家允许企业自主决定企业的会计年度。由于反垄断法具有较强的涉外因素，为避免在依据反垄断法的域外效力处罚外国企业时面临法律依据不充分的问题，应进一步明确“上一年度”的概念〔27〕。

《国务院反垄断委员会关于认定经营者垄断行为违法所得和确定罚款的指南(征求意见稿)》第 17 条“上一年度”的含义规定：反垄断执法机构通常以启动调查时的上一个会计年度来计算经营者销售额。垄断行为在反垄断执法机构启动调查时已经停止的，“上一年度”为垄断行为停止时的上一个会计年度。会计年度自公历 1 月 1 日起至 12 月 31 日止。经营者采用不同会计年度的，按照中国的会计年度进行调整后使用。

2. 销售额范围

如表 1－5 所示，案件中仅计算当事人上一年度在中国境内相关产品的销售

〔27〕 黄勇、刘燕南：《垄断违法行为行政罚款计算标准研究》，《法制论坛》2013 年第 8 期。

额。这与工商行政管理执法中,多数为国内企业存在一定关联,如果具有涉外因素,可能存在需要考虑国外市场。

表 1-5 案件中“销售额”的范围

竞争执法公告号	案件名称	地域范围	产品范围
2013 年第 1 号	江苏省连云港市建筑材料和建筑机械行业协会混凝土委员会组织本行业经营者从事垄断协议案	中国大陆	预拌混凝土
2013 年第 2 号	江西省泰和县液化石油气经营者从事垄断协议案	中国大陆	液化石油气
2013 年第 3 号	河南省安阳市旧机动车经营者从事垄断协议案	中国大陆	二手车
2013 年第 4 号	辽宁省建筑材料工业协会组织本行业经营者从事垄断协议案	中国大陆	水泥熟料
2013 年第 5 号	湖南省永州市保险行业协会组织本行业经营者从事垄断协议案	中国大陆	新车保险
2013 年第 9 号	浙江省江山市混凝土经营者从事垄断协议案	中国大陆	商品混凝土
2013 年第 11 号	四川省宜宾市砖瓦协会组织本行业经营者从事垄断协议案	中国大陆	页岩砖
2014 年第 13 号	广东惠州大亚湾溢源净水有限公司滥用市场支配地位案	中国大陆	城市公共自来水
2014 年第 15 号	内蒙古自治区赤峰中心城区烟花爆竹批发企业实施垄断行为案	中国大陆	烟花爆竹
2014 年第 16 号	内蒙古自治区烟草公司赤峰市公司滥用市场支配地位案	中国大陆	卷烟
2014 年第 17 号	重庆巫溪县东翰采石场等四家采石场垄断协议案	中国大陆	砂石料
2014 年第 18 号	江苏徐州市烟草公司邳州分公司滥用市场支配地位案	中国大陆	苏烟(硬七星)、南京(硬林)、南京(硬紫树)、红杉树(硬木)等紧俏卷烟
2014 年第 19 号	重庆燃气集团股份有限公司垄断行为案	中国大陆	天然气

（续表）

竞争执法公告号	案　件　名　称	地域范围	产品范围
2015年第2号	海南省东方市自来水公司垄断案	中国大陆	城市公共自来水
2015年第3号	麻阳苗族自治县页岩砖经营者垄断案	中国大陆	页岩砖
2015年第7号	辽宁省烟草公司抚顺市公司滥用市场支配地位案	中国大陆	卷烟

其实，在计算销售额时，销售额的空间维度方面，是计算涉案企业的全部销售额还是某一地理市场内的销售额一直存在争议。各国在对一个在几个国家内都有销售额的国际集团企业罚款计算销售额时的处理方式也不尽相同，但基本上有两种方式〔28〕。

在销售额的产品维度方面，是只计算与违法企业直接或间接相关的产品或服务的销售额还是计算涉案企业全部产品和服务的销售额也是一个问题。《关于认定经营者垄断行为违法所得和确定罚款的指南》（征求意见稿）第18条"销售额"的含义中作出明确规定。

3. 行政罚款比例

如图1-16所示，对于121名〔29〕行政处罚当事人适用"酌情"处罚为32件，占26.4%；排名第2的为按"上一年度销售额的1%"标准处罚的案件，共计29件，占24.0%；排名第3的为按"上一年度销售额的2%"标准处罚，共计15件，

〔28〕 方式一是由大到小的地域范围计算方式，即先把该企业全球范围内销售额作为计算基础，之后依据不同的案件情况将地域范围缩小。也就是说一些国家虽然将全球范围内的销售额当成罚款计算的基础，但在反垄断执法机构的执法实践中对违法企业和经营者进行罚款时计算的区域范围应以"涉案产品销售额"或者"受影响销售额"这些相关因素对地域范围进行缩小。方式之二是由小到大的地域范围计算方式。即反垄断执法机构在对违法企业和经营者进行罚款时先以本国地域范围内的销售额为计算基础，接着依据案件的不同情况对地域范围进行相应的拓展。欧盟采用的正是第2种计算方式，一般情况下在对违法垄断行为进行制裁时对销售额计算的地域范围先限于欧洲经济区域范围内的市场，如果在欧洲经济区域内的销售额不能充分说明该违法垄断行为的损害范围时，则应计算欧洲经济区域范围之外的销售额。两种不同计算方式实际上反映了对罚款深层次价值的不同探索。第1种计算方法偏向于反映行政罚款制度对于违法垄断行为的威慑作用和反垄断执法机构的自由裁量权；第2种计算方法方法偏向于反映反垄断行政罚款的可预估性。参见高燕冰：《我国反垄断行政罚款制度研究》，北京交通大学2015年硕士学位论文，第13页。

〔29〕 101件工商行政管理机关反垄断行政处罚案件中，由于有4件案件——"河南省安阳市旧机动车经营者从事垄断协议案"（11名当事人）、"浙江省江山市混凝土经营者从事垄断协议案"（3名当事人）、"内蒙古自治区赤峰中心城区烟花爆竹批发企业实施垄断行为案"（6名受罚当事人）、"重庆巫溪县东翰采石场等四家采石场垄断协议案"（4名受罚当事人）行政处罚决定书未分案，故本次工商机关反垄断执法大数据分析实际行政处罚当事人共计121名。

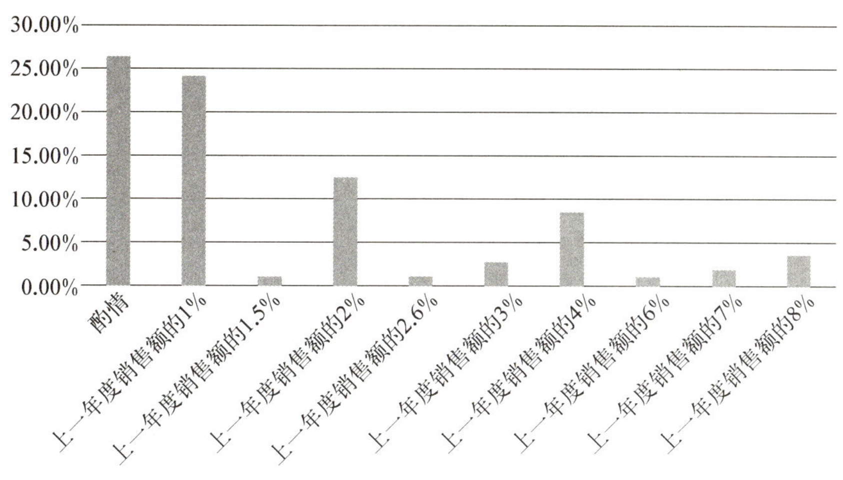

图 1－16　案件处罚标准

占 12.4%;按“上一年度销售额的 4%”标准处罚的为 10 件,占 8.3%。该案件为“麻阳苗族自治县页岩砖垄断案”,该案中 10 名当事人均被处以上一年度销售额 4%的罚款。被处以“上一年度销售额的 7%”的 2 名当事人以及被处以“上一年度相关销售额的 8%”的 4 名当事人均为“内蒙古自治区赤峰中心城区烟花爆竹批发企业实施垄断行为案”一案当事人。

工商机关反垄断执法中未见适用最高处罚标准即“上一年度销售额的 10%”处罚的案件。

4. 酌情处罚

如图 1－17 所示,酌情处罚的案件分为 4 类: 当事人为行业协会的案件 11 件;仅达成未实际实施垄断协议的案件 18 件;当事人不配合反垄断调查的案件

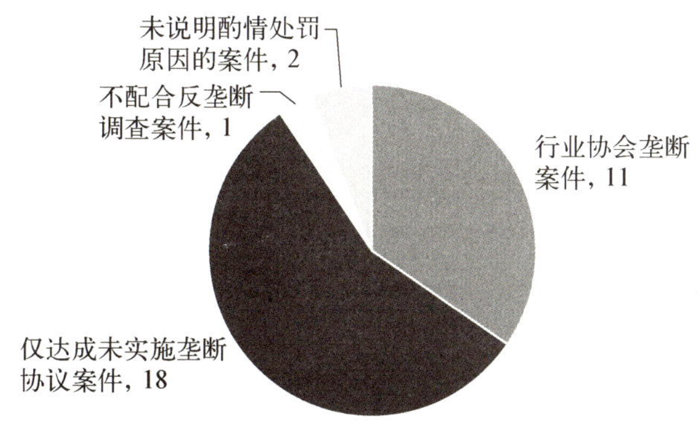

图 1－17　酌情处罚案件分类

1件;未说明酌情处罚原因的案件2件。

如表1-6所示,未说明酌情处罚原因的两件案件并不属于前3种情况,当事人为经营者并实施了垄断行为,应当按照“上一年度销售额1%～10%”来处罚,但工商部门却并未按此处罚。

表1-6　未说明酌情处罚原因的案件

序号	案 件 名 称	处罚部门	行政处罚文书存在问题
1	河南省安阳市旧机动车经营者从事垄断协议案	河南省工商局	该案受处罚当事人有11名,但行政处罚文书未分案;未说明各当事人上一年度销售额情况
2	重庆巫溪县东翰采石场等四家采石场垄断协议案	重庆市工商局	行政处罚文书未分案;因当事人为个体经营且未建立财务账册,成本及已缴纳的税金等无法核算,故上一年度销售额亦无法审计

5. 行政罚款数额

如图1-18所示,行政处罚案件中对行业协会的行政处罚在50万元以下[30],且均为酌情处罚,该类案件占总比10.9%,共有11家行业协会受到处罚;处罚数额在50万元以下(当事人不含行业协会)的案件最多,为73件,占71.6%;50万元以上(不含50万元)案件仅有15件,占14.6%。

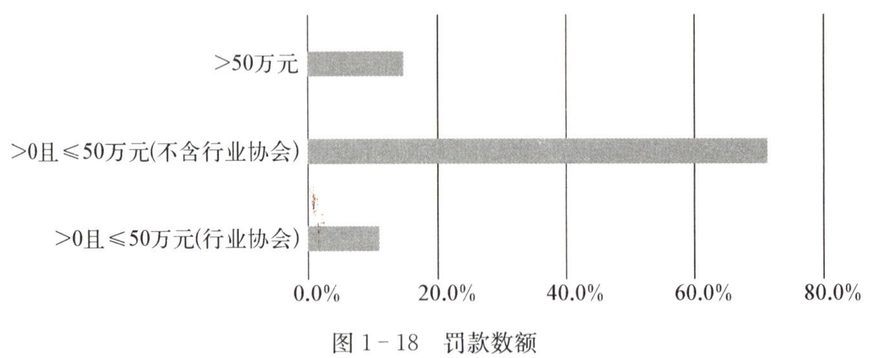

图1-18　罚款数额

(三)未处罚经营者

如图1-19所示,部分垄断协议案件中工商部门调查的涉嫌参与垄断行为的经营者与最终实际处罚的经营者存在较大差距。即部分涉嫌垄断的经营者因

〔30〕 反垄断法第43条。

为同一案件没有受到处罚,没有受到处罚的理由也没有交代,部分案件交代"另案处理",但"另案处理"变成"没有处理"。

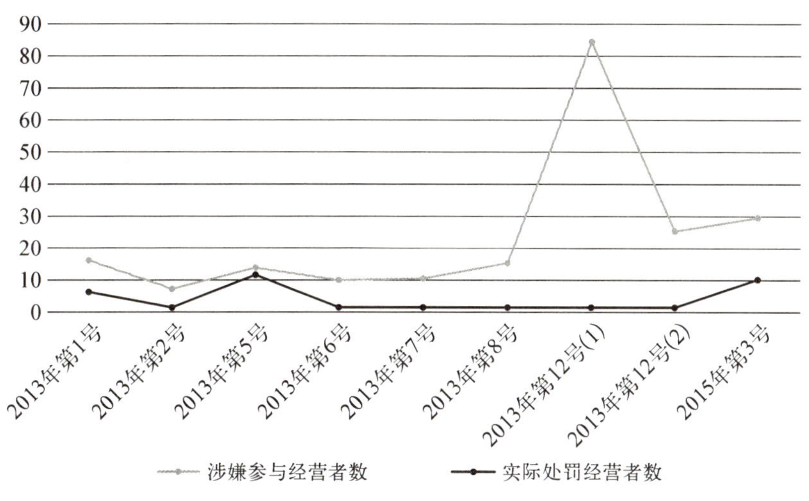

图 1-19　部分垄断协议案件的处罚情况分析

例如,"连云港市建筑材料和建筑机械行业协会混凝土委员会涉嫌组织本行业经营者从事垄断协议案"一案中有在行业协会的组织下游 16 家预拌混凝土企业参与了垄断协议的制定,但最终仅处罚了行业协会和 5 家企业,其他参与垄断协议达成的经营者究竟有否处理以及如何处理,在该案的相关行政处罚文书中均未交代。

又如,"湖南省张家界市保险行业协会组织本行业经营者从事垄断协议案"、"湖南省常德市保险行业协会组织本行业经营者从事垄断协议案"、"湖南省郴州市保险行业协会组织本行业经营者从事垄断协议案"、"云南省西双版纳州旅游协会、西双版纳州旅行社协会组织本行业经营者从事垄断协议案"这几起案件中更是只公布了对行业协会的处罚结果,所涉经营者有否处罚以及如何处罚只字未提,在各省工商局的官方网站上也未检索到相关行政处罚决定信息。详细的调查与处罚情况如表 1-7 所示。

表 1-7　部分垄断协议案件的处罚情况

竞争执法公告号	案 件 名 称	涉嫌参与者	实际处罚情况
2013 年第 1 号	连云港市建筑材料和建筑机械行业协会混凝土委员会涉嫌组织本行业经营者从事垄断协议案	17 家	处罚 6 家

（续表）

竞争执法公告号	案　件　名　称	涉嫌参与者	实际处罚情况
2013 年第 2 号	江西省泰和县液化石油气经营者从事垄断协议案	7 家	处罚 1 家，6 家另案处理，但未公布处理结果
2013 年第 5 号	湖南省永州市保险行业协会组织本行业经营者从事垄断协议案	13 家	处罚 11 家，2 家并未实际参与
2013 年第 6 号	湖南省张家界市保险行业协会组织本行业经营者从事垄断协议案	9 家	处罚行业协会 1 家
2013 年第 7 号	湖南省常德市保险行业协会组织本行业经营者从事垄断协议案	10 家	处罚行业协会 1 家
2013 年第 8 号	湖南省郴州市保险行业协会组织本行业经营者从事垄断协议案	15 家	处罚行业协会 1 家
2013 年第 12 号(1)	云南省西双版纳州旅游协会组织本行业经营者从事垄断协议案	84 家	处罚行业协会 1 家，其余相关企业另案处理，但未公布处理结果
2013 年第 12 号(2)	云南省西双版纳州旅行社协会组织本行业经营者从事垄断协议案	25 家	处罚行业协会 1 家，其余相关企业另案处理，但未公布处理结果
2015 年第 3 号	麻阳苗族自治县页岩砖经营者垄断案	29 家	处罚 10 家

十一、行业协会行政处罚

如表 1－8 所示，行业协会违反反垄断法既有罚款 1 万元，也有处罚罚款 50 万元，[31]还有 1 件终止调查而未予处罚的案件。罚款较低主要在浙江、辽宁等相对经济比较发达的区域，而中部湖南省工商局在罚款幅度方面差别不大。

表 1－8　工商反垄断行政处罚之行业协会列表

序号	年份	案 件 名 称	所属行业	罚　款
1	2010	江苏省连云港市建筑材料和建筑机械行业协会混凝土委员会涉嫌组织本行业经营者从事垄断协议案	建筑材料制造业	20 万元

〔31〕《反垄断法》第 46 条。

(续表)

序号	年份	案 件 名 称	所属行业	罚　款
2	2012	辽宁省建筑材料工业协会涉嫌组织本行业经营者从事垄断协议案	建筑材料制造业	10 万元
3	2012	湖南省永州市保险行业协会涉嫌组织当地保险企业从事垄断协议案	保险业	40 万元
4	2012	湖南省张家界市保险行业协会涉嫌组织当地保险企业从事垄断协议案	保险业	40 万元
5	2012	湖南省常德市保险行业协会涉嫌组织当地保险企业从事垄断协议案	保险业	45 万元
6	2012	湖南省郴州市保险行业协会涉嫌组织当地保险企业从事垄断协议案	保险业	45 万元
7	2013	浙江省慈溪市建设工程检测协会涉嫌组织本行业经营者从事垄断协议案	建筑材料制造业	无(终止调查)
8	2013	四川省宜宾市砖瓦协会涉嫌组织本行业经营者从事垄断协议案	建筑材料制造业	50 万元
9	2013	云南省西双版纳州旅游协会组织本行业经营者从事垄断协议案	旅游业	40 万元
10	2013	云南省西双版纳州旅行社协会涉嫌组织本行业经营者从事垄断协议案	旅游业	40 万元
11	2014	浙江省上虞商品混凝土协会及上虞永固混凝土有限公司等 8 家混凝土企业垄断案	建筑材料制造业	1 万元
12	2015	广州市番禺动漫游艺行业协会垄断协议案	文化、体育和娱乐业	10 万元

截至 2015 年 12 月 31 日，工商行政管理机关和商务部反垄断行政执法中，均未见依据反垄断法第 46 条提请社会团体管理机关撤销行业协会登记的案件。

需要说明的是，湖南省工商行政管理局于 2013 年 10 月 16 日立案查处的麻阳苗族自治县页岩砖经营者垄断案中，涉案经营者未经批准擅自成立“麻阳县页岩砖协会”，故未对协会进行处罚。

十二、中 止 调 查

(一) 中止调查申请

如图 1-20 所示,101 件案件中申请中止调查为 24 件,占 23.8%;未申请中止调查的案件 77 件,占 76.2%。[32]

说明当事人在涉及反垄断行政调查时大多没有利用中止调查申请以维护其合法权益的意识。造成此种局面可能存在以下几种因素:一是当事人对反垄断法的运用不熟悉;二是当事人对于申请中止调查程序信心欠缺,认为申请或不申请没实质意义。

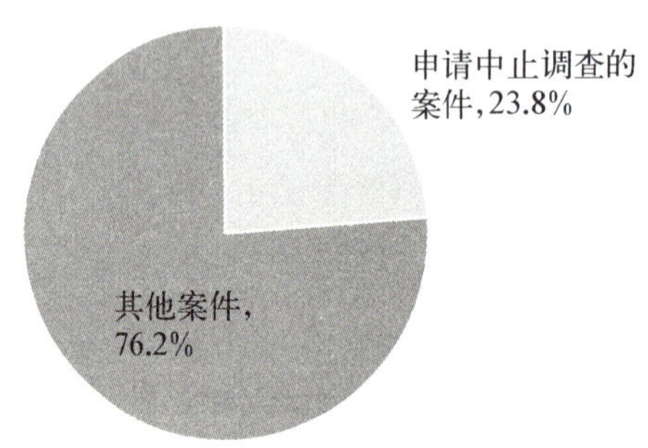

图 1-20 申请中止调查的案件占比

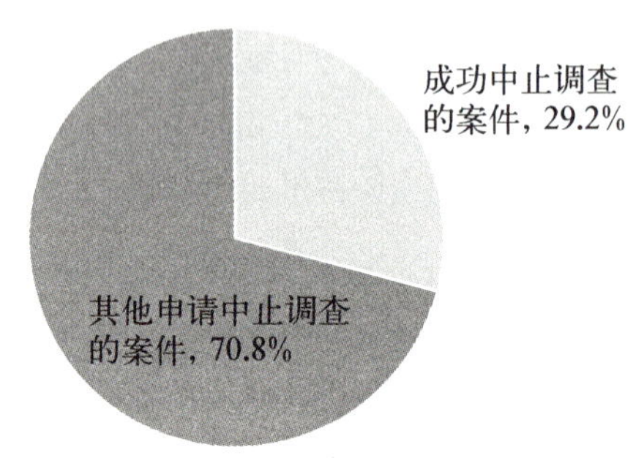

图 1-21 中止调查申请采纳率分析

(二) 中止调查决定采纳率

如图 1-21 所示,24 件中止调查申请的案件中,仅 7 件案件的当事人申请意见被采纳,中止调查申请采纳率为 29.2%。中止调查申请不被采纳的较多。例如,上虞市商品混凝土协会及会员单位垄断协议案中,9 位当事人中的 3 位(即绍兴阳力混凝土有限公司、绍兴恒大管桩有限公司、上虞市普银水泥制品有限公司)曾以其参与达成的《联合声明》等 3 份文件不属于垄断协议,且未实际实施 3 份文件中关于约定市场份额的具体行为等理由向主办该案件的浙江省工商行政管理局提出了中止调查的申请,但最终未被采纳[33]。

通过对 7 件决定中止调查的行政处罚案进行分析,案件当事人中止调查申请被采纳的原因主要为以下 3 点:① 积极配合调查;② 尚未对社会造成恶劣影

〔32〕《反垄断法》第 45 条。
〔33〕 参见北京市律协竞争与反垄断法律事务专业委员会编:《2013 年竞争法年度报告》。

响和不良后果；③ 其已经先行的整改措施及承诺的整改措施能够消除和挽回其行为所造成的影响，达到了反垄断执法的目标。

（三）终止调查案件

如表1－9所示，7件中止调查的垄断案件中，目前仅2件案件终止调查。在7件中止调查的案件中，有5件当事人均具有国资背景的通信企业。工商部门最早中止决定和最早终止决定的案件是浙江省慈溪市建设工程检测协会组织本行业经营者从事垄断协议案。

表1－9　中止调查案件表

序号	案件名称	中止调查时间	终止调查时间
1	浙江省慈溪市建设工程检测协会组织本行业经营者从事垄断协议案	2011.11.7	2013.3.14
2	北京盛开体育发展有限公司垄断案	2014.6.3	2015.1.12
3	中国铁通集团有限公司宁夏分公司垄断案	2015.5.14	/
4	中国联合网络通信有限公司宁夏回族自治区分公司涉嫌垄断案	2015.5.14	/
5	中国电信股份有限公司宁夏分公司涉嫌垄断案	2015.5.14	/
6	中国移动通信集团内蒙古公司涉嫌滥用市场支配地位案	2015.9.1	/
7	中国联合网络通信有限公司内蒙古自治区分公司涉嫌垄断案	2015.10.28	/

每年申请中止调查的案件与决定中止调查案件的数量基本均呈现上升趋势，说明无论是执法机关还是案件当事人都开始重视中止调查制度。

反垄断法中对中止调查制度的适用条件规定过于宽泛，是否适用中止调查很大程度上取决于反垄断执法机构的自由裁量。虽然在公布的中止调查决定书中，工商机关对违法的性质、程度和持续时间以及承诺的相应措施能否消除或挽回影响均进行了充分阐述，但这仍是建立在执法机关自由裁量的基础之上，没有具体的评估标准。中止调查制度的不确定性不仅不利于执法机构决定是否适用，同时不利于受调查的行政相对人行使其合法权利[34]。

〔34〕 2016年2月2日，国家发展改革委价监局根据国家反垄断委员会的工作计划，公布了《反垄断案件经营者承诺指南》(征求意见稿)和《横向垄断协议案件宽大制度适用指南》(征求意见稿)。

在企业遭遇反垄断调查时，经常存在是否需要申请中止调查的矛盾心理，因为申请中止调查必须以承认违法行为为前提，而提交了中止调查申请后，执法机关不采纳中止调查申请，反而导致自身不利。已经公布的《反垄断案件经营者承诺指南》(征求意见稿)第2条，经营者承诺制度的适用范围执法机构对涉嫌垄断行为调查核实后，认为构成垄断行为的，应当依法作出处理决定，不再接受经营者提出的承诺。对于固定或者变更商品价格、限制商品生产或者销售数量、分割销售市场或者原材料采购市场的横向垄断协议案件，执法机构不应接受经营者提出的承诺，实施中止调查。第17条，执法机构恢复调查后，不再接受经营者的承诺申请。但是，依据反垄断法第45条第3款第(2)项恢复调查的，执法机构可以基于新的事实接受经营者的申请。期待《反垄断案件经营者承诺指南》尽快早日公布并实施。

十三、行政执法的法定考量因素

(一) 适用法定考量因素比例

如图1－22所示，101件行政处罚决定书中提及法定考量因素的案件66件，占64.4%；未提及的案件36件，占35.6%。

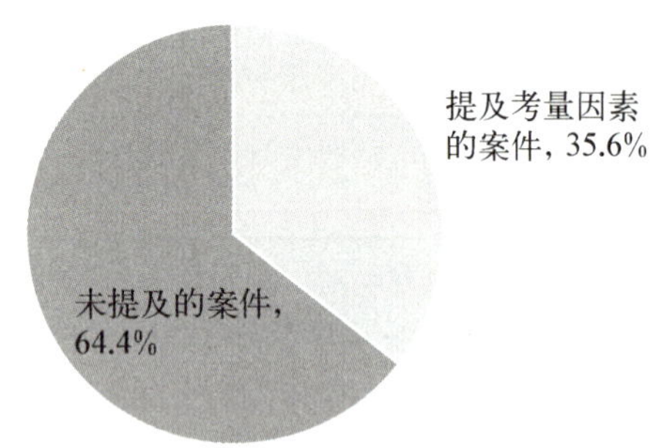

图1－22　提及法定考量因素案件分析

(二) 法定考量因素类型

如图1－23所示，统计101件行政处罚决定书法定考量因素频率，“积极配合调查”出现的频率最高，为35件，占34.7%；提及“违法行为持续时间不长”的案件21件，占20.85%；提及“主动停止垄断行为”案件18件，占17.8%；提及“未实际实施垄断协议”的案件18件，占17.8%；提及“主观故意”案件12件，占11.9%。[35]

已处罚案件中违法行为性质(是否主观故意)、程度(是否实际实施)、持续时间仅为执法机构在确定处罚比例时的基础型考量因素，执法机构最为注重的是当事人配合调查的程度，整改的主动性与有效性。

但在行政处罚决定书中，对于当事人如何“积极配合调查”均没有具体的陈

〔35〕《行政处罚法》第27条、《反垄断法》第49条、《工商行政管理机关禁止垄断协议行为的规定》第10条。

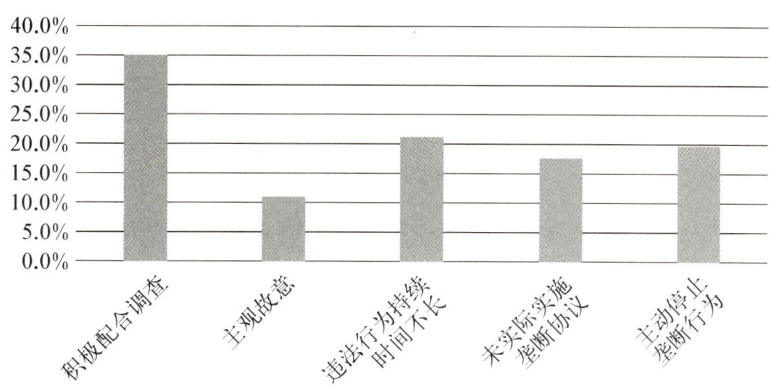

图 1-23　法定考量因素分析

述和说明,如何认定“配合”与否并没有明确的标准。从执法实践来看,“积极配合调查”取决于执法人员的直观感受,并且当事人的配合程度对处罚比例的影响如此之大也主要是因为其为执法机构的工作提供了便利。部分案件中尽管当事人存在主观故意,违法行为持续时间较长,但因为其积极配合调查,就可能能得到一个较低比例的处罚(如麻阳苗族自治县页岩砖垄断案)。

十四、豁免申请及决定

豁免制度体现在《反垄断法》第 15 条,但因为太原则不具操作性,需要细化,2016 年 5 月公布的《国务院反垄断委员会关于垄断协议豁免一般性条件和程序的指南(征求意见稿)》规定,豁免是指经营者能够证明所达成的协议符合《反垄断法》第 15 条规定[36],从而不适用第 13 条、第 14 条规定的情形。豁免申请,是指反垄断执法机构对涉嫌达成或者实施垄断协议的行为进行调查后,在反垄断执法机构作出决定前,经营者或者行业协会依据《反垄断法》相关规定,向反垄断执法机构申请豁免。

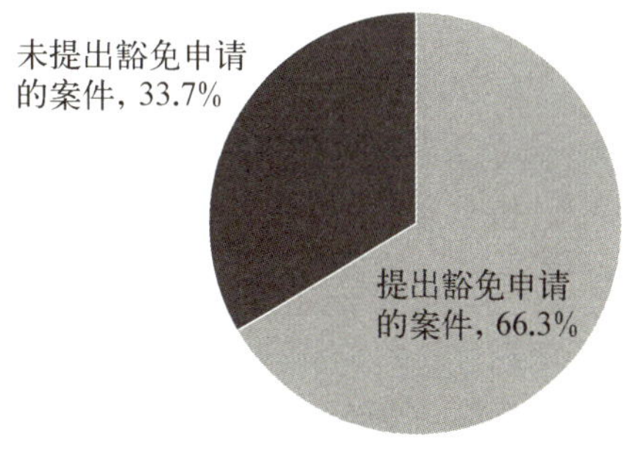

图 1-24　豁免申请情况

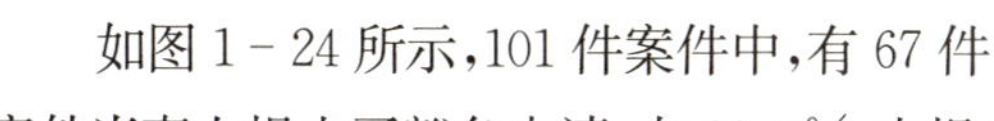

如图 1-24 所示,101 件案件中,有 67 件案件当事人提出了豁免申请,占 66.3%;未提出豁免申请的案件 34 件,占 33.7%。

〔36〕《反垄断法》第 15 条。

67件当事人提出了豁免申请的案件中，尚未出现一例依据《反垄断法》第15条得到工商部门豁免决定。

如湖南省永州市7家混凝土企业达成垄断协议案中，仅因产能过剩是否可成为豁免的理由？当事人提出签订《合伙协议》的背景原因是：供大于求，产能严重过剩，企业相互恶性竞争，并提交了相关证明材料。据《反垄断法》第15条第1款(4)项“因经济不景气，为缓解销售量严重下降或者生产明显过剩的”的规定，当事人请求豁免。执法机构认为，根据《反垄断法》第15条第2款的规定：“属于前款第一项至第五项情形……经营者还应当证明所达成的协议不会严重限制相关市场的竞争，并且能够使消费者分享由此产生的利益”，当事人没有提交能证明所达成的协议不会严重限制相关市场的竞争，并且能够使消费者分享由此产生的利益的相关证据材料。因此，本案不符合反垄断法规定豁免情形。〔37〕

十五、宽大制度适用

如图1－25所示，101件案件仅1件适用宽大制度中的免除处罚，即“湖南省永州市双园建材有限责任公司从事垄断协议行政处罚案”。减轻处罚的案件0件，从轻处罚的案件15件，未适用宽恕制度的案件85件〔38〕。

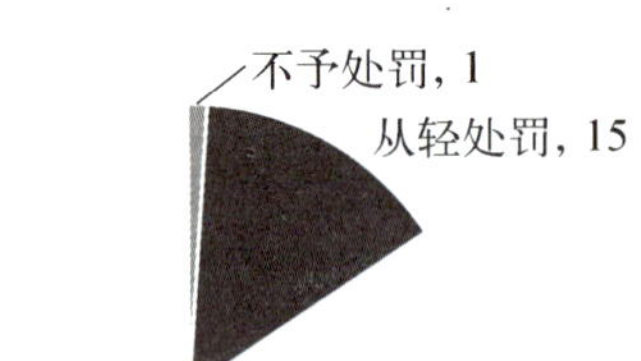

图1－25　宽恕制度适用情况

“湖南省永州市双园建材有限责任公司从事垄断协议行政处罚案”一案是工商反垄断行政处罚案件中唯一一件适用了宽恕制度的案件。该案当事人永州市双园建材有限责任公司不仅在工商局立案之前主动提供《合伙协议》复印件，对工商局深挖案件线索、争取国家工商总局授权立案查处，起到了关键性作用，而且在立案后第一个主动报告所达成垄断协议的有关情况、提供重要证据并全面主动配合调查，对于查清案情起到了关键性作用，最终被免除处罚〔39〕。

从轻处罚的15件垄断案件中，工商部门均对当事人仅处以上一年度相关销

〔37〕　谢荣华：《对湖南省永州市7家混凝土企业达成垄断协议案的分析和思考》，http://www.0746news.com/2016/0205/956491.html，2016年2月5日最后访问。

〔38〕　《反垄断法》第46条、《工商行政管理机关禁止垄断协议行为的规定》第11条。

〔39〕　参见湘工商竞处字〔2015〕5号。

售额1%的罚款。

为解决宽恕制度在执法中保持标准统一的问题，2016年2月2日公布了《横向垄断协议案件宽大制度适用指南》(征求意见稿)，《指南》提出了给经营者宽大的额度，应当与经营者协助执法机构查处垄断协议案件的贡献程度相匹配的原则。除了对反垄断法已有的条款做出必要细化和明确外，还根据反垄断法的立法精神和执法的实际情况，并参考国外部分国家和地区的相关指南性文件，补充了部分更具操作性内容。

十六、行政处罚听证

(一) 听证申请

如图1-26所示，101件案件中仅9件案件当事人申请听证，占8.8%。[40]

说明当事人对听证程序不重视。一方面可能是听证大多在于形式，未产生实质作用；二是当事人认为听证无实质意义，听不听证其处罚结果可能一样。

当事人申请听证的，一是时间要在规定的时间内提出；二是要求用书面方式提出；三是需要专业人士提供专业的帮助；四是需要组织相关证据和法律法规，而不是仅提出听证申请即可；五是听证前作好听证庭前准备工作，归纳争议焦点，复杂疑难案件借助图表和PPT。

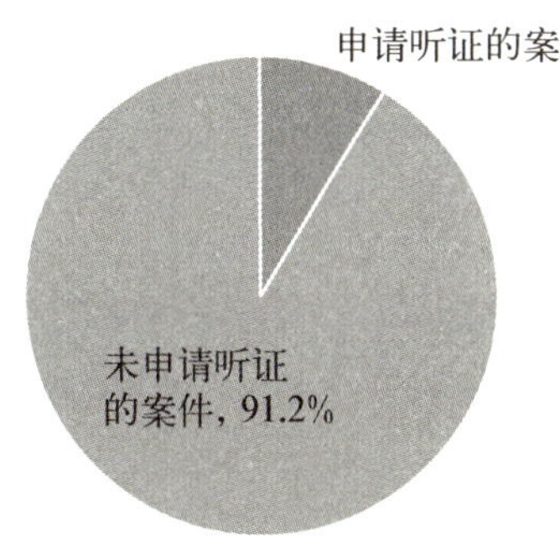

图1-26　工商反垄断行政处罚案件申请听证案件占比

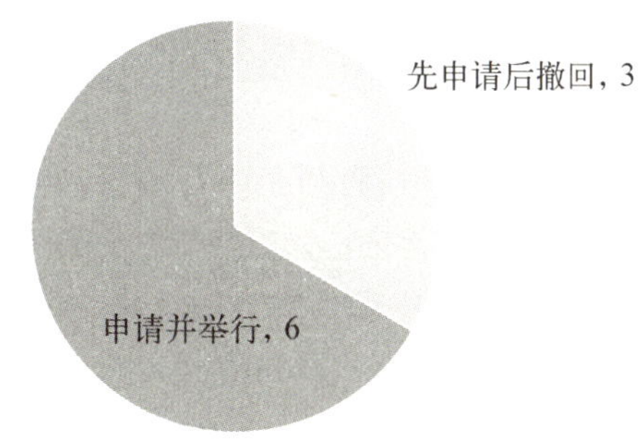

图1-27　工商反垄断行政处罚案件听证申请分析

(二) 听证申请撤回

如图1-27所示，9件申请听证案件，就有3件案件当事人撤回了听证申请，但

〔40〕《行政处罚法》第42条、《工商行政管理机关行政处罚案件听证规则》第6条。

当事人随即递交了陈述、申辩意见，最终真正举行听证的案件仅6件(见表1-10)。

表1-10　申请听证案件

序号	案　　名	听证结果
1	辽宁昌庆水泥有限公司从事垄断协议案	未采纳其陈述、申辩理由
2	辽宁恒威水泥集团有限公司从事垄断协议案	未采纳其陈述、申辩理由
3	辽阳天瑞水泥有限公司从事垄断协议案	未采纳其陈述、申辩理由
4	铁岭铁新水泥有限公司从事垄断协议案	未采纳其陈述、申辩理由
5	江苏徐州市烟草公司邳州分公司滥用市场支配地位案	未采纳其陈述、申辩理由
6	信雅达系统工程股份有限公司拒绝配合反垄断调查工作行政处罚案	未采纳其陈述、申辩理由

申请听证随后又撤回听证申请，一方面是当事人怕得罪执法机关的传统思想作祟；另一方面也不排除当事人对违法行为已经自认，即使听证也不会改变结果，故放弃听证程序。需要说明的是，当事人撤回听证申请后也多会采取递交书面陈述、申辩意见的方式来请求执法机关从轻或减轻处罚。

十七、行政授权执法

如图1-28所示，101件案件中国家工商行政管理总局仅处罚1起，为北京盛开体育发展有限公司垄断案(整改情况委托天津市工商行政管理局进行监督)，其他均为授权省级工商行政管理机关执法，省级工商行政管理局经授权行政处罚100件，占99.02%。

根据《工商行政管理机关查处垄断协议、滥用市场支配地位案件程序规定》中所明确的“总局统一负责”、对省级工商部门“个案授权”的制度，随着反垄断案件的增多和市场监督管理的难度加大，授权省级工商行政管理机关执法会成为一种常态，但授权行政处罚难免会存在地方保护主义(被处罚者往往为当地或行业中的具有一定影响力、较大规模的经营者)、执法机关执法经验不足、法律理解不透、立案时间延长等因素影响行政执法效果。

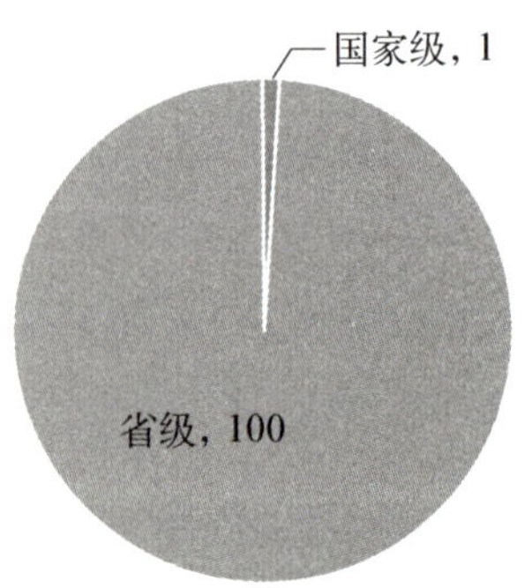

图1-28　行政授权情况分析

十八、行政处罚公开

如表 1－11 所示，截至 2015 年 12 月 31 日止，工商行政管理机关反垄断行政处罚 101 件〔41〕案件处罚决定书完整全部公开。其中，2013 年 7 月 29 日一次性公开 2013 年 4 月以前的 12 件案件(竞争执法公告号计算)，距最早 2010 年 8 月31 日作出的“江苏省连云港市建筑材料和建筑机械行业协会混凝土委员会组织本行业经营者从事垄断协议案”处罚决定，时间近 3 年；公布最快的为 2015 年竞争执法公告第 1 号“北京盛开体育发展有限公司垄断行为终止调查案”，该案于 2015 年 1 月 12 日作出终止调查决定，当日公告。

表 1－11　案件处罚日期对公告日期

竞争执法公告号	案　件　名　称	处罚日期	公告日期
2013 年第 1 号	江苏省连云港市建筑材料和建筑机械行业协会混凝土委员会组织本行业经营者从事垄断协议案	2010. 8. 31	2013. 7. 29
2013 年第 2 号	江西省泰和县液化石油气经营者从事垄断协议案	2011. 4. 1	2013. 7. 29
2013 年第 3 号	河南省安阳市旧机动车经营者从事垄断协议案	2012. 1. 4	2013. 7. 29
2013 年第 4 号	辽宁省建筑材料工业协会组织本行业经营者从事垄断协议案	2012. 3—2012. 6	2013. 7. 29
2013 年第 5 号	湖南省永州市保险行业协会组织本行业经营者从事垄断协议案	2013. 11. 4	2013. 7. 29
2013 年第 6 号	湖南省张家界市保险行业协会组织本行业经营者从事垄断协议案	2012. 12. 3	2013. 7. 29
2013 年第 7 号	湖南省常德市保险行业协会组织本行业经营者从事垄断协议案	2012. 12. 3	2013. 7. 29
2013 年第 8 号	湖南省郴州市保险行业协会组织本行业经营者从事垄断协议案	2012. 12. 3	2013. 7. 29

〔41〕 中国人寿、泰康人寿等保险公司江西分公司达成实施垄断协议案，因为公告时间为 2016 年，故尽管属于 2015 年结案的案件，但仍然未统计入本次报告中。

（续表）

竞争执法公告号	案　件　名　称	处罚日期	公告日期
2013 年第 9 号	浙江省江山市混凝土经营者从事垄断协议案	2012. 12. 14	2013. 7. 29
2013 年第 10 号	浙江省慈溪市建设工程检测协会组织本行业经营者从事垄断协议案	2013. 3. 14	2013. 7. 29
2013 年第 11 号	四川省宜宾市砖瓦协会组织本行业经营者从事垄断协议案	2013. 3	2013. 7. 29
2013 年第 12 号	云南省西双版纳州旅游协会组织本行业经营者从事垄断协议案	2013. 4. 7	2013. 7. 29
2014 年第 13 号	广东惠州大亚湾溢源净水有限公司滥用市场支配地位案	2013. 12. 16	2014. 1. 6
2014 年第 14 号	北京盛开体育发展有限公司垄断中止调查案	2014. 6. 3	2014. 6. 11
2014 年第 15 号	内蒙古自治区赤峰中心城区烟花爆竹批发企业实施垄断行为案	2014. 5. 27	2014. 7. 24
2014 年第 16 号	内蒙古自治区烟草公司赤峰市公司滥用市场支配地位案	2014. 7. 4	2014. 7. 30
2014 年第 17 号	重庆巫溪县东翰采石场等四家采石场垄断协议案	2014. 8. 18	2014. 10. 31
2014 年第 18 号	江苏徐州市烟草公司邳州分公司滥用市场支配地位案	2014. 9. 29	2014. 10. 31
2014 年第 19 号	重庆燃气集团股份有限公司垄断行为案	2014. 4. 28	2014. 11. 21
2014 年第 20 号	上虞市商品混凝土协会及会员单位垄断协议案	2014. 9. 5	2014. 12. 1
2015 年第 1 号	北京盛开体育发展有限公司垄断行为终止调查案	2015. 1. 12	2015. 1. 12
2015 年第 2 号	海南省东方市自来水公司垄断案	2015. 1. 9	2015. 2. 12
2015 年第 3 号	麻阳苗族自治县页岩砖经营者垄断案	2014. 12—2015. 1	2015. 4. 29
2015 年第 4 号	中国铁通集团有限公司宁夏分公司垄断案	2015. 5. 14	2015. 5. 27

(续表)

竞争执法公告号	案 件 名 称	处罚日期	公告日期
2015 年第 5 号	中国联合网络通信有限公司宁夏回族自治区分公司垄断案	2015.5.14	2015.5.27
2015 年第 6 号	中国电信股份有限公司宁夏分公司垄断案	2015.5.14	2015.5.27
2015 年第 7 号	辽宁省烟草公司抚顺市公司滥用市场支配地位案	2015.6.1	2015.8.12
2015 年第 8 号	中国移动通信集团内蒙古有限公司垄断行为案	2015.9.1	2015.9.14
2015 年第 9 号	信雅达系统工程股份有限公司拒绝配合调查行政处罚案	2015.9.18	2015.11.5
2015 年第 10 号	中国联合网络通信有限公司内蒙古自治区分公司垄断案	2015.10.28	2015.10.30
2015 年第 11 号	广州市番禺动漫游艺行业协会垄断协议案	2015.7.9	2015.12.8
2015 年第 12 号	重庆青阳药业有限公司涉嫌滥用市场支配地位拒绝交易案	2015.10.28	2015.12.22
2015 年第 13 号	中国太平洋人寿保险股份有限公司湖北分公司等 12 家保险公司垄断协议案	2015.6.3	2015.12.29
2015 年第 14 号	永州奥都混凝土有限公司等 7 家公司垄断协议案	2015.11.3	2015.12.29
2016 年第 1 号	中国人寿、泰康人寿等保险公司江西分公司达成实施垄断协议案	2015.12.28	2016.2.3

未决案件也通过新闻发布会和有关官网信息公开。

2013 年 7 月 29 日,工商总局“反垄断案件公布平台”建立并一次性公布了 2008 年《反垄断法》实施以来工商部门查处审结的 12 起垄断案件,自 2010 年查处的第一案“江苏省连云港市建筑材料和建筑机械行业协会混凝土委员会组织本行业经营者从事垄断协议案”开始,依次、统一、规范地公布所有已结案件。国家工商总局在反垄断执法的政府信息公开上前进了一大步,使《反垄断法》第 44 条[42]的规定进一步落到实处。

〔42〕《反垄断法》第 44 条。

并且，自2014年以来，工商总局均是在反垄断行政执法决定书下达的3个月内就发布竞争执法公告，公布执法决定书全文，与以往通过召开新闻发布会披露反垄断案件执法情况的形式相比，大大提高了政府执法的透明度与政府信息公开的效率。

第二部分 发改委反垄断执法大数据分析

一、行政执法总数据

如表2-1所示，自2008年反垄断法实施以来，截至2015年12月31日，按国家发展改革委官方公布，国家发改委共查处价格垄断案件97件，实施经济制裁103.97亿元。其中，国家发展改革委直接查处29件，省级价格主管部门查处68件；查处垄断协议案件76件，滥用市场支配地位案件14件，行政垄断案件8件。〔43〕

表2-1 垄断案件数量及经济制裁金额

数据来源	价格垄断案件数量	经济制裁金额
国家发改委官方公布数据	97件	103.97亿元
本次大数据分析统计结果	190件	99.83亿元

截至2015年12月31日，本报告最终统计发改委查处的价格垄断案件190件（与官方公布的案件统计口径不同，本报告按受罚当事人个数计件，一名受罚当事人计1件。而发改委公布的97件是将同一时间、同一区域、同一性质和同一行业查处的系列案件计为一件案件），经济制裁金额共计99.83亿元。

2011年复方利血平原料药价格垄断案为发改委适用反垄断法查处的第一起价格垄断案，高通公司滥用市场支配地位一案被处以60.88亿元，是发改委迄今开具的最大反垄断罚单。

〔43〕 国家发展改革委价监局：《“十二五”期间反价格垄断取得重大进展》，《中国价格监督与反垄断》2016年第3期。

二、行政执法信息公开

如图 2 - 1 所示,本次统计的 190 件行政处罚案件,公开行政处罚决定书 125 件(包含地方发改委),占 66.1%;未公开行政处罚决定书 64 件〔44〕,占 33.9%。

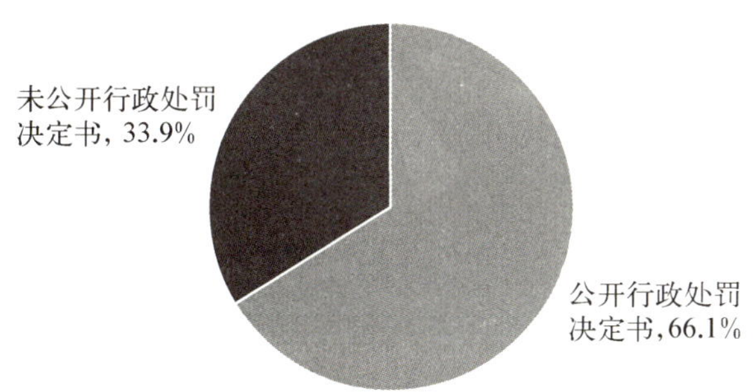

图 2 - 1　行政处罚信息公开

发改委官方网站公布文书的位置隐蔽,大部分省级发改委官方网站都未建立专门的反垄断执法文书公开平台,而国家发改委的公开平台上公开的案件亦仅限于典型案件。发改委通过新闻发布、网络发布、通气会等方式公开案件也是一种公开方式,但与行政处罚决定书公开效果完全不相同。

《价格法》和《行政处罚法》没有规定价格行政处罚或行政处罚是否可以公开。反垄断法第 44 条规定,可以向社会公布。《反价格垄断行政执法程序规定》第 12 条和《价格行政处罚程序规定》第 50 条同样是"可以向社会公布"。《企业信息公示暂行条例》第 7 条,要求行政处罚信息应当公开。随着反垄断透明度的要求,反垄断行政处罚信息公开意义重大。但截至 2015 年 12 月 31 日,仍有发改委查处的重大典型反垄断案件没有公开(详见表 2 - 2)。

表 2 - 2　未公开典型垄断案件〔45〕

序号	查处年份	案　件　名　称	处罚金额合计
1	2011	山东省两家复方利血平原料药销售商实施价格垄断案	702.96 万元

〔44〕 此处未公开行政处罚决定书的案件是笔者从媒体报道中搜集整理出的案件信息公开较为全面的案件。

〔45〕 此表统计口径与发改委相同,即将同一时间、同一区域、同一性质和同一行业查处的系列案件计为一件案件。

（续表）

序号	查处年份	案　件　名　称	处罚金额合计
2	2011	广东省海砂价格垄断案	75.92 万元
3	2013	六家液晶面板生产商横向垄断案	3.53 亿元
4	2013	奶粉价格垄断案	6.687 3 亿元
5	2013	海南三亚水晶饰品价格垄断案	513.9 万元
6	2013	茅台价格垄断案	2.47 亿
7	2013	五粮液价格垄断案	2.02 亿
8	2014	湖北 10 家奥迪汽车经销商价格垄断案	2 996 万元
9	2014	吉林省三家水泥生产商实施价格垄断案	11 439 万元
10	2015	云南省通信管理局组织行业经营者实施垄断行为案	1 318 万元

三、行政执法年度趋势

如图 2－2 所示，190 件案件中，2010 年 2 件，2011 年 5 件，2012 年 3 件，2013 年 52 件，2014 年 43 件，2015 年 85 件。查处的垄断案件数量增长明显。

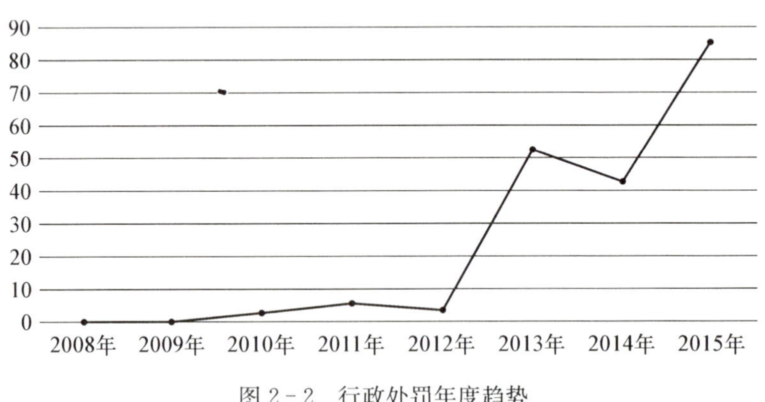

图 2－2　行政处罚年度趋势

2010 年浙江省物价局处罚浙江省富阳市造纸协会组织经营者达成价格垄断协议一案适用《价格违法行为行政处罚规定》。2011 年山东潍坊顺通医药有限公司和潍坊市华新医药贸易有限公司垄断复方利血平原料药一案为我国第一起适用反垄断法查处的价格垄断案件,此后发改委适用反垄断法查处的价格垄断案件开始逐渐增多。

四、授权执法分析

如图 2 - 3 所示,国家发改委直接执法的案件 74 件,占 38.6%;如 6 家境外液晶面板案、山东两医药公司垄断复方利血平原料药价格案、奶粉垄断案;由国家发改委授权省级发改委[46]执法的案件 116 件,占 61.4%。

与工商总局执法相比,发改委直接办理案件的比例较高。

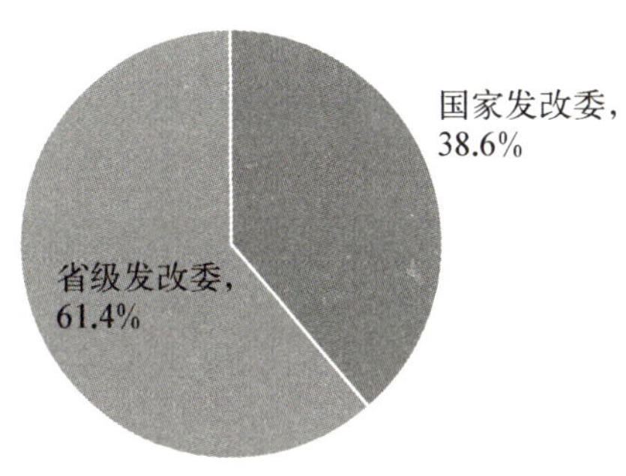

图 2 - 3 行政执法授权情况

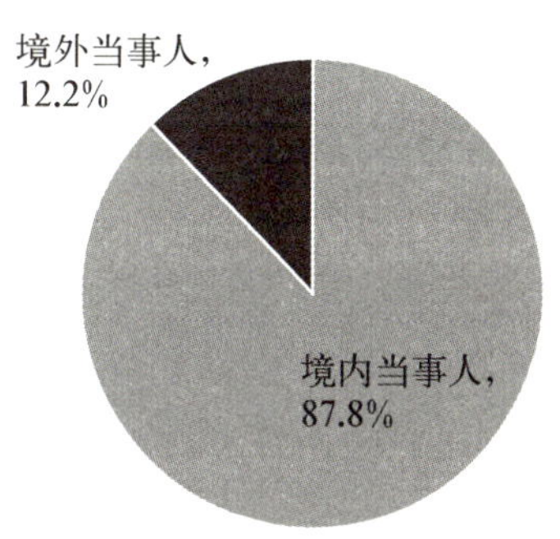

图 2 - 4 当事人注册地境内外分析

五、行政执法地域

(一) 当事人分类

如图 2 - 4 所示,190 件案件中,受罚当事人注册地在中国境内的共计 166 件,占 87.8%,受罚当事人注册地在中国境外的 24 件,占 12.2%。

(二) 境内当事人地域分布

如图 2 - 5 所示,166 件境内当事人案件中,四川、浙江、甘肃、上海、湖北五省市查处的案件较多,该五省市反垄断行政处罚总和占据本次统计的发改委反垄断行政处罚总量的 68.3%。其中,排名第 1 的四川省处罚 44 件,占 23.3%;排名第 2 的浙江省处罚 27 件,占 14.3%;排名第 3 的甘肃省处罚 23 件,占 12.2%。湖北和广东分别位于第四位和第五位。

---

〔46〕《反价格垄断行政执法程序规定》第 3 条。

图 2-5　境内当事人地域分布情况

六、行政执法行业

如图 2-6 所示，处罚的前 10 行业分别为机动车修理业 53 件，占 28.0%；保险业 24 件，占 12.7%；汽车销售业 21 件，占 11.1%；废弃资源综合利用业 10 件，占 5.3%；乳制品制造业，首饰、工艺品及收藏品批发业各 9 件，分别占 4.8%；汽车零部件及配件制造业，远洋货物运输业，建筑材料工程业各 8 件，分

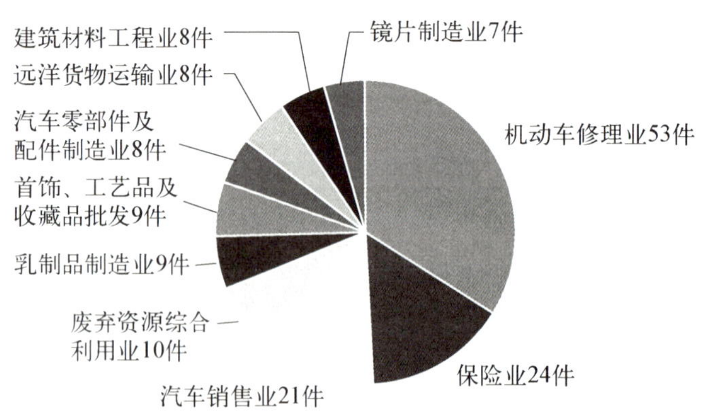

图 2-6　排名前 10 的受罚行业

别占4.2%；镜片制造业7件，占3.7%。其他行业共计32件，占16.9%。

随着发改委反垄断执法的深入，供水、供电等公用企业；航空业；药品；车辆制造业等方面面临反垄断调查的可能性较大。

七、行政执法主体分类

如图2-7所示，190件被处罚者中法人共计111件，占58.2%；其次为其他组织62件，占32.8%；自然人17件，占9.0%。

其他组织主要包括行业协会、商会，以及非法人主体等。

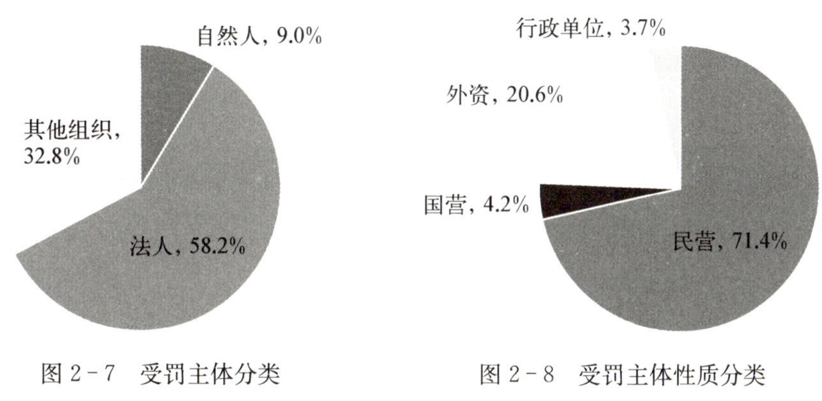

图2-7　受罚主体分类

图2-8　受罚主体性质分类

八、行政执法对象性质

如图2-8所示，190件案件中被处罚者中民营企业135件，排名第1，占71.4%；外资企业40件，占20.6%；国营企业8件，占4.2%；行政单位7件，占3.7%。[47]

发改委对外资企业的反垄断执法力度较大，高通案更开出了60.88亿元的罚单，查处行政垄断案件7件。

截至2014年11月，工商行政管理机关反垄断调查中，外资企业仅占案件总数的5%。[48] 发改委和工商部门反垄断调查外资共计约17.2%，故有关国外

〔47〕 此处包含不予处罚及中止调查的案件。

〔48〕 参见赵超："2014反垄断：最大罚单给力，突击检查不停——反垄断法实施6年以来，我国正建立和完善能够切实维护市场竞争秩序的反垄断制度体系"，《新华每日电讯》2014年12月24日。

机构指责中国反垄断针对外资企业的说法是难以成立的。

九、行政执法案件来源

如图 2-9 所示，190 件案件中未交代案件来源的 95 件，占 50.0%；来源为举报的案件 93 件，占 48.9%；仅 2 件案件来源为媒体报道，占 1.1%，即“山东省交通运输厅滥用行政权力排除限制竞争行政处罚案”与“湖北盐业集团有限公司武昌分公司强制搭售案”。

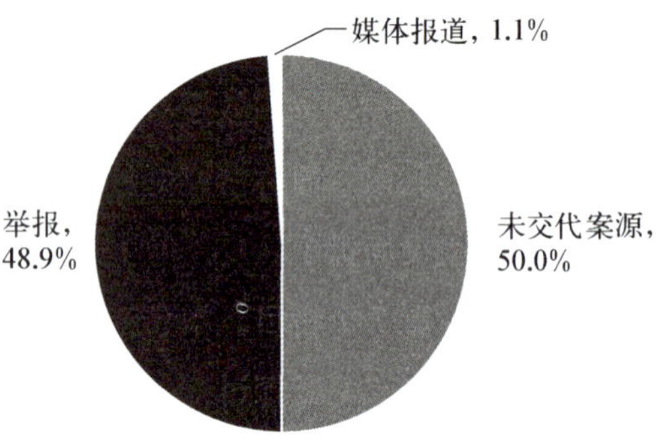

图 2-9 案件来源

说明举报是发改委行政执法调查的主要线索来源，如发改委在 2010 年披露，共收到价格垄断举报案件数 10 件，举报涉及垄断协议、滥用市场支配地位等方面[49]。发改委于 2014 年 5 月 1 日起施行的《价格违法行为举报处理规定》，共计 22 条，对举报受理条件、举报方式、举报案件调解、举报与价格投诉立案、保密等进行了详细规定。

十、行政执法调查期限

如表 2-3 所示，190 件案件中仅上述 7 起案件公布了立案日期，其余案件的立案日期不详。

表 2-3 执法案件的调查期限

序号	案 件 名 称	立案日期	处罚日期	调查期限
1	奶粉企业价格垄断案	2013.3	2013.8	约 5 个月
2	7 家眼镜商价格垄断案	2013.8	2014.6	约 10 个月
3	高通公司滥用市场支配地位案	2013.11	2015.2	约 14 个月

〔49〕 李镭：《依法履行反价格垄断职责 维护消费者利益和社会公共利益》，载《中国竞争法律与政策研究报告 2010 年》，法律出版社 2010 版，第 16 页。

(续表)

序号	案 件 名 称	立案日期	处罚日期	调查期限
4	一汽-大众销售有限责任公司组织经销商达成并实施垄断协议案	2014.3	2014.9	约6个月
5	广东东风日产汽车价格垄断案	2014.8	2015.9	约13个月
6	8家滚装货物国际海运企业横向价格垄断案	2014.8	2015.12	约16个月
7	江苏省奔驰汽车价格垄断案	2014.7.22	2015.4.20	约9个月

可以看出,不同案件的调查期限之间差距很大。例如,高通公司滥用市场支配地位案、8家滚装货物国家海运企业横向价格垄断案的调查时间均在1年以上,而奶粉企业价格垄断的调查时间则只有5个月。《反垄断法》和《反价格垄断行政执法程序规定》均未对价格反垄断行政处罚的调查期限作出规定。

十一、案件垄断类型

如图2-10所示,190件案件中横向垄断154件,占81.1%;纵向垄断21件,占11.1%;横向垄断与纵向垄断均有涉及的案件仅1件,即“一汽-大众销售有限责任公司组织经销商达成并实施垄断协议案”,占0.5%;滥用市场支配地位案件7件,占3.2%;行政垄断案件7件,占3.7%。

说明在价格垄断领域,横向垄断依然是主要的垄断模式。

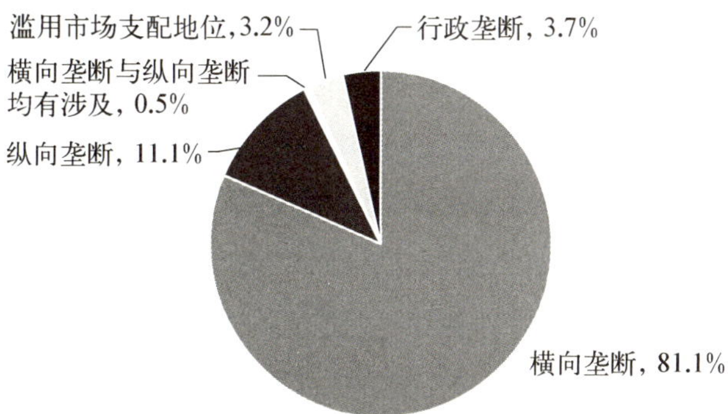

图2-10 案件垄断类型分析

(一) 垄断协议分析

1. 横向价格垄断

如图 2－11 所示，190 件案件中涉及横向价格垄断〔50〕181 件，其中“固定或者变更商品的价格水平”的案件有 152 件，占 80.4%；“固定或者变更对价格有影响的手续费、折扣费或者其它费用”案件 29 件，占 15.3%。

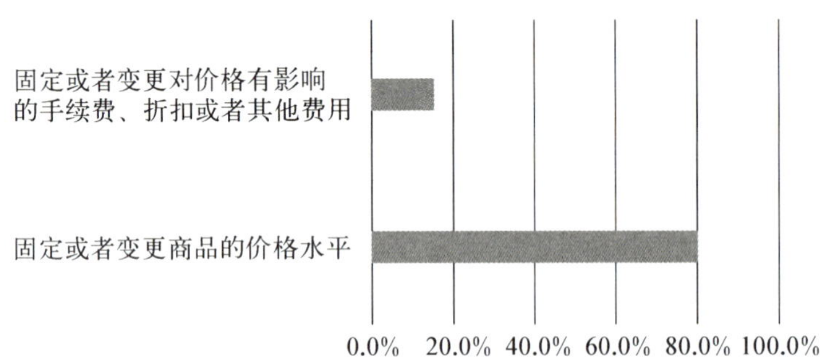

图 2－11　横向价格垄断案件分类

说明“固定或者变更商品的价格水平”是目前横向垄断中主要的垄断方式。

2. 纵向价格垄断

如图 2－12 所示，190 件案件中纵向垄断〔51〕案件共计 22 件，占 11.7%。其中“限定向第三人转售商品的最低价格”的案件 13 件，占 6.9%；“固定向第三人转售商品价格”的案件 9 件，占 4.8%。

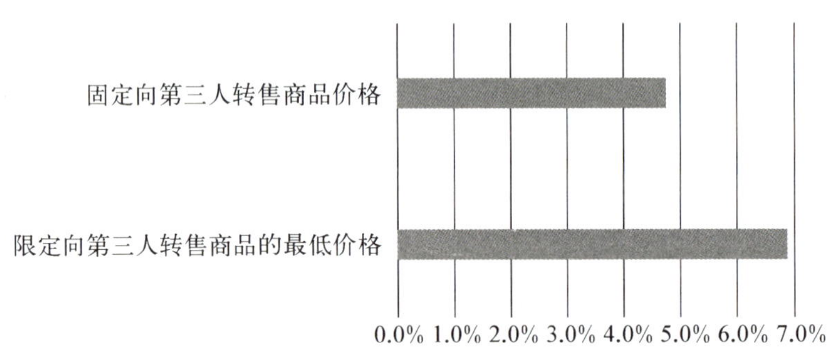

图 2－12　纵向价格垄断案件分类

2013 年年初，发改委价格监督部门针对茅台五粮液的罚单是《反垄断法》实施以来首次关于纵向垄断协议做出的处罚，而在 2012 年 5 月，上海第一中级人

〔50〕《反垄断法》第 13 条、《反价格垄断规定》第 7 条。

〔51〕《反垄断法》第 14 条、《反价格垄断规定》第 8 条。

民法院对“锐邦公司诉强生医疗器械一案”的判决则是我国首例以纵向垄断协议为案由的司法判例。[52]

(二) 滥用市场支配地位

如表 2-4 所示，190 件案件中滥用市场支配地位 7 件，并且 7 件案件中仅高通公司滥用市场支配地位案一案公开了行政处罚决定书，另 6 件案件仅以工作动态简报的方式在发改委官网公布。其中广东省韶关市曲江区河砂价格垄断案和湖北盐业集团有限公司武昌分公司滥用市场支配地位案是由省级价格主管部门查处以外，另 4 件滥用市场支配地位价格垄断案均由国家发改委直接办理。

表 2-4　发改委查处的滥用市场支配地位案件

序号	案件名称	产品市场	地域市场	价格垄断类型
1	高通公司滥用市场支配地位案	当事人持有的各项无线标准必要专利许可单独构成的相关产品市场的集合	当事人持有的各项无线标准必要专利的国家或者地区市场的集合	以不公平的高价销售商品； 在交易时在价格之外附加不合理的费用
		CDMA 基带芯片市场、WCDMA 基带芯片市场和 LTE 基带芯片市场	全球	
2	韶关市曲江区白土镇明华专业沙石场实施价格垄断案	河砂	广东省韶关市曲江区	以不公平的高价销售商品
3	韶关市曲江区林源实业有限公司实施价格垄断案	河砂	广东省韶关市曲江区	以不公平的高价销售商品
4	湖北盐业集团有限公司武昌分公司滥用市场支配地位案	盐业	湖北省武汉市武昌区	在交易时在价格之外附加不合理的费用
5	山东潍坊顺通医药有限公司垄断复方利血平原料药案	复方利血平原料药	中国大陆	以不公平的高价销售商品

[52] 胡瑕：《论我国〈反垄断法〉对纵向垄断协议的规制》，2013 年复旦大学硕士学位论文。

（续表）

序号	案件名称	产品市场	地域市场	价格垄断类型
6	山东潍坊市华新医药贸易有限公司垄断复方利血平原料药案	复方利血平原料药	中国大陆	以不公平的高价销售商品
7	美国IDC公司滥用市场支配地位案	当事人持有的各项无线标准必要专利许可单独构成的相关产品市场的集合	当事人持有的各项无线标准必要专利的国家或者地区市场的集合	以不公平的高价销售商品； 在交易时在价格之外附加不合理的费用

（三）行政垄断

如表2-5所示，截至2015年年底国家发改委已查处7件行政垄断案件，2014年9月公布的河北省交通厅、物价局、财政厅滥用行政权力排除限制竞争行政垄断案是国家发改委通报的第一件价格行政垄断案件。

表2-5　发改委查处的行政垄断案件

序号	查处时间	案 件 名 称	影响行业	垄 断 行 为
1	2014.9	河北省交通厅、物价局、财政厅滥用行政权力排除限制竞争案	交通运输业	① 对外地商品设定歧视性收费项目、实行歧视性收费标准，或者规定歧视性价格； ② 制定含有排除、限制竞争内容的规定
2	2015.3	山东省交通运输厅滥用行政权力排除限制竞争案	交通运输业	① 限定或者变相限定单位或者个人经营、购买、使用其指定的经营者提供的商品； ② 制定含有排除、限制竞争内容的规定
3	2015.6	云南省通信管理局组织电信运营商达成垄断协议案	电信服务业	强制经营者从事《反垄断法》规定的垄断行为
4	2015.8	安徽省蚌埠市卫计委滥用行政权力排除限制竞争案	医药销售业	① 限定或者变相限定单位或者个人经营、购买、使用其指定的经营者提供的商品； ② 以设定歧视性资质要求、评审标准或者不依法发布信息等方式，排斥或者限制外地经营者参加本地的招标投标活动； ③ 制定含有排除、限制竞争内容的规定

(续表)

序号	查处时间	案件名称	影响行业	垄断行为
5	2015.11	四川省卫计委滥用行政权力排除限制竞争案	医药销售业	① 对外地商品设定歧视性收费项目、实行歧视性收费标准，或者规定歧视性价格； ② 制定含有排除、限制竞争内容的规定
6	2015.11	浙江省卫计委滥用行政权力排除限制竞争案	医药销售业	① 限定或者变相限定单位或者个人经营、购买、使用其指定的经营者提供的商品； ② 对外地商品设定歧视性收费项目、实行歧视性收费标准，或者规定歧视性价格； ③ 制定含有排除、限制竞争内容的规定
7	2015.11	甘肃省武威市道路运输管理局滥用行政权力排除、限制竞争案	交通运输业	① 限定或者变相限定单位或者个人经营、购买、使用其指定的经营者提供的商品； ② 制定含有排除、限制竞争内容的规定，强制经营者从事《反垄断法》规定的垄断行为

在上述7件行政垄断案件中，只有甘肃省武威市道路运输管理局滥用行政权力排除、限制竞争案和云南通信管理局组织电信运营商达成垄断协议案中的经营者，因为参与行政垄断牵连受到行政处罚。

(四) 知识产权滥用

如图2-13所示，190件案件中仅2件涉及知识产权的滥用问题，分别为“高通公司滥用市场支配地位案”和“美国IDC公司滥用市场支配地位案”。

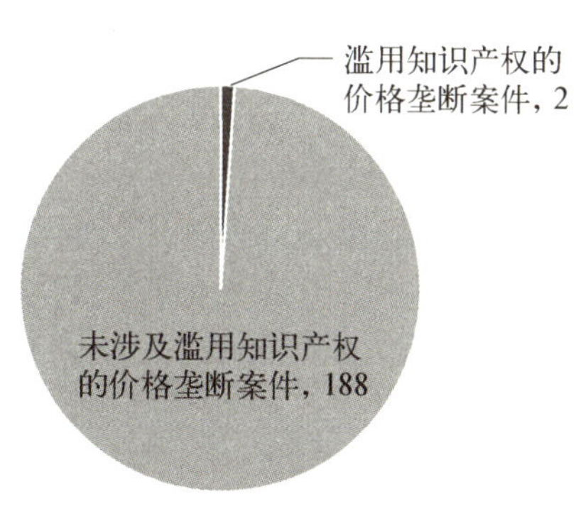

图2-13　滥用知识产权排除限制竞争案件

需要说明的是，滥用知识产权并不必然导致垄断问题，只有当滥用知识产权已经产生了排除、限制竞争的后果才能适用反垄断法规制。《反垄断法》第55条针对滥用知识产权的规定极为简略，没有对滥用知识产权排除限制竞争行为进行具体界定，无法直接适用。按照现行反垄断法的规定，滥用知识产权排除限制竞争行为并不是一种独立于垄断协议、滥用市场支配地位的垄断类型，相反，只有当经营者滥用知识产权排除、限制竞争构成反垄断法所规定的垄断协议或滥用市场支配地位，才能适用反垄断法规制。

故在高通公司滥用市场支配地位案一案中，尽管经营者高通公司滥用其持有的无线标准必要专利排除限制竞争，但最终对其垄断行为的定性是滥用市场支配地位。美国 IDC 公司滥用市场支配地位一案中同样有滥用知识产权的问题，但该案目前中止调查。

国家工商总局 2015 年 4 月 7 日公布了《关于禁止滥用知识产权排除、限制竞争行为的规定》(自 2015 年 8 月 1 日起施行)，该《规定》对如何界定滥用知识产权排除、限制竞争行为进行了详细规定，但仅适用于非价格垄断案件。垄断案件中其实很难区分哪些是严格的价格垄断，哪些是非价格垄断，从工商总局和发改委职责分工来讲，有关价格领域滥用知识产权排除限制竞争行为，应当尽快制定有关规定。

2015 年下半年，根据国务院反垄断委员会的工作计划，三家反垄断执法机构以及国家知识产权局分别起草了《关于滥用知识产权的反垄断指南》的征求意见稿。国务院反垄断委员会将在此基础上制定统一的《关于滥用知识产权的反垄断指南》。

十二、非行业协会经营者法律责任

如图 2－14 所示，190 件案件当事人为非行业协会经营者的案件 175 件，占 92.1%；当事人为行业协会的案件 8 件，占 4.2%；当事人为行政单位的案件 7 件，占 3.7%。本节仅分析非行业协会经营者的法律责任。

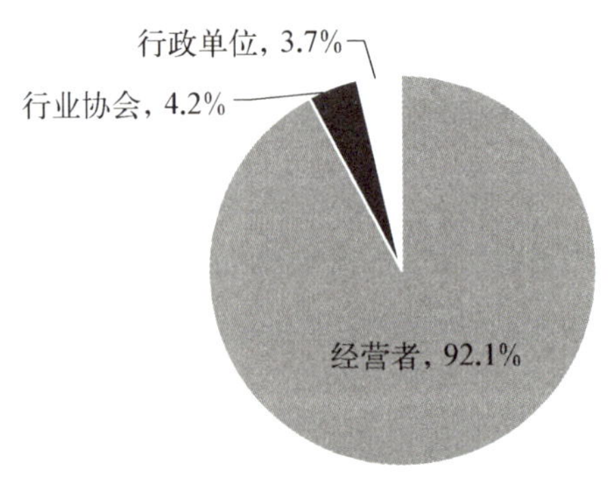

图 2－14　案件当事人分类

表 2-6　经营者的垄断责任〔53〕

违法行为	法律责任
达成并实施垄断协议	停止违法行为 and 没收违法所得 and 罚款（上一年度销售额 1%～10%）
达成未实施垄断协议	（可以）处 50 万元以下罚款
滥用市场支配地位	停止违法行为 and 没收违法所得 and 罚款（上一年度销售额 1%～10%）

（一）没收违法所得

1. 实际没收违法所得案件

如图 2-15 所示，发改委查处的 175 件非行业协会经营者实施垄断行为案件中，仅 8 件案件当事人被处以没收违法所得，占 4.6%；95.4%的案件（167 件）未处以没收违法所得。

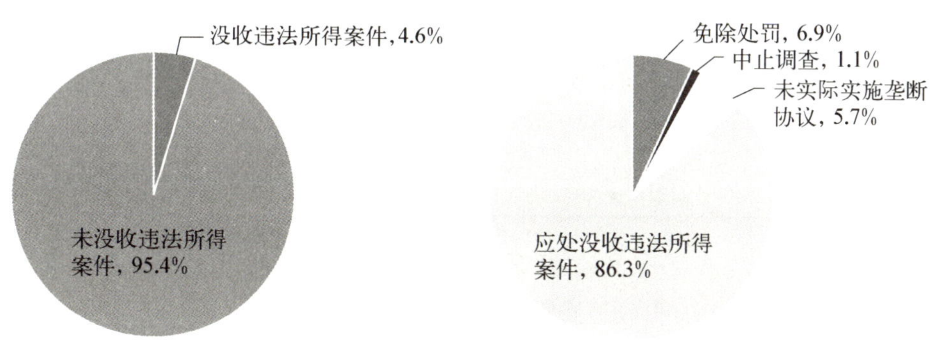

图 2-15　没收违法所得案件占比

图 2-16　应处没收违法所得案件占比

2. 应没收违法所得案件

如图 2-16 所示，175 件非行业协会经营者案件中免除处罚 12 件，占6.9%；中止调查 2 件，占 1.1%；未实际实施垄断协议 10 件，占 5.7%。从理论分析除去前述 3 类案件，其余 151 件案件都会产生违法所得。

故应处没收违法所得案件为 151 件，应占 86.3%。然而如上文所述，175 件经营者实施垄断行为案件中仅 4.6%的案件（8 件）当事人被处以没收违法所得。

发改委反垄断行政执法实践中，没收违法所得的案件极少。如表 2-7 所示，本次统计的发改委反垄断行政处罚案件中目前仅液晶面板垄断案和复方利

〔53〕《反垄断法》第 46 条和第 47 条。

血平原料药垄断案两起案件没收了当事人的违法所得，并且液晶面板案适用的还不是反垄断法。其他应没收未没收违法所得的案件则没有提及违法所得的计算以及不予没收的原因。

表 2－7 没收违法所得的案件

序号	案件名称	没收违法所得	退还
1	山东潍坊顺通医药有限公司垄断复方利血平原料药案	37.7 万元	0 元
2	山东潍坊市华新医药贸易有限公司垄断复方利血平原料药案	5.26 万元	0 元
3	韩国三星液晶面板反垄断行政处罚案	2 187 万元	1 196 万元
4	韩国 LG 液晶面板反垄断行政处罚案	372 万元	7 515 万元
5	奇美电子液晶面板反垄断行政处罚案	0 元	6 294 万元
6	友达光电股份有限公司液晶面板反垄断行政处罚案	1 034 万元	1 155 万元
7	中华映管股份有限公司液晶面板反垄断行政处罚案	80 万元	1 000 万元
8	瀚宇彩晶液晶面板反垄断行政处罚案	2 万元	12 万元

按照反垄断法第 46 条和第 47 条，“没收违法所得”和“罚款”之间是并处关系，但实际执法过程中，没收违法所得存在需要改进的地方。

（二）罚款

如图 2－17 所示，175 件案件中免除处罚的案件 12 件，占 6.9%；中止调查的案件 2 件，占 1.1%；罚款处罚 161 件，占 92.0%。

2016 年 6 月，公布的《关于认定经营者垄断行为违法所得和确定罚款的指南》（征求意见稿）共计 5 章 35 条。对于如何计算违法所得和罚款，进行详细的规范。

1. 酌情罚款案件

如图 2－18 所示，161 件罚款处罚的非行业协会经营者实施垄断行为案件中，酌情罚款的案件 10 件[54]，占 6.2%；按上一年度相关销售额[55]比例罚款的案件 151 件，占 92.0%。

---

〔54〕 即 12.1.3 中未实际实施垄断协议的 10 件案件，处以 50 万元以下罚款。

〔55〕《反垄断法》第 46 条。

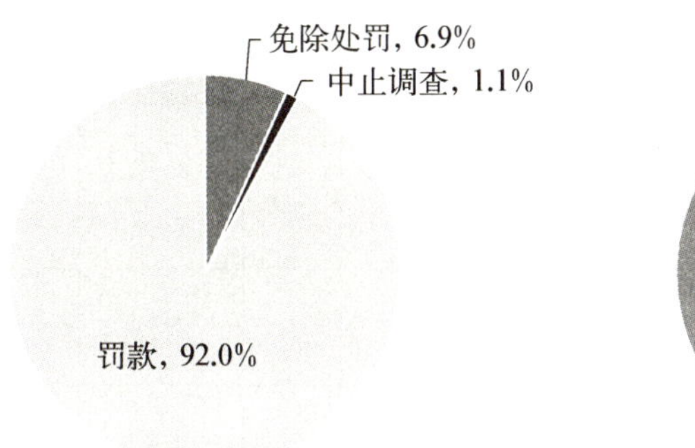

图 2-17 罚款案件占比

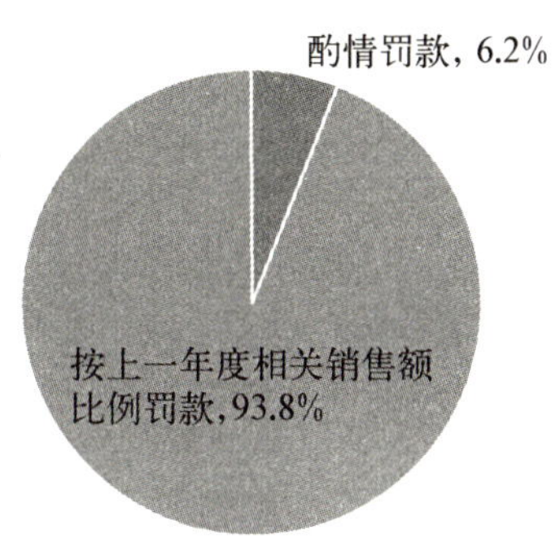

图 2-18 罚款情况

2. 上一年度时间计算

如表 2-8 所示,发改委公布的 11 起案件[56]中,发改委对“上一年度销售额”的具体年份没有统一的理解,从现有案例中“上一年度”具体是指立案调查的上一年还是指作出行政处罚决定的上一年不得而知。例如,“日本轴承生产企业价格垄断案”中作为罚款数额计算基准的上一年度销售额是作出处罚决定当年的上一年,而“强生视力健商贸(上海)有限公司实施价格垄断行政处罚案”和“克莱斯勒垄断协议案”案中“上一年度”是价格主管部门作出立案决定的上一年。至于“高通滥用市场支配地位案”则是最让人困惑的,该案 2013 年立案,2015 年作出行政处罚,但罚款基准是高通公司 2013 年度的销售额,既不是立案年份的上一年,也不是处罚年份的上一年,行政处罚决定书中并未就此作出解释。

表 2-8 部分经营者垄断案件中销售额“上一年度”界定情况

序号	案 件 名 称	销售额年份	立案日期	处罚日期
1	浙江省机动车商业保险垄断案	2012	未知	2013
2	日本汽车零部件生产企业价格垄断案	2013	未知	2014
3	日本轴承生产企业价格垄断案	2013	2011	2014
4	上海依视路光学有限公司实施价格垄断行政处罚案	2012	2013	2014
5	强生视力健商贸(上海)有限公司实施价格垄断行政处罚案	2012	2013	2014

〔56〕 此表统计口径与发改委相同,即将同一时间、同一区域、同一性质和同一行业查处的系列案件计为一件案件。

（续表）

序号	案 件 名 称	销售额年份	立案日期	处罚日期
6	克莱斯勒垄断协议案	2013	2014	2014
7	高通滥用市场支配地位案	2013	2013	2015
8	四川省资阳市机动车二级维护工时费价格垄断案	2013	未知	2015
9	甘肃省武威市机动车二级维护费价格垄断案	2013	未知	2015
10	滚装货物海运企业价格垄断案	2014	2014	2015
11	江苏省奔驰汽车价格垄断案	未说明	2014	2015

3. 销售额的理解

如表2-9所示，“上一年度销售额”中销售额具体是指当事人上一年度全部的销售额还是仅在涉案产品在相关地域市场内的销售额，发改委没有统一的执法标准。例如，“上海依视路光学有限公司实施价格垄断行政处罚案”、“强生视力健商贸（上海）有限公司实施价格垄断行政处罚案”、“高通滥用市场支配地位案”3件案件中，行政处罚决定书中仅直接叙述“当事人××××年度销售额”是多少，并未说明这个销售额是涉案产品在××××年度的销售额还是当事人在××××年度全部产品全年的销售额。

表2-9 销售额的理解

序号	案 件 名 称	产 品 市 场	地域市场
1	浙江省机动车商业保险垄断案	机动车商业车险	浙江省
2	日本汽车零部件生产企业价格垄断案	涉案产品	中国境内
3	日本轴承生产企业价格垄断案	轴承	中国境内
4	上海依视路光学有限公司实施价格垄断行政处罚案	未说明是否仅限涉案产品	中国大陆
5	强生视力健商贸（上海）有限公司实施价格垄断行政处罚案	未说明是否仅限涉案产品	中国大陆
6	克莱斯勒垄断协议案	克莱斯勒、JEEP、Dodge等品牌车辆	上海
7	高通滥用市场支配地位案	未说明是否仅限涉案产品	中国境内

(续表)

序号	案件名称	产品市场	地域市场
8	四川省资阳市机动车二级维护工时费价格垄断案	机动车二级维护服务	四川省
9	甘肃省武威市机动车二级维护费价格垄断案	机动车二级维护服务	甘肃省
10	滚装货物海运企业价格垄断案	滚装货物国际海运服务	与中国市场相关的
11	江苏省奔驰汽车价格垄断案	奔驰整车和售后服务	江苏省

同时对于高通这种在全球相关行业内都占据市场支配地位的经营者,对其进行反垄断行政处罚时是应只计算其在某一地域内的销售额还是全球范围内的销售额。国际上也有不同的做法,我国在处理高通滥用市场支配地位案是仅计算了高通公司 2013 年度在中国境内的销售额,欧盟在处理类似案件时则计算了跨国公司在全球范围内的相关销售额。

4. 罚款比例

如图 2-19 所示,175 件非行业协会经营者垄断行为案件中罚款比例不详的案件有 19 件(未公布行政处罚决定书同时检索出的相关信息中也未披露),103 件案件的罚款比例在 3%以下,占 58.9%;其中罚款比例为上一年度销售额 0.1%、0.5%、0.55%的各 1 件,罚款比例为 1%的案件 28 件,2%的案件 35 件,3%的案件 37 件;罚

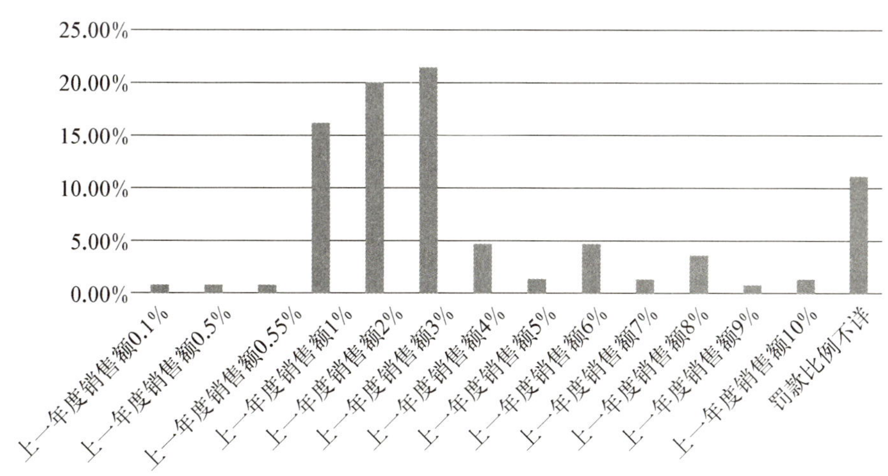

图 2-19 案件罚款比例

款比例4%以上案件共计29件，其中罚款比例为4%的案件8件；5%的案件2件；6%的案件8件；7%的案件2件；8%的案件6件；9%的案件1件；按最高处罚标准10%的案件2件(分别为“东莞江海贸易有限公司达成并实施海砂价格垄断协议案”和“深圳东海世纪信息咨询有限公司达成并实施海砂价格垄断协议案”)。

5. 罚款数额

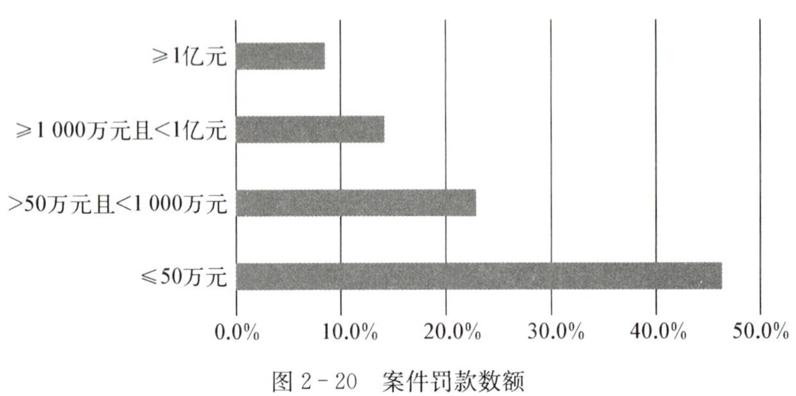

图2-20　案件罚款数额

如图2-20所示，175件非行业协会经营者垄断案件中罚款数额在50万元以下案件共计81件，占6.3%；罚款数额高于50万元且低于1 000万元的案件共计40件，占22.9%；罚款数额在1 000万元以上且低于1亿元的案件共计25件，占14.3%；罚款数额在1亿元以上的案件共计15件，占8.6%，这些受处罚企业多为行业巨头或跨国公司，涉及行业主要有汽车及零部件制造业、轴承业、信息技术服务业、奶粉业、酒业、汽车销售业等。其中最大的行政处罚为高通公司滥用市场支配地位案，行政处罚为60.88亿元〔57〕。较大处罚见表2-10所示。

表2-10　罚款数额较大的经营者垄断案件

序号	案件名称	处罚数额
1	株式会社电装与其他汽车零部件生产企业进行价格协商、达成并实施价格垄断协议行政处罚案	1.505 6亿元

〔57〕参见发改办价监处罚〔2015〕1号。该案决定书中的表述“销售额为761.02亿元人民币”和“计60.88亿元人民币”，按会计规则正确表述应当为“销售额761.02亿元”和“60.88亿元”，依据《会计法》会计核算以人民币为记账本位币。故不需要表述“人民币”，另如果一定表述正确应为人民币60.88亿元(人民币在数字前面)。

(续表)

序号	案件名称	处罚数额
2	矢崎总业株式会社与其他汽车零部件生产企业进行价格协商、达成并实施价格垄断协议行政处罚案	2.410 8 亿元
3	住友电气工业株式会社与其他汽车零部件生产企业进行价格协商、达成并实施价格垄断协议行政处罚案	2.904 亿元
4	日本精工株式会社与其他轴承生产企业进行价格协商、达成并实施价格垄断协议行政处罚案	1.749 2 亿元
5	NTN 株式会社与其他轴承生产企业进行价格协商、达成并实施价格垄断协议行政处罚案	1.191 6 亿元
6	高通公司滥用在无线标准必要专利许可市场和基带芯片市场的支配地位实行垄断行为行政处罚案	60.88 亿元
7	奔驰公司达成并实施限定向第三人转售商品最低价格的垄断协议行政处罚案	3.5 亿元
8	美赞臣奶粉反垄断行政处罚案	2.037 6 亿元
9	合生元奶粉反垄断行政处罚案	1.629 亿元
10	多美滋奶粉反垄断行政处罚案	1.719 9 亿元
11	茅台酒反垄断行政处罚案	2.47 亿元
12	五粮液反垄断行政处罚案	2.02 亿元
13	一汽-大众销售有限责任公司组织经销商达成并实施垄断协议行政处罚案	2.485 8 亿元
14	广东东风日产汽车垄断案	1.233 亿元
15	威克滚装船务有限公司达成并实施价格垄断协议行政处罚案	2.85 亿元

十三、行业协会法律责任〔58〕

如表 2－11 所示，12 件行业协会案件中，其中 3 件按上限处罚，另外 5 件处罚标准在 20～35 万元之间，无一件案件当事人被登记部门撤销。涉及的行业以交通运输占第一，共 4 件，其他 4 件分别为造纸、保险、首饰、工艺品和废弃资源综合利用。

〔58〕 行业协会法律责任见《反垄断法》第 46 条和《反价格垄断规定》第 23 条。

表 2-11 2008—2015 年年底发改委查处的行业协会垄断案件

序号	处罚年份	案件名称	所属行业	罚款数额	是否撤销登记
1	2010	浙江省富阳市造纸行业协会组织行业经营者达成实施价格垄断协议案	造纸	50 万元	否
2	2012	广州市机动车驾驶培训行业协会组织行业经营者达成实施价格垄断协议案	交通运输	35 万元	否
3	2012	深圳市机动车驾驶员培训行业协会组织行业经营者达成实施价格垄断协议案	交通运输	35 万元	否
4	2012	佛山市交通运输协会组织行业经营者达成实施价格垄断协议案	交通运输	35 万元	否
5	2013	浙江省保险行业协会组织行业经营者达成实施价格垄断协议案	保险	50 万元	否
6	2013	上海黄金饰品行业协会组织行业经营者达成实施价格垄断协议案	首饰、工艺品及收藏品批发	50 万元	否
7	2015	四川省资阳市道路运输协会组织行业经营者达成实施价格垄断协议案	交通运输	20 万元	否
8	2015	四川省报废机动车回收拆解行业协会组织行业经营者达成实施价格垄断协议案	废弃资源综合利用业	30 万元	否

2010 年查处的浙江富阳造纸行业协会组织行业经营者达成实施价格垄断案件为反垄断法实施以来发改委处罚的第一起行业协会价格垄断案件。

行业协会是反垄断的重灾区，盘点 2010 年垄断协议反垄断事例，协会和龙头企业频频涉案，一是行业协会、理事会组织召集有关企业商讨价格，如富阳纸业协会价格垄断案、绿豆串通涨价案和厦门餐饮具消毒行业串通涨价案；二是占据较大市场份额的大企业、重点企业主导有关行业协会、出面协调制定有关商品价格事宜，如柳州米粉串通涨价案〔59〕。以上违法行为主要是竞争文化缺失，一是行业组织对垄断没有清晰认识，认为协调价格是“行业服务”，甚至在刊物和文件上宣传有关内容，或者直接向社会发布公报；一些企业为督促各方遵照执行，也会签订书面价格协议，或者在相关会议纪要上签字〔60〕。2010 年查处的绿豆串通涨价案就是典型代表。

〔59〕 参见王晓晔：《中国竞争法律与政策实施的两半与发展》，载中国世界贸易组织研究会竞争政策与法律专业委员会编著：《中国竞争法律与政策研究报告 2011 年》，法律出版社 2012 年版，第 71 页。

〔60〕 参见江国成：《发展改革委：当前价格垄断案件有三大特点》，http://news.xinhuanet.com/fortune/2008-07/31/content_8883762.htm，2016 年 3 月 14 日最后访问。

十四、行政执法的法定考量因素

如图 2－21 所示,190 件案件中,发改委处罚时的法定考量因素有 83 件案件提及当事人积极配合调查,占 43.7%;51 件案件提及当事人主动停止违法行为,占 26.8%;36 件案件提及当事人是否在垄断协议达成实施过程中起到主导作用,占 18.9%;19 件案件提及违法行为持续时间长短的影响,占 10.0%。

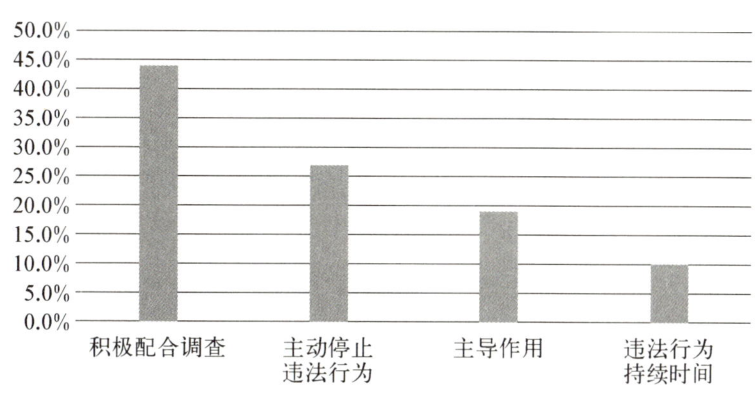

图 2－21　法定考量因素

十五、宽大制度适用

如图 2－22 所示,190 件案件中适用宽大制度[61]共计 28 件,其中免除处罚 12 件,占 6.9%;减轻处罚 16 件,占 9.1%;未适用宽恕制度的案件 162 件,占 77.4%。

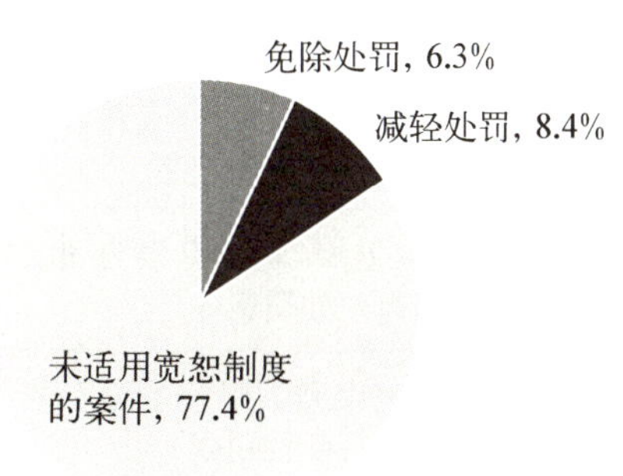

图 2－22　适用宽恕制度

国家发改委不仅在横向价格垄断案件中适用了宽大制度,还在奶粉企业案(2013)、眼镜企业案(2014)案等纵向垄断固定转售价格案件中也对宽恕制度有所运用[62]。

---

〔61〕 具体见《反垄断法》第 46 条和《反价格垄断行政执法程序规定》第 14 条。

〔62〕 洪莹莹:《反垄断法宽恕制度的中国实践及理论反思》,《政治与法律》2015 年第 5 期。

(一) 免除处罚的案件

如表 2－12 所示,发改委适用宽大制度免除处罚案件共计 12 件。惠氏、贝因美和明治价格垄断案,属于首次在纵向价格协议反垄断执法案件中适用宽大原则,惠氏、贝因美和明治三家企业因配合调查、提供重要证据和积极主动整改被免于处罚。

表 2－12　发改委不予处罚的垄断案件

序号	案件名称	免除处罚理由
1	中国人民财产保险股份有限公司浙江分公司达成并实施商业车险垄断协议案	启动反垄断调查后第 1 家主动承认违法事实,并率先提供关键证据
2	日立汽车系统有限公司与其他汽车零部件生产企业实施价格垄断案	第 1 家主动报告达成垄断协议有关情况并提供重要证据,且停止了违法行为
3	株式会社不二越与其他轴承生产企业实施垄断协议案	第 1 家主动报告达成垄断协议的有关情况并提供了重要证据,且停止了违法行为
4	惠氏奶粉价格垄断案	主动向反垄断执法机构报告达成垄断协议有关情况、提供重要证据,并积极主动整改
5	贝因美奶粉价格垄断案	主动向反垄断执法机构报告达成垄断协议有关情况、提供重要证据,并积极主动整改
6	明治奶粉价格垄断案	主动向反垄断执法机构报告达成垄断协议有关情况、提供重要证据,并积极主动整改
7	湖北奥泽汽车销售服务有限公司达成并实施整车销售及服务维修价格的垄断协议案	主动报告达成价格垄断协议的有关情况并提供重要证据
8	武汉奥嘉汽车销售服务有限公司达成并实施垄断协议案	违法行为轻微并及时纠正,没有造成危害后果
9	豪雅(上海)光学有限公司实施价格垄断行政处罚案	主动向反垄断执法机构报告达成垄断协议的有关情况,提供重要证据,并积极主动整改
10	上海卫康光学眼镜有限公司实施价格垄断行政处罚案	主动向反垄断执法机构报告达成垄断协议的有关情况,提供重要证据,并积极主动整改
11	日本邮船株式会社达成并实施价格垄断协议行政处罚案	第 1 个主动报告达成垄断协议的有关情况并提供重要证据,且停止了违法行为,在调查过程中全面持续配合、进行整改
12	三亚亿佳哈斯理水晶有限责任公司实施价格垄断行政处罚案	在检查中主动报告达成价格垄断协议的有关情况,提供重要证据

(二)减轻处罚案件

如表2-13所示,减轻20%处罚的为4件,减轻30%处罚的为1件,减轻40%～45%处罚的为6件,减轻50%～60%处罚的为5件,减轻90%处罚的为1件。

表2-13 发改委减轻处罚的垄断案件

序号	案 件 名 称	减轻处罚幅度(%)	减轻处罚理由
1	中国人寿财产保险股份有限公司浙江省分公司参与达成实施商业车险价格垄断协议案	90	第2家主动向调查机关提供关键证据的当事人
2	中国平安财产保险股份有限公司浙江分公司参与达成实施商业车险价格垄断协议案	45	第3家主动向调查机关提供关键证据的当事人
3	株式会社电装与其他汽车零部件生产企业进行价格协商达成并实施价格垄断协议案	60	第2家主动报告达成垄断协议有关情况并提供重要证据,且停止了违法行为
4	爱三工业株式会社与其他汽车零部件生产企业进行价格协商达成并实施价格垄断协议案	20	主动报告达成垄断协议有关情况并提供重要证据,且停止了违法行为
5	三菱电机株式会社与其他汽车零部件生产企业进行价格协商达成并实施价格垄断协议案	20	主动报告达成垄断协议有关情况并提供重要证据,且停止了违法行为
6	三叶株式会社与其他汽车零部件生产企业进行价格协商达成并实施价格垄断协议案	20	主动报告达成垄断协议有关情况并提供重要证据,且停止了违法行为
7	矢崎总业株式会社与其他汽车零部件生产企业进行价格协商达成并实施价格垄断协议案	40	主动报告达成垄断协议有关情况并提供重要证据,且停止了违法行为
8	古河电气工业株式会社与其他汽车零部件生产企业进行价格协商达成并实施价格垄断协议案	40	主动报告达成垄断协议有关情况并提供重要证据,且停止了违法行为
9	住友电气工业株式会社与其他汽车零部件生产企业进行价格协商达成并实施价格垄断协议案	40	主动报告达成垄断协议有关情况并提供重要证据,且停止了违法行为

（续表）

序号	案　件　名　称	减轻处罚幅度(%)	减轻处罚理由
10	日本精工株式会社与其他轴承生产企业进行价格协商达成并实施价格垄断协议案	60	第2家主动报告达成价格垄断协议有关情况并提供了重要证据，且停止了违法行为
11	NTN株式会社与其他轴承生产企业进行价格协商达成并实施价格垄断协议案	40	主动报告达成垄断协议有关情况并提供了重要证据，且停止了违法行为
12	株式会社捷太格特与其他轴承生产企业进行价格协商、达成并实施价格垄断协议案	20	主动报告达成垄断协议有关情况并提供了重要证据，且停止了违法行为
13	武汉华星汉迪汽车销售服务有限公司达成并实施整车销售及服务维修价格的垄断协议案	50	主动报告达成价格垄断协议的有关情况并提供重要证据
14	川崎汽船株式会社达成并实施价格垄断协议案	60	第2个主动向本机关报告达成垄断协议的有关情况并提供重要证据，且停止了违法行为，在调查过程中全面持续配合、进行整改
15	株式会社商船三井达成并实施价格垄断协议案	30	第3个主动向本机关报告达成垄断协议的有关情况并提供重要证据，且停止了违法行为，在调查过程中全面持续配合、进行整改
16	广东宝海砂石有限公司达成并实施海砂价格垄断协议案	50	主动提供部分重要证据

中国人寿财产保险股份有限公司浙江省分公司参与达成实施商业车险价格垄断协议案减轻90%处罚，而同样第2家主动报告达成垄断协议有关情况并提供重要证据，且停止了违法行为的日本精工株式会社与其他轴承生产企业进行价格协商达成并实施价格垄断协议案、株式会社电装与其他汽车零部件生产企业进行价格协商达成并实施价格垄断协议案，仅被减轻处罚60%；而川崎汽船株式会社达成并实施价格垄断协议案，第2个主动向本机关报告达成垄断协议的有关情况并提供重要证据，且停止了违法行为，在调查过程中全面持续配合、进行整改，也是减轻60%处罚。

说明减轻处罚中的自由裁量权不统一,容易导致相同或类似案件不同的减轻幅度。“各地在确定具体案件的处罚幅度方面,对性质类似的,要注意平衡,不能差距过大。”〔63〕

(三) 发改委与工商宽大制度比较

如表 2-14 所示,自 2008 年《反垄断法》实施以来,国家发改委和国家工商总局对宽恕制度的适用态度截然不同,各自颁布的规章中都对反垄断法第 46 条的原则性规定做了一定的细化,但对于宽大制度的适用对象、适用条件等规定均有所不同。

表 2-14　发改委与工商总局各自规定的宽恕制度对比

执法机构名称	垄断协议组织者是否适用宽恕制度	重要证据	宽恕制度免除或减轻处罚
国家工商总局	禁止	必须对主管机关启动调查程序或认定垄断协议起到关键性作用	第 1 个主动报告所达成垄断协议的有关情况、提供重要证据并全面主动配合调查的经营者,免除处罚
			对主动向工商行政管理机关报告所达成垄断协议的有关情况并提供重要证据的其他经营者,酌情减轻处罚
国家发改委	不予禁止	对主管机关认定价格协议具有关键作用	第 1 个主动报告达成价格垄断协议的有关情况并提供重要证据的,可以免除处罚
			第 2 个主动报告达成价格垄断协议的有关情况并提供重要证据的,可以按照不低于 50% 的幅度减轻处罚
			其他主动报告达成价格垄断协议的有关情况并提供重要证据的,可以按照不高于 50% 的幅度减轻处罚

迄今为止,国家工商总局处理的案件中仅有 1 例案件适用了宽恕制度。而国家发改委则多次在执法实践中适用了宽恕制度,且多次对垄断协议的组织者

〔63〕 卢延纯:《进一步做好反价格垄断工作》,《中国价格监管与反垄断》2015 年第 1 期。

适用了宽恕制度，如海南三亚水晶店价格垄断案、合生元等乳粉价格垄断案（纵向垄断协议案件）。

《工商行政管理机关查处垄断协议、滥用市场支配地位案件程序规定》第20条规定："对垄断协议的组织者，不适用减轻或免除处罚。"然而，国家发改委系统在执法中却给出了不同的答案。在2011年广东海砂案中，以广东宝海砂石有限公司、东莞江海贸易有限公司等企业为首，广东省内具有海砂开采资格的20多家企业成立了"海砂联盟"，定期协商统一海砂开采资源费，通过价格垄断行为操纵海砂价格，以获得高额利润。该案中，广东宝海砂石公司为该垄断协议的组织者，但由于其主动提供了部分重要证据，广东省物价局最终依据《反垄断法》第46条第2款规定，对其以50%幅度减轻罚款。可见该案中价格主管部门对垄断协议中的组织者不排除适用宽恕制度。

我国《反垄断法》第46第2款和《反价格垄断行政执法程序规定》第14条第2款、《工商行政管理机关查处垄断协议、滥用市场支配地位案件程序规定》第20条以及《工商行政管理机关禁止垄断协议行为的规定》第11条和第12条的规定对宽大制度作了非常原则性的规定，从而赋予反垄断执法机关较大的自由裁量权。反垄断执法机关对宽恕制度的裁量权具体表现为：一是执法机关对于经营者提供的重要证据的裁量权；二是执法机关享有是否给予申请者宽恕待遇及何种待遇的裁量权[64]。

为解决执法中的宽大制度适用问题，公布的《横向垄断协议案件宽大制度适用指南》（征求意见稿）就宽大制度适用进行了明确。《横向垄断协议案件宽大制度适用指南》（征求意见稿）第13条对于《反垄断法》确立的宽恕制度的细化规定。对于第一顺位的经营者，执法机构可以对经营者免除全部罚款或者按照不低于80%的幅度减轻罚款。在执法机构启动调查程序前申请宽大并确定为第一顺位的经营者，执法机构将给予免除全部罚款。对于第二顺位的经营者，执法机构可以按照30%～50%的幅度减轻罚款。对于第三顺位及后序顺位的经营者，可以按照不高于30%的幅度减轻罚款（见表2-15）。

纵向垄断协议是否适用宽大问题，《横向垄断协议案件宽大制度适用指南》（征求意见稿）没有涉及，但在执法实践中，在奶粉企业纵向价格垄断案中，发改委依法对3家企业适用了宽大政策免除了处罚[65]。

---

〔64〕张晓云：《反垄断宽恕制度中执法机关裁量权的规制》，《价格理论与实践》2015年第11期。
〔65〕许昆林："宽大政策适用于纵向垄断协议"，《中国经济导报》2013年10月31日。

表 2-15 《横向垄断协议案件宽大制度适用指南》(征求意见稿)相关规定

阶段 \ 顺位	第一	第二	第三	其他
调查启动前	100%	30%~50%	30%≤	0
调查启动后	≥80%	30%~50%	30%≤	0

十六、豁　免

本次统计的 175 件经营者垄断案件中,尚未发现有依据《反垄断法》第 15 条对当事人予以豁免的案件。反垄断法豁免制度〔66〕是反垄断法的重要内容,对于实现反垄断法的立法目的具有重大现实意义。豁免是指"排除适用反垄断法的情形。豁免制度是利益衡量的结果,即从经济效果上对于限制竞争行为的性质和影响进行利益对比,在'利大于弊'时将其排除适用反垄断法的禁止规定"〔67〕。

2013 年,国家发改委曾派出 30 个工作组对全国各地水泥行业价格协同案进行调查,但 2014 年 3 月 27 日《证券时报》的报道披露,考虑到水泥行业产能过剩情况、2012 年利润率较低,此次价格协同行为持续时间不长,中国水泥协会负责人带队前往发改委陈述水泥行业价格协同行为,并提供行业数据论证。最终,发改委将之定性为不属于垄断行为,但国家发改委官网没有披露相关信息〔68〕。

十七、中止调查

如表 2-16 所示,190 件案件中中止案件 2 件,占 1.1%,中止的案件目前是否作出终止决定不得而知。其中湖北盐业集团有限公司武昌分公司涉嫌滥用市场支配地位案是价格主管部门在反垄断执法过程中第一次适用中止调查决定。〔69〕

〔66〕《反垄断法》第 15 条。但目前实务中,经常将豁免制度和宽大制度混淆。

〔67〕尚明主编:《反垄断——主要国家与国际组织反垄断法律与实践》,中国商务出版社 2005 年版,第 42 页。

〔68〕参见北京市律协竞争与反垄断法律事务专业委员会编:《2013 年竞争法年度报告》,第 26 页。

〔69〕参见叶高芬:《滥用市场支配地位的反垄断规制》,载中国世界贸易组织研究会竞争政策与法律专业委员会编著:《中国竞争法律与政策研究报告 2013 年》,法律出版社 2014 年版,第 84 页。

表 2-16　发改委中止调查的垄断案件

序号	企业名称	申请中止理由	立案时间	中止调查时间	是否终止调查
1	湖北盐业集团有限公司武昌分公司	积极配合价格主管部门的调查，主动采取了收回余货等减轻违法行为后果的措施，且其涉案数量数额、销售对象、市场辐射、社会影响等均较小，并提交了规范非盐商品销售的承诺书	2010.8	2010.8	未知
2	美国 IDC 公司	积极配合调查，提出了消除涉嫌垄断行为后果的具体措施	2013.6	2014.3	未知

2011 年 11 月，央视《新闻 30 分》曾报道国家发改委针对中国电信和中国联通涉嫌在中国宽带入网市场实施价格垄断行为展开了调查，2011 年 12 月就有报道中国电信及中国联通向发改委提出了整改方案及中止调查的申请〔70〕。目前该案处理结果不得而知，发改委最近一次就电信联通垄断案的调查情况进行回应是 2014 年 2 月国家发改委举行的价格监督与反垄断工作情况新闻发布会上，给出的回复是该案仍在调查中，且未说明是否做出了中止调查决定〔71〕。

十八、行政诉讼分析

如表 2-17 所示，截至 2015 年年底，仅搜集到 3 件针对价格管理部门的反垄断行政处罚决定提起的行政诉讼，即江苏省南京建工集团有限公司混凝土分公司、南京嘉盛混凝土有限公司、南京大地万宏混凝土有限公司不服价格垄断处罚决定诉讼案〔72〕。在我国，与反垄断有关的行政诉讼主要表现为两种形式：一是对行政机关的反垄断执法行为提起的诉讼，即反垄断行政诉讼；二是对行政垄断提起的诉讼，即反行政垄断诉讼〔73〕。

〔70〕 腾讯科技新闻：《发改委：是否终止反垄断调查还需看具体实施》，http://tech.qq.com/a/20111202/000452.htm，2016 年 6 月 10 日最后访问。

〔71〕 国家发改委新闻中心：《我委就价格监管与反垄断工作情况举行新闻发布会》，http://xwzx.ndrc.gov.cn/wszb/201402/t20140219_579440.html，2016 年 6 月 10 日最后访问。

〔72〕 参见江苏省南京市中级人民法院行政判决书(2014)宁行初字第 71 号和(2014)宁行初字第 70 号。

〔73〕 参见王岩：《反垄断行政诉讼中若干问题探析》，《电子知识产权》2015 年第 8 期。

表 2-17 反垄断行政诉讼案件

序号	案件名称	案件结果
1	原告南京嘉盛混凝土有限公司与被告江苏省物价局物价行政处罚行为一案的行政裁定书	裁定驳回原告起诉
2	原告南京建工集团有限公司混凝土分公司与被告江苏省物价局物价行政处罚行为一案的行政裁定书	裁定驳回原告起诉
3	原告南京大地万宏混凝土有限公司与被告江苏省物价局物价行政处罚行为一案的行政裁定书	原告撤诉

南京市中级人民法院依据江苏省物价局的申请,对两家参与价格垄断拒不缴纳行政罚款的混凝土企业实行了强制执行,并依法驳回了两家不服处罚决定的混凝土企业的行政诉讼。

2013 年 8 月 7 日,江苏省物价局根据举报,依法对南京混凝土协会及部分混凝土生产企业开展了反价格垄断调查,并于 2013 年 12 月 23 日依据反垄断法规定,对实施价格垄断的南京混凝土协会及 37 家涉案企业共计罚款 3 900 万元[74]。

行政处罚决定送达后,因南京混凝土协会、南京加豪新型建材有限公司拒不执行处罚决定,江苏省物价局向南京市中级法院申请强制执行,并执行完毕。南京建工集团有限公司混凝土分公司、南京嘉盛混凝土有限公司、南京大地万宏混凝土有限公司三家企业不服行政处罚决定,向南京市中级法院提起行政诉讼。南京市中级法院受理后,南京大地万宏混凝土有限公司撤回起诉。法院经审理查明,南京建工集团有限公司混凝土分公司、南京嘉盛混凝土有限公司的代理律师通过提供虚假证明的欺骗方式,误使法院立案,上述两企业的起诉已超过法定期限且无正当理由,遂依法裁定驳回起诉。

十九、法律适用分析

如图 2-23 所示,190 件案件中有 2 件案件适用《价格法》,占 1.1%,98.9%的案件适用《反垄断法》。

浙江省富阳市造纸行业协会组织经营者达成价格垄断协议,浙江省富阳市

〔74〕 需要说明的是,江苏省物价局的这起反垄断行政处罚案件由于行政处罚决定信息未全面公开,故笔者没有纳入本次发改委反垄断大数据分析。

造纸行业协会组织本行业经营者达成变更或固定价格的垄断协议的行为，违反了《价格法》和《反垄断法》的相关规定。根据《价格违法行为行政处罚规定》第5条第3款关于行业协会组织经营者相互串通、操纵市场价格的，对行业协会可以处50万元以下的罚款的规定，为维护正常的市场竞争秩序，保护消费者和其他经营者的合法权利，浙江省物价局依法对协会处以最高50万元的罚款。

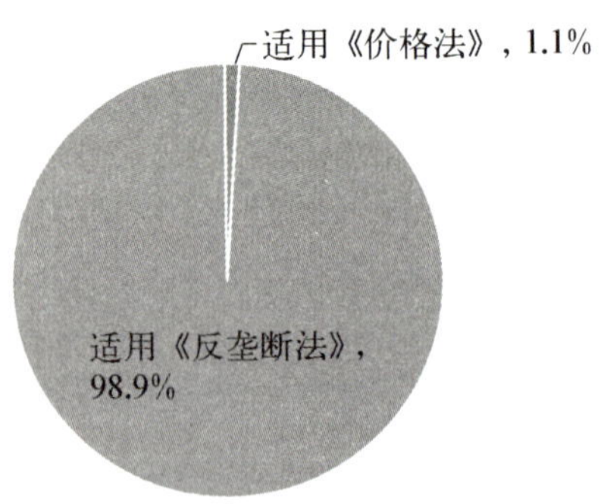

图2-23 发改委查处价格垄断案件法律适用情况

2013年1月中旬，国家发改委还公布了对6家境外企业实施液晶面板价格垄断的处罚决定，依法责令涉案企业退还国内彩电企业多付价款1.72亿元，没收3675万元，罚款1.44亿元，经济制裁总金额3.53亿元。其中，三星1.01亿元，LG1.18亿元，奇美9 441万元，友达2 189万元，中华映管1 620万元，瀚宇彩晶24万元。该案2012年8月启动调查，2013年1月4日公布处罚决定，但由于涉案行为发生在我国反垄断法实施之前，故该案处罚决定是依据价格法。

关于法律适用，我们仍以价格法为例，反垄断法和价格法在调整重心、调整方式和调整范围等方面均有不同：反垄断法主要关注市场上的价格是否在自由、有效竞争中形成，着重于审查该行为对市场竞争的影响，调整垄断行为；而价格法只需要关注某一行为是否违反法律规定，重心则放在价格的宏观调控上，调整范围较为宽泛〔75〕。因此，竞争执法机关应依据违法行为后果、引起的社会反映来选择适用法律。如果该行为可能排斥竞争，对相关市场造成反竞争后果，或者该行为引起的社会反响较大，应拿起反垄断法，而不能简单适用价格法。反垄断法和价格法的衔接则表现在价格法具有弥补反垄断法规制空白、提供兜底保护的作用。只有对尚不构成价格垄断行为的违法行为，才可以适用兜底保护作用的价格法，而对于符合要件的垄断协议行为，应适用反垄断法〔76〕。

〔75〕 王晓晔：《中国竞争法律与政策的实施与发展》，载中国世界贸易组织研究会竞争政策与法律专业委员会编著：《中国竞争法律与政策研究报告2011年》，法律出版社2012年版，第70页。

〔76〕 同上，第71页。

另未收录统计的价格垄断案件中,适用价格法查处的案件有2009年绿豆串通涨价案,2009年柳州米粉串通涨价案,2014年重庆快递公司统一涨价案[77]。

第三部分 商务部反垄断执法大数据分析

一、经营者集中总数据统计

如图3-1所示,自2008年《反垄断法》实施以来,截至2015年12月31日[78],商务部共收到经营者集中[79]案件申报1480件,立案1381件,审结1308件。

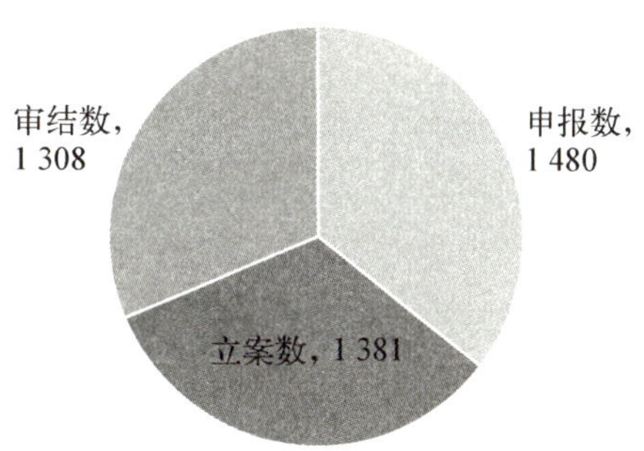

图3-1[80] 经营者集中数据统计

2008年11月8日,商务部作出的关于附加限制性条件批准英博集团公司收购AB公司反垄断审查决定是我国反垄断法实施以后商务部作出的第一起附加限制性条件批准集中决定。

2011年11月10日,通用中国与神华煤制油设立合营企业是目前附限制性条件批准案件中,唯一一起国有企业参与的经营者集中[81]。

我国法律上确立经营者集中反垄断审查制度是反垄断法,从《外国投资者并购境内企业暂行规定》(2004年4月12日起施行)第1次确立外资并购反垄断审查制度算起,我国的经营者集中反垄断审查制度只有12年的历史。

---

〔77〕 腾讯科技2014年8月14日新闻:《圆通等6家快递统一涨价被调查:涉嫌操纵价格》,http://tech.qq.com/a/20140814/012615.htm?pgv_ref=aio2012&ptlang=2052,2016年6月1日最后访问。

〔78〕 本报告所有数据截至时间为2015年12月31日。

〔79〕 我国《反垄断法》采用了"经营者集中"的概念。除此之外,在其他司法辖区还有采用"企业并购"的如德国,采用"企业结合"的如日本,"合并"和"经营者集中"同时使用的如欧盟,等等。为便于表述并与我国《反垄断法》相一致,除特别指出或尊重原文表述外,本文一律采用"经营者集中"的措辞。

〔80〕 此部分均从1开始重新编号。

〔81〕 张硕:《蔡峻峰解读经营者集中》,《汽车商业评论》2014年第10期。

二、经营者集中申报

(一)申报标准

表3－1所示为现行法律法规中对于经营者集中申报标准的相关规定。尽管现行立法已对经营者集中的申报标准进行了较为详尽的规定，但实践中认定经营者集中仍存在很大的不确定性，特别是“取得控制权”、“决定性影响”等概念的模糊性，使得一项经营者集中交易进行时是否应当进行申报接受反垄断审查，无论是官方执法机构，还是参与集中的经营者对此都没有确切答案。

表3－1　申报标准的相关规定

<table>
<tr><td colspan="2">一般经营者集中申报标准</td></tr>
<tr><td colspan="2">参与集中的所有经营者上一会计年度在全球范围内的营业额合计超过100亿元人民币，并且其中至少两个经营者上一会计年度在中国境内的营业额均超过4亿元人民币</td></tr>
<tr><td colspan="2">参与集中的所有经营者上一会计年度在中国境内的营业额合计超过20亿元人民币，并且其中至少两个经营者上一会计年度在中国境内的营业额均超过4亿元人民币</td></tr>
<tr><td colspan="2">简易案件申报标准</td></tr>
<tr><td rowspan="3">市场份额标准</td><td>横向集中：在同一相关市场，所有参与集中的经营者所占的市场份额之和小于15%</td></tr>
<tr><td>纵向集中：存在上下游关系的参与集中的经营者，在上下游市场所占的份额均小于25%</td></tr>
<tr><td>混合集中：不在同一相关市场、也不存在上下游关系的参与集中的经营者，在与交易有关的每个市场所占的份额均小于25%</td></tr>
<tr><td rowspan="2">经营活动范围</td><td>参与集中的经营者在中国境外设立合营企业，合营企业不在中国境内从事经济活动</td></tr>
<tr><td>参与集中的经营者收购境外企业股权或资产的，该境外企业不在中国境内从事经济活动</td></tr>
<tr><td rowspan="2">控制权取得标准</td><td>由两个以上经营者共同控制的合营企业，通过集中被其中一个或一个以上经营者控制</td></tr>
<tr><td>由两个以上经营者共同控制的合营企业，通过集中被其中的一个经营者控制，该经营者与合营企业属于同一相关市场的竞争者</td></tr>
</table>

由于经营者集中申报门槛的不确定性，大部分企业在进行并购等集中交易时都会选择主动向商务部反垄断局申报，通过接受事前审查来规避事后反垄断

调查的风险，但也因此大大增加商务部反垄断局反垄断审查工作量，并在实际上拖延了真正有必要进行反垄断审查的经营者集中案件的审查进度，在市场瞬息万变的环境下时间因素对于经营者集中这一市场交易行为的影响极为重大。因此，有必要通过规则细化，建构具有可操作性的经营者集中认定标准。

有研究者认为，国企并购并未严格适用该项重要制度，最典型的案例就是中国联通与中国网通合并案〔82〕，“以国有企业为例，实际上国有企业申报的也比较多，虽然是国企，但是有些市场份额也没有那么高。”〔83〕

（二）申报前商谈

商务部反垄断局专设商谈处，负责商谈事宜。仅有的两处公开信息显示，2009 年商谈已达 200 多次〔84〕，商务部网站披露 2010 年共接收经营者集中申报案件 130 多起，立案 110 多起，进行立案前商谈 100 余次〔85〕。2007 年《外国投资者并购境内企业反垄断申报指南》第五部分、2009 年 1 月发布《关于经营者集中的申报指导意见》第 1 条、2009 年 11 月《经营者集中申报办法》第 8 条、2011 年《商务部实施外国投资者并购境内企业安全审查制度有关事项的暂行规定》第 3 条均规定了申报前的商谈程序。

但据了解，商务部因人员编制问题，商谈处处于半停止状态。

在欧盟规定的合并控制程序中，申报前商谈为第 1 阶段，将相关市场界定等实践中阻碍正式申报审查程序运行效率的复杂问题，提前到不受法定时限限制的商谈阶段解决，有助于合并案件进入正式程序之后在法定时限内迅速完成。比如，欧盟执法经验显示，许多申报材料不完整的主要原因在于没有进行商谈，或者商谈不充分。因此，从动态关联维度分析，商谈阶段是后续程序高效运行的基础〔86〕。

（三）申报年度趋势

如图 3－2 所示，2008 年至 2015 年间，经营者集中反垄断审查申报案件数量呈显著递增趋势，其中 2008—2009 年申报 94 件，2010 年申报 136 件，2011 年申

〔82〕 参见孙晋：《论经营者集中审查制度在国有企业并购中的适用》，《华东政法大学学报》2015 年第 4 期。

〔83〕 蔡峻峰：《解读经营者集中》，《汽车商业评论》2014 年第 10 期。

〔84〕 商务部反垄断局尚明局长在中国人民大学法学院举办的“后金融危机时代反垄断法实施国际研讨会”上的演讲《中国反垄断的立法与实施》，http://www.shandongbusiness.gov.cn/index/content/sid/101778.html，2016 年 6 月 1 日最后访问。

〔85〕 张斌：“反垄断立案数量猛增，商务部称外资进入未趋严”，《经济观察报》2011 年 1 月 31 日。

〔86〕 参见张东：《经营者集中申报前商谈制度比较研究》，《比较法研究》2013 年第 5 期。

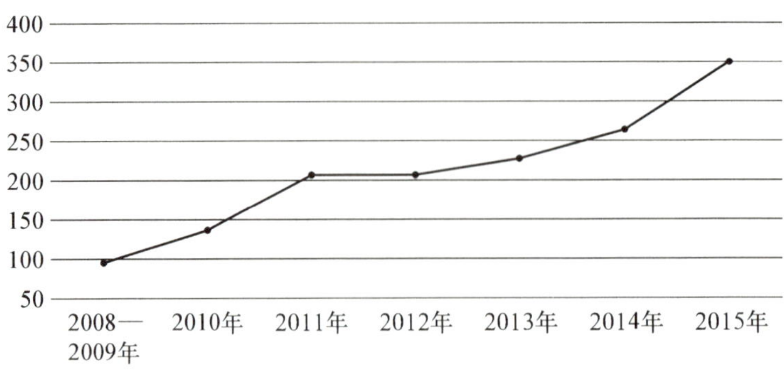

图 3-2　申报数量年度趋势

报 205 件,2012 年申报 207 件,2013 年申报 224 件,2014 年申报 262 件,2015 年申报数量达到 352 件。2011 年至 2013 年的 3 年间,经营者集中案件申报数量维持在 200 件左右,这与后金融危机影响分不开的。2015 年的案件申报数量几乎是 2010 年案件申报数量的 2.5 倍。

(四) 未依法申报处罚

如表 3-2 所示,截至 2015 年年底,商务部处罚经营者集中未申报案件5 件,最早的案件为 2014 年紫光集团有限公司收购锐迪科微电子公司案件。

表 3-2　未依法申报受罚案件

案　　号	案　件　名　称	排除、限制竞争影响	罚款数额
商法函[2014]788 号	紫光集团有限公司收购锐迪科微电子公司	否	30 万元
商法函[2015]668 号	福建省电子信息(集团)有限责任公司收购深圳市中诺通讯有限公司	否	15 万元
商法函[2015]669 号	上海复星医药产业发展有限公司收购苏州二叶制药有限公司	否	20 万元
商法函[2015]670 号	南车南京浦镇车辆有限公司(以下简称南车浦镇)与庞巴迪运输集团瑞典有限公司(以下简称庞巴迪瑞典)设立合营企业	否	15 万元
商法函[2015]671 号	百视通新媒体股份有限公司(以下简称百视通)与微软公司(以下简称微软)设立合营企业上海百家合信息技术发展有限公司	否	20 万元

商务部反垄断局局长尚明在“反垄断工作”专题新闻发布会上介绍，自《反垄断法》实施以来，商务部共对700多件经营者集中案件进行了反垄断审查。2014年5月1日后立案调查的未依法申报案件，商务部将通过商务部政府网站向社会公布行政处罚决定，同时公布了举报传真电话，接受任何单位和个人对涉嫌违法实施经营者集中的举报〔87〕。根据《中华人民共和国反垄断法》和《国务院关于经营者集中申报标准的规定》，经营者集中达到国务院规定的申报标准的，经营者应当事先申报，未申报的不得实施。《反垄断法》和《国务院关于经营者集中申报标准的规定》施行后，绝大多数经营者能够依法申报，但商务部注意到，也有一些经营者集中未经申报实施集中。为此，商务部于2011年12月30日公布了《未依法申报经营者集中调查处理暂行办法》，2012年2月1日实施。

值得注意的是，反垄断法对违法实施经营者集中行为的50万元罚款上限过低。集中方式为单独控制型如一方收购另一方的，商务部仅处罚了申报义务人即收购方；集中方式为共同控制型如设立合营企业的，参与集中的经营者均负有申报义务故均受罚。

未依法申报案件主要来源于同行业经营者举报，如2015年携程网和去哪儿网互相举报〔88〕，2016年3月10日爱康国宾实名举报美年大健康违反反垄断法。〔89〕

三、经营者集中立案

如图3-3所示，2008年反垄断法实施以来，随着经营者集中申报数量的逐年增加，经营者集中反垄断审查立案数量也呈逐年递增趋势。其中2008—2009年间商务部经营者集中反垄断审查案件共计立案94件，2010年立案118件，2011年立案185件，2012年立案188件，2013年立案212件，2014年立案246件，2015年立案338件。

2008年至2015年间，每年经营者集中反垄断审查案件的立案率〔90〕大部分在90%以上，7年平均立案率达到了93%(见图3-4)。商务部在有限的审查人

〔87〕 杜军玲：“《反垄断法》实施以来700多件经营者集中案件进行反垄断审查”，《人民政协报》2014年4月9日。

〔88〕 杨静：“携程去哪儿互相举报对方垄断”，《南京晨报》2015年08月12日。

〔89〕 蔺丽爽：“称美年大健康及其实际控制人俞熔涉嫌违反《反垄断法》——爱康国宾昨实名举报美年”，《北京青年报》2016年03月11日。

〔90〕 每年立案率＝每年立案数/每年申报数。

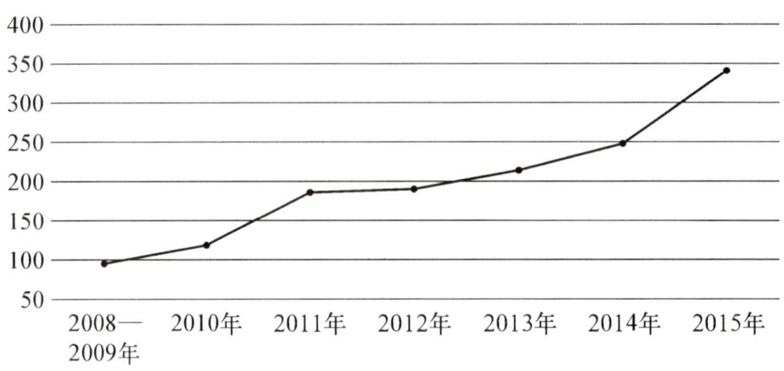

图 3－3　立案数量年度趋势

员前提下，解决人员不足与案件增多的矛盾压力是较大的。但形成此种案件增多的主要原因在于，经营者对于是否需要申报，如果不申报的风险，尤其对于如何理解“控制权”、“决定性影响”掌握不准，导致大量非必要申报的案件申报，同时，经营者并购加速也是主要原因。

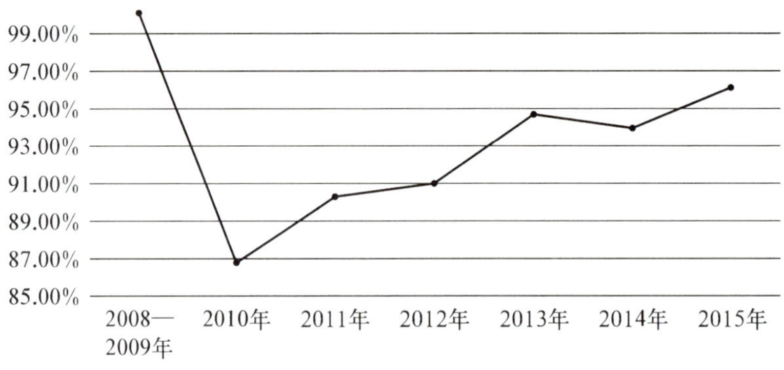

图 3－4　立案率年度趋势

四、经营者集中结案

（一）结案年度趋势

如图 3－5 所示，截至 2015 年年底商务部每年审结的经营者集中案件数量明显递增，其中 2008—2009 年间审结案件 77 件，2010 年审结 125 件，2011 年审结 168 件，2012 年审结 164 件，2013 年审结 215 件，2014 年审结 245 件，2015 年审结 314 件。

结合图 3－3 得出，立案和结案均同步递增，随着市场并购重组加剧，商务部审查工作量会越来越大，人员少和数量剧增矛盾更加突出。

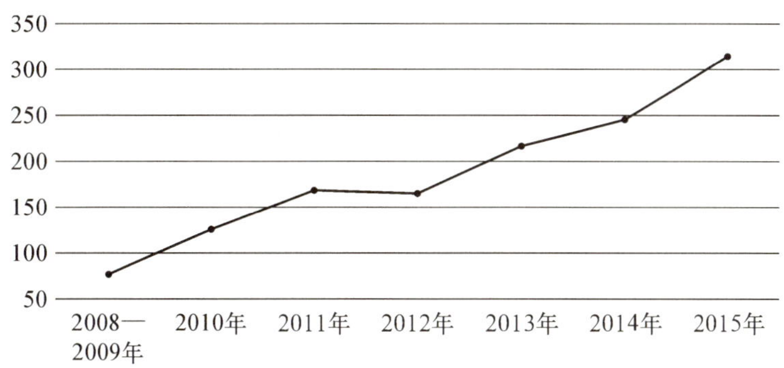

图 3-5　结案数量年度趋势

(二) 结案方式分析

如图 3-6 所示，截至 2015 年年底，商务部已审结的经营者集中反垄断审查案件中，97.86%的案件无条件批准通过，共计 1 280 件；附条件批准案件仅占 1.99%，共计 26 件；禁止集中的案件有 2 件，分别为“可口可乐公司收购汇源公司案”(2009 年)和“马士基、地中海航运、达飞设立网络中心案”(2014 年)。

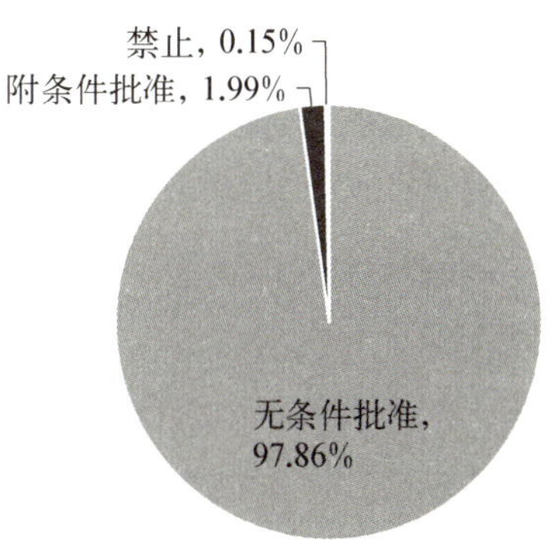

图 3-6　结案方式

(三) 审查期限

如图 3-7 所示，商务部的合并审查程序包括 3 个阶段，“初步审查”阶段为 30 天，30 天是自然日，还是工作日法律没有明确，商务部目前采取的是按自然日计算[91]。“进一步审查”阶段为 90 天，“延长期”为 60 天，这 3 个阶段并不包括审查程序启动前的受理过程。在受理过程中，交易方必须针对商务部提出的问题书面答复，在商务部认为答复满意、材料完备的情况下才会受理申报并立案，由此正式启动“初步审查”阶段及后续阶段。依据商务部 2010 年 3 月 11 日发布的《经营者集中反垄断审查办事指南》的规定，商务部对经营者集中案件进行反垄断审查这一行政行为性质为行政许可，法定审查期限最长不超过 180 天。

如前文所述，商务部反垄断局审查的经营者集中案件中 97.86%的案件无条件批准通过。然而，由于商务部反垄断局官网平台上仅公布了无条件批准案

〔91〕 张硕：《蔡峻峰解读经营者集中》，《汽车商业评论》2014 年第 10 期。

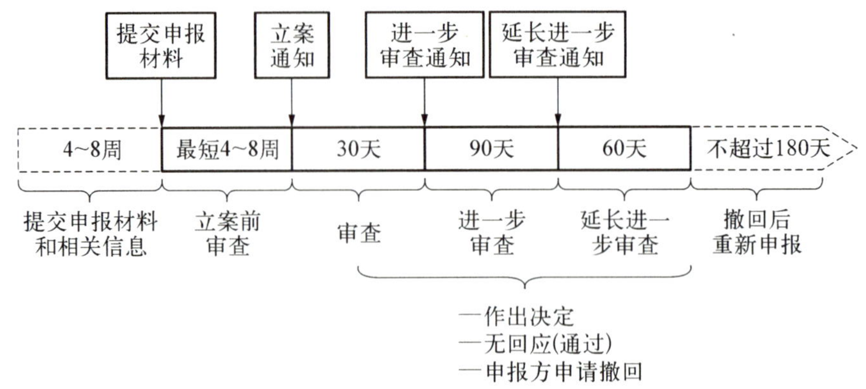

图 3-7　审查期限

件的结案时间，未公布立案时间，故无条件批准案件的审查期限无法统计。附条件批准经营者集中案件的审查期限将在后文中专门分析〔92〕。

据相关资料显示，大多数合并案件只能在“进一步审查”阶段获得批准。也就是说合并交易自首次提交申报材料起至少 2 个月的审批时间，涉及重大竞争问题的经营者集中可能需要 4 个月至 7 个月的审批时间。这对经营者而言进行合并申报的时间成本较高，尤其是参与集中的经营者在中国境外设立合营企业，但该合营企业并不在中国境内从事经济活动也有可能需要在中国进行申报，较长的合并申报时间变相加大了交易方的交易成本。值得注意的是，商务部正在积极改变处理这一问题的方式，于 2014 年 2 月 12 日起施行《关于经营者集中简易案件适用标准的暂行规定》、并于 2014 年 4 月 18 日发布《关于经营者集中简易案件申报的指导意见(试行)》。根据参与集中的经营者的市场份额、其所在市场的集中水平以及其他因素将经营者集中分为“简易案件”和“非简易案件”。当然下一步急需出台的是“简易案件”的“简易程序”，这是实践中加快经营者集中案件审查批准程序的关键〔93〕。

(四) 简易程序审查

如图 3-8 所示，截至 2015 年年底，商务部公示的经营者集中简易案件共计 331 件，其中 2014 年商务部官网公示经营者集中简易案件 78 件，2015 年公示经营者集中简易案件 253 件。

---

〔92〕 参见本文第 6.4 节。

〔93〕 李煜：《附条件批准经营者集中制度的实践与法律完善——基于典型案例的分析》，《现代经济探讨》2015 年第 8 期。

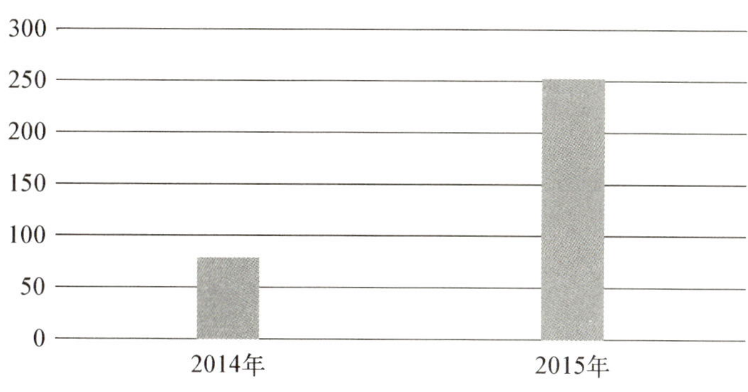

图 3－8　简易案件公示数量

2014 年 5 月 22 日公示的“罗尔斯-罗伊斯控股公司拟收购罗尔斯罗伊斯动力系统控股公司单独控制权(共同控制变为单独控制)”一案为商务部反垄断局官网公示的第 1 件经营者集中简易案件。公示内容包括案件名称、交易概况(限 200 字以内)、参与集中的经营者简介以及简易案件理由。

为了规范简易案件的审查，商务部发布了《暂行规定》及《指导意见》(见表 3－3)，分别从实体和程序两个方面初步确立了我国反垄断经营者集中简易案件的申报制度。《指导意见》中还规定了简易案件的公示程序，但对于更为重要的经营者集中简易案件的具体审查程序，如简易案件与普通案件的审查程序有何不同，是否能在初步审查阶段的 30 天内就审结等问题商务部尚未给出明确规定。

表 3－3　简易案件审查依据

生效时间	与简易案件相关法规	立法部门
2014.2.11	《关于经营者集中简易案件适用标准的暂行规定》	商务部
2014.4.18	《关于经营者集中简易案件申报的指导意见(试行)》	商务部

(五) 集中行业

表 3－4 所示为笔者搜集的 2008 年至 2015 年各年份商务部审结案件中的行业分布，尽管 2013 年度数据空缺，但观察 2008—2010 年、2011 年、2012 年、2014 年以及 2015 年上半年的已结案件所涉行业，会发现大部分案件发生在制造业，每年已结案件中制造业占比均超过 50%。这里所称的制造业是一个大的概念，如果进行分类的话，可以细分为若干类别。

表 3-4 已结案件涉及行业[94]

行业分类年份	2008—2010 年[95]	2011 年[96]	2012 年[97]	2013 年	2014 年[98]	2015 年上半年[99]
年度审结件数	189	168	164	215	245	156
制造业	122	107	106		157	87
信息传输、计算机服务和软件业	11	13	8			
批发零售业	12	12	17			
交通运输、仓储和邮政业	10	11	10			
电力、燃气及水的生产供应业	10	10	9			
采矿业	10	7	6			
建筑业		3	2			
金融业		3	4			
房地产业		1	1			
科学研究、技术服务和地质勘探业		1	1			
其他行业	14	0	0			

(六)集中主体

2008 年 8 月 1 日至 2010 年年底,商务部审结的 189 件案件中,大部分案件涉及上市公司,约占 66%[100]。

2015 年上半年审结 156 件,从交易主体看,境内企业间的并购同比有所增

[94] 因部分数据未搜集到,故表中存在空格。
[95] 数据来源参见《中国竞争法律与政策研究报告 2011 年》,法律出版社 2012 年版,第 3 页。
[96] 数据来源参见《中国竞争法律与政策研究报告 2012 年》,法律出版社 2012 年版,第 3 页。
[97] 数据来源参见《中国竞争法律与政策研究报告 2013 年》,法律出版社 2013 年版,第 3 页。
[98] 数据来源参见《中国竞争法律与政策研究报告 2015 年》,法律出版社 2016 年版,第 3 页。
[99] 数据来源参见万静:"上半年经营者集中反垄断立案同比大增——交易金额百亿元以内案件逾八成",《法制日报》2015 年 7 月 24 日。
[100] 参见《中国竞争法律与政策研究报告 2011 年》,法律出版社 2012 年版,第 3 页。

长,中国企业赴海外并购成为新亮点[101]。

反垄断法实施至2014年4月,商务部共作出经营者集中审查决定750起,其中外资企业参与集中的决定有634起,占全部决定数量的84.5%,完全由内资企业参与集中的决定116起。在整个决定数量中只占很小一部分。从3种类型决定的数量来看,无条件批准集中决定中,涉外企业参与的集中有612起,占84%;附限制性条件批准决定及禁止集中决定中,涉外企业参与集中的比例为100%。[102]

(七)交易金额

如表3-5所示,2013年和2014年审结的经营者集中案件交易金额数据存在缺失,但根据已搜集到的数据来看,2008年至2010年审结案件189件,交易金额在100亿元以内的案件153件,占81%;2011年审结案件168件,交易金额在100亿元以内的案件138件,占82%;2012年审结案件164件,交易金额在100亿元以内的案件83%;2015年上半年审结案件156件,交易金额在100亿元以内的案件占84%。故基本可以推断2008年反垄断法实施以来商务部审批的经营者集中案件大部分交易金额在100亿元以内。

表3-5 已结案件交易金额[103]

年份交易金额	年度审结件数	不涉及金额的案件	小于1亿元	1～10亿元	10～100亿元	100～1 000亿元	大于1 000亿元
2008—2010年	189				66	28	8
2011年	168	8	21	60	49	29	1
2012年	164	12	28	59	37	24	4
2013年	215						
2014年	245						
2015年上半年	156		29	57	47		

[101] 参见万静:“上半年经营者集中反垄断立案同比大增——交易金额百亿元以内案件逾八成”,《法制日报》2015年7月24日。

[102] 刘斌:《商务部经营者集中审查决定研究》,中南大学2014年硕士学位论文。

[103] 因部分数据未搜集到,故表中存在空格。

(八) 集中性质

如图 3－9 所示，由于 2015 年度已结案件集中性质的相关数据存在缺失，笔者仅整理分析了 2008 年至 2014 年年底商务部审结的经营者集中案件集中性质情况。2008 年至 2014 年年底商务部共审结经营者集中案件 981 件，其中横向集中 551 件，占 56%；纵向集中 102 件，占 10%；混合集中 218 件，占 22%；横向与纵向均涉及的案件 110 件，占 11%[104]。说明在经营者集中案件中，横向集中仍占最大比重。

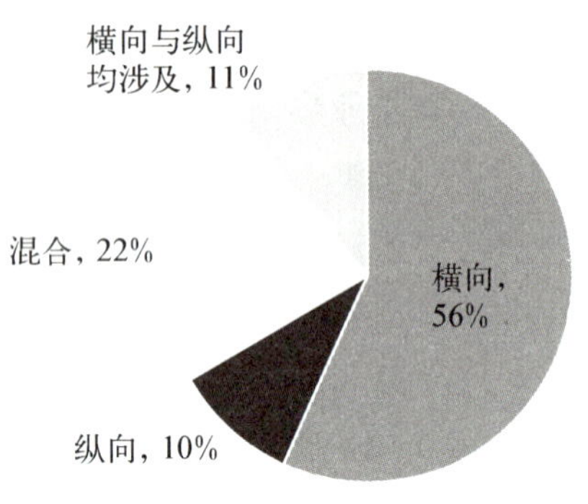

图 3－9　2008—2014 年已结案件集中性质

(九) 审查决定公告

表 3－6 所示为商务部对无条件批准案件、附条件批准案件及禁止集中案件 3 种案件发布决定公告的特点。无条件批准案件内容极为简略，且按季度批次发布，如前文所述，每年商务部进行反垄断审查的经营者集中案件中平均 97% 都是无条件通过的。故出于行政效率的考量，没有必要对无条件批准案件进行详尽披露。

表 3－6　3 类案件审查决定公告对比

案件类型	公开性质	公布方式	公告内容
无条件批准集中案件	非强制性公开	2012 年 11 月 16 日一次性公开了 2008. 8. 1 至 2012. 9. 30 之间无条件批准的经营者集中案件；自 2012 年第 4 季度开始，无条件批准经营者集中案件情况按季度发布	案件名称；参与集中经营者；审结时间
附条件批准集中案件	强制性公开	个案发布	案情简介；立案、审查程序；相关市场认定；竞争分析；附加限制性条件商谈；审查决定等

〔104〕 此数据为笔者对《中国竞争法律与政策研究报告 2011 年》、《中国竞争法律与政策研究报告 2012 年》、《中国竞争法律与政策研究报告 2013 年》、《中国竞争法律与政策研究报告 2015 年》中公布的数据进行整合得出。

(续表)

案件类型	公开性质	公布方式	公告内容
禁止集中案件	强制性公开	个案发布	案情简介;立案、审查程序;相关市场认定;竞争分析;附加限制性条件商谈;审查决定

附条件批准案件、禁止集中案件公告内容相似,英博集团公司收购 AB 公司[105]是商务部作出的第一件附条件批准经营者集中案件,由于初次执法经验不足,该案公告中,商务部仅披露了极为简略的审查程序、审查决定、附加限制性条件 3 部分内容,篇幅不过 500 字左右,商务部如何界定相关市场、如何分析竞争影响都没有交代。但是,从可口可乐公司收购汇源公司[106]一案起,商务部有关附条件批准、禁止集中的案件公告中就有了立案和审查过程、审查内容、审查工作、相关市场、竞争问题、附加限制性条件的商谈、审查决定这些内容,案件信息披露趋于标准专业化。

五、无条件批准案件分析

如图 3-10 所示,2008 至 2015 年间,历年审结的经营者集中案件中,无条件

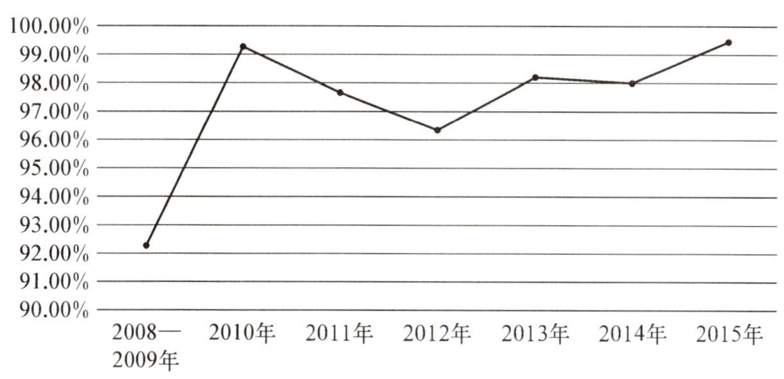

图 3-10 2008—2015 年无条件批准案件每年占比

〔105〕 商务部公告 2008 年第 95 号。

〔106〕 商务部公告 2009 年第 22 号。

批准的经营者集中案件均占90%以上，平均占97%。其中2008—2009年为71件；2010年124件；2011年164件；2012年158件；2013年211件；2014年240件；2015年312件。这与世界反垄断执法实践的潮流也是相吻合的。

六、附条件批准案件

(一) 附条件批准年度趋势

如图3-11所示，截至2015年12月31日，商务部反垄断局共附条件批准经营者集中案件26件[107]，其中2008年1件；2009年4件；2010年1件；2011年4件；2012年6件；2013年4件；2014年4件；2015年2件。

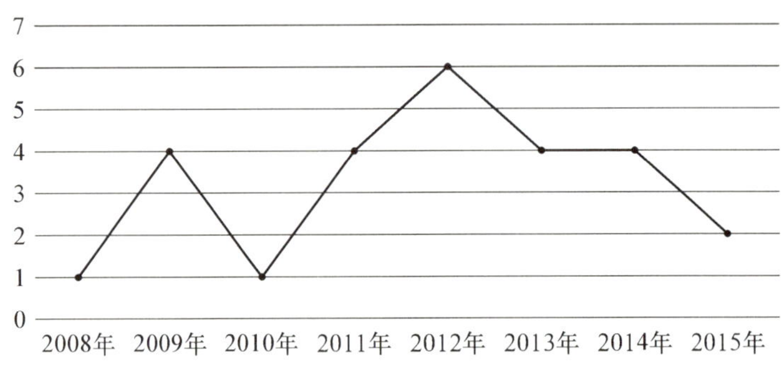

图3-11　附条件批准案件每年结案数量

在反垄断审查已结的经营者集中案件中附条件批准案件仅占2%，对经营者集中附加限制性条件，本质上是政府对于市场行为的干预，故商务部反垄断局对经营者集中案件予以限制决定是持审慎态度的。

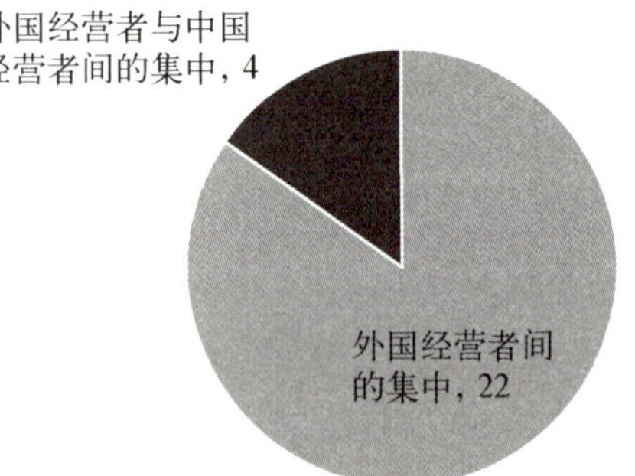

图3-12　附条件批准案件集中方性质分析

(二) 参与集中经营者主体

如图3-12所示，26件附条件批准经营者集中案件中，集中多在外国或外资经营者之间进行，其中4起附条件经营者集中案件中有中国企业的参与，它们是："通用电气(中国)有限公司与中国神华煤制油化工有限公司设立合营企业"、"汉高香港

[107] 本节以此数据为基础分析，不再重复。

控股有限公司与天德化工控股有限公司组建合营企业”、“联发科技股份有限公司吸收合并开曼晨星半导体公司”、“湖南科力远新能源股份有限公司、丰田汽车(中国)投资有限公司、Primearth EV Energy 株式会社、常熟新中源创业投资有限公司和丰田通商株式会社拟设立合营企业”，目前尚未出现单纯中国经营者之间的集中案件被附条件批准。

(三) 附条件案件立案期限

如图 3－13 所示，26 件案件中，立案期限在 1 个月以内的案件有 11 件，立案期限超出 1 个月且在 2 个月以内的案件 13 件，立案期限超出 2 个月的案件有 2 件，分别为“松下公司收购三洋公司案”(2009 年 1 月 21 日申报，2009 年 5 月 4 日立案，立案期限约 4.5 个月)，及“美国百特国际有限公司收购瑞典金宝公司”(2012 年 12 月 31 日申报，2013 年 3 月 12 日立案，立案期限约 2.5 个月)。

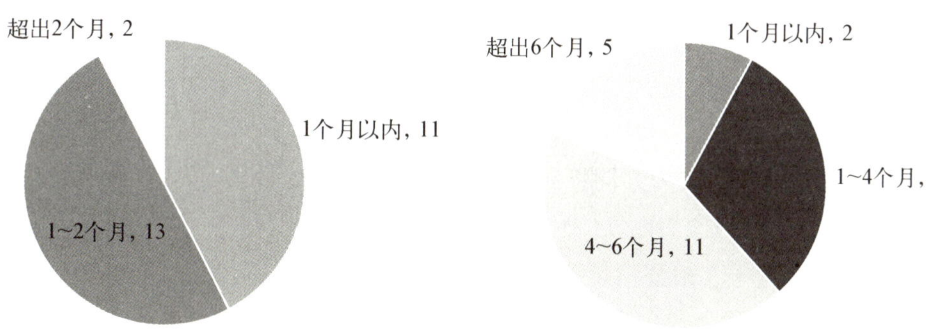

图 3－13　附条件集中案件立案期限　　　图 3－14　附条件批准案件审查期限

(四) 附条件案件审查期限

如图 3－14 所示，26 件案件中，审查期限在 1 个月以内的案件仅 2 件，即经初步审查就审结的案件，分别为“英博集团公司(INBEV N. V. /S. A.)收购 AB 公司(ANHEUSER－BUSCH COMPANIES INC.)”(2008 年 9 月 10 日申报，2008 年 10 月 27 日立案审查，2008 年 11 月 18 日做出附条件批准决定。)和“美国通用汽车有限公司(简称通用汽车)拟收购美国德尔福公司(简称德尔福)”(2009 年 8 月 18 日申报，2009 年 8 月 31 日立案审查，2009 年 9 月 28 日做出附条件批准决定。)。

审查期限超出 1 个月且在 4 个月以内的案件，即进入了进一步审查程序的附条件批准案件有 8 件。

审查期限超出 4 个月且在 6 个月以内的案件共计 11 件。

审查期限超出6个月的案件有5件，分别为“西部数据收购日立存储”、“嘉能可国际公司收购斯特拉塔公司”、“日本丸红株式会社收购美国高鸿控股有限责任公司100%股权”、“联发科技股份有限公司吸收合并开曼晨星半导体公司”、“恩智浦半导体股份公司收购飞思卡尔半导体有限公司全部股权”。

（五）集中方式分析

如图3-15所示，26件案件中，19件案件中的集中方式为单独控制，主要通过资产收购、股权收购、资产和股权联合收购等方式实现，但在目前公布的公告文书中大部分并未详细介绍经营者集中案件中具体集中手段。

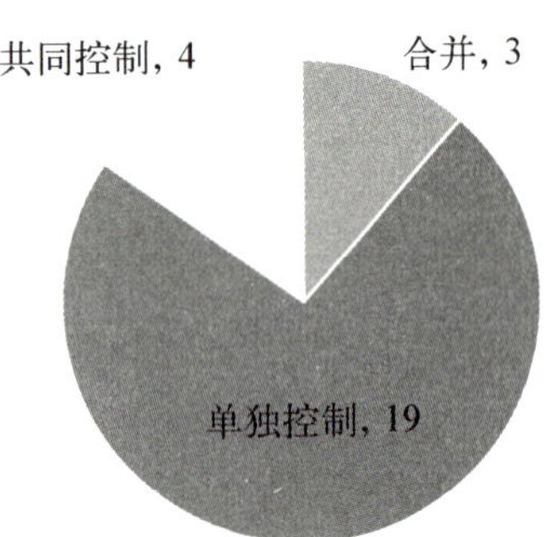

图3-15　附条件批准案件集中方式

3件案件的集中方式为合并，分别为英博集团公司（INBEV N. V./S. A.）并购AB公司（ANHEUSER-BUSCH COMPANIES INC.）、乌拉尔开放型股份公司吸收合并谢尔维尼特开放型股份公司、联发科技股份有限公司吸收合并开曼晨星半导体公司。

4件案件集中方式为共同控制，均通过设立合营企业实现，分别为通用电气（中国）有限公司与中国神华煤制油化工有限公司设立合营企业，汉高香港控股有限公司与天德化工控股有限公司组建合营企业，安谋公司、捷德公司和金雅拓公司组建合营企业，湖南科力远新能源股份有限公司、丰田汽车（中国）投资有限公司、Primearth EV Energy株式会社、常熟新中源创业投资有限公司和丰田通商株式会社拟设立合营企业。

2015年上半年审结156件，从交易模式看，股权收购和设立合营企业为最主要交易模式，共占87%，合营仍是外国投资者对华投资主要交易模式。[108]

（六）集中性质分析

如图3-16所示，26件附条件经营者集中案件横向集中为20件；纵向集中案件5件，分别为美国通用汽车有限公司拟收购美国德尔福公司，安谋公司、捷德公司和金雅拓公司组建合营企业，嘉能可国际公司收购斯特拉塔公司，美国微软公司收购芬兰诺基亚公司设备和服务业务，谷歌公司收购摩托罗拉移动公司。

---

〔108〕万静：“上半年经营者集中反垄断立案同比大增——交易金额百亿元以内案件逾八成”，《法制日报》2015年7月24日。

横向和纵向集中均涉及的案件仅1件,为汉高香港控股有限公司与天德化工控股有限公司组建合营企业。

说明横向集中是经营者目前主要的集中方式。

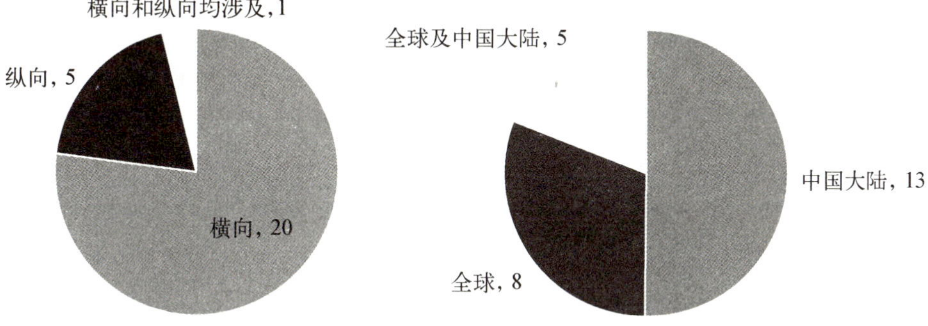

图3-16 附条件批准案件集中性质

图3-17 附条件批准案件地域市场分析

(七)相关市场分析

如图3-17所示,26件案件中考虑中国大陆市场13件,考虑全球市场8件,考虑全球和中国大陆市场5件。依据《反垄断法》第12条,相关市场分为相关商品市场和相关地域市场,分别代表了经营者就特定商品和服务进行竞争的商品范围和地理范围。商品市场和地域市场都是在"一定时间范围内",即所谓"相关时间市场"。但是,由于经营者展开竞争的时间范围在很多情况下可以融入相关商品市场的界定之中,实践中并不将"相关时间市场"作为一个单独问题对待。

商务部公布的第1起经营者集中附条件批准决定的"英博集团公司(INBEV N. V. /S. A.)收购AB公司(AN—HEUSER—BUSCH COMPANIES INC.)案",并没有进行相关市场的界定。

商务部公布的第2起经营者集中案件是2009年3月18日做出禁止决定的"可口可乐公司收购汇源公司案"。商务部反垄断局将相关市场界定应用在果汁饮料市场,其中包括100%纯果汁、浓度为26%~99%的混合果汁以及浓度在25%以下的果汁饮料。同时,由于碳酸饮料和果汁饮料之间的替代性不强,两者同属于非酒精饮料,商务部将其认定为紧密相邻市场。

2009年4月24日公布的第3起经营者集中案件,日本三菱丽阳公司收购璐彩特公司案中,商务部第1次在案件决定中进行了相关市场的界定。商务部将该案的相关商品市场界定在MMA、SpMas、PMMA粒子和PMMA板材,同时将相关地域市场界定为中国市场。在界定相关市场的基础上,商务部评估了该起收购的竞争影响，作出了要求当事企业实施包括结构性救济和行为性救济在内的附加限制性条件的许可决定。此后，界定相关市场就称为商务部审查经营者集中案件的一个必经程序。

2009 年 10 月 30 日做出决定的日本松下公司收购三洋公司案中，商务部将相关商品市场界定在硬币型锂二次电池、民用镍氢电池和车用镍氢电池这 3 个市场。值得一提的是，该案中商务部将上述硬币型锂二次电池和民用镍氢电池的地域市场界定为世界市场，这也是商务部第 1 次在经营者集中审查中界定世界市场。案件决定中，商务部列出了合并后松下公司分别占据硬币型锂二次电池市场的 61.6%和民用镍氢电池市场的 46.3%；在车用镍氢电池市场，松下公司和丰田公司的合资企业——松下 EV 能源股份公司占据市场 77%的市场份额，这可能是商务部界定世界市场的重要证据〔109〕。

26 件案件中有 14 件案件的集中会影响多个相关产品市场的有效竞争格局，这主要是由参与集中的企业的经营范围有较多重叠所致，另 12 件案件的集中则仅影响单一产品市场的有效竞争格局(见图 3-18)。

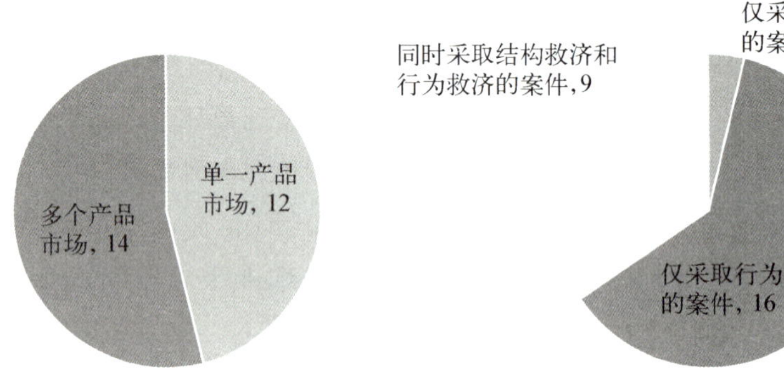

图 3-18　附条件批准案件产品市场分析　　图 3-19　附条件批准案件救济措施分析

(八) 限制性条件分析

1. 限制性条件类型〔110〕

如图 3-19 所示，26 件案件中，有 1 件案件采取结构救济措施("佩内洛普有限责任公司收购萨维奥纺织机械股份有限公司")；另 9 件案件同时涉及结构救济和行为救济，16 件案件则仅采取行为救济措施。

〔109〕 戴龙：《反垄断法中的相关市场界定及我国的取向》，《北京工商大学学报(社会科学版)》2012 年第 1 期。

〔110〕 限制性条件详见商务部《经营者集中审查办法》第十一条规定。

目前来看，我国商务部的执法案例更偏向于接受行为性的救济。但是，在商务部“反垄断工作”专题新闻发布会上，商务部反垄断局负责人对该问题进行了详细解释。首先，减轻或者消除损害的限制性条件是由集中申报方提出，这个承诺可能包括结构性的，也可能包括行为性的，商务部要对其进行评估；其次，案件的实际情况很复杂，可能现实中没有合适的接盘者而无法实施资产或业务剥离，就只能退而求其次选择进行业务分离等。另外，附加性限制条件是要确保并购完成以后，市场中的竞争状况不影响相关产业和消费者，要保持在合并之前的状态。所以每个案件的情况都是不可复制的。我国的反垄断部门并不是比较倾向于或者偏爱于哪种方式，而是根据案件情况灵活处理。[111]

2. 结构限制性条件

如图 3－20 所示，截至 2015 年年底，作出结构限制性承诺的案件有 10 件，涉及的结构类救济措施有两类：一类是临时性产能剥离，此措施仅在日本三菱丽阳公司拟收购璐彩特国际公司一案中出现，璐彩特国际(中国)化工有限公司(简称璐彩特中国公司)将其年产能中的 50％剥离出来，一次性出售给一家或多家非关联的第三方购买人(“第三方购买人”)，剥离的期间为 5 年。第三方购买人将有权在 5 年内以生产成本和管理成本(即成本价格，不附加任何利润)购买璐彩特中国公司生产的 MMA 产品；另一类是剥离业务与资产，又分为剥离既存独立业务单位和剥离非独立业务单位的资产，剥离非独立业务单位资产的案件仅 1 件，即“佩内洛普有限责任公司收购萨维奥纺织机械股份有限公司案”。

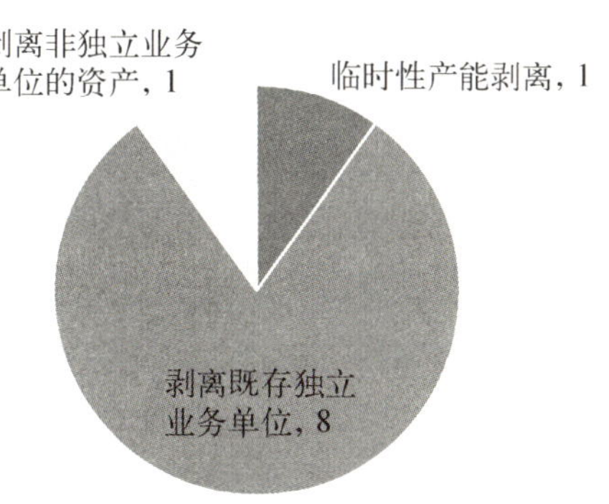

图 3－20 附条件批准案件中的结构类救济

2010 年商务部发布了《关于实施经营者集中资产或业务剥离的暂行规定》，对附条件批准经营者集中案件里剥离类救济措施的应用进行了详细规定。2014 年 12 月 4 日，商务部发布《关于经营者集中附加限制性条件的规定(试行)》后，《关于实施经营者集中资产或业务剥离的暂行规定》废止。

[111] 参见 2014 年 4 月 8 日商务部召开“反垄断工作”新闻发布会，http://www.mofcom.gov.cn/article/ae/slfw/201404/20140400542574.shtml，2015 年 5 月 15 日最后访问。

3. 行为限制性条件

如前述图 3-19 中所示，26 件附条件批准经营者集中案件中，有 25 件案件采取了行为性救济措施。由于经营者集中个案所涉行业不同，行为性救济措施更具行业针对性，但概括来说，目前案件涉及的行为类救济措施主要有：① 禁止在未来对竞争者增加持股比例或者进行收购；② 公司控股股东或控股股东的股东变化情况的及时告知义务；③ 禁止创建新的生产能力；④ 无歧视供货；⑤ 向被剥离业务企业提供过渡性协助；⑥ 降低出资比例；⑦ 放弃股东大会表决权、董事委派权以及有关业务否决权；⑧ 变更企业名称；⑨ 开放承诺；⑩ 防火墙条款；⑪ 过渡性协助义务；⑫ 禁止滥用市场势力的承诺；⑬ 终止相关协议；⑭ 禁止雇佣核心雇员；⑮ 保持独立性；⑯ 禁止滥用知识产权的承诺等。

值得注意的是，在希捷收购三星硬盘案、西部数据收购日立存储案等案中，交易被附加了一项特殊的救济措施，即要求企业特定部门在交易后较长一段时期内维持各自的独立性，这类救济措施与欧美合并救济实践中的“资产分持(hold separate)”非常相似，但又有实质性的差别。欧美反垄断执法实践中的资产分持主要是作为结构救济中的一种实施保障机制而存在，由于结构救济的过渡期不会太长，所以这类措施不会对市场带来严重负面影响。但希捷收购三星案、西部数据案中“保持独立性”的行为救济措施却意味着虽然政府部门对交易放行，但实质上通过行为约束直接对交易后的市场结构进行了持续性地实质干涉。

商务部大部分案件附加的是行为性条件而非结构性条件，且行为性条件种类多样，这对原本人手不足的商务部反垄断局来说更是“雪上加霜”。因为对附加的行为性条件事后监督难、执行成本高，既在直接干预竞争市场又会影响到合并救济的效果。在多数案件中，商务部要求交易方委托独立的监督受托人。监督交易方对义务的履行，同时商务部有权通过监督受托人或自行监督检查交易方履行义务的情况。即使委托了独立的监督受托人，对某些案件附加的限制性条件的执行效果仍存疑问。如 2013 年丸红收购高鸿案中，商务部要求在“本决定生效之日起 6 个月内，丸红公司应设立两家独立的法人实体，组建两支独立的运营团队负责向中国出口和销售大豆。”“在丸红大豆子公司和高鸿大豆子公司之间设置防火墙，确保双方不会交换竞争性信息。”这些条件对交易方而言交易负担较重，对商务部反垄断局而言监督执行的成本高。在 2012 年安谋、捷德和金雅拓组建合营企业案中，附加了条件，“安谋公司不得通过对自有知识产权的特殊设计降低第三方 TEE 的性能”。这样的行为性条件看似直接明了,但却横亘着知识产权的鸿沟,无形中加重了商务部的监管难度。[112]

4. 与知识产权相关的限制性条件

如图 3-21 所示,26 件案件中有 10 件案件附加的结构性条件或行为性条件有专门针对参与集中的经营者所持有的知识产权的限制性规定[113]。就经营者集中影响到的行业类型而言,10 个案件一共涉及 8 个行业,分别是医药制造业、电池制造业、移动通信设备制造业、互联网信息及技术服务等,部分经营者集中案件同时影响数个行业(见图 3-22)。

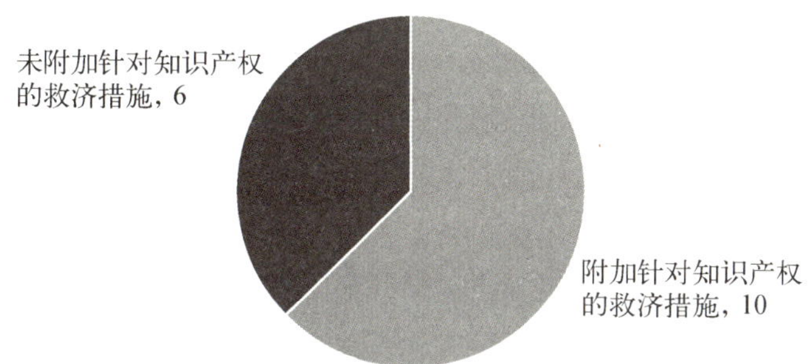

图 3-21 附条件批准案件中附有知识产权救济措施案件数量

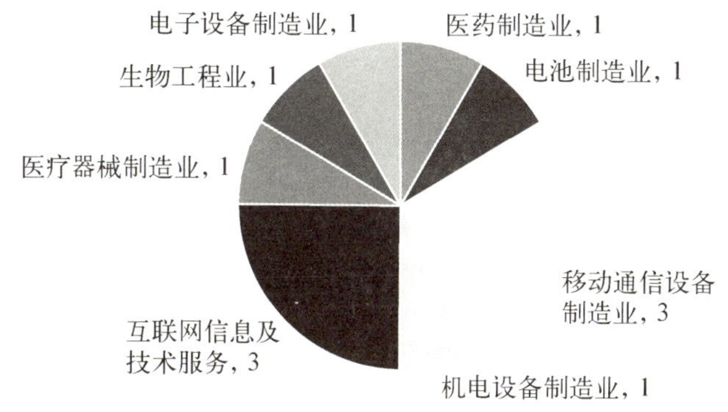

图 3-22 附有知识产权救济措施案件影响行业

[112] 李煜:《附条件批准经营者集中制度的实践与法律完善——基于典型案例的分析》,《现代经济探讨》2015 年第 8 期。

[113] 分别为“美国辉瑞公司收购美国惠氏公司”、“松下株式会社收购三洋电机株式会社”、“谷歌公司收购摩托罗拉移动公司”、“联合技术公司收购古德里奇公司”、“安谋公司、捷德公司和金雅拓公司组建合营企业”、“美国百特国际有限公司收购瑞典金宝公司”、“赛默飞世尔科技公司收购立菲技术”、“美国微软公司收购芬兰诺基亚公司设备和服务业务”、“默克公司收购安智电子材料公司”、“诺基亚公司收购阿尔卡特朗讯公司股权案”。

如图 3－23 所示，上述 10 件案件中横向集中有 7 件，纵向集中 3 件，不涉及混合集中。如果专利权是一项企业并购的主要动因的话，那么这个企业大多数是希望借助相关专利打入新的市场，所以以专利权为目的的并购不乏混合集中。但是，正是因为企业希望通过专利进入新的市场实现战略转型，所以这种集中是不会给市场造成限制竞争的影响的。因为，作为一个新加入的竞争者，它的市场影响力还没有完全形成。所以，这类混合集中也不会成为商务部审查的重点。

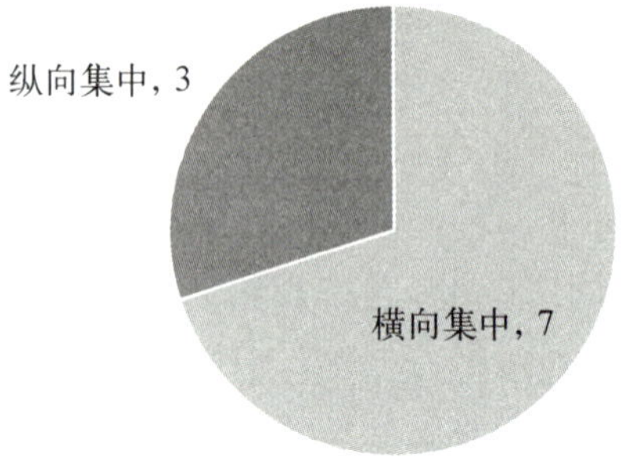

图 3－23　附有知识产权救济措施案件的集中方式

如图 3－24 所示，上述 10 个案件中要求剥离相关知识产权的案件有 4 件，强制经营者进行知识产权许可的案件有 2 件(许可应给予非排他性、不可转许可的条件实施)，要求经营者继续遵守并购前集中方已作出的 FRAND 许可承诺的案件有 4 件，要求经营者不得通过对自由知识产权特殊设计来降低第三方相关产品性能的案件有 1 件，要求并购后的经营者不得寻求针对中国境内相关企业专利禁令的案件有 3 件。这些针对知识产权的救济措施多为行为性救济措施，可见商务部对行为性救济的态度还是比较开放的。

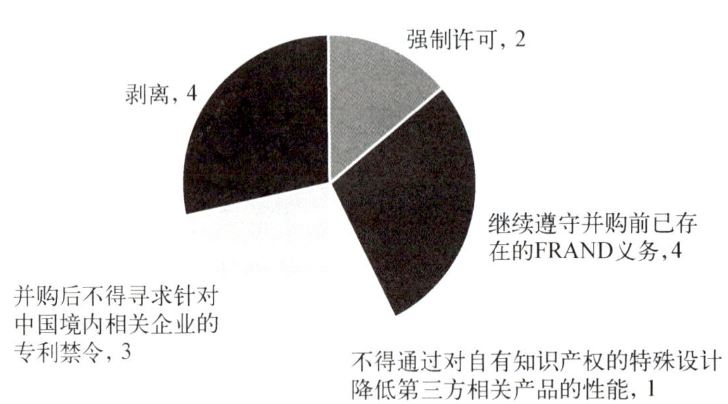

图 3－24　针对知识产权的具体救济措施

值得注意的是，上述行为救济措施针对的知识产权多为标准必要专利，近年来由标准必要专利引发的一系列大型专利诉讼以及滥用知识产权垄断案件影响颇大，这些案件也主要集中在标准必要专利的 FRAND 许可义务以及禁令使用的问题上。《关于经营者集中附加限制性条件的规定(试行)》(2015 年 1 月5 日)

第3条，无论是结构限制性措施还是行为限制性措施，都可对并购后的企业所拥有的知识产权进行一定程度限制。

(九) 限制性条件的变动

如图3-25所示，25件采取了行为限制性措施的附条件批准经营者集中案件中，仅11件案件对行为限制性承诺的履行期限进行规定，截至2015年年底，提出变更或解除限制性条件的案件仅4件(见表3-7)。

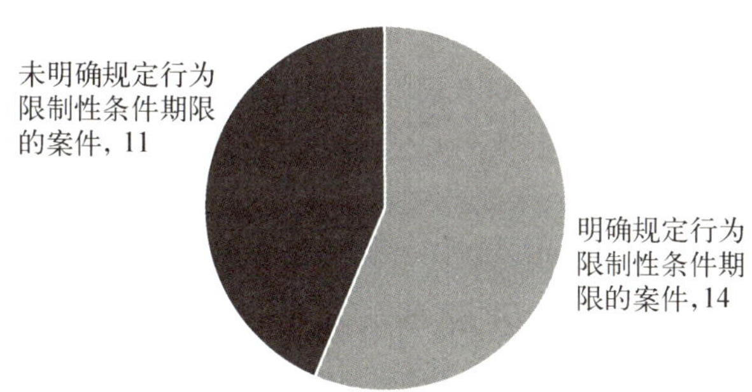

图3-25　行为限制性条件履行期限规定与否

表3-7　限制性条件变动情况

序号	经营者集中案件名称	变动公告号	限制性条件变动情况
1	英博集团公司收购AB公司	2015年第35号	同意百威英博认购珠江啤酒非公开发行股份
2	希捷科技公司收购三星电子有限公司硬盘驱动器业务	2015年第43号	解除2011年第90号公告第(一)、(二)项义务
3	西部数据收购日立存储	2015年第41号	解除2012年第9号公告第(一)、(二)项义务
4	谷歌公司收购摩托罗拉移动公司	2015年第2号	确认解除商务部2012年第25号公告第(二)项义务

限制性条件的变动，与限制性条件所适用的相关市场的环境的发展变化，有着密切的联系。执法部门确定限制性条件时，对其有效性的判断很大程度上是基于当时的市场环境以及所掌握的相关信息。此外，确定限制性条件时，针对的反竞争效果很大程度上也是基于执法部门的预测。随着市场环境的变化，一些限制性条件处理竞争问题的适当性可能会出现问题。此外，与限制性条件相关的主体，包括当事人、利益第三方甚至执法部门的某些执法行为，在特定情况下都可能导致当初确定的限制性条件无法继续实施或者不适合再继续实施。

限制性条件的变更或解除一般由经营者集中申报义务人在经营者集中完成后，履行经营者集中承诺义务的过程中向商务部提出申请，由商务部依据具体情况审查并作出决定。商务部在评估变更或解除限制性条件请求时，一般会考虑以下因素：① 集中交易方是否发生重大变化；② 相关市场竞争状况是否发生了实质性变化；③ 实施限制性条件是否无必要或不可能；④ 其他因素。

已公布的附条件批准经营者集中案件中，涉及结构性条件及剥离业务的，商务部给出的剥离期限一般不超过 6 个月，经申请可以延长 3 个月。“日本三菱丽阳公司拟收购璐彩特国际公司”一案由于是第 1 起采取结构限制性措施的经营者集中案件，故该案中商务部规定璐彩特公司在履行剥离义务时，经申请剥离期限可以延长 6 个月。《关于经营者集中附加限制性条件的规定(试行)》第 13 条规定，审查决定未规定自行剥离期限的，剥离义务人应在审查决定作出之日起六个月内找到适当的买方并签订出售协议。根据案件具体情况，经剥离义务人说明理由，商务部可以酌情延长自行剥离期限，但延期最长不得超过三个月。审查决定未规定受托剥离期限的，剥离受托人应当在受托剥离开始之日起六个月内寻找适当的买方并签订出售协议。

(十) 监督受托人

如表 3-8 所示，26 件案件中 6 件没有任命监督受托人，20 件任命监督受托人。

表 3-8　附条件批准案件监督受托人任命情况

序　号	参与集中经营者	结 案 时 间	是否任命监督受托人
1	英博—AB	2008/11/18	否
2	三菱丽阳—璐彩特	2009/4/24	否
3	通用汽车—德尔福	2009/9/28	否
4	辉瑞—惠氏	2009/9/29	否
5	松下—三洋	2009/10/30	否
6	诺华—爱尔康	2010/8/13	是
7	乌拉尔—谢尔维尼特	2011/6/2	是
8	佩内洛普—萨维奥	2011/10/31	是
9	通用中国—神华	2011/11/10	否

(续表)

序 号	参与集中经营者	结 案 时 间	是否任命监督受托人
10	希捷—三星电子	2011/12/12	是
11	汉高香港—天德化工	2012/2/10	是
12	西部数据—日立存储	2012/3/2	是
13	谷歌—摩托罗拉移动	2012/5/19	是
14	联合技术—古德里奇	2012/6/15	是
15	沃尔玛—钮海控股	2012/8/13	是
16	安谋—捷德—金雅拓公	2012/12/6	是
17	嘉能可—斯特拉塔	2013/4/16	是
18	丸红—高鸿	2013/4/23	是
19	百特—金宝	2013/8/13	是
20	联发科技—开曼晨星	2013/8/27	是
21	赛默飞世尔—立菲技术	2014/1/15	是
22	微软—诺基亚	2014/4/8	是
23	默克—安智	2014/4/30	是
24	科力远—丰田中国—PEVE—新中源—丰田通商	2014/7/2	是
25	诺基亚—阿尔卡特朗讯	2015/10/19	是
26	恩智浦—飞思卡尔	2015/11/25	是

2010年7月5日《剥离暂行规定》的颁布成为清晰的时间界点。在《剥离暂行规定》颁布之前,因立法上缺乏监督受托人制度的相应规范,商务部附条件批准的案件中,不论是结构性条件还是行为条件,均未要求任命监督受托人。在《剥离暂行规定》颁布之后,则除通用中国与神华合并涉及行为条件一案外,其他案件均要求任命监督受托人[114]。在中国已经公布的采用资产剥离方式进行集中救济的案件中,三菱丽阳收购璐彩特案和松下收购三洋公司案的公告中要求各方在初始阶段内未找到适当买方后,再委托独立的受托人进行资产剥离,而在

〔114〕 参见刘武朝、时建中:《论经营者集中反垄断审查中的监督受托人——欧美的经验及借鉴》,《河北法学》2014年第5期。

辉瑞收购惠氏案的资产剥离中则明令要求通过受托人来寻找适当买方，这三个案件都发生在剥离暂行规定颁布之前，商务部并未阐明为何在辉瑞案中需要直接任命受托人，而另外两个案件在后面的阶段才指定受托人的原因[115]。

我国首次涉及委托实施机制的救济案件是2009年的三菱丽阳收购璐彩特案，商务部针对该案的救济决定要求："如果在剥离期限内产能剥离未能完成，集中双方同意商务部有权指派独立的受托人将璐彩特中国公司的100%股权出售给独立第三方。"但最早颁行的有关这一机制的规范性法律文件，却是商务部2010年颁行的《暂行规定》。商务部2015年制定了新的《关于经营者集中附加限制性条件的规定(试行)》，取代原《暂行规定》。

(十一) 未遵守承诺处罚

如图3-26所示，截至2015年年底，未遵守经营者集中承诺受行政处罚的案件仅2件，即西部数据公司违反了商务部公告2012年第9号中第四部分第(一)项关于"维持Viviti公司交易前的状态，确保Viviti公司维持独立的法人地位并独立开展业务"的规定，将Viviti公司的美国子公司HGST美国公司转移到西部数据科技公司旗下，成为西部数据科技公司的全资子公司[116]；撤销Viviti/HGST公司发展部门，并将有关员工转移至西部数据公司任职[117]。针对西部数据公司的两项违法行为，商务部分别处以30万元罚款[118]。

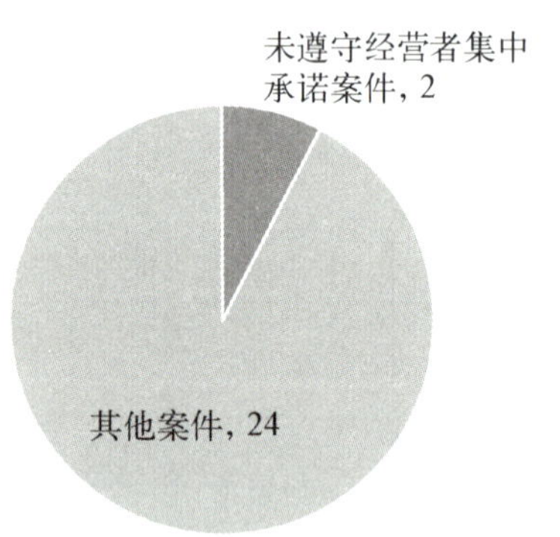

图3-26　未遵守经营者集中承诺案件

七、禁止经营者集中

如表3-9所示，截至2015年年底，商务部仅禁止了2起经营者集中案件。可口可乐公司收购汇源公司案是中国反垄断法实施后执法部门作出的首例经营者集中反垄断审查禁止案。商务部认为本案经营者集中具有排除、限制竞争效果，将对中国果汁饮料市场有效竞争产生不利影响。商务部在该案中，试图通过

[115] 王丽：《经营者集中反垄断救济制度及其实施研究》，《经济法研究》第12卷。

[116] 参见商法函[2014]786号。

[117] 参见商法函[2014]787号。

[118] 《反垄断法》第48条、第49条。

附加限制性条件的方式批准该起集中,但最终当事方提交的救济方案仍不能有效减少此项集中产生的不利影响,从而被禁止集中。

表 3-9 禁止经营者集中的案件

公 告 号	立案时间	公告时间	案 件 名 称
商务部公告 2009 年第 22 号	2008.11.20	2009.3.18	可口可乐公司收购汇源公司
商务部公告 2014 年第 46 号	2013.12.19	2014.6.17	马士基、地中海航运、达飞设立网络中心案

马士基、地中海航运、达飞设立网络中心案,是商务部禁止的第 2 起经营者集中案件。商务部认为此项交易可能产生排除、限制竞争效果,并就如何解决上述竞争问题与申报方进行了多次商谈。交易方提交了多轮救济方案,2014 年 6 月 9 日,提交了最终救济方案。经评估,商务部认为,交易方提交的最终救济方案缺少相应的法律依据和可信服证据支持,不能解决商务部的竞争关注。参与集中的经营者不能证明该集中对竞争产生的有利影响明显大于不利影响或者符合社会公共利益。

八、经营者集中听证

如图 3-27 所示,本次反垄断大数据分析统计的 26 件附条件批准经营者集中案件、2 件禁止经营者集中案件,以及未依法申报予以行政处罚的 5 件经营者集中案件,共计 33 件案件公告中仅 2 件案件的公告文书中提及商务部在反垄断审查过程中举行了听证,即“美国辉瑞公司收购美国惠氏公司案”和“可口可乐公司收购汇源公司案”。

我国经营者集中反垄断审查在程序中设置了听证环节,如商务部《经营者集中审查办法》第 7 条规定:“商务部可以主动或应有关方面的请求决定召开听证会,调查取证,听取有关各方的意见。”听证只能由国家反垄断法执法机构主动决定召开,集中合并方和相关利益第三人只有参与权,而无发起权。社会公众更是连参与听证程序的机会都没有,这种听证方式需要改正。

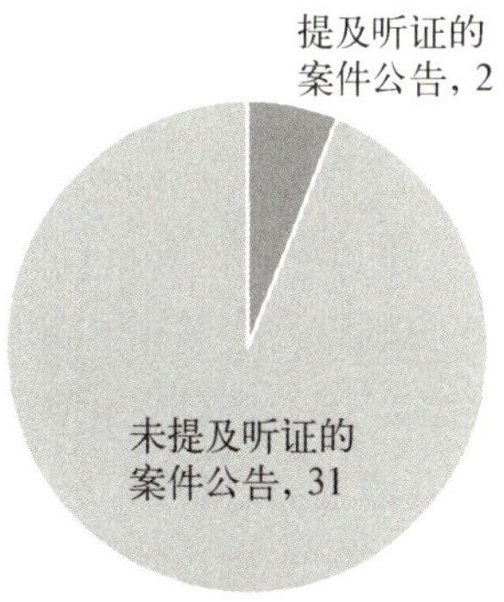

图 3-27 经营者集中反垄断审查听证情况

九、经营者集中审查方式

如图 3－28 所示，在附条件批准经营者集中及禁止经营者集中共计 28 件案件的审查过程中，28 件案件均书面征求了政府部门、行业协会和相关企业意见；咨询了有关专家意见的案件 8 件；进行了实地调研的案件 8 件；聘请独立第三方机构对竞争问题进行分析论证的案件 5 件；进行了电话采访的案件 2 件；发放调查问卷对申报情况进行核查的案件 3 件；9 件案件举行了座谈会；2 件案件举行了听证会；3 件案件举行了论证会。说明商务部在反垄断审查工作中，采取了多种审查方式，充分听取各方意见，对经营者集中案件中的竞争问题进行了谨慎评估从而得出审查决定。同时，不难发现在反垄断审查过程中，在竞争问题的论证分析上十分需要来自专家学者、独立第三方评估机构的专业意见。而在征询“有关政府部门”的意见时，毋庸置疑国家发展和改革委员会和相关产业主管部门的意见是最重要的。

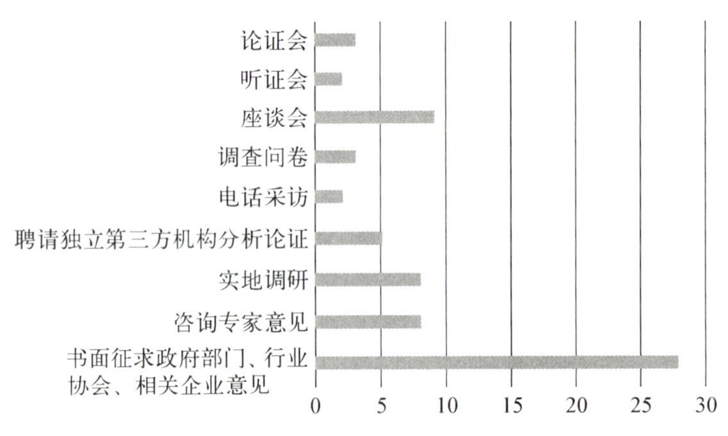

图 3－28　经营者集中反垄断审查方式

例如，在联发科技收购开曼晨星案、谷歌收购摩托罗拉移动业务案、西部数据收购日立存储案和希捷收购三星硬盘驱动器业务案的审查程序中，商务部都征询了工业和信息化部的意见；在丸红收购高鸿案中涉及我国的大豆、玉米等农产品的进口，商务部征询了农业部和大豆行业协会的意见。而商务部与农业部、工信部同为国务院组成部门，行政级别相同，所以它们的意见可能直接影响案件的审查进程。

并且，《反垄断法》要求商务部在审查时除了考虑传统的反垄断分析要素外，还要评估经营者集中对“技术进步”、“国民经济发展”的预期影响。所以一旦集中涉及商务部认为的对“国民经济发展”比较重要的产品,其对案件就会附加不同于其他司法辖区的行为性限制条件。例如,因为中国是世界最大的大豆进口国,所以在丸红收购高鸿案中,商务部要求交易方“维持丸红公司和高鸿公司向中国出口和销售大豆业务的分离与独立”。

十、经营者集中豁免

未发现商务部依据反垄断法第28条之规定给予经营者或行业协会豁免的案件。

《反垄断法》第28条仅规定了“集中对竞争产生的有利影响明显大于不利影响”和“符合社会公共利益”两个条件,而对如何分析集中对竞争产生的影响、怎么进行利弊权衡、社会公共利益如何界定等问题缺乏进一步的说明,导致经营者集中豁免制度不具有实际操作性,难以切实发挥豁免企业合法并购重组的作用。

域外文献选译

巴基斯坦当代竞争法概述

Farrukh Nawaz Kayani* 著
胡 逸** 译

一、引 言

巴基斯坦竞争法主要基于《竞争法 2010》(the Competition Act of Pakistan 2010,以下简称"《竞争法》"),这部法律共有 6 个章节,62 个条文,是一部全新的现代法律,它为巴基斯坦竞争委员会(the Competition Commission of Pakistan,以下简称"竞争委员会")提供了合法的调查工具和创造一个自由竞争市场的力量。竞争委员会作为《竞争法》的唯一执法机构,其目的在于提高经济效率和促进消费者福利。

《竞争法》适用于所有的商业活动,无论是公共领域还是私人领域,同时也适用于所有可能影响竞争的行为。这部法律禁止那些可能会减少或者限制竞争以及最终影响消费者福利的行为,这些行为主要包括滥用市场支配地位、垄断协议和市场欺诈行为。《竞争法》也规定了涉及经营者合并审查、调查询问、实施处罚和宽恕制度以及其他法律实施重要方面的程序性事项。本文主要讨论几个涉及滥用市场支配地位、垄断协议、市场欺诈行为和经营者合并的重要条文。

《竞争法》第 3 条禁止经营者滥用市场支配地位,例如减少产量或销量,不合理地涨价,价格歧视,掠夺性定价,拒绝交易以及在生产、分配、销售产品或提供服务过程中排除或限制其他经营者。

---

* Farrukh Nawaz Kayani,上海交通大学凯原法学院博士后研究人员。

** 胡逸,上海交通大学凯原法学院 2014 级法学硕士生。

第4条关于垄断协议。禁止经营者在生产、供应、分配、合并、控制商品或提供服务等领域达成垄断协议或决议，因为这些协议会排除或者限制相关市场的竞争。这些协议主要有瓜分市场，固定价格，限制产量或销量，限制技术发展以及串通招投标等行为。竞争委员会也有权力根据《竞争法》第5～9条的相关规定对个人或者集体进行豁免。

第10条关于市场欺诈行为。《竞争法》禁止市场欺诈行为，也就意味着那些涉及产品特征、质量、原产地，服务或者商业活动的具有误导性的广告都会被严厉禁止。竞争委员会下设的公平交易办公室(the Office of Fair Trade)负责执行《竞争法》第10条。消费者基于虚假广告所做出的选择会损害竞争，防止消费者受到欺诈行为的侵害，不仅可以通过阻止不诚实的经营者，也可以通过鼓励诚实的经营者更好地去生产值得信赖的产品。

根据第11条，《竞争法》禁止那些可能在相关市场产生垄断地位从而损害竞争的经营者合并。《竞争法》要求经营者在合并之前向竞争委员会申报。如果没有达到要求，竞争委员会可以禁止。《竞争法》并不区分横向或者纵向合并。根据《竞争法》第11条的规定，合资企业在合并过程中也要向竞争委员会申报。

《竞争法》第28条规定了竞争委员会的作用与权力。竞争委员会可以启动程序，作出决定，研究促进竞争，实施询问，向经营者提供咨询，倡导竞争以及采取任何必要的措施促进《竞争法》的实施。第30条设立了处理经营者涉嫌违法的程序，竞争委员会在作出决定之前向经营者说明理由，并给予经营者提供证据为自己辩解的机会。

《竞争法》第31条规定了竞争委员会如何处理滥用市场支配地位、垄断协议、市场欺诈行为以及经营者合并案件。如果作出最终决定需要较长时间，而在这段时间内经营者的行为可能会损害消费者利益，竞争委员会可以发布临时性决定。《竞争法》第33条规定竞争委员会有和民事法庭一样的权力，其程序也可以被视作为司法程序，这是因为任何违法行为都需要证据来证明。竞争委员会可以强制传唤证人、要求提供相关证据以及书面证词。

《竞争法》授予竞争委员会征用公共场地或办公室、设立专门调查委员会对证人或证据进行调查的权力。第34条授予竞争委员会提前进入和搜查的权力，第35条授予竞争委员会强行进入的权力。如果一家公司因竞争委员会没有合理理由而拒绝其行使第34条规定的进入权力时，调查人员可以凭借两名竞争委员会成员所签署的命令强行进入。

如果发现企业或个人参与违法活动，根据第38条的规定，竞争委员会可以直接处罚该企业或者个人,并要求其按照处罚决定缴纳处罚金额。如果他们没有按照命令向竞争委员会提供证据或者提供的证据不真实或不准确,竞争委员会也可以实施处罚。

第 39 条关于宽恕制度。对于那些主动提供完整且真实违法信息的违法者,竞争委员会可以对其宽恕或减少处罚,甚至不予处罚。如果违法者不履行宽恕条件或提供虚假证据,竞争委员会也可以撤销宽恕。竞争委员会的任何成员,如果是基于善意或是根据《竞争法》以及其他规定实施相关行为,根据第 48 条的规定,有不受起诉或者其他法律制裁的权利。

二、巴基斯坦竞争法的历史演变

(一)第一阶段:20 世纪 60 年代

这一阶段,政府鼓励资本进入私营部门,私营部门在短时间内迅速活跃起来。因此,垄断和卡特尔就不合理地发展起来了,国家财富集中在 20 个封建地主家族的手中。这些家族一共拥有三分之二的工业资产,80%的银行业和 70%的保险业,这在巴基斯坦民众中产生了巨大的不安和仇恨。1963 年,巴基斯坦政府根据财政部 1963—1964 财年财政预算案,宣布成立反卡特尔法研究小组,用来调查国内是否存在垄断和卡特尔。1964 年 4 月,反卡特尔法研究小组提交了报告,该报告证实卡特尔和垄断在巴基斯坦存在。因此,制定反垄断法的呼声开始出现。

(二)第二阶段:1970—2007 年

根据反卡特尔法研究小组的建议,制定《垄断和限制贸易条例》(*Monopolies and Restrictive Trade Practices Ordinance*),由垄断控制机构(Monopoly Control Authority)负责执行。1970 年 2 月,总统和首席马歇尔法执行官(Chief Marshall Law Administrator)颁布了这个条例。该条例在当时满足了一部先进法律的所有要求。但是随着时间的推移和世界经济情况的变化,这个条例开始变得落后,在解决竞争问题时表现出了低效和不足。垄断控制机构也有很多缺陷,例如,它只解决经营者的垄断问题,不解决国家垄断的问题。另外,垄断控制机构的处罚权非常有限,只能建议政府在实施行政行为时减少或者防止经济权力和垄断权力过度集中。

垄断控制机构的工作人员需要接受专业训练来处理竞争问题,但该机构工作人员的能力也受到了质疑,缺乏像经济学家、会计师、律师这样的专业人才。

尽管当时已经做了许多努力来提高工作人员的能力，但这个机构对于竞争法还是毫无兴趣。垄断控制机构并没有实现既定的目标，在限制垄断和卡特尔方面，也没有做出任何值得称赞的工作。这个机构一直被保留到2007年。

（三）第三阶段建立竞争委员会：2007—2010年

财政部和垄断控制机构与世界银行及英国国际发展部共同合作引入一部新的竞争法以及建立一个新的执行机构来实施这部法律。因此，《垄断和限制贸易条例》被《竞争条例2007》所取代，《竞争条例2007》涉及竞争委员会的建立，并完善《垄断和限制贸易条例》中的缺陷。2009年10月，《竞争条例2007》作为竞争法法案被提交到了巴基斯坦国会，但因为国会选举被推迟到了2009年11月。

2009年11月26日，巴基斯坦总统根据宪法第89条使该条例重新生效。如果议会在条例发布后120天之内批准通过，就能够使之成为法律。

2010年1月27日，国会通过了《竞争法法案2009》。2010年2月24日，该法案被提交到了参议院，但是法案无法在2010年3月24日之前获得参议院通过，这个日期已经超过了120天。

2010年4月18日，巴基斯坦总统再次颁布《竞争法条例2010》。2010年5月5日，经过少量的修订，《竞争法条例2010》获得参议院一致同意并通过。

（四）巴基斯坦竞争法

最终，2010年9月23日，《竞争法2010》经国会一致同意并通过，这部法律是巴基斯坦的竞争法，竞争委员会是其唯一执法机构。其主要目的是通过规范竞争行为、完善竞争环境，来提高消费者福利。《竞争法2010》禁止那些减少、扭曲和限制市场竞争的行为，包括滥用市场支配地位、限制竞争协议和市场欺诈行为，同时也规定了涉及经营者合并审查、调查询问、实施处罚和宽恕制度以及其他法律实施重要方面的程序性事项。

三、促进竞争

巴基斯坦竞争法通过规制滥用市场支配地位、垄断协议、市场欺诈行为以及经营者合并来实现改善竞争环境和提高消费者福利的目的。竞争委员会也积极倡导经营者促进市场竞争。

（一）滥用市场支配地位

滥用市场支配地位会导致更高的价格，质量、产出和服务的减少，相关市场缺乏创新与发明，最终使得整个经济福利下降。《竞争法》第3条禁止经营者滥用市场支配地位，该条规定，禁止经营者通过减少产量或销量，不合理地涨价，价格歧视，掠夺性定价，拒绝交易以及在生产、分配、销售产品，提供服务等领域排除或限制其他经营者等方式滥用市场支配地位。

需要重点指出的是，《竞争法》并不禁止垄断状态本身，只有当垄断对竞争构成威胁时才会受到规制。法律推定经营者拥有40%及以上的市场份额时，就具有市场支配地位，但40%只是一个推定的数值，在某些具体情况下也可能不成立。而在另一些案例中，尽管有些经营者只有很少的市场份额，因为它们具备某些特殊的能力，也可能被认定为具有市场支配地位。因此，在判定一个经营者是否滥用市场支配地位时，必须要进行个案分析。

（二）垄断协议

《竞争法》第4条禁止任何可能会减少或者排除相关市场竞争的协议。第4条规定，禁止经营者或协会在生产、供应、分配、合并、控制商品或提供服务等领域达成垄断协议或决议，因为这些协议会排除或者限制相关市场的竞争。这些协议包括瓜分市场，各种形式的固定价格，限定生产、分配、销售环节的产量，限制技术发展以及串通招投标等。协议无论是口头的或者书面的，正式的或者非正式的，都会被禁止。

如果协议是书面形式的，比较容易调查和证明违法性的存在，但如果协议不是书面形式的，证明违法性就是一个极其困难的工作了。多数情况下，企业间秘密地达成口头或非正式的协议是为了实施卡特尔。在一些案件中，如果没有强有力或者清晰的证据，竞争执法机构在作出决定之前还要考虑其他的因素和情况。在过去几年中，竞争执法机构设计出了很多发现和打破卡特尔的工具，但事实证明，宽恕制度是发现垄断协议最有效的一种工具。《竞争法》规定，竞争委员会可以实施豁免来发现垄断协议，通过承诺减少处罚甚至不予处罚，让经营者主动公开涉及《竞争法》第4条规定的垄断协议的重要信息。

（三）市场欺诈行为

《竞争法》第10条禁止市场欺诈行为。意味着那些涉及产品特征、质量、原产地，服务或者商业活动的具有误导性的广告都会被严厉禁止。基于公共利益的考虑，禁止经营者欺诈的广告行为，而应该鼓励公平、透明的广告。经营者向公众传达的关于产品的信息必须是真实且准确的，不能进行有误导性的或者错误的宣传。竞争委员会根据《竞争法》第10条市场欺诈条款确立了一个原则，无需证明消费者是否实际受到了欺骗，只要证明这个经营者具有欺骗消费者的倾向或者能力即可。

公平交易办公室负责查处市场欺诈行为。这个办公室是竞争委员会在2008年7月7日设立的,防止消费者受到欺诈行为的侵害,并协助竞争委员会促进健康的市场竞争。公平交易办公室致力于提高人们防范市场欺诈行为的意识,以及保证公平的市场交易。公平交易办公室有一个非常努力的团队,他们致力于建立消费者信心,帮助消费者更好地作出决定,防止消费者受到欺诈行为的侵害。

2016年3月,公平交易办公室完成了一个关于部分奶制品和茶叶漂白制品企业违反《竞争法》第10条的调查报告。尽管广告让消费者深信他们购买的是奶制品,但实际上他们消费的是一种牛奶粉末制成的奶制品饮料或者是液态的茶叶漂白剂。询问委员会发现这家公司涉嫌市场欺诈行为,基于公共利益,发布公告禁止此类欺诈广告。

(四) 竞争委员会控制经营者合并

经营者合并对于竞争是一个严重的威胁,但并不是所有的合并都是灾难性的。在巴基斯坦,经营者合并受《竞争法》第11条的调整,主要有以下3种类型:

(1) 两个或者两个以上的相互独立的经营者合并成为一个新的主体,原有的经营者不再存续;

(2) 两个相互独立的经营者,一个经营者被另一个经营者兼并,前者不复存在,后者继续存在;

(3) 两个相互独立的经营者,一个经营者获得另一个经营者直接或间接的控制权。

1. 并购与国际事务部门

并购与国际事务部门负责巴基斯坦的经营者合并案件,它通过多种途径鉴定和甄别合并案件。例如,新闻报道、股票市场网站或者直接来源于巴基斯坦证券交易委员会,审查经营者的股票和资产,审查的对象也包括《竞争法》第11条规定的合资企业。并购促进办公室(the Acquisitions & Mergers Facilitation Office)负责促进经营者合并。

并购促进办公室在经营者合并之前会给出一个非正式不具有法定约束力的意见。并购与国际事务部门调查经营者的申请和作出"无异议证明"(No Objection Certificate)的程序是透明和公正的。根据《竞争法》的规定,竞争委员会在30天之内完成第1阶段的审查,如果需要进一步审查,可以进入到第2阶段,这个阶段为90天。

2. 申报条件

经营者在合并之前要向竞争委员会申报,经营者可以通过网上系统进行申报。经营者在网上提交申请材料，并将银行票据扫描件通过电子邮件发送给竞争委员会，这个邮件就作为一个提前的告知，竞争委员会以此开展初步调查。在案件处理过程中，竞争委员会还可以要求申报者提供申请材料的原件及相关文件。因此，申报者首先通过网上申请，告知竞争委员会，之后再提交申请材料的原件和相关文件。

以下情况，经营者合并要向竞争委员会提出申请：

(a) 参与合并的经营者除去商誉以外的资产不低于 3 亿巴基斯坦卢布，或者所有参与合并的经营者的总资产不低于 100 万巴基斯坦卢布；

(b) 参与合并的经营者上一年度年营业额不低于 5 亿巴基斯坦卢布，或者所有参与合并的经营者上一年度营业额不低于 1 亿巴基斯坦卢布；

(c) 与合并相关的股权或者资产交易额超过 1 亿巴基斯坦卢比；

(d) 以股票交易的方式进行合并，一个经营者获得另一个经营者 10%以上有表决权的股票；

(e) 资产管理公司获得一个经营者超过 25%以上有表决权的股票；

(f) 资产管理公司管理超过 1 亿巴基斯坦卢布的资产。

3. 无须申报的情况

以下交易行为无需向竞争委员会申报：

(a) 一家公司持有子公司的股票上涨或者该子公司投资的公司股票上涨；

(b) 一家公司的两个或两个以上子公司之间合并；

(c) 银行、保险公司或者投资公司股票交易，但没有控制被投资公司的目的；

(d) 股票在近亲属间的继承或赠予；

(e) 证券承销人承销证券，承销过程中证券的价格上涨；

(f) 六个月内买进股票又以固定价格将这些股票卖给第三方；

(g) 购买不动产或货物，持有这些财产或将财产的全部或一部分给分支机构；

(h) 以开发的目的获得还未开发的自然资源。

4. 合并的两个阶段

竞争委员会对经营者合并的审查有两个阶段。竞争委员会根据第一阶段的审查来决定经营者是否满足合并要求或者可能会产生市场支配地位，如果证明合并可能会产生市场支配地位，竞争委员会就会启动第二阶段的审查，来评估经营者合并是否会极大程度地减少市场竞争，如果该合并会产生市场支配地位并损害竞争，那么就会被禁止。

经营者合并审查的第一阶段，竞争委员会在收到经营者的申请以及相关材料之后就开启初步评估，判定该合并是否符合《竞争法》的要求，如果合并不会对竞争构成威胁，那么就会被允许。第一阶段的审查非常快，竞争委员会需要在30天之内完成。这一阶段审查结束之后，竞争委员会会根据《竞争法》第31条的规定发布一个决定，允许经营者合并或者进入到第二阶段的审查，并以书面的形式告知经营者。

当竞争委员会在第一阶段审查中无法判定合并是否会对竞争造成损害时，那么审查就会进入第二阶段，并将这个情况告知经营者。如果对于作出最终决定有必要，竞争委员会也可以要求经营者进一步提供信息，这个决定会在90个工作日之内作出。第二阶段审查结束之后，竞争委员会认为如果经营者合并会增强经营者支配地位或者减少竞争，那么该合并就会被禁止。

如果经营者合并不会减少竞争，这一合并可能会获得无条件或附条件许可。需要重点指出的是，竞争委员会在第一阶段和第二阶段审查时可以发布临时性的决定，当竞争委员会认为合并会损害竞争，基于公共利益的考虑，在审查阶段可以发布决定要求经营者继续实施或者停止实施某些行为。

5. 赫芬达尔-赫希曼指数(HHI)测量市场集中度

竞争委员会通过市场份额测量工具来决定是否允许合并。通常来说，市场份额在竞争性分析常常被用到。市场的集中度能够很好地反映该市场的竞争状况，竞争委员会在多数情况下也会通过赫芬达尔-赫希曼指数(HHI)来测量市场的集中度，这是一个反映经营者在相关市场竞争程度的重要指数。

HHI指数是将相关市场中单个经营者市场份额的平方相加的总值。HHI的值域从1到10 000，意味着从完全竞争市场到寡头垄断市场。HHI指数降低意味着市场份额分散，竞争增加；指数上升意味着市场份额集中，竞争减少。

这里举一个例子，Z市场中有8家企业，他们的市场份额分别为：

企业1，	企业2，	企业3，	企业4，	企业5，	企业6，	企业7，	企业8
40%	30%	25%	22%	17%	14%	10%	7%

HHI指数计算如下：

$40^2+30^2+25^2+22^2+17^2+14^2+10^2+7^2$

$1\,600+900+625+484+289+196+100+49=4\,243$

市场集中度可以作如下分类：

(1) 高度集中的市场：HHI指数超过3 000；

（2）中度集中的市场：HHI 指数在 1 000～2 000；

（3）集中度较低市场：HHI 指数低于 1 000。

HHI 指数的计算方法让市场份额大的经营者的指数成比例地增加，尽管这个指数的计算需要市场中所有经营者的市场份额，但是由于某些企业的市场份额很小，因此在计算时，即便没有小企业的信息，也不会对 HHI 指数的计算构成实质性影响。

四、结论与讨论

巴基斯坦当代竞争法覆盖了市场竞争的所有方面，具有基础广泛性和先进性的特点，竞争委员会是其唯一执行机构。竞争委员会通过促进市场竞争、提高经济效益和增加消费者福利来实现一个健康、有活力的经济体。巴基斯坦竞争法以规制滥用市场支配地位、垄断协议、市场欺诈和反竞争的经营者合并等行为来促进市场竞争。

《竞争法》第 3 条、第 4 条、第 10 条和第 11 条分别规定了滥用市场支配地位、垄断协议、市场欺诈行为和经营者合并。第 3 条并不禁止垄断状态，只有当垄断威胁到市场竞争的时候才会被禁止。通常来说，一个经营者的市场份额达到 40%及以上就会被认定为具有市场支配地位。第 4 条禁止垄断协议，大多数情况下，经营者之间的垄断协议都是秘密的。《竞争法》规定，竞争委员会可以实施豁免来发现垄断协议，承诺减少处罚甚至不予处罚，让经营者主动公开涉及《竞争法》第 4 条规定的垄断协议的重要信息。

第 10 条关于市场欺诈行为，公平交易办公室负责查处市场欺诈行为，公平交易办公室致力于提高人们防范市场欺诈行为的意识，并协助竞争委员会促进健康的市场竞争。经营者合并适用于第 11 条，竞争委员会有两个阶段的审查，如果第一阶段证明垄断存在，竞争委员会就会启动第二阶段的审查，来评估经营者合并是否会极大地减少市场竞争，如果合并会减少竞争或者产生市场支配地位，那么这个合并就会被禁止。

通常来说，在技术部门的协助下，单个竞争委员会成员可以作出是否允许经营者合并的决定，但两个或者两个以上成员参与经营者合并审查，能够让这个决定更加公正和透明。此外，竞争委员会也通过积极倡导等形式努力促进竞争文化的形成。

除了法律的执行，竞争倡导也是一种促进竞争的方法。竞争委员会呼吁经营者重视竞争法的实施。竞争委员会也在政府、行业、媒体、经营者以及整个社会努力传播更多与市场竞争相关的信息，通过新闻发布、研讨会、媒体见面会、培训会、圆桌会议、咨询小组会以及其他执法机构的双边会议等形式促进市场竞争。

参考文献

1. Annual Report, (2008), Competition Commission of Pakistan. Available at http://www.cc.gov.pk/images/Annua_Report_2008.pdf.

2. Annual Report, (2009), Competition Commission of Pakistan. Available at http://www.cc.gov.pk/images/reports/annual_report_2009.pdf.

3. Annual Report, (2011), Competition Commission of Pakistan. Available at http://www.cc.gov.pk/images/Downloads/annual_report_2011.pdf.

4. Enquiry Report in the Matter of Alleged Deceptive Marketing Practices by Dairy Companies. Available at http://www.cc.gov.pk/images/Downloads/enquiry_reports/deceptive_marketing_practices_by_dairy_companies.pdf.

5. Guidelines Regarding Online Pre-merger Application, Competition Commission of Pakistan. Available at http://www.cc.gov.pk/images/Downloads/guidlines/guidelines_online.pdf.

6. Wilson, J., (2011), "Crossing the Crossroads: Making Competition Law Effective in Pakistan". Loyola University Chicago International Law Review, Volume 8, Issue 2, Pages 105 - 125.

7. Fatima, S., (2012), "Competition law in Pakistan: Brief History, Aspirations and Characteristics". Commonwealth Law Bulletin, Volume 38, Issue 1, Pages 43 - 62.

8. The Competition Act No XIX of 2010 (Published in the Gazette of Pakistan, Extraordinary, 13 October, 2010). Available at http://www.wipo.int/edocs/lexdocs/laws/en/pk/pk025en.pdf.

9. The Merger Control Regulations, (2007), Competition Commission of

Pakistan. Available at http://www. cc. gov. pk/images/Downloads/regulations/updated/merger_control. pdf.

10. The Merger Guidelines, (2008), Competition Commission of Pakistan. Available at http://www. cc. gov. pk/images/Downloads/guidlines/merger_guidlines_dated_23_06_08. pdf.

11. Timothy J. Muris, (2005), "Principles for a Successful Competition Agency". University of Chicago Law Review, Vol. 72, No. 1, Pages 165 - 187.

12. Ul Haq, M (1976). The Poverty Curtain: Choices for the Third World. Columbia University Press. New York.

13. Voluntary Peer Review of Competition Law and Policy: Pakistan, (2013), United Nations Conference on Trade and Development. United Nations Publications, New York and Geneva. Available at http://unctad. org/en/PublicationsLibrary/ditcclp2013d4_overview_en. pdf.

日本关于知识产权利用的反垄断法指南(经2016年修订)[*]

孙海萍[**] 译

第一章 序言

第1条 竞争政策与知识产权制度

第2条 本指南的适用对象

第3条 本指南的结构

第二章 反垄断法适用的基本原则

第1条 反垄断法与知识产权法

第2条 相关市场界定的基本原则

第3条 削弱竞争效果的分析方法

第4条 对竞争产生重大影响的情形

(1) 具有竞争关系的经营者之间的行为

(2) 具有影响力的技术

第5条 对竞争的削弱效果轻微的情形

第三章 基于私人垄断及不合理交易限制的分析方法

第1条 从私人垄断角度的分析

(1) 阻碍技术使用的行为

(2) 限制技术使用范围的行为

---

* 该《指南》由日本公正交易委员会于2007年9月28日公布,2016年1月21日修订。日文原文自日本公正交易委员会主页(http://www.jftc.go.jp/dk/guideline/unyoukijun/chitekizaisan.html)下载,最后访问时间为2016年1月21日。另外,为适应中文表述习惯,日文原文中的"独占禁止法",此处译作"反垄断法"。

** 孙海萍,上海交通大学凯原法学院2016级博士生,方达律师事务所合伙人。

(3) 对技术使用附加条件的行为

第2条　从不合理交易限制的角度的分析

(1) 专利联营

(2) 多重许可

(3) 交叉许可

第四章　基于不公平交易的分析方法

第1条　基本分析方法

第2条　阻碍技术使用的行为

第3条　限制技术使用范围的行为

(1) 许可部分权利

(2) 与生产有关的限制

(3) 与出口有关的限制

(4) 再许可

第4条　对技术使用进行限制的行为

(1) 与原材料及零件有关的限制

(2) 与销售有关的限制

(3) 对销售价格和转售价格的限制

(4) 对生产和销售竞争性商品或与竞争对手交易的限制

(5) 尽最大努力实施义务

(6) 对技术秘密的保密义务

(7) 不质疑义务

第5条　其他限制行为

(1) 单方终止条款

(2) 与技术使用无关的许可费的设定

(3) 权利消灭后的限制

(4) 捆绑许可

(5) 技术功能的追加

(6) 不得主张权利的义务

(7) 对研发活动的限制

(8) 改进技术的转让义务与独占性回授义务

(9) 改进技术的非独占性回授义务

(10) 所获取的知识、经验的报告义务

第一章　序　　言

第1条　竞争政策与知识产权制度

保护与技术有关的知识产权(注1)制度(以下简称“知识产权制度”),可以激发经营者的研发动力,推动新技术及使用该技术的新产品的创造,产生促进竞争的效果。此外,通过进行技术交易,将不同技术进行组合也可以进一步提高技术的使用效率,形成新技术和利用新技术的产品的新市场,增加竞争的主体,并且通过技术交易可以产生促进竞争的效果。因此,在自由经济体制下,知识产权制度可以激发经营者的创造力,推动国民经济的发展,确保知识产权制度的基本目标得到尊重,确保技术交易能够顺畅进行十分重要。

但另一方面,在知识产权制度中,技术的权利人拒绝其他经营者使用该技术或在技术许可使用时对被许可者的研发、生产、销售或其他经营活动进行限制的(以下简称“技术使用相关的限制行为”),视该等限制行为的不同情形及内容,可能会对技术及产品的竞争产生负面影响。

因此,在对技术使用相关的限制行为适用反垄断法的过程中,充分发挥知识产权制度促进竞争的作用的同时,防止因背离知识产权制度目的的行为给技术及产品竞争带来负面影响,对于竞争政策来说至关重要。

注1:《知识产权《基本法》》规定,知识产权是指“发明、实用新型、植物新品种、外观设计、作品等通过人类的创造性活动获得之物(包括被发现或被阐明的、可用于工业生产的自然法则或现象),商标、商号等用于经营活动中识别产品或服务之物,及商业秘密等对经营活动有用的技术或经营信息”(第2条第1款),通常,知识产权并不限于与技术有关的内容,但本《指南》仅适用于与技术有关的知识产权。

第2条　本《指南》的适用对象

本《指南》适用于各种与技术有关的知识产权,旨在整体明确就技术使用相关的限制行为适用反垄断法时的相关分析方法。

(1) 本《指南》中的“技术”是指受发明专利法〔1〕、实用新型法、半导体集成电路布图保护法、种苗法、著作权法、外观设计法保护的技术(注2)及作为技术秘密(注3)保护的技术。

〔1〕 日本法中的“专利”仅指发明专利,由《发明专利法》等法规加以规范;“专利”中不包括实用新型和外观设计,后两者分别由《实用新型法》和《外观设计法》另行规范。

在法律层面，技术的使用无异于与该技术有关的知识产权的使用。因此，本《指南》下文中“技术的使用”与“知识产权的使用”两种表述具有相同涵义。

注 2：受著作权法保护的计算机程序、外观设计法保护的产品形状的相关技术即属此类。

注 3：本《指南》中作为技术秘密保护的技术，是指不为公众所知悉、由经营者自行保护或管理的有经济价值的技术知识、经验或其积累，反不正当竞争法保护的商业秘密中与技术有关的秘密大体属于本指南的技术秘密范围。由于技术秘密未被特定法律授予独占性排他权，因此与受发明专利权等保护的技术相比，技术秘密具有受保护的技术范围不明确、保护的排他性较弱、保护期限不确定等特征。

（2）本指南所规范的技术使用相关的限制行为包括：某项技术的权利人① 阻碍其他主体使用该技术的行为，② 许可其他主体于限定范围内使用该技术的行为，及③ 许可其他主体使用该技术时对其他主体的活动施加限制的行为（注 4）。

技术使用相关的限制行为，既可能是拥有技术的主体单独进行的，也可能是与其他经营者共同进行的；既可能是直接对希望使用技术的主体进行限制，也可能是通过第三方进行限制。此外，这些限制的体现既可能是合同上的限制性条款，也可能是事实上的限制行为。

本《指南》适用于实质上构成技术使用相关的限制行为，无论行为的具体形态或方式如何。

注 4：在下文中，将许可其他主体使用某项技术的行为（包括许可使用计算机程序的行为）称为许可，进行许可的主体称为许可方，接受许可的主体称为被许可方。被许可的技术可以被称为许可技术。许可方可以授予被许可方向第三方进行再许可的权利，此时，被许可方对该第三方（再被许可方）施加的限制，基本上与许可方向被许可方施加的限制同等对待。

（3）不论经营者的经营活动是在日本境内还是境外进行，只要对日本市场产生影响则适用本《指南》的分析方法。

第 3 条　本《指南》的结构

本《指南》的第二章明确了反垄断法适用于技术使用相关的限制行为时的基本分析方法。随后，第三章从私人垄断或不合理交易限制的观点、第四章从不公平交易方式的观点分别阐明了反垄断法上的分析方法。

本《指南》第三章及第四章所列举的[引证案例]是选取过去的司法判决中认定违法的事例，以有助于具体理解本《指南》的阐述；[参考案例]则是选取公正交易委员会过去做出警告时所针对的事实以供参考。

自本《指南》制定之日起，1999 年 7 月 30 日《关于专利和技术秘密许可合同的反垄断法指南》(1999 年 7 月 30 日颁布)同时废止。

第二章　反垄断法适用的基本原则

第 1 条　反垄断法与知识产权法

《反垄断法》第 21 条规定："本法的各项规定不适用于被认定是根据著作权法、专利法、实用新型法、外观设计法或商标法行使权利的行为"(注 5)。因此，反垄断法仅适用于技术使用相关的限制行为中不能归为正当权利行使的行为。

此外，技术的权利人阻止其他主体使用其技术或限定使用范围，从表面上看似乎属于正当的权利行使，但如该等行为实质上不能归为正当的权利行使时，也应同样适用反垄断法的规制。换言之，即使是看似权利行使的行为，通过考察该行为的目的、情形、给竞争带来的影响程度等，若发现该行为与知识产权制度的基本目标——发挥经营者的创造力并充分利用技术——相背离或违背该制度的宗旨时，则该行为不能被视为上述《反垄断法》第 21 条规定的"行使权利的行为"，应适用反垄断法的规制(注 6)。

此外，判断特定行为是否属于正当的权利行使时，也需要注意权利用尽原则。换言之，技术的权利人依法自主决定在日本市场投放含有该技术的产品后，其他主体在日本市场交易该产品的行为不构成对该权利的侵权(专利权及其他权利的国内用尽)。因此，其他主体对权利人自主决定投放到市场的产品进行交易时，对该等交易施加各种限制的行为，与对一般产品销售施加限制的行为，从反垄断法适用的角度来看并无区别。

注 5：《反垄断法》第 21 条的规定适用于该条未明确列举的由其他法律授予排他性使用权的技术。通过技术秘密保护的技术虽因未被法律授予排他性使用权，而不适用该条的规定，但由于其具有上述注 3 描述的特征，考虑到该等特征，应与适用《反垄断法》的技术同等对待。

注 6：《知识产权《基本法》》第 10 条规定："在推行保护和有效利用知识产权的相关措施时，应注意保障知识产权的合理使用和保护公共利益，同时要兼顾对公平自由的竞争的促进。"

第 2 条　相关市场界定的基本原则

(1) 在根据反垄断法对技术使用相关的限制行为进行评价时，原则上应界定受该限制行为影响的交易有哪些，并审查进行该交易的市场中的竞争是否因限制行为而被削弱(竞争是否被削弱可从竞争是否受到实质性限制的观点进行审查，也可从不公平交易方式中第四章第 1 条第(2)项〔2〕的观点进行审查)。本项规定的审查中两种方法均包括。

从不公平交易方式的角度进行审查时，除审查竞争是否被削弱外，有时还需审查竞争手段是否不正当，是否会损害自由竞争的基础(参照下述第 4 章第 1 条第(3)项)。

(2) 拒绝技术使用或限定使用范围的技术许可行为会对该技术市场上的竞争或含有该技术的产品(包括服务，下同)市场上的竞争造成影响。另外，在技术许可时对被许可方的经营活动进行限制的行为，则除了影响该技术或含有该技术的产品的交易之外，还会对使用了该技术或使用了含有该技术的产品的技术或产品的交易、含有该技术的产品的制造过程中所需要的其他技术或零件、原材料的交易等诸多交易产生影响。

因此，根据反垄断法对于技术使用有关的限制行为进行评价时，需要根据该限制行为所影响的交易来界定技术交易的市场、含有该技术的产品的市场和其他相关的技术或产品的市场，并进一步审查对竞争产生的影响。

(3) 界定技术的市场(以下简称“技术市场”)以及含有该技术的产品的市场(以下简称“产品市场”)的方法，与一般的产品或服务的界定方法相同，基本上是对技术和含有该技术的产品分别从对需求者的可替代性的角度来界定市场。这种情况下，考虑到技术交易受运输条件的制约较少，并且可能从现有应用领域转到其他领域，因此，在界定技术市场时可能会将没有实际进行该技术的交易的领域也划入相关市场。此外，若某项技术在特定的领域被多数经营者使用，并且对于这些使用者来说，很难开发破解技术或转换到其他技术时，则应将相关市场限定在实际交易该技术的市场。

此外，技术使用相关的限制行为有时也会影响技术研发领域的竞争，但由于技术研发活动本身不存在交易或市场，因此评价对技术研发领域的竞争所产生的影响，需要通过评价对研发活动所产生的未来技术的交易或含有该未来技术的产品的交易所产生的影响来进行。

第 3 条　削弱竞争效果的分析方法

判断技术使用相关的限制行为是否削弱了市场竞争，需要综合考虑限制的

〔2〕 日文原文中分别以“第 1”、“1”和“(1)”来区分章节，这里分别将其译为“章”、“条”和“项”。例如，“第 4.1.(2)”译为“第四章第 1 条第(2)项”。

内容及限制的方式、该技术的用途和影响力，以及每个被考察的市场中从事该限制行为的当事人之间是否存在竞争关系(注7)、当事人的市场地位(市场份额(注8)、排名等)、被考察的市场的整体情况(当事人的竞争对手的数量、市场集中度、涉及的产品的特征、差异化程度、流通渠道、进入该市场的难易程度等)、是否有进行限制的合理理由以及对相关经营者的研发动力和授权许可的动力的影响来进行判断。

对技术使用进行多项限制时，若该等限制影响的是同一市场，则需要将各项限制对相关市场的竞争产生的影响一并进行评估；若该等限制分别对不同市场产生影响，则在审查对每个市场产生的影响的基础上，需要进一步审查对每个市场竞争产生的影响和对其他市场上的竞争所产生的二次影响。

若其他经营者提供了替代性技术，则需要考察这些经营者是否也同时实施着同样的限制行为。

注7：可能存在：限制行为发生前当事人已经存在竞争关系的情形、因许可行为才发生竞争关系的情形以及在许可行为实施后仍不存在竞争关系的情形。

注8：技术市场中的市场份额的计算，大多情况下可以用计算含有该技术的产品在产品市场的市场份额进行替代。

第4条　对竞争产生重大影响的情形

(1) 具有竞争关系的经营者之间的行为。具有竞争关系的经营者之间进行的与技术使用相关的限制行为与不具有竞争关系的经营者之间的限制行为相比，更有可能导致该等经营者之间的竞争被规避，更容易排除其他竞争对手，因而对竞争的影响相对更大。

(2) 具有影响力的技术。如果技术具有影响力，则与其他技术相比，围绕具有影响力的技术的使用相关的限制行为对竞争的影响相对更大。通常判断某项技术是否具有影响力时，并非通过技术的先进与否，而是通过综合衡量该技术在产品市场中的使用情况、开发破解技术或替代性技术的难度、该技术的权利人在技术市场或产品市场中具有的地位及其他因素进行判断。

例如，若某项技术事实上成为了技术市场或产品市场的标准时，通常会被认定为是具有影响力的技术。

第5条　对竞争的削弱效果轻微的情形

原则上，如通过使用限制行为所涉及的技术开展经营活动的相关经营者在产品市场的市场份额(以下简称“产品份额”)合计在20%以下，则技术使用相关的限制行为可被认为对竞争的削弱效果是轻微的。但是，限制含有该技术的产品的销售价格、销售数量、销售份额、销售区域或销售对象（注9）、限制研发活动或强迫对改进技术进行转让（或独占性回授）等限制行为除外。

但是，评估特定限制行为对技术市场的竞争产生的影响时，虽然原则上可以认为产品份额总计在20%时，对竞争的削弱效果是轻微的，但是如果产品份额无法计算，或者基于产品份额来判断对技术市场产生的影响并不合理时，至少有4个经营者拥有该技术的替代性技术且利用该等替代性技术并不会给经营活动带来重大障碍的，则可以认定该限制行为对竞争的削弱效果是轻微的。

（但基于后述第4章第1条第（3）项的观点评估时，则不适用此处的分析方法。）

注9：许可方对被许可方使用许可技术的产品的销售数量、销售区域进行限制的行为，属于限制技术使用范围的行为，应属于正当的权利行使。但下述（第3章第2条）多家经营者互相进行限制的行为则不认为是正当的权利行使。

第三章　基于私人垄断及不合理交易限制的分析方法

对于技术使用相关的限制行为，《反垄断法》第3条（私人垄断或不合理交易限制）或第19条（不公平交易方式）是否适用是一个需要讨论的问题，若该限制行为符合下文所述的要件且违反公共利益，实质上限制了特定交易领域内的竞争，则该限制行为违反《反垄断法》第3条的规定。另外，若行业协会实质上限制了特定交易领域内的竞争，则违反《反垄断法》第8条的规定。（根据《反垄断法》第19条的分析方法，于本文第四章进行论述。）

特定交易领域的界定，应以上述第二章第2条界定相关市场的分析方法为基础，并考虑技术市场或产品市场中的交易标的、交易方、交易进行的区域、交易的方式等要素，根据该行为影响的范围进行界定。

对竞争产生影响的分析方法与上述第二章第3条的论述相同，“实质性限制竞争”是指取得、维持、加强市场支配地位（注10）。

注10：对于《反垄断法》第2条第5款规定的“实质上限制了特定交易领域内的竞争”的含义，判例中做出的解释是“（是否出现了）市场中的竞争减少，特定的经营者或行业协会可凭自己的意志在一定程度上自由地左右价格、质量、数量及其他各项条件从而达到市场支配地位的情形，或是否已经达到即将出现该等情形的状态”（参照东京高等法院于1951年9月19日对东宝.Subaru案的判决和东京高等法院于1953年12月7日对东宝.新东宝案的判决），

是否在上述情况下取得、维持、加强了市场支配地位(见公正交易委员会于2007年3月26日作出的2004年年底2号审决)。

第1条　从私人垄断角度的分析

技术使用相关的限制行为属于“排除或控制其他经营者的经营活动”(《反垄断法》第2条第5款)时,能否适用私人垄断的相关规制是一个需要讨论的问题。

技术使用相关的限制行为是否属于“排除”或“控制”,不能根据行为的情形一概而论,需要分别考察各种行为的目的和效果来进行判断。

下文将限制行为区分为阻碍技术使用的行为和限制技术使用范围的行为两类,并分别论述是否构成私人垄断。

(1) 阻碍技术使用的行为。某项技术的权利人不向其他经营者授予技术使用许可(包括要求支付高价许可费用以达到实质上与拒绝许可相同的效果,下同)的行为,对未经许可即使用该技术的经营者提起诉讼要求其停止使用的行为本身,被视为是正当的权利行使,通常并不违反法律。

但是,该等行为若被认定背离了知识产权制度的宗旨或违反了知识产权制度的目的时,则不认为是正当的权利行使,该行为若实质上限制了特定交易领域内的竞争,则构成私人垄断。

a. 形成专利联营(参照下述第2条第(1)项)的经营者在没有合理理由的情况下,拒绝向新加入的或现有的经营者授予许可从而阻碍其使用该技术的行为,可能属于排除其他经营者的经营活动的行为。

[引证案例]

包括X公司在内的10家弹珠机生产厂商以及Y协会拥有与制造弹珠机有关的技术的专利权及其他权利,不能获得这些技术许可很难从事弹珠机生产。在这种情况下,包括X公司在内的10家公司委托Y协会对这些权利进行管理,并通过拒绝向第三方进行许可等方式压制其他主体进入市场,该行为被认定为违反《反垄断法》第3条(见公正交易委员会于1997年8月6日作出的1997年劝告审决)。

b. 某项技术在特定的产品市场中被认定为是具有影响力的技术,并且多家经营者在经营活动中实际使用该技术,在这种情况下,若其中一部分经营者从该技术的权利人处取得关于该技术的权利后,拒绝向其他经营者授予许可从而阻碍其他经营者使用该技术的,该行为可能构成排除其他经营者的经营活动的行为。(夺取行为)

例如，多家经营者参加专利联营，通过从联营的管理人处获得在特定产品市场进行经营活动所需的技术许可而开展经营活动，在这种情况下，若参加联营的部分经营者在未通知其他成员的情况下，从联营的管理人处买入联营管理的技术，并阻碍其他经营者使用的，则该行为可能属于“夺取行为”。

c. 在特定的技术市场或产品市场开展经营活动的经营者，全面集中收购其竞争对手（包括潜在竞争对手）可能使用的技术的相关权利，但该经营者自身并不使用，同时拒绝向竞争对手授予许可从而阻碍竞争对手使用该技术的行为，可能构成排除其他经营者的经营活动的行为。（集中收购行为）

例如，若在产品市场中 A 技术与 B 技术存在替代关系，A 技术的权利人与 B 技术的权利人各自为了使其技术成为事实上的标准而相互竞争的情况下，A 技术的权利人集中收购使用 B 技术所需要、而使用 A 技术所不需要的技术的相关权利，且拒绝向在产品市场中使用 B 技术进行经营活动的经营者授予许可，阻碍该等经营者使用的，则该行为可能属于“集中采购行为”。

d. 多家经营者联合制定产品标准时，通过不正当的手段（如对其拥有的技术被采纳为标准后的许可条件作假等）推动其拥有的技术被纳入标准，以使其他经营者不得不申请获得该技术的许可后，拒绝向其他经营者授予许可，使其他经营者难以开发或生产该标准的产品的，该行为属于排除其他经营者的经营活动的行为。

此外，如公共机构确定拟采购产品的规格，通过公开招标方式采购该产品时，某项技术的权利人通过误导公共机构使公共机构确立了只有使用该权利人的技术才能达到的产品规格，导致参加投标的其他经营者唯有在获得该技术许可的前提下才能生产符合规格的产品后，拒绝向其他经营者授予许可以使其他经营者无法参加招标的行为，也同样属于排除其他经营者的经营活动的行为。

e. 〔3〕制定标准的公共机构及行业协会（以下简称“标准化组织”）为了防止行使实施标准所必要的发明专利及其他权利（以下简称“标准必要发明专利”）的行为阻碍采用该标准的产品研发、生产或销售，推广和普及标准，通常会就标准必要发明专利的许可等事项的相关操作进行规定（以下简称为“IPR 政策”）。IPR 政策中，一般会要求参与该标准制定的经营者明确其是否持有标准必要专利并将标准必要专利以公平、合理、非歧视的条件［此条件通常被称为“FRAND

〔3〕 本译本中带下划线部分为 2016 年 1 月 28 日修订时新增内容，下同。

(fair、reasonable and non-discriminatory)条件”。此外,标准必要专利权利人以书面形式向标准化组织表明愿以 FRAND 条件进行许可的行为,通常被称为“FRAND 承诺”。]许可其他经营者,同时规定在不作出 FRAND 承诺的情形下,将探讨变更标准,以避免标准中含有该标准必要专利指向的技术。FRAND 承诺,一方面使标准必要专利的权利人可对使用标准必要专利的行为收取相应对价,另一方面使从事适用该标准的产品的研发、生产或销售的经营者可以 FRAND 条件使用标准必要专利,从而在促进相关标准涉及的技术的研发投资的同时,也可以对适用该标准的产品的研发、生产或销售所需要的投资起到推动作用。

作出此类 FRAND 承诺的标准必要专利权利人拒绝向有意依照 FRAND 条件接受许可的经营者进行许可,或对其提起诉讼要求停止使用的行为;及撤回 FRAND 承诺,拒绝向有意依照 FRAND 条件接受许可的经营者进行许可,或对其提起诉讼要求停止使用的行为,可能会导致适用该标准的产品的研发、生产或销售难以为继,从而属于排除其他经营者的经营活动的行为。就上述行为,不论其实施主体是作出 FRAND 承诺的经营者,或是受让已作出 FRAND 承诺的标准必要专利的受让人,或是已作出 FRAND 承诺的标准必要专利的受托管理人,均在所不问(后述第 4 章第 2 条第(4)项亦同。)。

就是否属于“有意依照 FRAND 条件接受许可的经营者”,应参照许可谈判过程中双方当事人的应对情况(例如,是否曾提示标准必要专利的具体侵权事实及具体形式,是否曾提示许可的条件及其合理依据,就该提示是否曾及时提示其合理的对应方案等应对情况,是否已作出符合商业惯例的诚实应对)等要素,结合具体案例作出判断。

此外,有意接受许可的经营者就标准必要专利的有效性、必要性或是否侵权提出异议的,只要其依照商业惯例诚实地进行许可谈判,就不能据此否定其有意依照 FRAND 条件接受许可。

(2) 限制技术使用范围的行为。某项技术的权利人授予被许可方在限定范围内使用该技术的行为,被视为正当的权利行使,通常该行为本身并不违法。但是,指定和强制要求许可技术的使用范围的行为(具体行为方式参考第 4 章第 3 条)也可能构成控制被许可方经营活动的行为,根据前述第 2 章第 1 条的分析方法,如果该行为被认为违背知识产权制度的宗旨,则不能被认定为正当的权利行使;如该行为实质上限制了特定交易领域内的竞争,则构成私人垄断。

(3) 对技术使用附加条件的行为。某项技术的权利人在向其他经营者进行技术许可时设置附加条件的，根据其所设附加条件的具体内容的不同，可能构成控制被许可方的经营活动或者排除其他经营者的经营活动的行为。如果附加条件的行为实质上限制了特定交易领域内的竞争，则构成私人垄断。

a. 某项技术的权利人向使用该技术进行经营活动的经营者进行多重技术许可(参考本章后述第 2 条第(2)项)，要求这些经营者必须遵守产品的销售价格、销售数量、销售对象及其他与使用技术的产品相关的附加条件，则该行为可能构成控制这些经营者的经营活动的行为。

［参考案例］

X 协会取得了可用于生产 A 产品的栽培方法及栽培装置的相关专利的独占使用权，并通过限制该协会会员的产品产量，操控供求关系，以达到稳定市场的目的。为实现该目的，该协会在与会员的一般使用权许可协议中规定，被许可方的产量必须经当地的成员大会决定并经理事会批准，X 协会有权在被许可方超量生产时终止许可协议。在 X 协会被认定有执行了上述条款之嫌的案例中，其行为被认为可能违反《反垄断法》第 8 条的规定(见 1994 年 2 月 17 日发布的警告函)。

b. 对于与产品标准有关的技术或在该产品市场经营活动中所必需的技术(简称“必需技术”)，该技术的权利人在授予其他经营者许可时，禁止被许可方开发该技术的替代性技术。该行为原则上构成对被许可方经营活动的控制。此外，禁止被许可方采用替代性技术的行为，则原则上构成排除其他经营者的经营活动的行为(注 11)。

注 11：除明确禁止被许可方开发或采用替代性技术的行为外，通过仅向不开发替代性技术的经营者赋予特别有利的许可条件等方式，实质上抑制了替代性技术开发的情况亦同。

c. 对于产品标准涉及的技术或者在该产品市场开展经营活动所必需的技术(简称“必需技术”)，该必需技术的权利人在授予其他经营者许可时，无正当理由要求被许可方承担接受与该技术无关的其他技术的义务，或者要求被许可方承担义务购买许可方所指定的产品等行为，可能构成对被许可方经营活动的控制或者排除其他经营者的经营活动的行为。

第 2 条　从不合理交易限制的角度的分析

技术使用相关的限制行为如果符合“经营者与其他经营者达成一致，相互限制经营活动或协同从事经营活动”(《反垄断法》第 2 条第 6 款)的情形的，则需要考虑是否适用不合理交易限制的相关规制。

特别是当技术使用相关的限制行为所涉及的当事人之间具有竞争关系时，例如具有竞争关系的经营者间的专利联营或交叉许可、多家具有竞争关系的经营者成为同一技术的被许可方的多重许可行为，均需要从不合理的交易限制的角度进行分析。

(1) 专利联营。

a. 专利联营是指某项技术的多个权利人将其各自拥有的该技术相关权利或就该技术相关权利向他人授予许可的权利集中于特定的企业组织或机构(这种组织的具体形态可能有多种，可能是专门新设的，也可能是既有的组织)，通过该企业组织或机构向专利联营的各成员提供其所需的许可。专利联营有利于提高经营活动所需技术的使用效率，专利联营自身的成立并不会直接构成不合理的交易限制行为(对于为制定标准而设立的专利联营，请参考 2005 年 6 月 29 日公布的《为制定标准而设立专利联营的反垄断法指南》)。

b. 但是，在特定的技术市场中，拥有替代性技术的各个权利人，将各自所拥有的权利通过专利联营共同设定许可条件(包含技术的使用范围)的行为，如果实质上限制了该技术交易领域的竞争，则构成不合理交易限制。

此外，这些经营者相互限制对专利联营中的技术的改良，或者相互限制许可对象的行为，如果实质上限制了该技术交易领域的竞争，则构成不合理交易限制。

c. 在特定产品市场中处于竞争关系的经营者就产品生产所需的必要技术建立专利联营，并通过专利联营获得所需的技术许可的同时，共同制定利用该技术的产品的价格、数量、供应对象等行为，如果该等行为实质上限制了该产品交易领域的竞争，则构成不合理交易限制。

d. 在特定产品市场中处于竞争关系的经营者就产品生产所需的必要技术建立专利联营，并由该专利联营体作为唯一机构向其他经营者授予许可的情形下，如果该联营体无正当理由拒绝对新加入的经营者或特定的既有经营者授予许可，共同组织新经营者进入或共同妨碍既有经营者的经营活动的，该行为如果实质上限制了该技术交易领域的竞争，则构成不合理交易限制。

(2) 多重许可。多重许可是指将某一项技术许可给多个经营者使用的行为。在多重许可中，如许可方及多个被许可方之间就各方均遵守共同限制的共识下，对于该技术的使用范围、使用该技术的产品的销售价格、销售数量、销售对象等方面进行限制，则该行为属于对经营者的经营活动的相互约束，如该行为实质上限制了该产品交易领域的竞争，则构成不合理交易限制。同样，对该技术的改良或应用研究或通过改良或应用研究所获得的新技术成果（以下简称“改进技术”）的许可对象进行限制或限制采用替代性技术等行为，如实质上限制了该技术交易领域的竞争，也构成不合理交易限制。

［引证案例］

某地方公共团体采购用于公共下水道的铁盖时，采购规格中采用了X公司的实用新型专利，条件为X公司须将该实用新型专利授权许可给其他经营者。就此，X公司向其他6家公司进行了授权许可，但同时要求该6家公司提交给地方公共团体的该铁盖的预算价格不得低于X公司的报价；并且固定X公司与该6家公司向建筑商的交付价格及建筑商的利润率。此外，约定X公司的销售数量占比为20%，其余部分由X公司与该6家公司均分。上述行为被认定违反《反垄断法》第3条（参考1993年9月10日审判审决（1991年（判）第2号）。

(3) 交叉许可。

a. 交叉许可是指多个技术权利人将各自拥有的权利相互许可使用。与专利联营、多重许可相比，交叉许可涉及的经营者个数较少。

b. 即便参与交叉许可的经营者个数较少，如果这些经营者在特定产品市场中共同占有较高市场份额时，其共同决定该产品的价格、数量、供应对象的行为以及共同决定不向其他经营者授权许可的行为，与上述专利联营有着同样的效果。因此，与上文第(1)项一样，该行为如果实质上限制了该产品交易领域的竞争，则构成不合理交易限制。

c. 各经营者作为技术使用范围，共同决定各自使用该技术所开展的经营活动的范围的行为，若实质上限制了该技术、产品交易领域的竞争，则构成不合理交易限制。

第四章　基于不公平交易的分析方法

第1条　基本分析方法

(1) 对于技术使用相关的限制行为，不仅要从私人垄断和不合理交易限制等方面进行审查，还有必要从不公平交易方式这一角度进行审查。

就技术使用相关的限制行为是否构成不公平交易方式这一问题，为便于讨论，下面将技术使用相关的限制行为分为(i) 阻碍技术使用的行为、(ii) 限制技术使用范围的行为、(iii) 施加技术使用相关限制的行为、(iv) 施加其他限制的行为等 4 类进行讨论。

(2) 从不公平交易方式的角度来看，对于构成技术使用相关的限制行为主要应考察该等行为是否满足一定的行为要件，以及是否具有阻碍公平竞争的倾向（以下简称“阻碍公平竞争倾向”）。关于是否具有阻碍公平竞争倾向这一点，本《指南》根据第 2 章第 3 条所述的削弱竞争效果的分析方法，从[1] 行为人（包含与行为人有密切关系的经营者，下同。）的行为是否会排除其竞争对手及其他人的交易机会或者是否可能直接降低该竞争对手或其他人的竞争力；[2] 行为人的行为是否有削弱价格、获取客户及其他方面的竞争的可能两个方面进行判断，并以此为中心展开论述（阻碍公平竞争倾向的其他判断要素请参照下文(3)的内容）。

关于标准[1]，应分别对受到限制行为影响的经营者数量、这些经营者与行为人之间的竞争状况以及对竞争产生的影响进行判断。此外，关于标准[2]，判断其对竞争产生的影响时应考虑该行为的实际有效性。

在对[1]与[2]进行判断时，并不要求该限制行为产生了削弱竞争的具体效果。

(3) 除上述[1]和[2]外，审查是否有阻碍公平竞争倾向，有时也需要审查竞争手段是否不正当或者是否损害了自由竞争的基础等问题，这种情形下，应综合考虑被许可方的经营活动所受到影响的内容以及程度、该行为影响的经营者数量、该行为的持续性、反复性等因素进行判断。

此外，第 2 章第 5 条的分析方法不适用于基于上述观点的审查。

a. 关于竞争手段是否正当，例如在技术交易中，诱使对自己所拥有权利的技术的性能、效果及权利内容产生误解；散布谣言诋毁竞争对手的技术等行为可能违法（《不公平交易方式一般指定》[4]第 8 款、第 9 款、第 14 款）。另外，在明知自己的知识产权无效的情况下，仍向竞争对手提起诉讼要求停止使用以阻碍竞争对手经营活动的行为也可能违法。

---

〔4〕 就反垄断法第 2 条第 9 款第 6 项规定的不公平交易方式，日本公平交易委员会以通告的形式对其具体行为类型进行了指定，并可分为适用于所有行业的“一般指定”，与仅适用于（报刊业、物流业、大型零售业等）特殊行业的“特殊指定”两种。

其中，“一般指定”共包含 15 种行为，分别为：① 共同拒绝交易；② 其他拒绝交易行为；③ 价格歧视；④ 交易条件等的差别待遇；⑤ 经营者团体的差别待遇等；⑥ 不公平的低价销售；⑦ 不公平的高价购买；⑧ 欺骗性交易；⑨ 不公平的利益诱导；⑩ 搭售等；⑪ 附加排他性条件；⑫ 附加限制性条件；⑬ 滥用优势地位；⑭ 阻碍竞争对手的交易；⑮ 对竞争对手的内部干涉。

b. 关于是否构成对自由竞争基础的损害，主要审查的是许可方的交易地位优于被许可方时，在许可过程中对被许可方不合理地施加不利条件（《反垄断法》第 2 条第 9 款第 5 项、《不公平交易方式一般指定》第 10 款），则可能违法。

下文 2 至 5 所述的行为类型，除有必要审查前述第（2）项的对公平竞争的阻碍（削弱竞争的可能性）外，还有必要根据具体案件，审查该行为是否损害自由竞争的基础。

另外，在判断交易中许可方的交易地位是否优于被许可方时，应综合考虑该许可技术的影响力（参照前文第 2 章第 4 条第（2）项）、被许可方进行经营活动时对该许可技术的依赖程度、许可方及被许可方在技术市场或产品市场中的地位、该技术市场或产品市场的状况、许可方及被许可方经营规模的差距及其他因素。

（4）下面围绕各限制行为是否具有前述第（2）项的阻碍公平竞争倾向（削弱竞争的可能）来阐述分析方法。

下文中有些内容标注了《不公平交易方式一般指定》的特定条文，但该条文是主要适用的条款，并不代表该行为只适用该条文。

第 2 条　阻碍技术使用的行为

某项技术的权利人不向其他经营者授予该技术的使用许可的行为，以及对未经许可擅自使用该技术的经营者提起诉讼要求停止使用的行为，一般被认为是正当的权利行使。但是根据上述第 2 章第 1 条的分析方法，在下述情形中，该行为不被视为正当的权利行使，而需要审查是否构成不公平交易方式。

（1）知悉竞争对手通过获取某项技术的使用许可来开展经营活动且该技术难以被替代后，从该技术的有关权利人处取得该技术权利，并拒绝授权许可给竞争对手以使其无法使用该技术的行为，属于以妨碍竞争对手的经营活动为目的而采取的阻碍技术使用的行为，违背了知识产权制度的宗旨和目的。因此，这些行为因降低了竞争对手的竞争能力而阻碍了公平竞争，属于不公平交易方式。（《不公平交易方式一般指定》第 2 款、第 14 款）

例如，在某产品市场中，某项技术涉及众多经营者经营活动的基础，如一部分被许可方从技术权利人处取得该技术的权利后，拒绝授权许可给具有竞争关系的其他被许可方以阻止其使用技术的，该行为可能构成不公平交易方式。

（2）某项技术的权利人通过设置虚假的授权许可条件等不正当手段，使被许可方在经营活动中使用该权利人拥有的技术，但当被许可方难以改换其他技术后，权利人再拒绝授权许可以阻止其使用该技术的，则该行为属于不合理地使其他经营者处于侵权使用技术的境地，违背了知识产权制度的宗旨和目的。这些行为因降低了其他经营者的竞争能力而具有阻碍公平竞争倾向，构成不公平交易方式(《不公平交易方式一般指定》第 2 款、第 14 款)。

例如，在多个经营者联合制定行业标准时，部分经营者就自己所拥有权利的技术设定对被许可方非常有利的优惠条件，以使得该技术被纳入行业标准，但当标准确定众多经营者难以找到替代性技术后，再拒绝对这些经营者授予许可以阻碍其使用该技术的，该行为可能构成不公平交易方式。

(3) 某项技术构成特定产品市场经营活动的基础，且众多经营者通过从该技术的权利人处获得授权许可而在相关产品市场内开展经营活动，这种情况下，权利人无正当理由歧视性地拒绝对其中一部分经营者授予使用许可的，则该行为违背了知识产权制度的宗旨和目的。这样的行为降低了部分经营者的产品市场竞争能力，具有阻碍公平竞争倾向，构成不公平交易方式(注 12)(《不公平交易方式一般指定》第 4 款)。

注 12：对于下述 3 至 5 所述行为类型，在特定限制行为涉及差别待遇时，也不仅要审查该限制行为本身对竞争所产生的影响，还应当审查歧视对竞争造成的影响。

(4) 如上文第 3 章第 1 条第(1)款 e 所述，作出 FRAND 承诺的标准必要专利权利人拒绝向有意依照 FRAND 条件接受许可的经营者进行许可，或对其提起诉讼要求停止使用的行为；及撤回 FRAND 承诺，拒绝向有意依照 FRAND 条件接受许可的经营者进行许可，或对其提起诉讼要求停止使用的行为，可能会导致该标准适用的产品的研发、生产或销售难以为继，从而排除从事适用该标准的产品的研发、生产或销售的经营者的交易机会或削弱其竞争功能。

即便该行为并未导致实质性限制该产品的市场竞争而不属于私人垄断，在其具有阻碍公平竞争倾向时，仍属于不公平交易方式(《不公平交易方式一般指定》第 2 款、第 14 款)。

另外，关于判断经营者是否属于“有意依照 FRAND 条件接受许可的经营者”的分析方法，如前述第 3 章第 1 条第(1)项所示。

第 3 条　限制技术使用范围的行为

某项技术的权利人对其他经营者授予技术许可时，不是许可其全面地使用该技术，而是限制该技术的使用范围时，该行为如本文第 2 章第 1 条所述，表面上看是正当的权利行使，但实质上，有些情况下并非如此。因此，对于这些行为，应根据前述第 2 章第 1 条的分析方法审查其是否属于正当的权利行使，在不能归为正当的权利行使时，从不公平交易方式的角度来看可能存在违法性。

（1）许可部分权利。

a. 区分许可

例如，在专利权的许可中限定技术用途仅为生产、使用、销售、出口中的某一个方面，许可方授予被许可方使用许可时，限定了被许可方可以使用该技术的经营活动的范围的，该行为一般被认为是正当的权利行使，原则上不构成不公平交易方式。

b. 限制技术使用期限

许可方限定被许可方使用许可技术的期限，原则上不构成不公平交易方式。

c. 限制技术使用领域

许可方对被许可方使用该技术进行经营活动的领域加以限制（例如特定产品的生产）的，原则上不构成不公平交易方式。

（2）与生产有关的限制。

a. 限制生产区域

许可方对被许可方使用该技术进行生产的区域范围加以限制的行为，与上述第（1）项目相同，原则上不构成不公平交易方式。

b. 限制生产数量或生产过程中技术的使用次数

许可方限制被许可方使用该技术生产产品的最低产量或者对该技术的最低使用次数的行为，只要不排除其他技术的使用，原则上不构成不公平交易方式。

但是，规定产量上限或技术使用次数上限的行为，如果限制了市场的整体供应量，则该情形不被认为是正当的权利行使，该行为具有阻碍公平竞争倾向时，构成不公平交易方式（《不公平交易方式一般指定》第 12 款）。

（3）与出口有关的限制。

a. 许可方禁止被许可方出口使用许可技术生产的产品的，原则上该行为不构成不公平交易方式。

b. 限制该产品的可出口地区的行为，原则上不构成不公平交易方式。

c. 限制该产品的可出口数量的行为，如果妨碍该产品返回国内市场，则与本章下述第 4 条第（2）项 a 适用同样的判断标准。

d. 限制被许可方有义务仅能通过许可方指定的经营者出口的行为，与本章下述第 4 条第（2）项 b 中列举的与销售有关的限制适用同样的判断标准。

e. 限制出口价格的行为，只要对国内市场的竞争产生影响，则与本章下述第 4 条第（3）项适用同样的判断标准。

(4) 再许可。许可方对被许可方可以授予再许可的主体范围进行限制的，原则上不构成不公平交易方式。

第4条　对技术使用进行限制的行为

当一项技术的权利人许可其他经营主体使用该项技术时，出于实现该项技术的功能与效用、确保其安全性或者防止任何技术秘密或其他秘密泄露或被用于其他用途的目的，有时会对被许可方施加一定的与该项技术的使用有关的限制。从促进技术有效利用和技术交易顺利开展的观点来看，这些限制被认为具有一定合理性的情况并不少见。但另一方面，因为施加这些限制有时也会阻碍被许可方的经营活动、削弱竞争，因此应当从审查限制的内容是否在实现上述目的的必要范围内等角度审查其有无阻碍公平竞争倾向。

(1) 与原材料及零件有关的限制。许可方对被许可方在供应原材料、零件及其他含有许可技术的产品时，限制生产所需的服务、其他技术及其他必需品(以下简称“原材料及零件”)的质量和供应商的行为，在某些情况下，从保障技术的功能和效用、确保安全性、防止泄露秘密等角度来看是必要的，被认为具有一定的合理性。

但是，供应含有许可技术的产品是被许可方自身的经营活动，因此限制原材料及零件的行为会制约被许可方的竞争手段(对原材料及零件的质量和供应商进行选择的自由)，并且具有排除供应可替代性原材料及零件的经营者的交易机会的效果。因此，超出上述观点所述的必要限度施加限制的行为，在具有阻碍公平竞争倾向时，则构成不公平交易方式(《不公平交易方式一般指定》第10款、第11款、第12款)。

(2) 与销售有关的限制。对被许可方销售含有许可技术的产品(包括计算机程序的复制品)的销售，许可方在销售区域、销售数量、销售对象、商标使用等方面施加限制的行为(与价格有关的限制参照下款)，构成对被许可方经营活动的阻碍。

a. 限制使用了许可技术的产品的销售区域以及销售数量的行为，基本适用本章第3条中限定技术使用范围的行为的主干部分以及该条第(2)项对与生产有关的限制的分析方法。但是，如果该项权利在日本已经用尽，或者技术秘密的许可阻碍公平竞争时，此类限制行为构成不公平交易方式(《不公平交易方式一般指定》第12款)。

b. 限制使用了许可技术的产品的销售对象的行为(如，仅限向许可方指定的分销商销售、为各个被许可方划分销售对象，禁止向特定主体销售等)，与上述

a 中对销售区域或销售数量的限制不同，不能被认为是对使用范围的限定，因此当此类限制行为具有阻碍公平竞争倾向时，构成不公平交易方式（注 13）（《不公平交易方式一般指定》第 12 款）。

注 13：为保护农作物生产的相关权利不被侵犯，《种苗法》上对已注册种苗，规定从事种苗生产的被许可方仅能将其生产的种苗销售给从事使用种苗的农作物生产的被许可方，这一限定应被认为是必要的。

c. 许可方要求被许可方使用特定商标的行为，原则上不构成不公平交易方式，此类行为削弱竞争的可能性较小，因此原则上不构成不公平交易方式，但是，商标属于重要的竞争手段且许可方禁止被许可方同时使用其他商标的情形除外。

（3）对销售价格和转售价格的限制。许可方限制被许可方使用许可技术的产品的销售价格或转售价格的，此类行为对被许可方或购买该产品的分销商在经营活动中最基本的竞争手段构成制约，明显削弱竞争，原则上构成不公平交易方式（《不公平交易方式一般指定》第 12 款）。

（4）对生产和销售竞争性商品或与竞争对手交易的限制。许可方限制被许可方生产或销售竞争性商品，或者限制从许可方的竞争对手处获取竞争性技术的使用许可的，该行为具有妨碍被许可方有效利用技术及顺利开展技术交易的效果，并且具有排除竞争对手的交易机会的效果。因此，此类限制行为在具有阻碍公平竞争倾向时，构成不公平交易方式（《不公平交易方式一般指定》第 2 款、第 11 款、第 12 款）。

另外，若该项技术涉及技术秘密，除上述限制以外没有其他手段可以防止该项技术泄露或用于其他目的时，为保密目的而在必要的范围内设定此类限制的，多数情况下不被认为具有阻碍公平竞争倾向。这一规则，对于许可协议终止后该限制行为在短期内仍然有效的规定同样适用。

（5）尽最大努力实施义务。许可方要求被许可方承担尽最大努力实施该项技术的义务的，此类行为被认为具有促进该项技术有效利用的效果，只要该义务仅被限定为努力义务，则对被许可方的经营活动的阻碍程度以及削弱竞争的可能性较小，因此原则上不构成不公平交易方式。

（6）对技术秘密的保密义务。许可方要求被许可方在许可协议有效期内及许可协议终止后，就协议约定的技术秘密承担保密义务的行为，并不具有阻碍公平竞争倾向，原则上不构成不公平交易方式。

（7）不质疑义务。许可方要求被许可方承担不得对许可技术相关权利的有效性提出异议的义务(注 14)的，此类行为应被认为具有方便技术交易进而促进竞争的一面，并且直接削弱竞争的可能性较小。

但是，如应被认定无效的权利得以存续，导致该项权利有关的技术使用受到限制，则上述行为具有阻碍公平竞争倾向，可能构成不公平交易方式(《不公平交易方式一般指定》第 12 款)。

原则上，规定在被许可方质疑权利的有效性的情况下，许可方可以解除有关技术的许可合同的，不构成不公平交易方式。

注 14:"不得对权利的有效性提出异议的义务"是指，例如被许可方承担不得对获许可使用的发明专利提起请求宣告专利无效的诉讼等义务，不同于禁止主张权利的义务，禁止主张权利条款禁止被许可方对许可方或其他主体行使其自身拥有的或获取的权利(参照下述第 5 条第(6)项)。

第 5 条　其他限制行为

除上述第 4 条所述的限制外，许可方向被许可方提供授权许可时，还会就被许可方的经营活动施加各种其他限制，有关这些限制的分析方法如下：

此外，若许可方对被许可方施加的限制被视为是许可方的正当行使权利的，则按照前述第 2 章第 1 条的分析方法进行审查。

(1) 单方终止条款。在许可协议中规定许可方可以单方解除合同或者无须设定适当的宽限期而直接解除合同等内容，当此类对被许可方附加单方不利的解约条件的行为与《反垄断法》上的其他限制作为一个整体实施，并用作保障其他限制行为的实际效果的手段时，构成不公平交易方式(《不公平交易方式一般指定》第 2 款、第 12 款)。

(2) 与技术使用无关的许可费的设定。许可方基于与许可技术的使用无关的标准设定许可费，例如要求被许可方承担按未使用许可技术的商品的生产数量或销售数量来支付许可费的义务，会产生妨碍被许可方使用竞争性商品或竞争性技术的效果。因此，此类行为具有阻碍公平竞争倾向，构成不公平交易方式(《不公平交易方式一般指定》第 11 款、第 12 款)。

另外，当该项技术被用于生产工序的某一部分或者是涉及某零件时，为了方便计算，将使用该项技术或者零件的最终产品的生产销售数量或金额、原材料、零件等的使用数量作为许可费的计算依据及其他计算方式被认为具有合理性的情况下，不构成不公平交易方式。

(3) 权利消灭后的限制。在技术有关权利消灭后，许可方仍限制被许可方使用该项技术，或仍要求被许可方承担义务支付许可费，此类行为一般会妨碍技术的自由使用,在具有阻碍公平竞争倾向时,构成不公平交易方式(《不公平交易方式一般指定》第12款)。

但是,上述许可费的支付义务属于许可费的分期支付或延后支付的,则不被认为是对被许可方的经营活动的不合理限制。

(4) 捆绑许可。许可方要求被许可方承担对被许可方所需技术以外的其他技术,也同时接受捆绑许可的义务(注15、16)的行为,如果该限制是保证被许可方所使用的技术的效果所需要的或具有其他合理理由,则按照与上述第4条第(1)项中原材料及零部件有关的限制相同的分析方法进行判断。

但是,若此类限制并非是实现技术的效用所需要的,或者超出所需要的范围设定被许可方接受技术许可的义务时,此类行为则可能限制被许可方对技术的选择自由,排除竞争性技术,因此当此类限制行为阻碍公平竞争时,构成不公平交易方式(《不公平交易方式一般指定》第10款、第12款)。

注15:判断许可方是否施加了此类义务,取决于被许可方选择许可方指定的技术以外的技术实质上是否困难。

注16:即使要求被许可方承担接受多个专利权或其他权利的捆绑许可的义务,但仅就其使用的专利权或其他权利支付对价的,并不构成此处所指的捆绑许可。

[引证案例]

X公司向与该公司开展交易行为的计算机生产商和销售商(1)不合理的要求在授予计算机生产商和销售商在计算机装载或捆绑电子制表软件的使用权许可时,一并装载或捆绑计算机生产商和销售商不需要的文字处理软件,(2)在授予在计算机装载或捆绑电子制表软件及文字处理软件的使用权许可时,一并装载或捆绑不需要的日程管理软件。这些行为均违反了《反垄断法》第19条(《不公平交易方式一般指定》第10款)的规定(见公正交易委员会于1998年12月14日作出的劝告审决第21号)。

(5) 技术功能的追加。许可方对已授权被许可方使用的技术增加了新功能而重新进行授权许可的,此类行为等同于对改进技术进行授权许可,本身不属于伴随技术许可而施加限制的行为。

但是,如果某一项技术具备"平台功能"(即:该技术的规格和标准是其他技术或服务得以提供的基础),且在其平台功能基础上开发的多个应用技术之间具有竞争关系,则具有平台功能的该项技术的许可方,将已有的某项应用技术的功能纳入到其平台功能中以后,将含有该应用技术功能的平台功能技术作为一项新技术向被许可方提供使用许可时,则被许可方不得不被迫接受新被纳入的应用技术的使用许可，这一行为将妨碍该被许可方使用其他应用技术，剥夺了其他提供该项应用技术的经营者的交易机会。因此，当此类行为具有阻碍公平竞争倾向时，应构成不公平交易方式(《不公平交易方式一般指定》第10款、第12款)。

(6) 不得主张权利的义务。许可方设定义务要求被许可方不得对许可方及许可方指定的经营者行使其所有的或将取得的全部或部分权利(注17)的行为，此行为可能强化许可方在技术市场或产品市场上的有力地位，另外因限制被许可方的权利行使而损害了被许可方的研发积极性，进而阻碍了新技术的开发。因此，当此类行为具有阻碍公平竞争倾向时，应构成不公平交易方式(《不公平交易方式一般指定》第12款)。

但是，若许可方实质上仅要求被许可方将其开发的改进技术非独占性地回授给许可方，则与下述第(9)项改进技术的非独占性回授义务相同，原则上并不构成不公平交易方式。

注17：此项义务中包括不得对许可方及其指定的经营者行使被许可方所有的或将取得的全部或部分专利权或其他权利的义务。

(7) 对研发活动的限制。许可方禁止被许可方自行或与第三方共同研发与许可技术相同或相竞争的技术及其他限制被许可方研发自由的行为，通常可能会影响围绕研发活动的竞争，进而会削弱未来技术市场或产品市场上的竞争，具有阻碍公平竞争的倾向(注18)。因此，此类限制原则上属于不公平交易方式(《不公平交易方式一般指定》第12款)。

但是，如限制行为属于许可方将许可技术作为技术秘密加以保护和管理，许可方为防止技术秘密被泄露或被用于其他目的而在必要范围内限制被许可方与第三方的共同研发活动的，一般不被认为具有阻碍公平竞争的倾向，不构成不公平交易方式。

注18：对于计算机程序，禁止对计算机程序进行修改一般视为根据著作权法正当行使权利的行为。但著作权法也承认被许可方为有效利用软件而加以修改(第20条第2款第3项、第47条之2)的行为，因此如对该类修改亦加以限制，则不能视为正当的权利行使。

(8) 改进技术的转让义务与独占性回授义务。

a. 许可方要求被许可方承担义务将被许可方开发的改进技术的权利归属于许可方或许可方指定的经营者或仅对许可方进行独占性回授(注19)的，该类行为将强化许可方在技术市场或产品市场上的地位，并且由于禁止被许可方使用改进技术而抑制了被许可方的研发动力，并且，通常并不认为此类限制具有合理理由。因此，原则上这一行为属于不公平交易方式（注20）（《不公平交易方式一般指定》第12款）。

b. 许可方要求被许可方承担义务将被许可方开发的改进技术的相关权利与许可方共有的，此类行为与上述a的限制相比，对被许可方研发动力的抑制程度较小，但仍限制了被许可方对其技术改进或应用研究的成果进行使用或处分的自由。因而，当其具有阻碍公平竞争的倾向时，应构成不公平交易方式（《不公平交易方式一般指定》第12款）。

c. 但是，若被许可方开发的改进技术在没有许可技术的情况下即无法使用，而许可方要求被许可方承担义务将该项改进技术的相关权利以相应对价转让给许可方的，该行为有时对促进技术交易的顺利进行确有必要，并且，通常并不至于抑制被许可方的研发动力。因而，一般不具有阻碍公平竞争倾向。

注19：本《指南》所称独占性许可，包括专利法规定的专用实施权，及授予“独占性通常实施权”的同时约定权利人自身也不得在许可区域内实施的情况〔5〕。权利人保留其自身实施许可技术的权利的，则属于非独占性许可。

注20：许可方要求被许可方在被许可方不愿申请专利或其他权利的国家或地区，将该专利或其他权利的申请权赋予许可方的，不属于此类限制。

（9）改进技术的非独占性回授义务。

a. 许可方设定义务，要求被许可方将其改进技术非独占性回授给许可方的行为，在被许可方可以自由使用其自行开发的改进技术的情形下，对被许可方的经营活动的限制程度较小，也不存在抑制被许可方的研发动力的风险，因此该行为原则上不构成不公平交易方式。

b. 但是，如果此义务伴随着对该项改进技术的许可对象的限制（例如，设定义务要求不得向许可方的竞争对手或其他被许可方进行授权许可等），则可能抑制被许可方的研发动力，并强化许可方在技术市场或产品市场上的地位，因此，当这类行为具有阻碍公平竞争的倾向时，应构成不公平交易方式（注21）（《不公平交易方式一般指定》第12款）。

注21：被许可方开发的改进技术如果没有许可方的技术则无法使用的，设定义务要求其许可其他经营者时须取得许可方同意的行为，原则上不构成不公平交易方式。

---

〔5〕 根据日本法规定，“专用实施权”是仅被许可人可以实施许可技术，专利权人亦不得实施许可技术的权利，“专用实施权”必须在日本特许厅登记方能生效；“独占性通常实施权”指除被许可人外，专利权人不得许可其他人实施专利权但专利权人自身保留实施专利权的权利，但是，在实务中，有时当事人之间通过约定的形式确定仅由被许可人实施专利，专利权人亦不得实施，但是并不在日本特许厅办理登记，这种约定可以达到类似“专用实施权”的效果，但不属于以法定登记为生效要件的“专用实施权”。

(10) 所获取的知识、经验的报告义务。许可方要求被许可方承担向许可方报告其在使用许可技术的过程中所获取的知识或经验的义务的行为，既提高了许可方许可的动力，亦无损被许可方的研发动力，因此原则上不构成不公平交易方式。但是，如果要求被许可方承担向许可方报告其所拥有的知识或经验的义务的行为，实质上可视为要求被许可方承担义务向许可方许可其所拥有的技术秘密的，按照上述第(8)项或第(9)项相同的分析方法，当其具有阻碍公平竞争的倾向时，应构成不公平交易方式(《不公平交易方式一般指定》第 12 款)。

学术动态

滥用知识产权反垄断规制中创新与竞争的平衡

——反垄断与知识产权国际研讨会综述

袁　波*

2016 年 7 月 9 日，“反垄断与知识产权国际研讨会”在上海交通大学召开。本次会议由上海交通大学竞争法律与政策研究中心、俄罗斯高等经济大学斯科尔科沃法律与发展研究院和英国伦敦大学学院法律、经济与社会中心联合举办。来自国内外反垄断执法机构、法院、高等院校和科研单位等理论和实务界的近 40 名专家学者围绕反垄断法与知识产权、知识产权制度与竞争法的关系、竞争法与信息产业内的创新、特定部门竞争法与知识产权交叉的分析方法等议题展开了深入研讨，现将会议的主要观点综述如下。

一、反垄断法与知识产权——中国的视角

国家发展改革委价格监督检查与反垄断局卢延纯副局长认为，知识产权领域的反垄断执法应当重点把握以下 3 个问题：一是边界有限。知识产权权利人依法行使知识产权的行为受到保护，只有当其行为对相关市场竞争产生排除、限制的，《反垄断法》才予以规制。二是效果分析。经营者持有知识产权并不必然给其带来市场支配地位，滥用知识产权的反垄断规制需要分析其排除、限制竞争效果。三是个案分析。鉴于知识产权滥用本身的复杂性和反垄断法实施的专业

* 袁波，上海交通大学凯原法学院 2015 级博士生。

性，反垄断法对滥用知识产权的规制需结合个案具体情形具体分析。就《滥用知识产权的反垄断指南》（以下简称《指南》）的功能定位来讲，《指南》不是条例和规章与法律解释，更不是判断相关行为违法与否的标尺，而是对滥用知识产权进行反垄断法分析的指引性规则。

商务部反垄断局韩春霖副局长结合以往的反垄断执法实践，指出涉及知识产权的经营者集中反垄断审查中需关注以下问题：一是标准必要专利与非标准必要专利都可能引发竞争问题，涉及非标准必要专利的经营者集中也需引起执法机构的重视；二是需要附加限制性条件应对集中后可能产生的知识产权滥用问题，但是有必要平衡知识产权权利人、被许可人之间的利益，附加限制性条件时尽可能采取行为性救济措施，而非强制剥离知识产权；三是反垄断执法机构在对经营者集中进行竞争评估时，除考虑一般因素外，还需要考虑知识产权许可中被许可人对许可人的抗衡和制约能力，对合并、股权收购、合营等问题采取不同的分析方法和处理思路。

国家工商总局反垄断与反不正当竞争执法局陆万里副局长认为，平衡知识产权与反垄断的关系应侧重于两个改革：重新界定产权制度，激发经营者内在动力；重新界定市场秩序，使市场在资源配置中起决定性作用。滥用知识产权的反垄断规制应坚持以下几个原则：一是绝大多数知识产权行使行为都具有促进创新的作用，知识产权领域进行反垄断执法需考虑知识产权对创新的促进作用。二是知识产权行使行为在一些情况下会损害市场竞争，反垄断法需要对其进行规制；三是反垄断执法机构在规制滥用知识产权行为时，既需要考虑该行为对现有竞争的影响，同时也要关注其对潜在竞争的影响。四是反垄断法和反不正当竞争法既要保护知识产权，也要防止知识产权被滥用。反垄断法规制滥用知识产权应当以其具有排除、限制竞争效果为界限。

最高人民法院审判委员会委员、一级高级法官孔祥俊探讨了“中国反垄断民事审判中的知识产权问题”，指出中国的标准有两套：国际标准和国内标准，与之相对应，涉标准必要专利的民事诉讼包括涉滥用标准必要专利的反垄断问题与专利侵权问题。华为诉 IDC 滥用市场支配地位纠纷案是涉标准必要专利垄断案件中影响最大的案件，法院就标准必要专利涉及的滥用市场支配地位所作的分析和判决具有开创意义，但是涉及标准必要专利的相关市场界定、市场支配地位认定等问题仍值得继续探讨。最高人民法院 2016 年颁布的《专利法》司法解释二对涉标准必要专利的专利侵权诉讼作了较为全面的规定，不过诸如如何适用公平、合理、无歧视原则等问题仍需要深入研讨。

商务部反垄断局原局长、国务院反垄断委员会专家咨询组成员尚明认为,滥用知识产权的反垄断规制需要正确判断该等行为是否排除、限制竞争,我国《反垄断法》尤其是该法第55条关于滥用知识产权的规定过于笼统,有必要制定《关于滥用知识产权的反垄断指南》对相关规定予以细化和完善。FRAND许可承诺不够明晰是导致标准必要专利纠纷频发的主要原因,非标准必要专利在特定情形下与标准必要专利一样也可能排除、限制竞争,特别是非标准必要专利成为进入相关市场的必要设施或者主要障碍,市场上不存在可替代性的技术方案或者技术之间的转换成本较高时,反垄断执法机构同样需要关注非标准必要专利可能引发的竞争问题。

二、创新法的形成——竞争法与知识产权是统一的?

中国政法大学副校长、国务院反垄断委员会专家咨询组成员时建中教授认为,虽然竞争法与知识产权法在终极目标上都能够促进竞争和创新,但是两者在阶段性目标以及表现方式上存在差异,很难对竞争法与知识产权是否统一作出定论。反垄断法与知识产权法的边界在于《反垄断法》第55条,但是该条款应当如何适用仍存在许多值得探讨的问题。需注意的是,滥用知识产权并不必然违反反垄断法,更不当然等于滥用市场支配地位。在分析和认定与知识产权有关的垄断行为时,需要着重把握滥用行为分析的特殊性,对不同的法律概念以及相关问题做区分对待。考虑到公力实施重大失误的难以补救性以及市场的自我纠错能力,滥用知识产权的反垄断规制应当秉持严慎并济的理念。

对外经济贸易大学竞争法中心主任、国务院反垄断委员会专家咨询组成员黄勇教授指出,竞争法与知识产权法在终极目标上是一致的,但是从国内外既有的执法和司法案例以及学界的诸多观点来看,两者是否是统一的,仍需要进一步深入探讨。在认识和理解竞争法与知识产权法所具有的共同目标时,需明确知识产权战略与反垄断法各自的功能定位和相互关系。另外,各国知识产权法存在一个趋同的国际性规则,而反垄断法与之相比很大程度上仅仅是一个国内法问题,如何协调两者的关系是一个较为复杂和非常困难的问题,这需要回归到两种法律制度的源头和终极目标上寻求解决方案。总体而言,平衡和协调是解决该问题的关键。

俄罗斯斯科尔科沃基金会法律政策与社会发展部部长、俄罗斯高等经济大学斯科尔科沃法律与发展研究院院长 Alexey Ivanov 教授认为，除了人们通常所理解的经济领域的竞争外，前苏联以及一些欧洲国家还存在社会主义竞争这一特殊的竞争形态，这需要我们予以关注和重视。随着苏联的解体，俄罗斯放弃了许多前苏联时期所制定的计划经济政策，制定了包括竞争法、私有化法在内的一系列市场经济法律规则，旨在鼓励市场竞争与推动经济发展。但是整体而言，俄罗斯对于知识产权的重视程度和保护水平远远不够。虽然俄罗斯目前有许多技术对外出口，但是当前的技术研发和创新能力仍处于缓慢的发展阶段。因此，俄罗斯需要建立完善的知识产权制度以激励技术创新。

伦敦大学学院法学院法律、经济与社会中心主任，全球竞争法律与公共政策论坛主席 Ioannis Lianos 教授认为，美国与欧盟近年来的执法和司法实践表明，许多专利权人开始以排挤竞争对手为目的发起专利侵权诉讼，一些专利流氓、专利蟑螂在全球范围内频繁提起专利侵权诉讼，这种毫无意义的诉讼会扰乱市场秩序和损害社会公共利益，在本质上是利用国家的知识产权保护体系排除、限制竞争，即构成虚假诉讼。对此，我们需要根据权利人提起侵权诉讼的主观意图判断是否构成虚假诉讼，美国甚至通过成文法和判例法明确了虚假诉讼的判断标准以及处理原则。另外，各国有必要警惕和防范游说活动对政策法规的制定和实施造成的不利影响，避免管制被滥用。

三、创新空间与竞争法：聚焦信息产业

武汉大学法学院教授、知识产权法研究所所长宁立志提出了知识产权领域反垄断的法律分析框架，指出知识产权领域反垄断的法律分析必须以尊重和保护知识产权作为基点和要点，知识产权的反垄断规制在任何情形下都是以知识产权滥用或者不当处理为前提。知识产权滥用可以分为实体性滥用与程序性滥用，实体性滥用包括拒绝许可、专利搭售、不争执条款等，程序性滥用包括滥用禁令、滥用侵权警告函、虚假诉讼等。知识产权滥用在本质上是知识产权权利人违反了注意义务，而注意义务的具体内容则根据不同行业而有所区别。在性质上，知识产权滥用可能涉及民事违法、不正当竞争、排除和限制竞争三类行为，涉及的违法责任包括民事法律责任、行政法律责任以及刑事法律责任。

西南政法大学经济法学院教授、竞争法研究中心主任叶明讨论了标准必要专利权人滥用禁令请求权的反垄断法规制，认为标准必要专利权人滥用禁令请

求权的诱因可以概括为标准化组织“无能”、专利权人“无赖”以及专利实施者“无奈”。从不断涌现的相关案例来看,标准必要专利权人滥用禁令请求权的危害不断显现,反垄断法有必要对其进行规制。参考欧盟委员会在相关立法和实践中提出的具体做法,可综合考虑起诉人的身份、起诉时间、“通知义务”是否履行以及被控侵权人是否善意等因素来判定是否构成禁令请求权滥用。中国法院和反垄断执法机构不应拒绝通过反垄断法规制此类行为,但需审慎处理合理行使禁令请求权与滥用禁令请求权的关系,平衡专利权人和专利实施者的利益。

韩国高丽大学李煌教授从滥用优势谈判地位角度探讨了滥用知识产权的反垄断规制,指出知识产权制度与反垄断法作为市场经济国家的基本经济政策,无论是实施力度还是具体规定都应根据本国的发展程度加以确定,不应当要求发展中国家与发达国家制定和实施趋同的规则。发展中国家普遍缺乏足够的资源来满足本国国民的物质需求,维护社会公共利益应成为其保护知识产权和反垄断的共同目标。不同法律制度解决同一问题时在价值目标的侧重点上有所不同,因此在决定选取哪一种法律规则来规制滥用知识产权行为时,还应当注重在保护市场竞争和维护市场效率之间进行平衡。在此意义上,从滥用优势谈判地位角度规制滥用知识产权行为也许是一个明智之举。

斯德哥尔摩大学 BjörnLundqvist 教授讲解了欧盟竞争法中的标准必要专利,指出通信行业的标准必要专利战争在全球范围内如火如荼地进行,专利权人正在将持有的专利作为排除、限制竞争的工具。过去几年,专利权人提起的专利侵权诉讼数量正在大幅度地增加,美国法院通过 e-bay 案、微软诉摩托罗拉案等案件的审理和判决,提供了解决标准必要专利滥用问题的基本思路和具体办法。不同于美国,欧盟在共同体市场内存在统一的反垄断机构以及法院,通过对摩托罗拉标准必要专利垄断案、华为诉中兴案的处理,欧洲范围内已经就标准必要专利滥用的规制形成了成熟的规则。实践中,如果滥用知识产权行为对市场竞争和社会公共利益造成损害,竞争法就应当对其进行规制。

新加坡国立大学 ONG Burton 教授就标准必要专利与 FRAND 原则进行了探讨,指出通过考察标准、标准必要专利以及 FRAND 许可承诺的形成过程,可发现 FRAND 许可承诺是标准制定组织将权利人的专利纳入标准的前提条件。此时,如果标准必要专利的权属发生转移,受让人是否应当继续遵守让与人之前做出的 FRAND 许可承诺? 对此,无论是基于合同法、财产法等私法还是根据作为公法的反垄断法,FRAND 许可承诺都应当被视作标准必要专利不可分割的组成部分,标准必要专利的受让方毫无疑问需要承担该专利所负担的 FRAND

许可义务。为解决这一问题，可通过修订专利法来明确标准必要专利受让方对FRAND许可承诺的继受义务。

厦门大学法学院副院长、知识产权研究院院长林秀芹教授结合国内外已经出现的涉及标准必要专利的垄断案件，介绍了通信行业标准必要专利垄断纠纷的大致情况及最新发展，探讨了标准专利许可中的反垄断问题。通过对全球范围内主要的标准化组织知识产权政策进行考察发现，标准化组织制定了较为明确、具体的反垄断自律规范，这些普遍公认的规范成为一种行业惯例抑或说是法源之一，它们对反垄断法的解释和适用具有辅助作用。标准必要专利滥用的反垄断规制仍遵循一般的反垄断分析框架，但是需要同时考虑专利劫持与FRAND劫持（反向劫持）问题，注重实现开放和动态的标准、标准必要专利的可获得性、权利人合理回报三者的平衡。

四、特定部门竞争法与知识产权交叉的分析方法

南开大学法学院教授、国务院反垄断委员会专家咨询组成员许光耀探讨了知识产权因素在反垄断法上的特殊性，认为知识产权的排他性并没有给反垄断规则的适用带来根本性的挑战，只是需要在现行的反垄断法分析框架内融入知识产权因素。在对具体行为进行反垄断法分析时，应以这一关系为基本评价标准，即究竟是竞争向知识产权让步，还是限制知识产权以维护竞争，取决于个案中何者更有利于创新。知识产权领域相关市场的界定可能涉及相关技术市场和相关创新市场，市场支配地位的认定需要考虑竞争者扩大产出的能力、知识产权是否构成市场壁垒等特殊因素。知识产权许可中的垄断协议需对协议参与各方的竞争关系做出判定，着重考察知识产权许可协议中各种限制的横向和纵向效果。

上海市高级人民法院知识产权审判庭副庭长丁文联法官就知识产权反垄断的体系进行了讨论。通过对“索尼电池案”与“精雕软件案”两个案件的介绍和评析，指出知识产权反垄断需要从以下4个方面进行体系化的观察和思考：一是制度观察，不同法律制度会对权利获得、权利边界、权利限制、权利滥用、权利垄断进行控制；二是市场观察，知识产权的市场竞争性包括技术的竞争性与产品的竞争性；三是行为观察，知识产权反垄断需要考虑专利运营、专利许可、标准必要专利的使用和许可等不同的商业模式；四是效果观察，知识产权反垄断既要关注

许可价格,也需要考察许可价格对竞争的影响、技术是否得到充分运用,以及是否限制了产品竞争。

日本神户大学川岛富士雄教授比较了中日知识产权与反垄断立法和实践,指出中国和日本关于知识产权滥用的反垄断规则在大体上是一致的,仅仅存在一些细微差别。日本关于《滥用知识产权的反垄断指南》对必要设施原则作了规定,并且反垄断实践中也存在适用该条款的相关案例。但是,日本国内对单方拒绝许可、专利池等反垄断问题的认识仍存有分歧。与中国国家发展改革委在高通垄断案中查处的垄断行为相比,由于日本反垄断法体系内缺乏关于不公平高价的立法规定,日本公平交易委员会正在调查的高通垄断案并未涉及该行为。中日两国都认为自己是技术输入国,因此格外关注相关行为是否会对被许可人的创新动力造成损害。但是,两国反垄断执法机构对许可费率水平是否应当受到规制持有不同看法。

伦敦大学学院访问教授、Arnold & porter 合伙人 Chris Stothers 探讨了欧洲医药行业的竞争法与知识产权,指出欧洲医药行业近年来不断涌现出各式各样的侵权纠纷和垄断纠纷,通过对既有的相关案件进行梳理后发现,该行业的竞争问题主要包括以下 3 类:知识产权滥用、涉及知识产权纠纷的和解协议、涉及价格的滥用行为。从欧盟委员会在相关案件中对上述问题的处理实践来看,该行业大多数的专利侵权诉讼都是滥用知识产权行为,偶尔有一些正当的维权行为;和解协议通常情况下需要花费较长的时间,因此医药企业往往不太愿意选择这种解决方案;虽然医药价格一直被质疑构成过高定价,但是药企索取高价的主要目的是实现药品的差异化而非获取高额利润。

Ioannis Lianos 教授以“俄罗斯 Google 案”为例讲解了数字市场的竞争法,指出对数字平台的发展格局、商业模式、主要分类、价值链进行分析后发现,一些软件免费的原因在于开发者可以从价值链的不同端口获取利润;如果数字平台构成某些经营者进入特定相关市场的必要设施,各国监管部门就应当确保该平台的开放性。在“俄罗斯 Google 案”中,虽然谷歌已经在许多国家的搜索引擎市场蚕食了当地企业的市场份额,但其在俄罗斯国内搜索引擎市场上的市场份额并未居于首位。俄罗斯反垄断局之所以判定谷歌违反竞争法,主要原因在于其在网站上链接广告的行为破坏了价值链,损害了该领域正常的交易秩序和公平的竞争环境。

俄罗斯高等经济大学斯科尔科沃法律与发展研究院研究人员于强就欧盟委员会正在调查的“谷歌垄断案”进行了探讨,指出欧盟委员会指控谷歌将安卓系统与应用软件打包许可违反了竞争法，但是事实上，谷歌的安卓操作系统是一个开放式的系统，任何人都可以针对它的源代码开发出不同版本的移动操作系统，谷歌的安卓系统正在面临自己衍生出的其他移动操作系统的竞争。在欧盟竞争法框架内，拒绝许可知识产权构成垄断行为的前提条件是：该知识产权是相关市场必不可少和至关重要的投入要素。然而，没有任何证据表明谷歌的应用程序对某一相关市场是不可或缺的，而且谷歌在应用软件市场上面临其他应用软件的竞争，因此欧盟委员会的指控不成立。如果要求谷歌强制授权，有可能影响应用软件市场的研发投入和积极性，阻碍创新。

俄罗斯高等经济大学斯科尔科沃法律与发展研究院研究人员 Claudio Lombardi 介绍了俄罗斯医药行业竞争法与知识产权的关系。通过讲解俄罗斯竞争法的概况，包括俄罗斯的竞争标准，如何在鼓励创新和保护知识产权之间实现平衡，以及俄罗斯医药行业过去 5～10 年发生的经典案例，指出知识产权制度和竞争法之间存在冲突但很多地方又不谋而合，两者都有利于促进创新。必要设施原则和拒绝许可条款对医药行业具有重要意义。欧盟和美国相关立法都规定，一旦某项知识产权构成经营者进入相关市场的必要设施，就要求其权利人必须对外授权许可。之所以作出这样的规定，一方面因为这是提高市场效率的内在要求，尤其是对于那些需要确保必要设施开放的发展中国家而言。另一方面，这也是维护社会公共利益和确保包容性发展的基本需要。

上海交通大学竞争法律与政策研究中心近期动态

（2015 年 12 月—2016 年 7 月）

（1）2015 年 12 月，应上海交通大学竞争法律与政策中心邀请，香港岭南大学经济系教授、香港竞争委员会国际竞争网络（ICN）非政府顾问林平教授到访上海交通大学凯原法学院，并带来一场主题为“反垄断执法误差的经济学分析与反事实思维”的精彩讲座。讲座内容分为 5 个部分，分别是执法误差、导致执法误差的原因、竞争损害理论与经济分析思维、反事实状态、执法误差最小化。本次讲座系上海交通大学竞争法律与政策中心系列学术讲座第 33 讲，中心主任王先林教授担任讲座主持，中心执行主任李剑教授、副主任侯利阳副教授担任评议人并进行了简要评议，凯原法学院相关学科的博士后、博士生和硕士生等参与了此次讲座。

（2）2015 年 12 月，应上海交通大学竞争法律与政策研究中心的邀请，北京大成（上海）律师事务所合伙人戴健民律师走进上海交通大学凯原法学院竞争法课堂，带来一场题为“反垄断法与律师实务”的专题讲座。戴律师充分结合其实践经验，深入浅出讲解了在反垄断法实务中可能涉足的各类业务、面对的业务风险及其对反垄断业务未来发展前景的预测和展望，为在场同学把握职业方向，了解法律实务提供了十分有效的参考和第一手讯息。本次讲座系上海交通大学竞争法律与政策中心系列学术讲座第 34 讲，中心主任王先林教授担任讲座主持，中心执行主任李剑教授、副主任侯利阳副教授担任评议人并进行了简要评议。

（3）2016 年 1 月 11 日，上海交通大学竞争法律与政策中心系列学术讲座之第 35～38 讲在凯原法学楼 203 会议室顺利举行。中国社科院法学所研究员，湖南大学特聘教授，国务院反垄断委员会专家咨询组成员王晓晔教授进行题为“论竞争政策的基础性地位”的主题演讲；对外经济贸易大学竞争法中心主任、教授，国务院反垄断委员会专家咨询组成员黄勇教授就“我国反垄断法实施取得的成就与面临的挑战”进行主题演讲;中国政法大学副校长、教授、竞争法中心主任,国务院反垄断委员会专家咨询组成员时建中教授则详细介绍了“我国反垄断法的若干前沿问题”;最后,中德法学研究所中方所长,南京大学法学院方小敏教授以“反垄断法在我国国有企业改革中的影响和作用”为题进行了专题演讲。系列讲座由上海交通大学竞争法律与政策中心主任王先林教授担任主持,中心执行主任李剑教授、副主任侯利阳教授、上海各大高校法学院的教师、博士后、博士生、硕士生以及部分实务界人士参加了本次集中进行的系列讲座。

(4) 2016 年 1 月 12 日,2015 年度教育部哲学社会科学研究重大课题攻关项目第 18 号“经济全球化背景下中国反垄断战略研究”开题会在上海交通大学徐汇校区举行。本课题由上海交通大学竞争法律与政策研究中心主任王先林教授所在的研究团队联合国内多个机构的 30 多位法学和经济学专家学者中标。开题会由上海交通大学文科建设处谈毅副处长主持,上海交通大学凯原法学院院长季卫东教授致辞。王晓晔教授、徐士英教授、黄勇教授、时建中教授、方小敏教授、王健教授和杨洁处长等 20 余人出席了开题会。本课题首席专家王先林教授就课题研究的背景、意义和价值、研究的总体框架和子课题设置以及预期目标等进行了汇报,5 位子课题负责人于左教授、李剑教授、乔岳教授、侯利阳教授和孔祥俊法官分别做补充汇报。7 位专家就课题研究中的总体框架和若干具体问题提出了建设性的意见和建议,并就相关热点问题与课题组成员进行了热烈的交流。开题会的顺利举行预示着本课题的研究正式启动。

(5) 2016 年 1 月 29 日,上海交通大学竞争法律与政策研究中心主任王先林教授应邀在日本公正交易委员会做了题为“中国滥用知识产权反垄断的新发展”的专题演讲。本次演讲会是日本公正交易委员会竞争政策研究中心主办的第 39 次开放式讲坛。出席演讲会的 135 人分别来自日本国内政府部门、律所及顾问机构、公司、大学和媒体等机构。王先林教授围绕中国滥用知识产权反垄断规制的背景和法律依据、司法和执法实践、规章的主要内容以及《指南》的制定情况等 4 个方面进行了演讲。

(6) 2016 年 2 月 2 日,日本公正交易委员会竞争政策研究中心与神户大学共同主办了“反垄断法与知识产权的交错——日中比较的视角”的国际研讨会。上海交通大学竞争法律与政策研究中心主任王先林教授在会上做了“中国关于标准必要专利反垄断规制的基本问题”的主题发言,并与出席会议的代表进行了互动交流。

(7) 2016年年初,上海交通大学公布了关于2015年度教师及其他专业技术高级职务评审通过名单,上海交通大学竞争法律与政策研究中心副主任侯利阳破格晋升为教授。侯利阳博士毕业于比利时鲁汶大学,研究方向为竞争法、电信法和欧盟法,近年来在国际著名的SSCI期刊上发表了多篇论文,并出版了全英文的专著。

(8) 2016年3月16日,应上海交通大学法学院竞争法律与政策研究中心的邀请,墨尔本大学教授Mark Williams在上海交通大学徐汇校区凯原法学楼为法学院师生带来了一场题为"香港竞争条例及其实施的若干问题"的精彩讲座。Mark Williams教授的研究领域主要涉及竞争法、香港公司法、企业社会责任及中国经济法。此次讲座介绍了香港竞争条例的主要内容,分析了欧盟、英国及澳大利亚竞争法对香港竞争条例的影响,最后结合Mark Williams教授的个人研究总结了香港竞争条例的结构缺陷。本次讲座系上海交通大学竞争法律与政策中心系列学术讲座第40讲,中心主任王先林教授担任讲座主持,副主任侯利阳教授担任评议人并进行了简要评议,凯原法学院教师、博士后、博士生和硕士生等参加了此次讲座。

(9) 2016年4月,上海市教育委员会公布了2016年度上海高校市级精品课程名单,竞争法律与政策研究中心执行主任、上海交通大学凯原法学院李剑教授主讲的"竞争法"课程名列其中。李剑教授不仅在竞争法研究领域成果颇丰,而且倾注心血投入竞争法的课程教学,且善于将最新的研究成果运用于教学过程中,该课程评教结果位居上海交大凯原法学院前列,深受学生好评。

(10) 2016年4月20日,上海交通大学举行首届青年教师教学竞赛。经竞赛评委会评审,竞争法律与政策研究中心副主任、上海交通大学凯原法学院院长助理侯利阳教授凭借"竞争法"课程在竞赛中脱颖而出,荣获二等奖。

(11) 为贯彻落实中共中央办公厅、国务院办公厅《关于加强中国特色新型智库建设的意见》和教育部《中国特色新型高校智库建设推进计划》《关于实施高等学校创新能力提升计划的意见》的相关精神,推动上海新型高校智库的建设与发展,进一步加强上海高校智库的品牌建设,提升上海高校智库的影响力,打造一批立足上海、服务全国、具有国际影响力的新型高校智库,2016年3月上海市教委启动上海高校智库内涵建设计划工作。经学校推荐、专家同行评议、实体考察等方面遴选,上海交通大学竞争法律与政策研究中心于2016年4月获批进入"2016年上海市高校智库内涵式建设计划"。其中,中心近年来与荷兰威科公司合作建设的全英文"中国反垄断案例数据库"获得了特别资助。

(12) 2016 年 4 月《上海市教育委员会　上海市教育发展基金会关于公布 2015 年度“曙光计划”项目名单的通知》(沪教委科〔2016〕21 号),上海交通大学竞争法律与政策研究中心执行主任、凯原法学院教授李剑的“转售价格维持的反垄断法规制研究”名列其中。本次上海各高校和上海社会科学院共推荐了 124 名青年教师申报“曙光计划”。经专家评审、上海市教育委员会和上海市教育发展基金会审定、网上公示无异议,确定 55 人入选 2015 年度“曙光计划”项目。“曙光计划”是由上海市教育发展基金会倡议、出资并与上海市教育委员会共同实施的,专门资助 40 岁以下、有相当科研基础的高校青年教师。该计划在上海高校有着非常大的影响力,每年限额申报,竞争激烈,项目入选的学者被称为“曙光学者”。

(13) 2016 年 5 月 5 日,应上海交通大学竞争法律与政策研究中心的邀请,霍金陆伟国际律师事务所高级合伙人孟记安律师在凯原法学楼 315 会议室为法学院师生带来了一场题为“反垄断的历史——从‘标准石油案’到‘3Q’大战”的精彩讲座。本次讲座系上海交通大学竞争法律与政策中心系列学术讲座第 41 讲,中心主任王先林教授担任讲座主持,副主任侯利阳教授担任评议人并进行了简要评议,凯原法学院相关学科师生参与了此次讲座。

(14) 2016 年 5 月 6 日,最高人民法院审判委员会委员、一级高级法官孔祥俊和商务部反垄断局原局长应邀,分别为上海交通大学竞争法律与政策研究中心带来了第 42 讲、第 43 讲专题讲座。孔祥俊法官讲座主题为“我国《反不正当竞争法》的实施与修订”。尚明原局长则作了题为“反垄断审查的中国之路”的主题演讲。当日讲座由上海交通大学竞争法律与政策研究中心主任王先林教授主持,中心副主任侯利阳教授、许多奇教授、尚立娜老师、李俊明老师和来自上海交通大学、华东政法大学、上海大学、上海对外经贸大学等高校的师生以及市内外知名律所、公司的实务工作者参与了此次讲座。在讲座开始前,上海交通大学法学院领导还为尚明原局长颁发了学院兼职教授的聘书。

(15) 2016 年 5 月 9 日,上海交通大学竞争法律与政策中心系列学术讲座第 44 讲在上海交大徐汇校区工程馆 206 教室成功举行。担任本次讲座的主讲嘉宾是国家工商总局竞争执法局的曹红英处长,讲座主题为“近期我国竞争执法的进展与思考”。本次讲座由上海交通大学竞争法律与政策研究中心主任王先林教授主持并评议,中心副主任侯利阳教授和来自上海交通大学、华东政法大学、同济大学等高校的师生以及市内外知名律所、公司的实务工作者参与了此次讲座。

(16) 2016 年 5 月 18 日至 20 日，第六届“圣彼得堡国际法律论坛”在俄罗斯第二大城市圣彼得堡市中心冬宫广场总参谋部大楼召开。俄罗斯总理梅德韦杰夫及来自全球 80 个国家的司法、经济、国际关系、金融领域的高级专家及大型跨国公司的代表共 3 500 人出席了本届论坛。上海交通大学竞争法律与政策研究中心主任王先林教授作为中国学者的代表应邀出席了本次论坛，并在三天三个不同的主题下分别发表了演讲。其中，在 18 日由俄罗斯国立高等经济大学 Skolkovo 法律与发展研究院（HSE）、英国伦敦大学学院法学院法律、经济与社会中心共同组织的“全球食品价值链与竞争法”论坛上，王先林教授做了题为“China's Legal Regulation on the Abuse of Market Power by Large Retailers”的演讲；在 19 日由俄罗斯-中国法律学会组织的“俄罗斯与中国的投资权”论坛上，王先林教授做了题为“Enforcement Mechanism of China's Anti-monopoly Law and the Status Quo of Its Development”的演讲；在 20 日由俄罗斯联邦反垄断局组织的“食品价值链与金砖国家竞争法”论坛上，王先林教授做了题为“New Development of China's Anti-monopoly Regulations on the Abuse of Intellectual Property Rights”的演讲。

(17) 2016 年 6 月 10 日，应韩国高丽大学法学院创新、竞争与管制法中心的邀请，上海交通大学竞争法律与政策研究中心副主任侯利阳教授赴韩国首尔，出席该中心举办的“东北亚不正当商业行为的竞争规制：以滥用相对优势地位为视角”国际研讨会，并发表题为“Relational Market Power: New Development in China and Beyond”的主题演讲。此次研讨会以韩国预修订《不正当商业行为指南》为契机，以滥用相对优势地位的竞争法规制为主题展开研讨。研讨会对于滥用相对优势地位在韩国、日本、台湾、美国以及中国的规制及实践进行了深入的探讨，达成多项共识。

(18) 2016 年 6 月，由上海交通大学竞争法律与政策研究中心与上海市法学会竞争法研究会共同主办的学术辑刊《竞争法律与政策评论》2015 年第 1 卷的 12 篇文章全部被“中国知网”全文收录上线。《竞争法律与政策评论》正式成为“中国知网”的文献来源辑刊。今后出版的各卷，所有文章的全文都可在该数据库中检索和下载。相应地，《竞争法律与政策评论》今后的《稿约》中都会包含以下内容：“为适应我国信息化建设，扩大本刊及作者知识信息交流渠道，本刊已被《中国学术期刊网络出版总库》及 CNKI 系列数据库收录，其作者文章著作权使用费与本刊稿酬一次性给付。免费提供作者文章引用统计分析资料。如作者不同意文章被收录，请在来稿时向本刊声明，本刊将做适当处理。”

(19) 2016 年 6 月，2015 年上海市研究生优秀成果(学位论文)评选结果揭晓。经各研究生培养单位遴选推荐和专家评议，上海市教育委员会、上海市学位委员会审核，共确定 190 篇优秀博士学位论文。其中，竞争法律与政策研究中心主任、上海交通大学特聘教授、凯原法学院常务副院长王先林教授指导的博士研究生张占江的论文获评优秀博士论文(论文题目：《政府反竞争行为反垄断法规制研究》)。

(20) 2016 年 7 月 9 日，“反垄断与知识产权国际研讨会”在上海交通大学徐汇校区廖凯原法学楼隆重召开。本次会议由上海交通大学竞争法律与政策研究中心、俄罗斯高等经济大学斯科尔科沃法律与发展研究院以及英国伦敦大学学院法律、经济与社会中心联合举办。会议邀请了国家发改委价格监督检查与反垄断局副局长卢延纯，商务部反垄断局副局长韩春霖，国家工商总局反垄断与反不正当竞争执法局副局长陆万里，最高人民法院审判委员会委员、一级高级法官孔祥俊，商务部反垄断局原局长、国务院反垄断委员会专家咨询组成员尚明，以及来自俄罗斯高等经济大学、伦敦大学学院、斯德哥尔摩大学、新加坡国立大学、日本神户大学、韩国高丽大学、中国政法大学、对外经济贸易大学、华东政法大学、武汉大学、浙江理工大学、西南政法大学、厦门大学、南开大学、上海交通大学等理论和实务界的近 40 位专家学者参与研讨，美国罗格斯大学教授 CARRIER Michael 通过 Skype 视频参与本次会议。开幕式由上海交通大学法学院教授、竞争法律与政策研究中心执行主任李剑主持，上海交通大学特聘教授、凯原法学院常务副院长、竞争法律与政策研究中心主任、国务院反垄断委员会专家咨询组成员王先林，俄罗斯斯科尔科沃基金会法律政策与社会发展部部长、俄罗斯高等经济大学斯科尔科沃法律与发展研究院院长 Alexey Ivanov 分别致开幕辞。会议研讨分为 4 个单元，议题包括“反垄断法与知识产权——中国的视角”、“创新法的形成——竞争法与知识产权是统一的?”、“创新空间与竞争法：聚焦信息产业”和“特定部门竞争法与知识产权交叉的分析方法”。到会主讲嘉宾分别从不同角度对研讨会主题进行了深入阐释，与会代表与演讲嘉宾也进行了热烈互动，会议充分展示了专业水准，达到了预期的效果。主题演讲结束后，上海交通大学凯原法学院院长助理、竞争法律与政策研究中心副主任侯利阳教授和伦敦大学学院法学院法律、经济与社会中心主任、全球竞争法律与公共政策论坛主席 Ioannis Lianos 进行了简短的总结。会议研讨的具体情况请参见本卷发表的袁波撰写的会议综述文章。

(本期动态由詹馥静整理)

《竞争法律与政策评论》约稿函

《竞争法律与政策评论》(Competition Law and Policy Review)是由上海交通大学竞争法律与政策研究中心、上海市法学会竞争法研究会联合主办的连续性、专业性的学术出版物。目前由上海交通大学出版社每年出版一卷。《竞争法律与政策评论》力求汇集百家观点、凝聚学术共识,并在竞争法学术共同体的共同努力下,推动中国竞争法的理论研究与实务的繁荣与发展。在此,诚邀各位不吝赐稿!

《竞争法律与政策评论》秉持学术自由的理念,强调学术导向、问题导向。作为竞争法领域的学术论坛,我们更相信"思想市场"同样需要竞争,因而文稿的取舍仅取决于稿件质量。在此原则下,对稿件篇幅、作者身份均无限制。学术评论、案例分析、实证研究、书评等形式都予以接受并非常欢迎。所有稿件均采用双向匿名审稿制度,并尽可能及时回复作者审稿结果。稿件一经刊登,编辑部即赠送样刊、支付润笔若干,并采取"优稿优酬"之原则。

来稿请以电子邮件的方式惠寄至:jzfreview@126.com。并请在邮件的标题中写明文章的题目。所有稿件请采用 Word 文档,以保证兼容性。文章的初审周期为 15 天。编辑部承诺在 30 天内向作者反馈稿件最终处理结果。

为适应我国信息化建设,扩大《竞争法律与政策评论》及作者知识信息交流渠道,《竞争法律与政策评论》已被《中国学术期刊网络出版总库》及 CNKI 系列数据库收录,其作者文章著作权使用费与本辑稿酬一次性给付。免费提供作者文章引用统计分析资料。如作者不同意文章被收录,请在来稿时向本编辑部声明,编辑部将做适当处理。

附:投稿要求

(一)来稿请附作者真实姓名和详细联络地址,包括邮寄地址、联系电话、电子邮箱。

（二）请随稿件附上作者基本情况介绍，包括最高学历、学位、工作单位、职位、研究方向。请在正文前加上 200 字左右的摘要，3～5 个关键词。

（三）所有来稿文责自负。但编辑部有权对采用稿件作必要修改，如不同意请在来稿时声明。

（四）注释体例

（1）注释以必要为限，提倡引用正式出版物，出版时间应精确到年；根据被引资料性质，可在作者姓名后加"主编"、"编译"、"编著"、"编选"等字样。

（2）文中注释采用脚注，连续编码，注码样式为：1、2、3 等。

（3）非直接引用原文时，注释前加"参见"；非引用原始资料时，应注明"转引自"。

（4）数个注释引自于同一资料时，请补全脚注。

（5）相邻引文出自于同一资料时，注释体例为：同上，第 67 页以下。

（6）引用自己的作品时，请直接标明作者姓名，不要使用"拙文"等自谦词。

（五）具体注释格式列举：

1. 著作类

（1）王先林：《知识产权与反垄断法——知识产权滥用的反垄断问题研究》（修订版），法律出版社 2008 年版，第 20 页。

（2）李剑：《搭售的经济效果与法律规制》，中国检察出版社 2007 年版，第 18 页。

2. 论文类

（1）王晓晔：《滥用知识产权限制竞争的法律问题》，《中国社会科学》2007 年第 4 期。

（2）李剑：《反垄断私人诉讼困境与反垄断执法的管制化发展》，《法学研究》2011 年第 5 期。

3. 文集类

［美］Philip J. Loree：《〈海洋法公约〉：对美国航运业更为可取的方式》，载傅崐成等编译：《美国维吉尼亚大学海洋法论文三十年精选集》，厦门大学出版社 2010 年版，第 443 页。

4. 译作类

［英］H. L. A. 哈特、［美］托尼·奥诺尔著：《法律中的因果关系》，张绍谦译，中国政法大学出版社 2005 年版，第 216 页。

5. 报纸类

王先林:“对近期我国反垄断执法的观察和思考”,《中国工商报》2014年10月15日。

6. 古籍类

《史记·秦始皇本纪》。

7. 辞书类

《新英汉法律词典》,法律出版社1998年版,第24页。

8. 外文类

依从该文种注释习惯。

如:Liyang Hou, *A Review of Telecom Markets in the EU: What Did the European Commission Learn or Not from the Past?*, 30(6) Computer Law & Security Review, at 710 - 719 (2014).

9. 法院判决、公告类

(2011)深中法知民初字第67号民事判决书;(2012)粤高法民三终字第155号终审判决书。

10. 网络资讯类

原则上,如果同样内容有纸质参考,请选用纸质参考,以方便保存查阅。

David Flath: *Resale Price Maintenance by Japanese Newspapers*, http://ssrn.com/abstract=1670562,2012年5月20日最后访问。